U0143152

Interpretation and Reconstruction
The Philosophical Spirit
of Wang Chuanshan

诠释与重建

王船山的哲学精神
（第二版）

陈 来 著

北京大学出版社
PEKING UNIVERSITY PRESS

图书在版编目（CIP）数据

诠释与重建：王船山的哲学精神/陈来著. —2 版. —北京：北京大学出版社，2013.9

（博雅英华）

ISBN 978－7－301－22781－7

Ⅰ.①诠… Ⅱ.①陈… Ⅲ.①王夫之（1619—1692）—哲学思想—研究 Ⅳ.①B249.25

中国版本图书馆 CIP 数据核字（2013）第 147926 号

书　　　名	诠释与重建——王船山的哲学精神（第二版）
著作责任者	陈来　著
责任编辑	张凤珠　吴　敏
标准书号	ISBN 978－7－301－22781－7
出版发行	北京大学出版社
地　　　址	北京市海淀区成府路 205 号　100871
网　　　址	http://www.pup.cn　新浪微博：@北京大学出版社
电子邮箱	编辑部 wsz@pup.cn　总编室 zpup@pup.cn
电　　　话	邮购部 010－62752015　发行部 010－62750672
	编辑部 010－62752025
印刷者	北京中科印刷有限公司
经销者	新华书店
	965 毫米×1300 毫米　16 开本　27 印张　387 千字
	2004 年 11 月第 1 版
	2013 年 9 月第 2 版　2023 年 12 月第 4 次印刷
定　　　价	86.00 元

目　录

绪 言

心路
取向
渊源
定位

    王夫之（1619—1692），字而农，晚号船山，湖南衡州人，明末清初的重要哲学家。青少年时代，他亲历了明朝末年的政治腐朽和社会动乱；26岁时，李自成破京，清兵入关，明朝覆亡；此后南明弘光、隆武、永历三个政权陆续覆灭，他的抗清活动失败，四处流亡。当他决意隐居山间，毕力于著述时，已经人到中年；他的一生，直到60岁，始终被国破家亡、危殆苦困所笼罩着。明清之际的时代巨变是他这一代思想家思考的根本动力。另一方面，他和他同时代人所经历的危难和困苦是前代思想家所没有经历过的，这使他由以从事著述的心境，也就与宋代以来的程朱陆王都大不相同。

一 心 路

崇祯十五年（1642），24岁的船山在武昌应乡试而中，随即取道南昌，准备赴北京参加会试。然而，正在仕途之门向他敞开的时候，李自成率农民军攻占河南、湖北等地，明廷被迫将会试延期于次年（崇祯十六年）八月举行，船山也只得由南昌返湘。崇祯十六年（1643）张献忠率农民军攻入湖南，占领衡州时，为招纳人才，欲延揽船山，船山闻讯后即连夜奔往南岳莲花峰下双髻峰藏匿。然而张部扣留了船山的父亲，迫使船山只好走下南岳；他刺伤面容和肢体，又敷以毒药，伪装重病，才使他的父亲得以脱身，他自己也伺隙脱逃。明清之际思想家这样的经历，是以前的儒者从所未遇的。

崇祯十七年（1644），李自成兵破北京，崇祯皇帝自尽于景山，天下震动。船山避难于双髻峰，闻知此讯，悲愤难已，作《悲愤诗》一百韵，"吟已辄哭"。他与朋友在双髻峰共建"续梦庵"，以此作为避兵藏居之所。船山此时心情十分沉重，正如他后来所回忆的，"草野哀痛，悲长夜之不复旦也"。[1]

崇祯死后两个月，福王在南京即皇帝位，建立了弘光政权，但因内政昏乱，仅仅一年即遭覆灭。抗清人士又在浙江和福建分别拥立了鲁王和唐王，领率抗清，唐王即皇帝位，号为隆武。顺治三年（1646）清军攻破绍兴，继而又攻入福州，鲁王败逃，隆武被害，东南的抗清局面岌岌可危。是年冬，两广的明朝官员拥立桂王在广西肇庆即皇帝位，是为永历。清军由北至南，势如破竹，南明政权则一一覆亡，船山的心情更加忧愤，在闻知弘光、隆武的死讯后，他以同韵各续写了一百韵《悲愤诗》，表达自己的哀忧。在此期间，他的夫人陶氏也亡故了。

此时中南和西南成了抗清的主要区域，形势也相当紧张。顺治四年（1647）清军攻入肇庆，永历帝由梧州逃往桂林，又逃至广西湖南交界的全州、湖南南部的武冈，后逃到靖州、柳州。随着清军攻入湖南岳州、长沙、湘潭，终于船山的居地衡州也被清军攻入。此时地方秩序十分混乱,难以安居,船山先赴武冈谋求追随永历,途中遭阻不成,又离家避躲清军的缉索。而这一期间家中变故迭生,叔父王家聘在夏天卒故,而后二兄王参之在秋天患病未及治疗而死,叔父王廷聘、父亲王朝聘也于仓皇逃难中在冬天相继故去。王朝聘死前遗命船山兄弟保持气节,对船山一生影响很深。亲人的丧逝,对船山的打击之大,是可以想见的,更何况亲人的丧故又是与国破的乱亡联系在一起,这使得亡国的悲愤和痛苦永久植根在船山的内心深处。

顺治五年(1648),清军将领江西的金声桓和广东的李成栋先后反清归明,永历帝还都肇庆,南明隆武的湖广总督何腾蛟则联合了李自成余部在此年大举反攻,几乎收复了湖南的全部失地。当何军进攻衡州时,船山受到形势的鼓舞,与好友一起在衡山发动起义,但才举义旗即遭失败,为时甚短。为了逃避清兵的缉捕,他只好经桂阳渡岭赴肇庆,投奔永历。到肇庆后,他目睹永历小朝廷官员的腐败苟且、争权夺利,深感失望;在肇庆船山被荐为翰林院庶吉士,他以父丧未满而辞。顺治六年(1649)闻瞿式耜守桂林,锐意恢复,即往拜见,在桂林结识了一些意气相投、有学识、重气节的朋友。顺治七年(1650),他受职行人司行人,挺身而出,反对党争,因此遭人诬陷,受到迫害。迫害船山的对方将构大狱,欲置船山于死地,情形危殆;后虽未入狱,却被逐出,船山为此"愤激咯血"。不久桂林失守,而上年湖南、江西也重新被清军占领,南明政权的形势再次恶化。船山此时又得到家信,闻知老母病重,于是携妻、侄返湘。在兵荒马乱的途中,船山一行几乎为乱兵所杀,在永福受困时,"绝食者四日"。经过迢迢曲折,顺治八年(1651)春,船山终于回到家中,而他的母亲却在几个月前已经死去。[2]

永历帝在这种情势之下,与孙可望、李定国率领的张献忠大西军余部合作,而孙可望以武力挟持,逼迫永历封其为王。船山对此很感不满。因此,当顺治九年(1652)李定国大军在广西、湖南连获大胜,收复失地,在衡州驻军而邀请船山参加其军时,船山虽然很想摆脱清统治下"不得干净之土以藏身"的处境,但终于"不忍就窃柄之魁以受命"而辞谢了。他见天下"无可托足",乃"屏迹居幽",隐居于衡阳、邵阳、祁阳的交界。后来李定国因受孙可望的猜忌和逼迫而撤离湖南,而湖南在清统治的恢复下,缉察更严。船山誓死不剃发,于是又避居零陵、常宁等处,辗转迁徙,艰苦备尝。他改换姓名,变易衣着,常常蜷伏于苗、瑶洞中,自称瑶人,与后娶的郑氏过着极其艰苦的生活。就是在这样的状态下,写成了他最初的哲学著作《周易外传》和《老子衍》。在此期间,他的侄儿王敉又被清兵杀害,此侄曾随他颠沛流离,患难与共,他为此不禁泣泪横流,悲愤难已。

顺治十四年(1657),清朝统治者在所占领的地区,基本巩固了政权,大赦天下,湖南的社会秩序也渐复安定。船山这才带着郑氏和刚刚诞生不久的王敔回到甲申避难的南岳双髻峰的"续梦庵",此时他已39岁,而续梦庵附近刘氏的藏书则为他从政治转向学术提供了方便。顺治十七(1660)年他徙居衡阳金兰乡,筑室"败叶庐",才真正结束了避难流亡的生活,这一年42岁。从此船山转向学术撰述,而数年之间永历政权最后崩溃的消息也接连传来,使船山的心情仍难以平静:顺治十六年(1659)昆明失守后,永历逃至缅甸,顺治十八年(1661)缅甸王在吴三桂的压力下献出永历,康熙元年(1662)吴三桂杀永历于昆明。船山闻永历死讯,痛哭落泪,第三次续写《悲愤诗》一百韵。这个时期,正是在这样的心境笼罩下,他写了《尚书引义》(康熙二年,1663),修订完成《读四书大全说》(康熙四年,1665)。

船山此后虽然专心著述,但在康熙六年(1667)仍遭人控告陷害,幸未成祸。康熙八年(1669)他在"败叶庐"附近又筑庵"观生居",自题堂联"六经责我开生面,七尺从天乞活埋",表示将以阐释六经为己任,生死则置之度外。此时船山已经51岁。然而"树欲静而风不止",时事突变,出人意料。康熙十二年(1673),船山刚刚完成《礼记章句》的初稿,康熙皇帝决定"撤藩",吴三桂因此反叛而起"三藩之乱"。康熙十三年至十五年(1674—1676),吴三桂军进攻湖南,与清军在湖南相持,并在1676年占领衡州。在吴军进攻湖南的初期,船山受到形势的刺激,频繁奔走往来于湖南湘乡、长沙、湘阴,密谋扩大反清局面的可能性;而到康熙十四年(1675)秋天时,船山已预料到反清联军的败局,于是返归阔别两年的观生居，在离观生居二里之外的石船山下筑室"湘西草堂"，继续《礼记章句》的整理。康熙十七年（1678），吴三桂此时在军事上日益失利，已被清军重重包围，却在衡阳准备即皇帝位；其幕僚推荐王船山起草劝进表，并为此找到船山。船山极感愤懑，乃辞之曰："某本亡国遗臣，扶倾无力，抱憾天壤。国破以来，苟且食息，偷活人间，不祥极矣，今汝安用此不祥之人为?"为了避免吴三桂可能加祸给他，船山便逃到深山躲藏。不久吴三桂病死，其军亦大败，船山回到湘西草堂。在这四五年中，他的心情又经历了这样一场大的起伏，而事变平息时，他已经是 60 岁的老人了！清军重新控制湖南后，对船山仍不放心，暗中加以监视，船山常常自觉其"危机之触，接于几席"。

60 岁以后的十余年，船山在相对安静的状况下，授徒自给，在贫病中专力著述，晚年完成了《思问录》《张子正蒙注》《周易内传》等后期著作，于康熙三十一年（1692）正月初二在湘西草堂永世长辞，终年74 岁。

船山的著述极多。由于他在桂林以后，多年隐居，友人与学生中学术水平高的人很少，缺少思想学术上的对话者，这在一定程度上影响了他的著作的清晰性和可读性。梁启超曾说："欲知船山学术纲领，最要紧的三部书，曰思问录，曰俟解，曰张子正蒙注。"[3]这三部书都是其晚年之作，足以代表船山的后期思想。而他的前期作品中，以《读四书大全说》最具有代表性，综合地反映了船山前期的思想。

二　取　向

关于王船山的思想渊源、取向及其在宋明思想中的定位，一直是一个复杂的、有争论的问题。

早在清末，谭嗣同有云："黄（宗羲）出陆王，陆王将缵庄之仿佛；王（夫之）出周张，周张亦缀孟之坠遗。"[4]以王船山渊源于周敦颐、张载，可谓谭嗣同的卓见。梁启超对王船山的注意，也是受谭嗣同的影响。

他以顾、黄、王为清初大师,认为清初大师"皆明学反动所产生也",[5]认为"船山与亭林都是王学反动所产人物,但他们不但能破坏,而且能建设。拿今日的术语来讲,亭林建设方向是'科学的',船山建设方向是'哲学的'"[6]。他从思潮的变化来看船山的思想特性,认为清初对明代学术的反思和对于王学的广泛批判是考察船山思想的重要背景。此说自然言之成理,不过,清初也有坚持王学(黄宗羲)和批判朱学(颜元)的学者,所以在总体上应当说,清初的反思与建设是多元性的。

嵇文甫可以说是 20 世纪最早的对船山思想研究有成绩的学者。他的《船山哲学》出版于 1935 年,1962 年他把《船山哲学》与后来所写的论船山思想的论文合并,出版了《王船山学术论丛》。在《王船山学术论丛》的序言中他论及关于船山的评价:"对于他不应当作过苛的要求,也不应该作过高的估计。有人说船山是无神论,依我看,倒不如说他所主张的是泛神论,更为合适。有人说船山是民主主义者,依我看,他并没有离开儒家仁政思想的传统。有人说船山是代表市民的思想家,依我看,他所代表的还是地主,虽然是开明的地主。"[7]虽然这是他在 60 年代初的表达,但就思想方法和研究方法来说,与他在 30 年代的看法是有一贯性的。

在有关思想学术的渊源问题上,嵇文甫早就指出,船山的问题意识都来自理学,他说:"有几个人能把船山的理论体系说出个大概呢?这也无怪的,船山所讨论的问题是宋明以来道学家的问题。……船山对于这些问题固然有些新的见解,固然还可以给我们许多有价值的暗示,然而不是对于道学有相当的理解和兴味,有谁肯去看他的究竟呢?"[8]事实上,对船山思想理解上的许多不足,正是起因于许多研究者对理学思想史研究的不足。

他在讨论王船山的学术渊源一章中指出,船山奉横渠为圣学正宗,但是"我们也不能像有些人那样,把横渠学说讲得过于唯物主义化,好像他就不是个道学家。可是在道学范围内,横渠的确唱些别调,为正统道学所不满"[9]。他认为船山一切从气上讲,不离气而言理,是和横渠的唯气论一脉相通的。这显然是认为,船山与横渠一样,都属于道学家,只是非正统的道学家。不仅在宇宙一本休论上船山与正统道学有别,嵇文甫认为,在为学上船山也不同于正统的道学;船山把朱、王两家都撇开,而另走横渠"知礼成性,变化气质"的道路。[10]他还认为,在宋明理学的思想中,船山也受到东林学派的影响,"他极推尊泾阳,称东林卫道之功,他对高景逸和东林其他许多人物都有称赏。当早年时候,船山曾受知于高汇旃(景逸的儿子)……可知船山不仅在学风上砥砺节行,反对王学,和东林派气味很近,而且实在有渊源的关系。东林书院采用朱熹底白鹿洞书院的学规,明白表示出由王返朱的倾向,船山也是在这种由王返朱的空气中出现的。但是实际上东林派所走的学术道路并不类于朱子,而倒类乎王学右派。……船山的父亲曾从学于邹东廓的后人邹德溥,本来和王学右派有关系。船山虽强烈反对王学,但是他批评朱学的地方,我们总发现出他还是受王学的影响不少"[11]。邹东廓为王门首科,是尊王的,这与船山是根本不同的;船山对朱子的反思与王学对朱子的批评有相通之处,这也很自然,但不等于说船山正面接受了王学的思想。在这一点上,最多只能说,王学对朱子的批评在相当程度上解构了朱子的权威,使得在明代中后期的气氛下对于朱子的批评变得容易。所以,说船山受东林的由王返朱影响,以及从王学中(特别是江右邹东廓、王时槐等)也吸取了若干思想观念,是对的,但笼统说受王学影响不少,是不太妥当的。

嵇文甫最后认定,综合船山的体系,而判断他在中国近古思想史上的地位,可以说他是:宗师横渠,修正程朱,反对陆王。[12]这个十二字的判断是很精当的,当然,这是仅就宋明儒学的统系而言的。船山何以采取这样的立场呢?嵇文甫解释说:"船山宗旨在激烈底排除佛老,辟陆王为其近佛老,修正程朱亦因其有些地方还沾染佛老,只有横渠'无丝毫沾染',所以认为圣学正宗。"[13]这个说法甚有见地,非对船山有深入了解者不能道此言。

最后,嵇文甫说:

假如用辩证法的观点来看,程朱是"正",陆王是"反",清代诸大师是"合"。陆王"扬弃"程朱,清代诸大师又来个"否定之否定",而"扬弃"陆王。船山在这个"合"的潮流中,极力反对陆王以扶持道学的正统,但正统派的道学到船山的手里,却另变一副新面貌,带上新时代的色彩了。[14]

这里所说的"清代诸大师"是指顾、黄、王等,他们虽然是明朝的遗民,但他们的学术著述主要都是在清初写作的,如船山的著作主要是在康熙中写作完成。应当说,嵇文甫的"宗师横渠,修正程朱,反对陆王"十二字判断及其"扶持道学的正统"说是十分平实的。最多,我们在"宗师横渠"的后面再加上"渊源濂溪",如果在宋明儒学之外再考虑到佛教和道教的因素,则可以说船山的学术立场即"批斥佛老,反对陆王,参伍程朱,宗师周张"。[15]船山的思想如果用三段式来表达,用他自己的说法,则应当说,他以周张为"正",以程朱陆王为"正邪相胜",而以他自己为"反归于正"。

不过,近几十年来,在有关船山思想的看法上,侯外庐的影响最大。早在20世纪40年代,侯外庐写了《船山学案》,主张王船山思想为唯物论,熊十力不同意,主张王船山是理学家。[16]照侯外庐的看法,此前冯友兰的《中国哲学史》,也是把船山轻描淡写地谓之像一位理学家。在侯外庐看来,王船山"开启了中国近代的思维活动",[17]认为船山可与德国近代理性派、洛克、亚当·斯密等欧洲近代启蒙学者相比。所以侯外庐的主张是:王船山的哲学是唯物论,王船山思想的特质是启蒙主义。熊十力则认为船山之学尊生、明有、主动、率性,是"继续程朱以来之反佛教精神,而依据大易,重新建立中国人之宇宙观与人生观"[18]。熊十力与梁启超等人把王船山看做反道学的看法不同,认为王船山的精神是宋学精神,认为船山思想"宗主横渠,而和会于濂溪、伊川、朱子之间"(参看吴根友《熊十力"明清学术史观"斠评》,《船山学刊》2001年第4期)。熊十力的这个看法和嵇文甫可以相通。其实以王船山的哲学为唯物论,在当时有不少学者皆持此种看法,如张西堂、张岱年;而以船山为早期启蒙思想,则确实以侯外庐为代表。对于侯外庐,"早期启蒙思想"并不是仅仅用来分析王船山,而且更重要的是用于整个明末清初的历史与思想的把握,这一观点在国内外都有重要影响。[19]

侯外庐的《船山学案》出版于1944年,1956年《中国早期启蒙思想史》中的王船山一章是其40年代论述的加工。然而,不同的学术观点是始终存在的。如前苏联学者布罗夫对侯外庐关于船山的看法相当重视,但也提出异议,他认为侯外庐的观点对船山而言有拔高之嫌:"侯外庐对王船山的本体论、认识论的分析有很重要的意义,但是远远没能详细研究他的全部论断和总的结论。特别是在书中把王船山说得比黑格尔和费尔巴哈还高,带着明显的把王船山现代化的特征。"[20]布罗夫也比较倾向于嵇文甫的看法,他在评价嵇文甫的《王船山学术论丛》时指出:"不能不同意他的是,不应该夸大王船山在中国社会思想史上的功绩,使古代思想家现代化,把他说成具有先见之明的人,似乎他早就知道现代解决许多哲学和社会问题的真理,这样也贬低了他在中国哲学思想库中的贡献。"[21]

与上述嵇氏、侯氏50—60年代的讨论同时,陈荣捷也提出其对王船山的看法。陈荣捷的视角是专注在哲学史的,他并不反对以"唯物主义"一类的范畴来分析王船山哲学,而他在《中国哲学资料书》中强调,从哲学上说,王船山"所要求的不仅仅是世界的物质性,而且是物质存在的具体性";在他看来,船山哲学中"气作为物质力是意味着构成事物的一般质料,但器作为具体事物则意味着特殊的和有形的客体或规则"。因此,"可以清楚地看出,王夫之在显然背离新儒学的同时,却又在一定的范围内继承了新儒学的传统。他虽然明确与王阳明相对立,但还是与朱熹相接近"。"王夫之的哲学具有多方面的重要意义,他是一个具有独立性格的思想家,通过批判宋代新儒学的理学和明代新儒学的心学,而走向一个新的方向。在这样做的时候,他预示了其后两个世纪内的中国思想,尽管他并没有直接影响这时期中国的思想。"[22]在朱熹和王阳明两者之间,王船山更接近朱熹,这是大多数学者所承认的,而指出王船山的哲学预示了后来两百年的哲学思想变化,这是陈荣捷的卓见,也是后来多数中国哲学史学者的认识。

三　渊　源

其实,船山与理学本有直接的渊源和广泛的关系。[23] 这在有关船山家庭的传记中处处可见。可以略举如下。

船山自述其父亲王朝聘:"先君子少从乡大儒伍学父先生定相受业。"[24] 这是指出王朝聘青少年时主要受学于伍定相。伍定相被高世泰称为"布衣理学",邹泗山则称其"居敬穷理,实践虚求,伍子一人而已。"[25] 高世泰是东林学者高攀龙之侄,邹泗山是江右王学领袖邹东廓之孙,可见当时人都视伍定相为一个深于理学的儒者。

船山的父亲在青年时与江右王学的邹东廓一派也有从游之迹。船山说:"先君子早问道于邹泗山先生,承东廓之传,以真知实践为学。当罗李之徒,纷纭树帜,独韬光退处,不立崖岸。衣冠时制,言动和易,自提诚意为省察密用。""早问道"即是指青年时代王朝聘曾问学于邹泗山,并接受了邹东廓的讲求真知实践的思想。罗李当指泰州学派的罗近溪和李卓吾,船山强调,在万历时期的王门后学各立宗旨、穿着古怪的衣冠、做着各种高言阔论的时候,王朝聘坚持做一个平易的儒者,注重实践,并在理学上提出"诚意为省察密用"的思想。

王朝聘中年以后则颇有意于朱子之学,船山述其行说:"以武夷为朱子会心之地,志游焉,以题书室,学者称武夷先生。"[26] 可见,船山的父亲王朝聘对朱子十分敬慕,因为朱子居武夷山讲学,所以自名其书堂为"武夷",而学者也都称他为武夷先生。在这个意义上,王朝聘几乎可以说是一个朱子学者。船山又说:"当万历中年,新学浸淫天下,割裂圣经,依傍释氏,附会良知之说。先君子独根极理要,宗濂洛正传,……皆先君子崇尚正学之教也。"[27] 船山这里所说的新学即是阳明学,照船山的说法,王朝聘对阳明学始终保持独立和批判的眼光,与流行的王学特别是泰州学派划清界线,而不与之同流。值得注意的是,船山对其父学术思想的定位是"宗濂洛正传",这就是说他的父亲在学术思想上是继承北宋道学。[28]这些对于船山的思想发展不能不有所影响。

以上记述表明，船山的家学与理学有甚深的渊源，其父亲的学问宗旨与朱子学和王门中注重严肃修养的派别相近。现在来看船山自己的学术取向和理学的关联。船山的儿子王敔对船山的学术归趣有明确的表述，他在为船山所作的《行述》中说："至于守正道以屏邪说，则参伍于濂洛关闽，以辟象山之谬，斥钱王罗李之妄。"比较起来，船山说他的父亲是"宗濂洛正学"，而船山的儿子说船山是"参伍于濂洛关闽"，二者略有区别。这种区别就是，王朝聘是"宗"承北宋道学，而船山是"参伍"两宋道学，"宗"即尊奉、宗奉，而"参伍"是选择地依据、分析地综合。它包含着这样的意思，濂、洛、关、闽四者是有所不同的，不能整体地尊奉，不能简单地按照朱子所说的道统去继承，而只能经过比较、选择，综合地总结四者中的正学圣道，依据于此而批判陆王。此外，严格地说，与直指象山不同，在这里的叙述中，船山似乎不是整体地批判王门后学，而是直斥阳明后学中崇尚无善无恶和专讲不学不虑的流派。[29]王敔的这些说法按之于船山本人的著述，应当说大体上是符合船山所表达的主张的。

船山对于象山、阳明之学的指斥是一贯而明确的，但相比起来，船山对于朱子之学的态度要复杂一些。他的前期代表作《读四书大全说》对朱子既有尊重和肯定，又在理论上有所异议，对朱子后学则批评较多。然而，很明显的是，船山与陆王的分歧是被他自己看做为正学与邪说的分歧；而与象山、阳明相比，他与程朱的分歧则主要是哲学上、理论上的，被他看做为正学内部的理论差异。他对朱子学后人的批评也主要是不满于他们流入考证训诂，而不是视之为邪说。

从历史的角度来看，船山对朱子的态度前后有所变化。《读四书大全说》中对于朱子学的《四书》诠释，在大关节上予以肯定的同时，往往有苛评之处，盖与其当时心境有关，虽然主要针对于朱门后学者。但在船山后期，对朱子的态度渐就平实，在《礼记章句》和《四书训义》中对朱子的推崇明显加重。

船山的《礼记章句》中对各篇都做了章句疏解，唯独其中的《中庸》

和《大学》两篇,完全录用朱子的《中庸章句》和《大学章句》。而且,在《中庸》和《大学》各篇之前船山都有一大段文字阐明其意,如他在《大学》篇首说:

> 是篇按圣经之文以审为学之次第,令学者晓然于穷理尽性、守约施博之道,可谓至矣。愚谓十传之文,鳞次栉比,意得而理顺,即令古之为传者参差互发,不必一皆如此,而其命意,则实有然者。得朱子为之疏通而连贯之,作者之意实有待以益明,是前此未然而昉于朱子,固无不可之有。况《礼记》之流传舛误,郑氏亦屡有厘正而不仅此乎!是篇之序,万世为学不易之道也。自姚江王氏者出而《大学》复乱,盖其学所从入,以释氏不立文字之宗为虚妄悟人之本,故以章句八条目归重格物为非,而不知以格物为本始者经也,非独传也,尤非独朱子之意也。[30]

这是说,《大学》以格物为本的为学次序是不可改变的,朱子所分析的《大学》十传文理通顺,意旨明白。即使古人作《大学》传时,十传的次序或许与朱子定本有差异,但朱子所把握的《大学》意旨和工夫次序是正确的,而且只有经过了朱子的发明,《大学》作者的意旨才得以彰显。在《大学》的问题上,船山的立场是捍卫朱子而反对阳明。

船山在《大学》本文"此谓知之至也"朱注下"衍"其说曰:

> 故以格物为始教而为至善之全体,非朱子之言也,经之意也。……补传之旨,与夫子博文约礼之教,千古合符,精者可以尽天德之深微,而浅者亦不亟叛于道,圣人复起,不易朱子之言矣。[31]

这是说,《大学》以格物入手的工夫,不仅是朱子的主张,本来也是《大学》经文的主张;朱子的"补传"完全符合孔子"博学于文,约之以礼"的教导,圣人在世,也不会改变朱子的说法。

他更在《礼记章句·中庸》的篇首说:

《中庸》《大学》自程子择之《礼记》之中,以为圣学传心入德之要典迄于今,学官之教、取士之科,与言道者之所宗,虽有曲学邪说,莫能违也。则其为万世不易之常道,允矣。乃中庸之义,自朱子之时,已病夫程门诸子之背其说而淫于佛老,盖此书之旨,言性言天言隐,皆上达之奥,学者非躬行而心得之,则固不知其指归之所在,而佛老之诬性命以惑人者亦易托焉。朱子章句之作,一出于心得,而深切著明,俾异端之徒无可假借,为至严矣。……夫之不敏,深悼其所为而不屑一与之辨也,故僭承朱子之正宗为之衍,以附章句之下,庶读者知圣经之作、朱子之述,皆圣功深造体验之实。[32]

他推崇朱子的《中庸章句》"深切著明",认为朱子对《中庸》的析述反映了"圣功深造体验之实",而且他还声明他自己"僭承朱子之正宗为之衍"。[33]对于一贯坚持独立思考和批判审查态度的船山而言,这种对于朱子的推许,应当说已经达到了相当高的程度。无怪乎唐鉴据此认为船山为学"由关而洛而闽","先生之学宗程朱,于是可见矣"。唐氏之说虽不确,但亦有见于船山对朱子的推许而使然。[34]

这种态度在《四书训义》中全面体现出来,该书依据朱子的《四书章句》而训释《四书》的义理,不仅限于《大学》《中庸》。其体例是逐章先录朱子章句注释,然后阐述发挥经文和朱子注释的义理,故每卷题下都有"宋朱熹集注,明衡阳王夫之训义"的字样,这可以说真正是"僭承朱子之正宗为之衍"的体现。所以后来刘人熙说:"船山训义发紫阳之微言大义,并其所以至此者亦传之,使学者得入其门焉。"同时他也指出:"至于训义,专以集注为宗,稗疏、读大全诸说半不入,盖其慎也。若心所独契,确然质百世而无疑者,则亦不与集注苟同。惟其深知前贤,是以不阿所好,功臣诤友,盖兼之矣。"[35]在《四书》的思想宗旨和话语诠释上,可以说后期的船山是"宗承"于朱子讲的。这在一定程度上说明,船山晚年对朱子《集注》的态度有所改变,也反映出他对整个道学的理解和态度有所转变。

四　定　位

不过,仅仅根据船山对《四书》的态度断言船山思想在整体上"学宗程朱",则未必恰当,因为我们知道船山不仅在前期思想中反对"尊性贱气",倡言气善气本之说,在后期更明确复归于张载(及濂溪)。然而,如果我们从宋代道学的整体视野来观察,则不仅程颐、朱熹是道学的代表,张载乃至周敦颐也都是道学的创立者,这样一来,我们就可以看出,船山本人后期思想的发展和道学的关系,清楚地显示出他的"参伍于濂洛关闽"而"归本于横渠濂溪"的特点。至于他在思想上的对立面,他始终都是把佛、老作为"正学"的主要敌人;而在理学内部他是鲜明地抨击陆王的,他对程朱的有限批评也大都是针对那些被他理解为受到佛教影响的论点。

因此,如果不把"道学"等同于朱熹,而按其历史的意义来加以理解,那么,照上面的说法得出的结论,船山不仅是儒学思想家,也应被视做宋以来道学运动中人,只是他的思想形态是属于道学中张横渠的一派,并与朱子有着广泛复杂的继承关系。[36] 这是就其与宋明道学的继承关系而言的,这个意义我们称为"承前"的意义。另一方面,我们也要注意船山代表不同于明代的理学并代表了清代儒学新的学术思想的观点,这个意义我们称为"启后"的意义。研究船山应当把两方面的意义都照顾到。但即使是在启后的意义上,我们也必须首先强调清代前期的思想发展仍然是儒学的发展。因此,就后一意义而言,我想强调"清初道学"或"后明学时代"的概念,[37] 因为,船山既然与道学,不仅与朱子更加与横渠有继承关联,我们就不能视其为"反理学";[38] 而可以用"后明代理学"来概括清前期的儒学情态,即清初开始的对于明代理学的陆王派程朱派都有反思、修正而企图超越明代的思想时期,并把船山放在这样一个过程里来加以定位,这是我们所了解的其"启后"的意义。这当然不是说清初以后的每个思想家都是如此,清代康熙后期和雍正时期,仍有主张朱学或王学者,[39]但清初这个时代的主导方向是指向于对明代理学衍变(陆王派和程朱派)的反思和超越,转向笃实的道德实践,以重建儒学的正统;而船山学术思想的这种反思活动,以"文化的反省"和"正统的重建"为主要特征,可以视为这一反思和转向时代的开端的代表。[40]这里所说的"正统"是指学术思想而言,亦云"正学",而非指政统。这当然也不是说船山的思想在实际上启发或导引了清前期的思想展开,因为我们知道船山同时的思想家已经有相同的发展,[41]而船山的著作和思想在他死后的二百年间并没有影响当时的文化思想;而是说,船山庞大的体系足以使之成为这一时期的代表,从而在思想史的历史标尺上具有这样的典型意义。

实际上,虽然我们可以使用"清初学术"这样无争议的观念,但如何在总体上和内涵上把握那些在明末度过青年时代而在康熙时期建立思想体系的思想家群的共同特质或主导取向,始终是学术思想史的一个难题,对任何一个涉论这个时期思想研究的学者也都是一个诱惑。本书无意于也不可能解决这一问题。本书仍然是一个个案研究。我只是强调,不管我们如何界定和把握清初和清前期这些思想的动向和意义,首先应当肯定他们的哲学问题意识或哲学思考的范式仍来自理学,他们的思想都仍然是儒学的立场,他们大多也肯定濂洛关闽(周敦颐、张载、二程、朱熹)的道学思想,反佛、崇经、重气、致用是他们共享的思想基调,他们共同的文化关怀是一扫晚明的文化混乱,而致力于儒学"正统的重建"。因此,像90年代较流行的"实学"或类似的形式性概念,容易模糊清初思想的儒学特质,便很难体现这一点。[42]我们最多只能用"实践化的儒学"或"反空疏化的儒学"的转向来概括清初注重"实行"的严肃道德实践、注重"经世"的社会与制度研究和注重古经的实证经学研究。

那么"清初学术"和宋明道学的关系是什么?应当说,清初(17世纪中到17世纪末)的思想文化,道学(或理学)仍然是这个时期儒学的主干,所谓"清初道学"(亦可称清初理学)指的便是此一时期。清初道学的特点是对于明代理学的反思、修正和超越,清初理学的代表人物是孙奇逢（1585—1675）、黄宗羲（1610—1695）、陆世仪（1611—1672）、张履祥（1611—1674）、王夫之（1619—1692）、李颙（1627—1705）、陆陇其（1630—1692）等。由于明王朝的解体和清王朝的初建，明代的来自专制皇权的那种意识形态的压力遽然消解，清朝的意识形态尚未明确建立，过分强烈的学派归属意识在明末东林之后进一步淡化，而摒弃王门后学的流弊成为共识，于是学者可以在相对自由的气氛下思考。在这样的气氛下出现的思想，形成了面对时代巨变和基于对明代理学反思、超越的清代理学。因此，习惯上常用的"宋明理学"的观念其实是不很严格的，它既忽略了元代理学，也无视于清代理学，应当承认，清初道学虽然承自明末，而止于乾嘉之学兴起之前，但确实构成自己的独立特征和阶段。"清初道学"观念的确立，并不是要刻板地用古代王朝的递换作为思想史阶段划分的标准，而是面对清初道学反思、超越明代理学的整体特质。[43] 自然，"清初"在这里只是时间的概称，并不涉及明遗民的政治认同。同时，这也不排斥我们可以在重视连续性一面的时候，同时把明代理学和清初道学视为一连续体，正如从一定角度可以把宋代道学和元代儒学看成连续体一样。

最后谈谈本书的方法和重点。本书并不是对船山哲学思想的全面研究，如对船山思想体系中的重要部分如历史哲学、易学思想及许多哲学问题（如认识论、发展观等）都未涉及。这不仅是因为近年已经有这方面的专门研究成果出现，[44] 更是因为，我从一开始就给自己规定了一个限制，把我的工作限定在船山学研究中的一个子题目，即"宋明道学与王船山"上。事实上，我也只是在这个主题上做了一部分工作而已。至于全面叙述船山在哲学思想上的创新，过往论著已多，本书亦未重复。所以，如果说本书是详人之所略，略人之所详，那的确是作者自觉的选择。

由于我自己多年从事宋元明的理学思想史的研究，所以这种突出道学和道学史（或儒学史）的视角的船山研究，可能便于和适合发挥我自己的研究特长。因此，本书的特点是：第一，以船山关于《四书》的义理诠释为中心，作为研究船山与朱子学派关系的基本进路。第二，以船山《张子正蒙注》为归结,突出道学的问题意识,与通常的哲学史问题意识不同。第三,致力于船山思想资料及其义理的深入解读,注重内在的研究和客观的呈现。第四,立基于宋元明清儒家思想运动的历史观察,以观察船山思想的地位。[45]在总体上,我对船山的研究和认识,在大的结论上比较接近于嵇文甫。由于我的研究取径是从道学的问题意识和道学史的视野重读王船山,我的基本方法是强调把王船山还原到其儒学思想的本来体系来加以理解,故我的研究自然与以往只注意某些哲学问题的"哲学史"的方法有所差别。不同的研究侧重,会呈现出研究对象的不同侧面,也因此,我指出船山与宋明道学思想运动的关联,与已有的关于船山在哲学理论思维上达到了宋明时代具有综合性的高峰的看法可并行不悖,而相互补充。

本书着眼于诠释,故因诠释对象的不同而在结构上分成六个部分:读《大学》、读《中庸》、读《论语》、读《孟子》《思问录》《正蒙注》。[46]这与一般著作以问题为焦点在全书分章有所不同。然而,这样一来,各个部分的讨论中难免会有重合与交叉之处,使得同一个问题(如理气观)的讨论有时分布在不同地方,而没有集中呈现。从这一点来说,全书以问题分章就有它的好处。但事物难以两全其美,我们只能就其主要的方面来加取舍了。[47]其实,考虑到《读书说》和《思问录》《正蒙注》著作时间有前期和后期的不同,分别处理亦有其好处。尤其是目前的船山研究通行全书以问题分章的结构方式,本书的结构则对那些对于船山《读书说》《思问录》《正蒙注》有单独兴趣的读者比较便利。就《四书》而言,本书的工作集中在船山对于《四书》及《四书》的朱子学解释所做的义理诠释,突出诠释的焦点,因此与广义的《四书》学研究不同。最后,本书写作的方式,是比较详细地对文本进行解说,然后加以分析,这是由于船山的文字往往艰涩,不易理解,而有些研究著作往往含糊其辞,不能进入细致的分析,从而阻滞了船山研究的深入。希望这些文字的疏通不仅对初学者有所帮助,也对改变目前浅尝辄止的学风有所助益。

　　至于本书的书名,我再略说几句。本书的研究对象是王船山对于道学经典的诠释,船山的哲学思想正是通过这些诠释被全面表达出来的。船山晚年对张载《正蒙》的诠释则显示出,他的所有思想努力是致力于儒学正统的重建,从思想文化上端正中华文化的生命方向。所以本书最后定名为《诠释与重建》。

注　释

〔1〕　见《章灵赋》自注,《姜斋文集》卷八,《船山全书》第十五册。

〔2〕　本节所述,主要参考邓潭州:《王船山传论》(湖南人民出版社,1982 年),以及王永祥:《船山学谱》(北京图书馆出版社,1997 年)、萧萐父:《船山哲学引论》(江西人民出版社,1993 年)、刘春建:《王夫之学行系年》(中州古籍出版社,1989 年)、章启辉:《旷世大儒王夫之》(河北人民出版社,2000 年)。

〔3〕〔6〕　引自王永祥:《船山学谱》传录,第 23 页。

〔4〕　同上书,第 21 页。

〔5〕　梁启超:《清代学术概论》。

〔7〕　嵇文甫:《王船山学术论丛》,第 2 页。

〔8〕　同上书,第 85 页。

〔9〕　同上书,第 34 页。

〔10〕　同上书,第 34—36 页。

〔11〕　同上书,第 39 页。

〔12〕　同上书,第 109 页。荒木见悟则维护王学的"进步性",不赞成嵇文甫此说,并认为嵇氏"对这三个论点的关系仅作了暧昧的处理"(《王船山的理与气问题》,《王船山研究参考资料》,第 63 页)。在所谓进步性的问题上,荒木及日本学者岛田虔次等都与侯外庐的看法接近,把鼓吹欲望的合理性当作"近代的进步性"。其实,这种把鼓吹欲望当做近代合理性的看法,是研究明清思想史的一个误区。

〔13〕　同上书,第 116 页。

〔14〕　同上书,第 121 页。

〔15〕　刘春建综合了前人的论述,以船山的基本风格为"否定陆王,批判佛老,改造程朱;淹贯经史,扬弃百家,推陈出新"(见氏著:《王夫之学行系年》,第 3 页)。前三句指其思想的特质而言,后三句指其学术风格而言。

〔16〕 见侯外庐《船山学案》新版序。可惜熊、侯辩论的书信未能保存下来。

〔17〕 同上书,第一节,第 1 页。

〔18〕 引自萧萐父:《船山哲学引论》,第 159 页。

〔19〕 侯外庐的观点对 1960 年代美国学者列文森、狄百瑞都有影响。另外,就王船山而言,如果说萧萐父的《中国哲学启蒙的坎坷道路》(载《中国社会科学》杂志 1983 年第 1 期)代表了 80 年代初对侯氏观点的阐扬,唐凯麟、张怀承的《六经责我开生面——王船山伦理思想研究》(湖南人民出版社,1992 年)则在 90 年代初为此种观点做了新的辩护和阐发,同时也增加了不少具体分析。姜广辉的《关于早期启蒙思想的几个问题》则从整体上对侯说做了进一步的阐扬(见姜著:《走出理学》,辽宁教育出版社,1997 年)。

〔20〕 布罗夫:《王船山学说的历史命运》,《王船山研究参考资料》,第 28 页。

〔21〕 同上书,第 30 页。

〔22〕 同上书,第 34—36 页。

〔23〕 船山的思想渊源和所处的时代背景,早如张西堂的《王船山学谱》(商务印书馆,1938 年长沙印版)即已有简明的叙述,可看其书第 17—26 页。

〔24〕〔27〕 《显考武夷府君行状》,《船山全书》十五册,第 111 页。

〔25〕 《船山师友记》,第 72 页。

〔26〕 《显考武夷府君行状》,《船山全书》十五册,第 110 页。

〔28〕 船山的这个说法很耐人寻味,他说他父亲"宗濂洛正传""崇尚正学之教",其实在相当程度上也反映了、掺入了他自己的学术宗旨和方向。

〔29〕 这表明,在王敔对船山的了解中,船山并非把王门后学看成一个整体而加以否定,而是针对王门后学中讲虚无、重情识的派别(即所谓浙中王门与泰州学派)深加批判。不过船山本人在《正蒙注》和《思问录》等书中也都曾直接指斥阳明。

〔30〕 《船山全书》第四册,第 1467 页。

〔31〕 同上书,第 1484 页。

〔32〕 同上书,第 1245—1246 页。

〔33〕 事实上在《礼记章句》中的《大学》和《中庸》篇中,船山并没有在朱子的章句之下再做衍解,反而是《四书训义》里,在朱子章句和注释之下作训义以"衍"之。

〔34〕 唐说见《船山全书》十六册,第 544、547 页。

〔35〕 《船山全书》第八册,第 976—977 页。

〔36〕 "道学"的概念亦有两种用法:一以指濂洛关闽以来包括陆王在内的整个宋元

明清新儒家运动，一以指二程朱熹的学派（如《宋史》道学传）。本书这里所用是第一种用法。

〔37〕 这里的"清代道学"是指乾嘉学派出现之前。"道学"含义较"理学"更富包容性，"理学"则容易被理解为程朱派和陆王派，当然，如果"理学"在最广义的意义上使用，亦可同于"道学"。事实上，明代思想文化中"道学"一词仍然常常使用。

〔38〕 张岱年先生认为船山将宋学分为三派，而船山自己是继承了宋学中的"张子之学"，因而他是自觉继承了理学中的一派。张先生同时又认为船山已超越了理学的限际。见《船山全书》十六册，第 1283—1286 页。蔡尚思对此亦颇有分析，如他认为船山"是儒家、张学，也颇尊重朱学，而大反法家"，"他基本上是推崇朱学，而不是反朱学的"，"他同称孔子与朱子为夫子，就四书集注作四书训义"。"近今学者往往赞扬他反传统、反理学的进步一面，而少指出他的富有传统、理学的落后一面。""王船山是比较接近程朱派而反对陆王派的"（见《船山全书》十六册，第 1240—1254 页）。事实上如果把蔡尚思反儒学的词句去掉，他的看法应当说是有所根据的。

〔39〕 这种反思与修正是多种形态的，如清初仍有王学，但此时的王学已舍弃了王门后学的无善无恶之论，回到道德和气节的挺立；此一时期非官方的朱学也注重实践化的发展，即在经世致用和德行笃实方面用力。这些也都是朱学和王学内部反思的表现。另外，我国内地学者习惯于使用"批判总结"的说法，这一说法显然来自于前苏联时代的哲学史观，而对这一说法的随意使用应当引起一些方法论反思。相对于此，对于船山，我自己比较强调"文化的反省""正统的重建"的观念。

〔40〕 林聪舜的《明清之际儒家思想的变迁与发展》（学生书局，1990 年）对这一时期思想特性的讨论有清楚和综合的反映，此外关于清初思想的特性，詹海云曾把学者的看法概括为八种，其中主要是反映市民意识的早期启蒙思想（侯外庐）、反理学思想（梁启超）、经世致用思潮等。詹氏亦不赞成以清初思想为"反理学"的说法，而认为明末清初学术应是理学的修正与发展。参看其所著：《清初学术论文集》（文津出版社，1992 年），第 6—8 页。儒学在清初的发展或转向，应当承认，在哲学理论上，与明代中期以来"气"的观念越来越受重视的发展有关。在某一意义上已显现出"气学的儒学"的阶段，即在哲学上"气"成为本源性的基础概念。

〔41〕 不少著作都已论及此点，如李明友认为，清初最有代表性的哲学家是王夫之和

黄宗羲,王夫之从理学出发而对理学进行了总结、修正和改造,黄宗羲从心学出发而对心学进行了总结、修正和改造。其余如亭林、二曲、习斋、乾初等亦与船山、梨洲有批判的共识。参看氏著:《一本万殊:黄宗羲的哲学与哲学史观》(人民出版社,1993 年),第 4、338 页。需要指出的是,如果这里与心学相对的理学是指程朱派理学,那么我的看法是,与其说船山从程朱派的理学出发总结改造,不如说船山是从整个宋代道学(濂洛关闽)出发的。

〔42〕 因为与"理学""心学"不同,"实学"往往会被理解为与科学研究有关或百科全书派的知识形态。

〔43〕 钱穆比较强调清初学术与东林学派的继承关系,认为东林讲学欲挽王学末流之弊,乃不期然有自王返朱的倾向,刘蕺山亦欲兼采朱王,与东林无甚分别;清初学者虽各有偏倚,而斟酌调停、去短集长,仍是东林以来的路子(《中国近三百年学术史》上,中华书局,1984 年,第 14 页)。但清初学者并非立意认同东林,而是时代巨变所引发的反思。而所谓"清初学术",主流实是儒学,实是道学,此无可讳言者。

〔44〕 船山易学的研究已有研究成果,如:曾春海的《王船山易学阐微》(嘉新水泥文基会,1978 年)、萧汉明的《船山易学研究》(华夏出版社,1987 年)和陈远宁的《中国古代易学发展的第三个圆圈的终结——船山易学思想研究》(湖南大学出版社,2002 年)。船山历史哲学研究的成果更多,晚近者有:安载皓的《船山历史哲学研究》(北京大学博士论文,1999 年)、邓群的《王船山历史哲学研究》(武汉大学博士论文,2003 年)等。

〔45〕 自然,有学者认为清初学者的反思不仅针对明代理学,也针对宋元以来的整个道学。此种说法在某一意义上亦无不可,但似应注意,以船山、梨洲而言,即使是对南宋以来的道学总体进行反思,其目的也不是为了反对、推翻道学,而是重建道学的正统。

〔46〕 为方便起见,本书以下行文中,对船山的著作《读四书大全说》《张子正蒙注》往往简称为《读书说》《正蒙注》。

〔47〕 当然,曾昭旭的《船山哲学》(远景出版事业公司,1995 年)兼具两个方面,既有专学析论,又有思想综论,是比较理想的。但即使是曾著,由于船山学术涉猎甚广,亦使得其在专学的讨论上不能充分地展开。

概　说

下面我们把本书论述的船山思想做一概要的呈现。

1. 以《读书说》为代表，前期船山哲学已提出气是宇宙的本体和本源。气的本体船山认为最好称之为"诚"。船山以"气之诚"与"气之几"相对：气之体即是气之诚，气之用即是气之几。船山以"诚"指气的本然之体，也就是未有"几"时的状态，是无不善的；几就是所说的"变合"，故后又称"变合之几"。未有几时，气之本体未动，但理在其中。所以，周全地说，未有几时的太极，是气理凝合、保合太和的存在，这就是万物资始的根源。可见，"诚"与"体""实体""本然之体"是相通的概念，在船山的宇宙论中指气的本然实体。

"诚"在天道论上即是未有变合之几的本然气体，所以他说"不待变合而固然，气之诚然者也"。诚可指在天之诚，也可以指在人之诚，在人之诚即五性，船山认为五性"其实则气之诚然者而已"，就是说，五性是不待变合而气所固有的。就性是变合以前的本源而言，与天的性质是一样的。

2. 在船山的宇宙论叙述中,从太极到两仪到五行,强调在此过程中天之气无不善。从五行以下进一步发展,则进入了宇宙论的另一个阶段,也就是阳变阴合而化生万物的阶段。船山认为,阴阳的变化交合,导致了万物的产生,从而也导致了善与不善的分化与生成:阳变阴合,善者为人,因为构成人的气是善的。阳变阴合,不善者为物,因为构成禽兽的气是不善的。船山特别指出,天不是有意志的主宰,故天并不能选择生物皆善,不能选择只生成人类而不生成禽兽。故善恶的分化和生成是气化之不容已,即无可避免的。

船山在《读书说》所叙述的宇宙论,以第一阶段为太极两仪,第二阶段为阴阳变合,这个思想直接来源于周敦颐的《太极图说》。《太极图说》:"太极动而生阳,动极而静,静而生阴,静极复动。一动一静,互为其根,分阴分阳,两仪立焉。阳变阴合,而生金木水火土。五气顺布,四时行焉。"这说明船山的宇宙论结构明显受到周敦颐《太极图说》的影响。只是,船山把变合置于五行之后。比起周敦颐,船山更加强调"阴阳变合"的环节。

"变合"是船山哲学中的一个重要范畴。在宇宙论上,变合是船山所理解的宇宙演化的一个重要机制。宇宙如果只有二气五行,没有变合,就无法生成。因此二气五行的"变合"是宇宙得以生成万物的关键。而正是生成造成了善与不善的分化,即从源始的无不善之气分化为善与不善的气化结果。

3. 船山阐述了他的理气观:就天地间的理气而言,理不是气外的独立实体,理只是在气上表现着的;一阴一阳、分合聚散的运动是气,理是气的运动变化的"主持调剂者",即主宰调节者。这个主宰调节者并不是神灵,而是指气的运动聚散的法则和规律,理起着主导变化的方向、节奏的作用,决定聚散的方向和数量变化。凡气都有理在其中起作用,没有无理之气。

船山的理气观认为,"理"是"气之妙者",也就是说理是造成气的莫测变化的主导和根据。天地之间没有离气独存之理,理在气中。气能够形成有形质之物,而在气形成物体的同时,原来气中的理也随即在物中成为物之理。船山对理气的说法不少同于朱子,但船山不像朱子那样往往用实体化的理解或说法处理有关"理"的问题,在这一点上,船山与元明时代理学关于"理"的理解的"去实体化"发展是一致的。而船山理气观与朱子学的不同处,更多地在于船山运用其理气不离的观点对许多具体问题的讨论,在这些讨论中可明显看到,凡朱子学表现出重理轻气的地方船山必强调气,凡朱子学言气离理的地方船山则注重理,凡朱子学的说法中容易把理气变成各自独立的二物之处,船山必定强调理气合一。由此可见,我们有理由把船山理气观的要点归结为理气互体,理气合一。

4. 由上所述,我们对《读书说》时期船山的气体论和气善论思想已有了比较清楚的了解。气体论一方面是船山哲学宇宙论的基础,另一方面是其气善论的论证。从气善论的基本立场出发,船山把宇宙的演化分为两个基本的阶段,即变合以前的气体阶段与变合以后的气化阶段,气体即气之体,亦即气之实体、气之本体,指传统宇宙论的太极、阴阳。气之本体的特点是源始、浑沦、无动、无不善。源始是指它是气化之前的宇宙根源,浑沦是指其尚未分化、没有生成,无动是指没有运动,无恶即无不善。船山宇宙论模式所体现的对濂溪、横渠的复归,值得注意。不仅如此,船山还把气之本体称为"诚",并且认为四气便是四德,阴阳便成五性,仁义便是阴阳,气自身便是德的根源。气化即气之用,在气化阶段阳变阴合,生成万物,生成善恶,理作为气化的条理得以呈现。从而,在理气关系上,船山主张气是实体,理是气的理,气决定理。

在船山的这一套论说中,主旨是以"气善说""气体说"来反对"性善气不善""尊性以贱气"。这种对"气"的重视,一方面是出于船山对"乾坤并建"二元平衡方法论的贯彻,对于朱子学的尊理抑气论的反拨;另一方面则是由于,明代思想中气的观念越来越受重视,无论理学、心学都是如此。从理论思维来说,也可以这样认为,在经历了元明理学在"理"的理解上的去实体化转向之后,理不再是首出的第一实体,而变为气的条理,因此人性的善和理本身的善,需要在气为首出的体系下来重新定义,气善论在这个意义上正是为人性和理的善提供一个新的终极的保证。这使得北宋前期以来发展的气本论,作为儒家思想的体系,终于获得了其完整的意义。事实上,这也是清初许多思想家的共同主张。

5. 船山后期《正蒙注》的体系,就哲学形态而言,仍然是"宇宙论中心取向"的体系,此种论述体系明显是回归于张载、周敦颐思想的形态,而与程朱陆王不同。船山《正蒙注》的自然哲学仍是一以"气"为根本观念的体系,其主张是:

太虚之中充满气,所以太虚即气,虚空不虚。太虚之中缊缊不息,是万物资始的本源,也是万物起聚散归的本体。太和缊缊之气不可象,清通湛一。但其中有阴阳,而阴阳在太和之中浑沦无间,故称太和。太和的存在形态既是最原始的,也是最本然的,又是最完美的。太和之中有气,气则有理,气则有神,故太和中有理有神。

太和有阴阳两端之体性,含分化变动之几,这是太和含神起化的根据。阴阳二气从太和分化而出,动静摩荡交感,阴阳二气凝聚为物,每一物皆具阴阳。阳性不安于聚而必散,故形谢气散而归返于太虚。万物在一个或长或短的存在时期之后,都要归返于太虚。

在万物凝聚的过程中,影响万物生成的差别,主要是凝聚所乘的时位不同会影响人物的形性,时位相得为人为上智,时位不相得则为禽兽为下愚。用时位而不是用气之精粗来解释人与物的差别,这是船山气化论的一个特点。人的形体在死后消散为气,而人的性和神也都将随形散之气复归于太虚。

除了形神观而外,这些思想基本上都是继承了张载的思想,没有明显的不同。而《正蒙注》对张载的发展在于,进一步提出和强调了"缊缊""动几",并结合了周敦颐的"诚"的观念。值得注意的是,《正蒙注》虽在船山晚年写成,但其中年《读书说》中的宇宙论与其晚年《正蒙注》中的宇宙论基本相同。

6. 当然,船山建立气之本体的观念,从一开始,就不是仅仅出于宇宙论的兴趣,而是和善恶根源的问题相联系的。他说:"在天之变合,不知天者疑其不善,其实则无不善。唯在人之情才动而之于不善,斯不善矣。然情才之不善,亦何与于气之本体哉!气皆有理,偶尔发动,不均不浃,乃有非理,非气之罪也。人不能与天同其大,而可与天同其善,只缘这气一向是纯善无恶、配道义而塞乎天地之间故也。"天即气之本体,没有不善。不善是在变合后产生的,所以以变合产生的不善与气之本体没有关系。变合而产生善与不善的分化,这并不是气的责任。相反,人之所以能够仿效并达至天的善,正是由于气体本来是善,而能配合人的心性修养达到浩然充满的境界。

船山还把天道的"理气"和人道的"情才"放在一起而论其善恶:"理以纪乎善者也,气则有其善者也(气是善体);情以应夫善者也,才则成乎善者也。故合形而上形而下而无不善。""纪"是调节、导引的意思。这是认为,理是导引于善的,气是实现善的,情是响应乎性善的,才是成就善的。理、气是形而上的,情、才是形而下的,理气善则情才皆善。在这四者中,比起前人,船山突出了"气是善体",即气在善的完成中的基础地位;也肯定了情和才可以为善,是善实现的条件。

但是,情才只是可以为善,而非必然为善。"情以应夫性",情的作用是能够响应、对应于性,但情本身并没有确定的方向,这叫做"无适应"。由于情的方向并非一定,所以情不必然为善。"才则成乎善",才是成就善的材料条件,而材料是有待于完成的,也就是尚非完成的。所以才是善的材料,但不是善的完成。这些都与气体的本善不同。

在恶产生的根源问题上,有人把不善归因于"才",有人把不善归因于"气质之性",更多的人把不善归于"物欲",以及其他把不善归根于"气"、归于"形色"等等说法,这些船山都不赞成。船山认为不善的发生根源不在别的地方,而在于"情"。其实,形色、才、物欲、气禀都可统属于"气",船山在根本上肯定气善论,使得他对于与气相关的其他各项都不抱否定的看法,从而也使得他到"气"外去追寻不善的根源。

船山并在恶的根源问题上,归罪于情,这种罪情论和他的尊气论恰成对比,与朱子学把情归为气不同,"尊气贬情"是船山思想的主要特点。

7. 照船山《孟子说》的看法,孟子是从现实的相近人性"推其所自",推原人性的根源,发现它们的根源是一致的相同的,所以说性善。孔子则是就现实的人性观察,来做判断,所以说性近。现实的人性与人性的本源是不同的,其不同在于,在宇宙论上,从人性的本源到现实的人性已经历了一个从"一"到"分"的演化过程,从而使现实中的人们的人性不再是相同的一致的,而是相近的。相近就既不是"一",也不是大"异",不完全一致,所以不是"一",但大同而小异,故是"近"。这就是所谓"于质见异而于理见同,同以大始而异以殊生",于理见同是指同以大始,于质见异是指异以殊生。同以大始(《易》云乾知大始)即人性的发生学根源是相同的,异以殊生指人的身体形质各个差别。船山认为,性应当指气的调节者而言,也必须落实到每个个体的身体形质上说。

船山的这个讲法实际是说,孔子讲的是人性,孟子讲的不是人性,而是人性的源头。正如前面所叙述的,人性的源头即人的形体未生、未成以前,而禀气成形以前的天地理气是命而不是性。故船山认为,孟子讲的性实际是推原性之所自,即二程所说的极本穷源之论,讲的是"人生而静以上"事,因此船山认为孟子讲性善的性其实是命,《孟子说》的性善其实是命善。命是无不善的,命是天命本然,是性的源头,所以由源头的善而说人性亦善,这也是可以的。但是真正来说,性是随所在的特定气质而分殊凝定的,分是指从源头到特殊的气质而分化,凝是指从流行的天理变为限定在一定气质之中的理。从本源的命到个人的性,是"一本万殊"的过程,既是万殊就不可能是"一"了。用《周易》的语言来说,命属于"继之者善",故说"命者天人之相继者也";性属于"成之者性",而"成之"就是指形质。质成形而性随之以凝。质从命接受来的是性,但已不是源头的一本,而成为各个相近的万殊,故不能说性善,只能说性近。从哲学的论证而言,这种以"继善"和"成性"来区分天理与人性,也是朱子学所本有的。不过,后期船山思想不再强调性近说,而回到性善论,这一点也值得注意。

8. 在船山看来,气质之性的概念,不应当指人性的一种内涵、一种倾向,而是指人性与气质的内在关系。本来在宋明理学里"气质之性"的概念与"天地之性"的概念(或本然之性或义理之性)相对,是注重强调人性中代表气质作用的一面,以说明人的情欲的宇宙论根源。船山则认为,气质之性,就如同其字面的意义一样,应(在存在的意义上)指一定气质的属性,而不是(在价值的意义上)强调其代表气质的作用。在这里,气质两字加在性的前面的意义,是说这个性不是脱离气质独立自存的性,而是依赖于气质,作为气质自身的属性、规定、条理的性。船山强调的是,所谓性即理,不是把性作为借寓于气质中的神秘实体,而是指性即气质之理,性即属于一定气质本身的属性和条理。这一讲法与明代理学人性论的变化趋势是一致的。

在性与气质的问题上,船山不仅反对天地之性与气质之性的二元人性论,还对朱子后学的一些提法提出了批评,如他对新安陈氏的"性寓于气质中"的说法加以批评。其实,"性寓于气质中"的说法以及"非气质性何所寓"的说法都来自朱子,并非新安陈氏的发明。船山在这里强调,性和气质的关系不适合用"寓于"这样的表达,因为"寓于"容易被理解为一种外在的关系,即"寓于"的说法虽然也表示理在气中,但这种"在"不是内在的"在",好像是另外一个本来与气无关的实体藏栖于气之内。而船山所理解的作为气质中之性的理当然也在气之中(不会在气之外),但它是此气自身的条理、属性。于是,对于一个人来说,气质不是性居住的一个场所,因为场所是可变换的,而一个人的性和此人的形质是一种不可变换的内在关系。

正是在这个意义上,船山甚至反对使用"性在气质中"的讲法,而始终主张的是"气质中之性"的提法。"性在气质中"和"气质中之性"的这个区别,在一定意义上正如同我们现在强调"在"和"的"(如"哲学在中国"和"中国的哲学")的区别一样。这一点才体现了船山与朱子理气观念上的最基本的分别,这也是明代中后期思想的共识。换言之,在经历了明中期以来的在"理"的理解方面的"去实体化"的转向以后,哲学家都走向了这种气质之性的人性一元论,而这种人性论使得孟子的性善论在儒学中的论证受到挑战,从而形成了儒学发展和经典诠释的新课题。

船山还认为,气禀之性是形而有之性,即气聚成形才有的性,故特定形质带给它的限定性和特定倾向是不可避免的。但二程所说的这种气禀之性不必然全为不善,人的努力仍然可以使此形而有之性通于天之本性。他还认为,二程把气禀理解为人之所受,而且是人出生时一次性的获受,以后再无改变;孟子把气禀理解为天之所命,而天之所命于人的,是终身不断所命予的。于是人的气禀,在一生中不断地受命成性,决不是一次性完成的。这一切是何以发生的?这是来源于天道。用《易传》的话来说,这是因为,一阴一阳时时刻刻都是道,故继之者时时刻刻都是善,从而成之者时时刻刻都是性。换言之,一阴一阳的运行、继之者、成之者,都是时时刻刻在进行着的。

9. 船山提出圣人有欲,这里的欲不见得就是指一般所说的感性欲望。但就命题而言,他肯定圣人之欲即天之理,认为理欲合一是儒家圣人观的合理结论。船山认为"天无欲,其理即人之欲",即相对于圣人的理欲合一,天就很难说理欲合一了,因为天没有意志欲望,但可以说天之理即表现为每个人的欲求的合理满足。他又说"学者有理有欲",这是指人的自我包含理欲两个方面,自我作为性理,若能充分实现(尽己之理)就能与百姓的欲求相合。自我作为欲求之情,若能推己及人,絜之于百姓之情(推己之情),就能合乎天理。每个人的欲求得到满足,就是天理的大同。这就是忠恕的道理,也是治民的道理。船山透露出他的思想,即理和欲不是互相排斥的,而是互通的。从这里也可见,船山思想中情和欲不是分开的,是互相包含的。

船山也同时肯定消人欲、明天理的实践,并把它看做诚意、致知的工夫。如"克伐怨欲"都是私欲,都应当"去",应当"除"。船山在《读四书大全说》中多次提到"消欲明理",并加以肯定。另一方面,船山虽不否定"遏欲"的工夫,却很强调认清遏欲和存理两种工夫的各自特质和相互关系。船山注重区分遏欲和存理两种工夫,他认为这两种工夫都需要,但首先要分清两者的不同。遏欲的工夫重在明辨出私欲,而存理的工夫重在慎重地思考。

船山认为复礼的道理也就是《周易》的复卦的道理,程颐主张复卦动见天地之心,故礼是随动而表现的,动就是变合,变合在人即是情欲,故礼是随人的情欲而表现的,人欲即饮食男女,礼即是理。从宇宙论的普遍性上说,阳往往寓于阴,静每每因于动,故理寓于饮食男女而表现,在这个意义上,理不离欲而独立存在。船山的理欲观主要是针对于佛老的禁欲主义,他认为老子的五色目盲和五声耳聋说、佛教的禁欲修行,都是"贱欲"论,成为对人欲的整体否定。同时,船山也表现出,他认为颜子之学注重去私欲,而孟子之学肯定形色的正当性,胡宏对天理人欲的"同行异情"说是对颜、孟的综合,最为正确。这些思想与明代中期以来重视理欲平衡和形色天性的论说是一致的。

船山提及的所谓公欲,实即孟子所劝告梁惠王的"与百姓同之"之欲,就是说,我有好色之心,我也要让天下人民的好色之心得到满足,从而,公欲的实现也就是公理的体现。所以,公理不能离开公欲,公理是在人民对声色货利的普遍满足中实现的。因此船山认为:"孟子承孔子之学,随处见人欲,即随处见天理。"这个思想可谓"即欲见理",也就是在欲上见理。这个思想是说,人欲必须随处受到天理的调控,而天理又须在一定的人欲中实现,总之欲不离理,理不离欲,即理即欲,即欲见理。

10. 由于船山将欲区分为人欲、私欲、公欲,所以不能以为船山对于"欲"持无条件的肯定,事实上在"克己"的问题上,船山主张用礼的节文"克去"过分的欲望,这一点在《孟子说》中也有表达:"因是而节文章焉,则其有淫佚而太过、鄙塞尔不及者,固已如衾中蚤虱,克去之而后寝得安焉。当几但加警察,则已净尽而无余。"净尽之说本于《论语·

先进篇》朱子注"人欲尽处,天理流行"及朱子弟子辅广"须是人欲净尽,然后天理流行"。可见船山仍主张克去私欲,使之净尽,从而复礼。所以船山有时也在负面的意义上使用"人欲",如说:"大抵人欲便妄,天理便真。""三子之得为圣,是他人欲净尽,天理流行,故造其极而无所杂。"

如同宋明理学的学者一样,船山对"欲"的概念也往往在不同的意义上使用。因此,如果欲是指私欲,船山与其他宋明儒者一样,赞同去欲消欲之说,以确立修身的基本途径。如果欲是公欲,船山以之为恕道的基础,作为推己及人的根据,以实现仁政和社会大同。如果欲是泛指一般的欲求,则船山重视人的正当欲望,主张理欲合一,主张以理贯穿于功利事项;船山并且赋予此种理欲的联结关系以宇宙论的意义,使得其理欲论与理气论的宇宙论具有一致性;这既坚持了儒家个人修身的道德理想,又改变了程朱陆王理学的非功利主义的倾向,这种思想实际上是主张道德主义和功利主义的统一,这也是儒家在内圣之外同时重视外王思想的必然趋归。事实上,船山的这种理欲说与明代后期许多思想家的理欲观是一致的。就船山而言,这种理欲合一说及其对理欲割裂的禁欲主义的批评,其主要出发点是反对佛老的人生哲学,以及警惕佛老思想在儒家内发生影响。船山的理欲说和人性论还表明,主张气质之性论的思想家并不就导致对感性情欲的张扬和无条件肯定,两者之间并没有必然的联系。

船山进一步认为,只讲以道德理性主宰感性情欲,只能成为君子,还不能完满地实现尽性至命的圣人境界。尽性至命就是把人的一切发展可能性全部实现出来,包括生死大命。而要达到尽性至命就不仅要"理居以治气",还要"以理养气"。以理治气和以理养气既是两个方面,也是两个阶段,船山的这个思想可谓是孔子的"克己"说和孟子的"养气"说的结合。

11. 针对朱子以四端为情的思想,船山提出,孟子四端之心的讲法,只是从情上说心;所以孟子是以四者为心,而不是把四者当做情。

恻隐羞恶辞让是非四者不是情,喜怒哀乐才是情,即人的情感。四端和喜怒哀乐的基本不同是,四端是道心,喜怒哀乐是人心,二者虽然往往一起出现,但体已不同,因此道心不能叫做情。在朱子,性是体,情是用,心统性情;仁义礼智是性,是体,恻隐羞恶辞让是非是情,是用。在朱子,四端是情,又是善端;船山以情为不善的根源,但肯定四端为善,所以船山必须把四端和情加以分别。

船山声明,在气与性(理)的关系和性与情的关系上,他与程朱陆王都不同,在气与性的关系上,他反对尊性贱气,认为程朱贬抑气,把人的不善归于气,这使得性和气的平衡关系遭到破坏,结果将使性脱离其所依托的载体(性托于虚)。在性与情的关系上,他也反对朱子学性体情用、性发为情的思想,认为这把情抬高了,这使得性失去了对情的调控地位。这样一来,就使得船山心性情论在总体上突出地表现为"尊气贬情"的特点,即主张"气"是善的根源,而"情"是不善的根源。由此可见,与中国哲学史上以往的情恶论不同的是,船山对情的否定的看法是和他对气、欲、形色的不否定相联系的,加上船山的辩证思维使他在宣称情为不善之源的同时,也肯定"情"在行为动力学上的不可缺少的作用与地位,这些都使得他对情的主张,有着由其体系所决定的自己的特色。

12. 朱子对心统性情的解释主要有两种:一是心兼性情,一是心主性情。船山以"兼"解释"统",合于朱子的思想,而他的具体解释有其特异之处,即认为"统"字的好处是可以显示性对于情的优先性,显示性与情不是并立的。同时,船山不赞成心主性情说,强调心只是主情,而不能主性,就是说,心是情之主,但不是性之主。这一点虽然与朱子不同,但其出发点在于强调性对心的导向作用,反对陆王的唯心说,与朱子又有相通之处。

在朱子的心统性情说中,心统性情的"统"字是指涵受而言,即包括之义。而船山认为,孟子的"恻隐之心"等"心"的用法,是把心作为性之发见、作为性理乘载于情的表现,在这个意义上强调性表现在心;

而这种"性在心"的用法,也就是以性为体,以心为用。

　　船山主张,性为心之所统,即性不能离开心,心包含着性;心为性之所生,即心不是离开性的独立知觉,是受性的支配而产生的。船山认为,基于如此的原因,孟子有时甚至心性不分,直接把仁称为人心,其原因就是这种心表现了仁义之性。孟子讲的仁义之心是以仁义之性为直接根源的,所以性是心中所含所统,心是在性的作用下产生活动,故心与性虽然不同,但不能被分别成互无关系的两者,要看到心与性之间的一致性。可见,船山很重视心性之分,但也强调心性之"一",反对心性为"二",这里的"一"是指心与性的一致性,强调性对心的作用;这里的"二"是把心与性完全分开,以心为与性无关的独立知觉。船山上述论述的主旨是通过强调性对于心的这种作用,以及心与性的交互关系来反对以心为知觉的看法。这种看法显然是"性宗"的立场。

　　船山认为,如果仅仅说心的功能,那么心是指灵明知觉;心字前面加良,表示道德之心。心的一般功能就是虚灵不昧、能够具万理应万事。心的知觉的功能无善无恶,而能认识善;但其自身不能永远为善。只有通过养性的工夫,在性的主导作用下才能保持心为善。"圣贤言心,皆以其具众理而应万事者言之。"这个说法本来自朱子,说明船山赞成朱子的心性论的基本观点,即心涵具理,但心不即是理。良心、仁义之心固然是理,但人之心的功能和内容不止于良心。

　　13. 船山对《大学》的解释,其特色在"正心"这一条目。他认为正心的心不是"心统性情"的心,或"虚灵不昧"的心;如果"心"是"心统性情"的心,或"虚灵不昧"的心,这样的心有善无恶,无有不正;在这样的心上也无法施加"正心"的工夫,"正心"的工夫一定是对于可能不正的心所施加的。另一方面,如果说"正心"的心即是用以支配视听言动一切行为的已发的意识,那么这种与外物相感通的意识是属于"意",是"诚意"中诚的对象,而不是"正心"之正的工夫的对象。什么才是"正心"所说的"心"呢?船山的主张颇为特殊,他以为正心之心应当用孟子所说的"志"来理解。无论意的已发或未发时,志始终都"在";这种"在"的状态的体验是,无论意之已发未发,人会自觉到胸中有一比意欲念虑更为根本的主导性东西,这就是志,也就是正心的心。

船山认为,就此正心与其他条目的关系而言,当意之已发时,要以正的志心为主宰,以志心为准则来检验意、转化意,进行诚意的工夫。当意之未发时,虽然没有好恶出现,但仍须存养保持此正的志心。船山把这个心叫做心之本体,认为这才是修身与诚意之间的"正心"工夫,认为应当这样来理解朱子"心者身之所主"的意义。从船山的思路来看,他一方面着重把正心之心与"明德之心"区别开来,以显示出正心之心的经验性;一方面着重把正心之心与"意"区别开来,以显示此正心之心的主宰性。

14. 船山后期《正蒙注》的心性论认为,以仁义礼智为内涵的人性来源于太和的健顺之性,来源于气化的天地之理,人性中的这些内容即是天地之性。在这一点上,其思想和理学中程朱派是一致的,尽管他不以理为宇宙的根源性实体。他认为,人性之中除了天地之性以外,还有由气化变合带来的气质之性,其内涵是指声色臭味等。这种天命—气质二元论的人性论也是与理学传统一致的(这一点与《读书说》时期的一元论不同)。船山认为人的心相当于小的宇宙,天之太虚在人心体现为心神的清虚能通,这是人心的本然之体;天之气化在人表现为心与物的相感,而发自耳目口体等形体的知觉,受到形体的限制,难以与其他个体的形体相通,其攻取体现了天化中的浊碍不通。这样,船山就把"天"的"本体清虚而通——客形碍而不通"的模式复制到"人"的说明中来了。他还认为,天以神御气,形体中的气禀受于天,故形体的气在人之身,也是受神的指挥,受理的主宰。所以天以神御气,人也应当以清通的心神,突破形体耳目的局限和阻碍,这样就能统御形气,达到物我合一,死生一致的境界,最后死而不亡,全归太虚。

15. 宋明道学的为学工夫论可有狭义和广义两说,以船山为例,狭义的工夫论就是存养省察,广义的工夫论则加上格物致知。当然也可以把狭义的工夫论称为"工夫论"，而把格物致知称之为"为学论"。总起来看，船山工夫论的基本框架是存养、省察。这一源于宋明理学的基本框架可以有不同的表达方式和变形，如船山也常用"静存动察"，静存即存养，动察即省察。又如船山也习用存理、遏欲，存理即存养，遏欲则与省察有关。船山工夫论的大要是："养心之功则在遏欲存理、静存动察之学。广术之功则在学问思辨、格物穷理之事。"可见船山把工夫分成两大类：一类是心性工夫，一类是学问工夫，他据朱子《孟子集注》中"远庖厨者，亦以预养是心，而广为仁之术也"的说法，把前一类叫做养心之功，把后一类叫做广术之功。心性工夫即存养省察、遏欲存理，学问工夫即学问思辨、格物和致知。船山认为两种工夫都需要。

宋儒以"性之""反之"作为一对范畴，"性之"表示完全因顺于本性而无须努力的工夫，"反之"表示一种努力的工夫。但船山的用法与宋儒不完全相同，他认为"奉性以正情"是"性之"，或者说"性之"是指"奉性以正情"的工夫，也就是以"性"为标准、为主导来纠正"情"，使情有所范导，把"情"保持在正确的方向。这种工夫主要体现在喜怒哀乐未发时的存养；未发时存养工夫深厚，已发时人心自然听命于道心，情自然导于性。船山指出，这种只用未发工夫，而不用已发的省察，只适合于圣人。而对于为学的君子们来说，既要有未发时静中存养本性的工夫，更要有已发时的省察工夫，船山强调，特别要注意在由静发而为动的最初时机，即所谓"动几"，要在此时努力省察；察觉到有欲，便用义心去克服它；察觉有怠，便用敬心去战胜它，这就是"反之"的工夫。

圣人与君子的分别在于，圣人之学主要用存养，而省察的效果自然而显；君子之学主要用省察，以慢慢使存养工夫熟化。但不论反之还是性之，都不是自然无为的，都是"不舍修为"的。船山在这里既区分了存养和省察的地位，又反对了宋明道学工夫论中自然主义的一派，强调修养工夫的重要性。

总之，船山在《孟子说》中表达的工夫论，强调与佛老工夫的分别，既重视集义工夫的统率，又重视养气的作用；既重视存养，又重视省察；

既重视遏欲存理,又重视思辨格物,其工夫论在总体上与朱子学的工夫论较为接近,受到《四书大全》中朱子学工夫论的较大影响。

16. 船山后期在《正蒙注》中强调"存神尽性"的工夫。大体上,我们可以说,存神的工夫有本有用。在本的方面,存神最主要的观念是存养其清通虚湛的心神以合于太和本体。在用的方面,存神一方面是要凝聚收敛虚灵明觉,另一方面就是充分发挥人心的良能,即人的与生俱来的虚灵不昧的知觉能力。存神尽性的为学意义是既要穷理,也要涵养;存神尽性的伦理意义是破除物欲的阻碍;存神尽性的工夫极致就能达到化物不滞、万物皆备、物我为一、死生为一的境界。而存神尽性的宇宙论意义,便是形死而神不亡,使神无所损益,全归太虚;这已经是一种超道德的、带有准宗教意义的宇宙意识了。

17. 船山强调,如果不能知生知死,不能对生命的根源与死亡的归宿有完整的了解,那就不能了解善恶的意义,不能理解为善去恶是人性固有的当然,从而会认为善恶的分别是没有意义的。如果以为为善去恶不是人性固有之当然,善恶分别是没有意义的,那就会导出三种不良的发展:一是纵欲主义,抛弃一切伦理规范以追求个人的私利;二是虚无主义,认为善恶对于人的生命是多余的,人生的一切在死后都消灭无余,所以生命和善恶都没有意义;三是自由主义(这里的自由主义是一借用概念),追求生活的无规范无拘束,随心所欲,而最终变成为一种猖狂的人格形态。第一种人即世俗小人,第二种人即佛老之徒,第三种人指王门末流。所以,对宇宙和生命的"原始反终",其根本目的是使我们能够确认"善"是本性所固有,"为善"是我们天生的责任,认识到生命为真实,死亡不可怕。

船山指出,《正蒙》解决这一问题的进路是,确认阴阳变化宇宙的实体基础,屈伸生死是自然的普遍法则;阴阳和屈伸是人道大经的本源,人道是从阴阳屈伸中得以引申出来;从而,人的言行及人生的一切都在气化聚散之中而不会消灭,也都在天道皇皇的流行之中而受其往复,对生时的善待便是对死后的善待,生时的善对于死后有影响、有作用;如果明白这些道理,就能真正了解"存神尽性"是人性的良能,人生的当然。

船山所理解的《正蒙》的宗旨和意义,实际上是阐明了他自己的思想关怀和主张。在《正蒙注》中船山所强调的核心的基本问题是生死与善恶的问题,即"贞生死以尽人道"。在船山看来,如果不能认清《正蒙》的道理,生命就没有价值目标,一切价值如同大海的泡沫,人就不能"安身立命"。可见,船山的思想的要旨是要立基于儒家的生死观和善恶观来解决人的"安身立命"的问题。

船山的思想,在一定的意义上看,具有自然主义的特点,因为他要把善恶的问题追溯到自然的生死,追溯到阴阳的屈伸,试图以阴阳屈伸的自然来说明价值的根源。但是,在基本出发点上看,其基本关怀是人道的、价值的,所以尽管他对善恶根源的哲学论证诉之以气学的形态,船山思想中包含了自然主义和辩证法,但船山思想在总体上又不能简单归结为自然主义,更不能归结为一种与人文价值无关的自然辩证法。

18. 船山对《正蒙》大义的解说,当然都是根据他自己的观点所做的"诠释",从而也以此种方式显现出他自己的思想主张。换言之,《正蒙注》对《正蒙》大义的说明即是船山对自己思想的说明。而由以上论述可知,船山思想的主题可归结为:"原始终以立中道","贞生死以明善恶","存神尽性以全归本体"。

船山自己思想的终极关怀在于"全而归之"。他批评程朱的过分自然主义的生生说,认为气之生生说不仅不能恰当说明人物的所从来、所以往,而且会导致善恶的意义的减失。他始终不能接受程朱对张载的异议,正是因为这一点对他具有根本性。他主张絪缊之气即在器物之中,絪缊是不可毁灭的,故形器解体而不可象的气之神则未尝消灭。而人的一生中的积善积恶也绝不会随生命的死亡而一朝化为乌有。在他看来,从理论的功能上说,如果主张人们的善恶行为随一死而消散无余,那么人们就会认为,圣贤和盗贼、大善与大恶,归宿完全相同,他们的分别没有意义,从而使人无所畏惧、无所顾忌地走向纵欲主义。君子知道人们的善恶行为不会随一死而消散无余,因此修身俟命,存神尽性,这样生时全面行善,与太虚通为一体,不会留下任何浊气灾眚于两间之中,这就是"全而生之"。这样的君子死后合于太虚,以全清之气回归到絪缊太和,这就是"全而归之"。

根据船山的看法,宇宙的本源是太虚中的絪缊之气,气聚而生成人物,人物死而散为气而归于太虚。聚散、生死是自然变化的必有之几。气聚为人而可见,这是"明";人物死散而归于太虚,不可见,这是"幽"。所以从生到死,是从"明"转变为"幽",是回到本源的存在,而不是从"有"消灭为"无"。这一"死而适得无体",在船山更表达为"全而归之",也就是"存神而全归其所从生之本体"。船山最特别的地方,是他指出《正蒙·太和篇》的宗旨是"存神尽性,全而归之"。全而归之的归之,即是归于其本体,这本体就是太和絪缊,所以船山说:"鬼者归也,归于太虚之絪缊也"(《可状篇》)。与张载不同,船山所说的"全归"的实现有其工夫论的前提,人并不是在死后便可自然地"全归"其所从生的本体,"全归"实是"存神"修养的结果,这就是说,有存神的工夫才能全归本体,没有存神的工夫则不能全归本体。也就是说,有存神的工夫才能生时"不失吾常",有存神的工夫才能死后"适得吾体"。

王船山思想的落脚之处是在生死—善恶的问题,这是船山晚年思想的核心和要义,其他的复杂的理论辨析和概念组织都是围绕此一核心的外围建构和展开,或为这一落脚点所铺排的理论前件。他的所谓"气论"也不可能离开这一基点来理解。这种观念不仅受到宋明理学的明确影响,也可能受到明末善书和民间宗教等流行的善恶报应论的刺激,包含了他所亲历的明末的社会动乱与天崩地解的经验。

全面而言,船山思想的主导的意识,仍是如何克除佛老的影响,建立正确的儒家的人生价值观,这正是北宋道学的主题,在此意义上,船山不仅是宋明道学运动的继承者、参与者,也经他之手的发展,使得自张载以下到船山这样一个宋明道学内部的发展形态,清晰起来。这个形态,从宋明思想的实际历史来看,是道学主题之下的一个非主流的发展;但从思想的特质而言,就清代而言,却未必不是一重要的流向,从而可视为"后理学时代"开端的代表。而无论如何,船山是一个一心重建儒学正统以排佛老而正人心的儒学思想家,这个面目是清晰的。

"全而归之"的论述,显示出船山思想中的一种根深蒂固的意识,即人对于宇宙的责任意识,而所有的意义都是建构在这一责任意识上的:即人对于宇宙的原生生态的保持和净化,是一件具有根本意义的事情;人要以善生善死来承担起他对宇宙的这种责任。船山把这样一种意识作为其整个思想的基础和目标,来发展古典儒家的"事天"之说,这不能不说是值得注意的。

总之,本书详人之所略,略人之所详,以"宋明道学与王船山"为主题,围绕着船山对道学文献的诠释和评论,从宋明道学的历史发展和问题意识出发,把船山置于整个宋明思想史的发展中来考察,重点阐发船山的气善说、气性说、罪情说、持志说、全归说等,以揭示其本体论、心性论、工夫论、解经论、人生论、宇宙论的主要思想,及其在宋明清哲学思想史上的意义。

读 《大 学》

第一章

船山的《大学》诠释及思想特色

道学判释

智为性体

明德之心

持志正心

以诚灌意

守理不动

格致相因

余论

　　船山身处天崩地裂的时代，以《春秋》大义为安身立命之首。而船山学术入手处，乃在《周易》及《老子》，此亦与时代的变易、时势的陡转以及士人如何审时度势的需要密切相关。其中岁以还，始留意《四书》及其他儒经传释，晚年归本于张横渠《正蒙》之学而深加发明。[1] 以往船山哲学的研究，在天道观、历史观等方面成果甚多，[2] 本章则以《读四书大全说》中船山论及《大学》部分的思想为对象，试图呈现其中的心性儒学作为船山哲学之部分的意义，及其思想与宋明道学运动的关联。

一　道学判释

今传本《读四书大全说》定稿于康熙四年,王船山时 47 岁,许冠三谓该书"乃夫之就四书学源流以阐发其心性论与天道观之第一部述作,旨在假宏道以创新"。[3]观许说之意,似船山借弘扬儒道之名,以开展其思想创新之实。其实,船山对于儒学传统,对于儒家经典,对于孔孟程朱,都怀有真实的尊重,其传承发扬孔孟之志,亦本其真心而发,而船山的《读四书大全说》乃是对朱子学派四书诠释的"批判的总结"。[4]因此,一方面,船山的思想创新和经典疏释仍然是在儒家思想的范围之内,另一方面,由于船山并未将自己定限于程朱或陆王的任何一派,故又显示出其相对独立的性格。

《读四书大全说》是王船山思想成熟后的作品,但此书并无船山的自序,故难以知其最初写作的缘起。通观此书,应为船山阅读《四书大全》的笔记,其目的包含着澄清自己的思想,这与后来的《四书训义》作为诸生的讲义性质不同。不过,我们说此书是《四书大全》的读书笔记,并不意味着船山此前未曾读过这部明代士人的必读书,毋宁说这是船山思想成熟后欲通过对经典的重释而建构其思想体系的系列活动之一。

因此,船山的此书与朱子的《四书集注》不同,朱子是用大半生的精力处理四书的注释,体系完整精密,在其中兼有文献学和思想家的双重工作;而船山则大体上是顺《四书大全》的脉络,以朱子《章句》《或问》相比照,随处下笔,记录其思问心得,或发明《大全》本来义理,或指摘前人注疏之误,体系自不明显。与明代为朱学者和为王学者宗派性地依傍朱熹和王阳明不同,王船山学术既具有鲜明的批判性格(critical),又有其孤发独诣的创造诠释(creative)。

对于《四书大全》而言,船山的读书札记可称是"批判的阅读",但是这里的"批判"并不意味着整体的反对或颠覆,而是指分析的、不盲从的独立态度和精神。事实上,通过《读四书大全说》可见,船山与同时其他著名思想家相近,也是以承认《四书》的经典性、程朱的权威性、儒学的正当性、道学概念的意义性为前提的。如船山在解说《大学》最后"是故君子有大道,必忠信以得之,骄泰以失之"及朱注"盖至此而天理存亡之几决矣"时指出:"上推之天理,知天之为理乎物者则然。下推之人事,知天理之流行于善恶吉凶者无不然。此非传者得圣学之宗,不能一言决之如此。而非两程子,则亦不能极之天道,反之己心,而见其为功之如是者。"[5] 天之为理乎物,是指天赋予万物以天理,这是讲理的规范性;天理之流行无不然,是指天理流行于事事物物,是讲天理的普遍性;传者得圣学之宗,是指《大学》传文的作者掌握到圣学的宗旨;两程子即二程,认为二程能达天道之极。船山在本书中还敬称《大学》经文为"圣经"。这些都说明船山对"圣学""圣经"的尊重,对二程的推崇,以及所受到的理学"天理论"的深刻影响。

船山对宋明理学的态度,其最著者见于其晚年的《张子正蒙注》序论,其推崇周张二程,肯定朱子;批评朱门后学,力反陆王,可谓晚年定论:

> 宋自周子出,而始发明圣道之所繇,一出于太极阴阳人道生化之终始。二程子引而伸之,而实之以静一诚敬之功。然游、谢之徒,且歧出以趋于浮屠之蹊径,故朱子以格物穷理为始教,而檃括学者于显道之中。乃其一传而后,流为双峰、勿轩诸儒,逐迹蹑影,沈溺于训诂。故白沙起而厌弃之,然而遂启姚江王氏阳儒阴释诬圣之邪说。其究也,为刑戮之民、为闾贼之党皆争附焉,而以充其无善无恶、圆融理事之狂妄。……
>
> 学之兴于宋也,周子得二程子而道着。程子之道广,而一时之英才辐辏于其门。张子教学于关中,其门人未有殆庶者,……故道之诚然者不著,贞邪相竞而互为畸胜,是以不百年而陆子静之异说兴,又二百年而王伯安之邪说熺,……使张子之学晓然大明,以正童蒙之志于始,则浮屠生死之狂惑,不折而自摧;陆子静、王伯安之

蕞然者,亦恶能傲君子以所独知,而为浮屠作率兽食人之伥乎?[6]

可见,船山不仅对于道学史已有相当程度的熟悉,对道学创始人也十分尊崇,独对陆王,批破甚严。[7]船山对陆王则不假辞色,而对朱熹始终称朱子,尤推崇二程张载,在这个意义上,船山应当属于广义的道学范畴。这种直接接承北宋道学而对理学心学皆有批评者,在元以后并不少见。

二　智为性体

朱子《大学序》有云"天降生民,则既莫不与之以仁义礼智之性",《四书大全》载云峰胡氏口"尝欲窃取朱子之意以补之,曰'智者心之神明,所以妙众理而宰万物者也。'"又载番易沈氏云:"智者,涵天理动静之几,具人事是非之鉴。"船山加以评论发挥:

> 凡"仁义礼智"兼说处,言性之四德。"知"字大端在是非上说。人有人之是非,事有事之是非,而人与事之是非,心里直下分明,只此是智。胡云峰据朱子解"致知"知字:"心之神明,所以妙众理、宰万物",释此"智"字,大妄。知字带用说,到才上方有;此智字则是性体。"妙众理、宰万物",在性体却是义、礼上发底。……沈氏之说特为精当,云涵云具,分明是个性体。[8]

船山指出,朱子将"仁义礼智"四者并提,这里的"仁义礼智"都是指性,不是指心。因此这四者之中的"智"是性体,而"知"是心用。"性体"的概念为宋明理学家所常用,指性之本体,船山此说亦合于朱子在《大学》解释的脉络中的立意,即朱子所说"凡此四者具于人心,乃是性之本体"[9]。船山认为,在朱子的诠释中,"妙众理而宰万物"是用来描述心,用来解释致知的"知"的,而知是用,不是性体,因此他不赞成用"妙众理而宰万物"解释"智"。另外,就性体和心用的关系而言,性体是未发，心用是已发，即心用是发自于性体的，而"妙众理、宰万物"的作用，是性体的"礼"之发或"义"之发，而不是"智"之发，所以"妙众埋、宰万物"与智是没有关系的。智之发应该是是非之心，故说"知字大端在是非上说"。[10]由此可见，船山不仅受到理学体用论思维的深刻影响，也受到明代儒学"性体"用法流行的影响。

此外，在敬止的问题上，船山也体现了类似的分析，提出"敬为心体"。《大学》引诗云"于缉熙敬止"，朱子注："敬止言其无不敬而安所止也。"朱子又曰："缉熙是工夫，敬止是功效。"船山发挥朱子之说，认为："敬在心体上说，止则在事上见，仁敬孝慈信，皆安所止之事也。缉熙者，明新之功；敬止者，明新之效。"又说："敬字有二义：有所施敬而敬之是工夫，若但言敬而无所施，乃是直指心德之体。故先儒言主敬、言持敬，工夫在'主''持'字上。敬为德体，而非言畏言慎之比。"[11]他认为作为心体意义的敬，是指人的德性，与作为工夫意义的敬意义不同。这种以心体—工夫的框架对"敬"所做的分析，既可以看到船山对程朱派主敬说的态度，也可以看到船山所受到的理学的影响。

三　明德之心

《大学》开篇称"大学之道，在明明德，在亲民，在止于至善"，朱子解释明德曰："明，明之也。明德者，人之所得乎天而虚灵不昧，以具众理而应万事者也。"一般来说，虚灵不昧、具众理、应万事，这些提法都是朱子哲学中对"心"的表述，不过可能囿于《大学》"明明德"本文，朱子始终不指明此明德即是心，反而在小注中朱子对明德的解释有时游移于心性之间，或把命、心、性、明德平列。但无论如何，《大学章句大全》在朱子《章句》下小注中所列的朱子语录，都指明虚灵是指心而言，如"心与性自有分别，灵底是心，实底是性"，"虚灵不昧便是心，此理具足其中无少欠缺，便是性"，"虚灵自是心之本体"。[12]

船山发挥明德为心说，且言："缘德字上加明字，故朱子直指为心。

但此所谓心,包含极大,托体最先,与正心心字固别。"〔13〕船山不反对朱子以明德为心,但强调明德之为心,乃是心体、本心,而不是《大学》八条目中"正心"的心。正心的心,是指经验的心,有善恶、有明昏。而明德所指的心,有善无恶,有明无昏,因此这个心只能是心体/本心/心之本体,船山所用"托体最先"盖即此意。

朱子"明德者,人之所得乎天而虚灵不昧"的讲法,从其"虚灵不昧"来看,明德是心;而从其"人之所得乎天"来说,船山认为,明德又应当是性。故他接着说:

> 性是二气五行妙合凝结以生底物事,此则合得停匀,结得清爽,终留不失,使人别于物之蒙昧者也。德者有得之谓,人得之以为人也。繇有此明德,故"知"有其可致而致之,"意"有其不可欺而必诚焉,"心"有所取正以为正;而其所着,发于四肢,见于事业者,则身修以应家国天下矣。明德唯人有之,则已专属之人,属之人则不可复名为性。性者,天人授受之总名也,故朱子直以为心。而以其所自得者亦性也,故又举张子"统性情"之言以明之,乃既以应万事,则兼乎情,上统性而不纯乎性矣。〔14〕

二气五行妙合凝结,这个讲法来自周敦颐"二五之精,妙合而凝"。这是说人性是二气五行凝结得最均匀清爽的状态下产生的,故与物之性不同,人性清明,物性蒙昧。所以明德之"明",是指人性的本来清明。先秦哲学中屡有"德者得也"讲法,意谓德是一种得到的属性,船山利用此说,认为明德之德,即人所得于天、而使人有别于物的本质属性。此明德是致知、诚意、正心以致治国、平天下之所以可能的根据。船山以为,所谓"性"是人与物所得于天的共同的东西,而由于明德只是人之性,所以不能称之为性,故朱子解释为心。这个心是统乎性情的心,从明德是"所得乎天"来说,明德之心包括性;从明德能"应万事"来说,明德又包括情。船山既以明德为人之性,又以明德为心统性情之心,虽然这种讲法可以表现出他努力于朱子《章句》的解释,但这两方面的关系他并没有给以清楚交代。

若从工夫论的方面来看船山的立场,他还是主要以明德为心,所以他在上面的话之后接着说:

> 性自不可拘蔽。尽人拘蔽他,终奈他不何,有时还迸露出来。(小注:如乍见孺子入井等。)即不迸露,其理不失。既不可拘蔽,则亦不可加以明之之功。心便扣定在一人身上(受拘之故),又会敷施翕受(受蔽之故),所以气禀得以拘之,物欲得以蔽之,而格致诚正亦可施功,以复其明矣。[15]

朱子《章句》在"具众理以应万事"下接着说:"但为气禀所拘,人欲所蔽,则有时而昏。然其本体之明,则有未尝息者。故学者当因其所发而遂明之,以复其初也。"船山"拘蔽"之说即由朱子《章句》而来。朱子所说的为气禀物欲所拘蔽,是就明德而言,而船山在此以为,就性而言,性是不受拘蔽的,心才会受拘蔽。他还认为,性不可以加明之的工夫,这是说,"明明德"者,"明"是明之,是动词,"明德"是明的对象。船山认为"性"不能成为"明之"的对象,"心"才可以成为"明之"的对象。可见,心是"明明德"的明德,心可以被施受明之的工夫。不过这样一来,这个可被拘蔽、可受明之之功的心和正心之心的区别也就变得不那么清楚了。

因此,我们似可认为,船山对于明德的前后解释,有"本体"与"工夫"两个角度,在本体上强调明德非正心之心,但在工夫上又承认明德则即正心之心。当然,在这个问题上,不能说船山处理得精密无漏。但无论如何,在这些说法中,他还是注重心性之辨的。

四　持志正心

《大学》在"明、新、止"之后,述"定、静、安、虑、得",船山在此五者的分析方面,多受朱子辨别"功效次第"与"工夫节目"的影响。五者之后即为由"六先七后"所论述的"八条目"。其中船山首先重视的是"正心",并以此开展出其心意之辨。

朱子在《大学》正经中论及"正心"处,[16] 所给的解释是"心者身之主也"。船山由此指出:

> 朱子于正心之心,但云"心者身之所主也",小注亦未有委悉及之者,将使身与意中间一重本领,不得分明。非曰"心者身之所主也"其说不当,但止在过关上著语,而本等分位不显。将使卑者以意为心,而高者以统性情者言之,则正心之功,亦因以无实。[17]

船山并不反对朱子在"正心"一目上对心的一般性解说"心者身之主也",但他认为朱子章句和《四书大全》小注所列朱子曰,都未详细说明正心之心在意识结构中的具体位置和功能,而流于一般。这样的结果,不仅可能导致一些人"以意为心",把心的作用降低为意;也可能使另一些人以为正心之心即是"心统性情"的心,把心的理解笼统化。而无论是哪一种,都会使得"正心"的工夫无法落实。其实,在《四书集注》及《四书或问》中,朱子也有详细论心之处,只是在《大学》正经部分,八个条目平铺托出,略无剩言,故朱子所给的解释亦简明扼要。

现在来看船山的思想。他说:

> 夫曰正其心,则正其所不正也。有不正者而正始为功,统性情之心,虚灵不昧,何有不正,而初不受正。抑或以以视、以听、以言、以动者为心,则业发此心而与物相为感通矣,是意也,诚之所有事,而非正之能为功者也。[18]

船山认为,如果"心"是"心统性情"的心,或"虚灵不昧"的心,这样的心有善无恶,无有不正,在这样的心上也无法施加"正心"的工夫。"正心"的工夫一定是对于可能不正的心所施加的。另一方面,如果说"正心"的心即是用以支配视听言动一切行为的已发的意识,那么这种与外物相感通的意识是属于"意",是"诚意"中诚的对象,而不是"正心"之正的工夫的对象。

那么,什么才是"正心"所说的"心"呢?船山的主张颇为特殊,他以为正心之心应当用孟子所说的"志"来理解。他说:

> 盖曰"心统性情"者,自其所含之原而言之也。乃性之凝也,其形见则身也,其密藏则心也。是心虽统性,而其自为体也,则性之所生,与五官百骸并生而为之君主,常在人胸臆之中,而有为者则据之以为志。故欲知此所正之心,则孟子所谓志者近之矣。[19]

这是说,从性藏于心来说,心统性情;而其实,心之为体,乃性之所生,为性所决定;心与五官并生,而为五官之主宰,这种存在于胸中的主宰作用,即是所谓志。他接着说:

> 惟夫志,则有所感而意发,其志固在,无所感而意不发,其志亦未尝不在。而隐然有一欲为可为之体,于不睹不闻之中。欲修其身者,则心亦欲修之。心不欲修其身者,非供情欲之用,则直无之矣。传所谓"视不见,听不闻,食不知味"者是已。夫唯有其心,则所为视、所为听、所欲言、所自动者,胥此以为之主。唯然,则可使正,可使不正,可使浮寄于正不正之间而听命于意焉。[20]

无论意的已发或未发时,志始终都"在";这种"在"的状态的体验是,无论意之已发未发,人会自觉到胸中有一比意欲念虑更为根本的主导性东西。这就是志,也就是正心的心。为方便起见,我们姑且把船山所讲的这个志叫做志心。当人意欲修身时,是因为此具有主导性的"志心"意欲修身;如果此志心不欲修身,不欲于视听情欲,则修身也好,视听言动也好,都无法真正实现,正如《大学》传文讲正心所说的"视而不见、听而不闻"一样。所以,此个志心,是视听言动的主宰,但它并非永远为"正",它可以是正的,也可以是不正的,或在正与不正之间而全然跟着"意"走的。[21]因此必须早下工夫,使此志心得以为正;否则,就是产生善的意欲,这个意欲也是无本的,不能持久的。

因此,船山又说:

> 夫此心之原,固统乎性而为性之所凝,乃此心所取正之则;而此心既立,则一触即知,效用无穷,百为千意而不迷所持。故《大学》之道,必于此授之以正,既防闲之使不向于邪,又辅相之使必于正,而无或倚靡无托于无正无不正之交。

> 当其发为意而恒为之主,则以其正者为诚之则。当其意之未发,则不必有不诚之好恶用吾慎焉,亦不必有可好可恶之现前验吾从焉。而恒存恒持,使好善恶恶之理,隐然立不可犯之壁垒,帅吾气以待物之方来,则不睹不闻之中,而修齐治平之理皆具足矣。此则身意之交,心之本体也;此则修诚之际,正之实功也。故曰"心者身之所主",主乎视听言动者也,则唯志而已矣。[22]

"心统性情"的心,即虚灵不昧的心,是衡量此志心"正"或"不正"的准则;但虚灵不昧的心不可以接受工夫,而此志心则可以"授之以正"。如果此志心立于"正",则它可发挥良知的作用,种种意欲行为都不能迷惑它。所以《大学》之道的根本,就是要"正"这个志心,保持其正,防止其不正、纠正其不正、避免其寄托于正与不正之间。船山欲用孟子的"持志"来规定《大学》的"正心"。[23]

船山认为,就此正心与其他条目的关系而言,当意之已发时,要以正的志心为主宰,以志心为准则来检验意、转化意,进行诚意的工夫。当意之未发时,虽然没有好恶出现,但仍须存养保持此正的志心。船山把这个心叫做心之本体,认为这才是修身与诚意之间的"正心"工夫,认为应当这样来理解朱子"心者身之所主"的意义。

从船山的思路来看,他一方面着重把正心之心与"明德之心"区别开来,以显示出正心之心的经验性;一方面着重把正心之心与"意"区别开来,以显示此正心之心的主宰性。在这个意义上,这个"志心"的概念近于"理性"的概念。[24]就其强调此心与意不同,以之为"隐然有一欲为可为之体",船山所说的正心之心在有些地方确近于刘宗周所说的"意",而此心意之辨颇近于强调意念之辨的刘宗周。但刘宗周的意虽然与经验的念虑不同,但作为深层的意向性,用船山的话来说,是"无有不正而初不受正",这就与船山的正心之心不同了。归根结底,刘宗周仍然受阳明良知学的影响较多,故在心的范围内重视先验性;而船山受朱子的影响较多,在性的范围以外,重视心的两面性,以强调工夫的落实。对于《大学》的工夫条目而言,与朱子重格物,阳明重致知,蕺山重诚意相比较,船山似可说颇重正心,这从下节关于诚意的讨论中可以看得更加清楚。

五 以诚灌意

船山对于"诚意"的解释也很特殊,他在《大学》传六章的评论中说:

> 要此诚意之功,则是将所知之理,遇著意发时撞将去,教他吃个满怀;及将吾固正之心,吃紧通透到吾所将应底事物上,符合穿彻,教吾意便从者(这)上面发将出来,似竹笋般始终是者(这)个则样。[25]

朱子注诚意,在正经部分,强调"意者心之所发也,实其心之所发,欲其必自慊而无自欺也";在传文部分,主张"使其恶恶如恶恶臭,好善则如好好色,皆务决去而求必得之,以自快足于己"。其《或问》,则认为人性无有不善,本心莫不好善恶恶;但为气禀物欲拘蔽,对于事物之理不能真知其好恶,故不能完全好善而恶恶,以致意之所发有不诚者;诚意的工夫是在格物致知的基础上,加以慎独。船山理解的诚意工夫则是,在未接物的情形下,在意念主动发作时,用"已知之理"去覆盖意,这里的所知之理应当就是志心的范畴;在与物接触时,用"固正之心",也就是上节所讲的(经过)正心的心去感应事物,这样就可以使因事而发出来的意都是在正心的主宰下所流出,这就是诚意。这"已知之理""固正之心",又称为"取正之则、笃实之理",与前节所说"当其发为意而恒为之主,则以其正者为诚之则","当其意之未发,而恒存恒持好善恶恶之理",是一致的。

船山接着指出:

> 但当未有意时,其将来之善几恶几,不可预为拟制,而务于从容涵养,不可急迫迫地逼教好意出来。及其意已发而可知之后,不可强为补饰,以涉于小人之揜著。故待己所及知,抑仅己所独知之时而加之慎。实则以诚灌注乎意,彻表彻里,彻始彻终,强固精明,非但于独知而防之也。[26]

若意尚未发,诚意的工夫不可"急",应当"从容涵养";意已发时,诚意工夫不可"强",应当"以诚灌意"。此时所谓"以诚灌注乎意",即前面所说的"将所知之理,遇着意发时撞将去,教他吃个满怀",实际上是以志心灌注乎意。船山在这里强调的是,以诚灌意是彻始彻终的工夫,不仅限于慎独。另外,他反对在意念既好既恶之后用力去求诚,以为助长无益。

船山也用明代理学流行的本体—工夫的区分讲诚意:

> 恶恶臭、好好色,是诚之本体。诚其意而毋自欺,以至其用意如恶恶臭、好好色,乃是工夫至到,本体透露。将此以验吾之意果诚与否则可,若立意要如此,而径以如恶恶臭、如好好色,则直是无下手处。[27]

《大学》传文中释诚意云:"所谓诚其意者,毋自欺也。如恶恶臭,如好好色,此之谓自谦。故君子必慎其独也。"船山认为,"恶恶臭、好好色"是明德之心的本来之体,但人为气禀物欲所蔽,心之本体往往无法呈现;"如恶恶臭、好好色"是经过诚意工夫所达到的心体呈露的境界,而不是诚意工夫本身,所以他也说:"传云'此之谓自谦',明是指点出诚好诚恶时本体,非用功语。"[28]

由《大学》的"自欺""自谦",船山进一步讨论到"自"的问题,他认为"自"即是正心的心:

> 意无恒体。无恒体者,不可执之为自,不受欺,而亦无可谦也。乃既破自非意,则必有所谓自者。……则愚请破从来之所未破,而直就经以释之曰:所谓自者,心也,欲修其身者所正之心也。盖心之正者,志之持也,是以知其恒存乎中,善而非恶也。心之所存,善而非恶。意之已动,或有恶焉,以陵夺其素正之心,则自欺矣(小注:意欺心)。唯诚其意者,充此心之善,以灌注乎所动之意而皆实,则吾所存之心周流满惬而无有馁也,此之谓自谦也(小注:意谦心)。[29]

意念善恶不定,起落不常,时有时无,故说意无恒体,即不是恒久的定体。推船山之意,"自"是恒体,故"自"非是"意",故《大学》所谓自欺并不是指意而言。船山认为,受欺的主体是"自",自就是心,也就是前面所说的正心的心。意未发时,志心恒存其中,可见此志心有恒体。意未发时所存的心,善而无恶;意已发后,就可能有恶念出现,且侵害本来正的心,这就是自欺。可见自欺的实质是"意以欺心",即恶意欺犯正心。诚意的工夫就是以诚灌意,从意念将发时开始,即以素正之心灌注意念,使意念一皆笃实,于是吾心慊惬快足,这就是自谦。可见自谦的机制包含着"意以慊心",即诚意慊足吾心。可见,船山是把自欺和自谦,归结为、诠释为"意"与"心"的不同关系,自欺就是意欺心,自谦就是意谦心。[30]

不过,产生这种意欺心、意谦心的说法,虽然是在解释"诚意"的脉络中产生的,并力图说明意的重要性,但这种说法中,心容易变成被动的方面,与前节所说的正心的主导意义,不能融合。另外,船山的诚意说,与宋明理学的其他学者所主张的工夫相比,在实践上不是很容易掌握。

关于心与意的不同,船山接着说:

> 且以本传求之,则好好色、恶恶臭者,亦心而已。意或无感而生,心则未有所感而不现。好色恶臭之不当前,人则无所好而无所恶。意则起念于此,而取境于彼。心则固有焉而不待起,受境而非取境。今此恶恶臭、好好色者,未尝起念以求好之恶之,而亦不往取焉,特境至斯受,因以如其好恶之素。且好则固好,恶则固恶,虽境有间断,因伏不发,而其体自恒,是其属心而不属意明矣。[31]

这是说,意可无感而生,而心无感则不现,必有感而始现。是以,没有色臭现于前,人就没有好恶之心起于内。与之不同,意念的生起,并不一定是对现前的境的感应;意可取境,即意可借依过去的或想象的境,而生起。而人所存之心本来即在,并非依境而起,因此本来就存在的心可以受境但非取境,即可以接受物境的外感,而不会像意那样取境。《大学》所说的"恶恶臭、好好色",既不是起念,也不是取境,只是好色恶臭这些外境出现在人面前时,心受到它们的感,便使心之本有的好恶发作出来。而这种对恶臭的"恶"和对好色的"好",并不因外境的有无而改变,也不因此好恶之心是否发作出来,这种内在的好恶是心所固有的,所以是恒体。心有恒体,意无恒体,既然此好恶是恒体,当然属于心而不属于意了。

此外,有关心意内外的问题,虽然与诚意不一定有直接的关系,也可一提。针对朱子学者的心内体外说,船山在传六章解说评论的最后提出:

> 盖中外原无定名,固不可执一而论。自一事之发而言,则心未发,意将发,心静为内,意动为外。又以意之肖其心者而言,则因心发意,心先意后,先者为体于中,后者发用于外,固也。

然意不尽缘心而起,则意固自为体,而以感通为因。故心自有心之用,意自有意之体。人所不及知而己所独知者,意也。心则己所不睹不闻而恒存矣。乃己之睹闻,虽所不及而心亦在。乃既有其心,则天下皆得而见之,是与夫意之为人所不及知者较显也。故以此言之,则意隐而心著,故可云外。[32]

船山认为,只讲心内体外,意的定位(属于内还是属于外)就不清楚了。就心与意两者而言,在一般意义上,固然可以说心内意外,但具体分析起来,就不必然了。意可无感而生,亦可感物而起:就无感而生说,意的生起与心无关,故说不尽缘心而起,在这个意义上说,意并不是以心为体,意是自为其体。如果意自为体,而非以心为体,那么就不能说心是内而意是"外"了。就感物而起说,意的生起是以感通为条件,故说以感通为因。"慎独"的"独"朱子解释是"独者,人所不知而己所独知之地也",又云"其实与不实盖有他人所不及知,而己独知之者"。船山认为,这个独知,就是意。独知是已发之意,只是他人不及知。意的本质是已发,而心不论意之发与未发,都恒然存在,可见心与意不同。但好恶之心比起独知之意,较为显著,在这个意义上,可以说意隐而心显,心比意更加形于外。船山的这些对于心与意的现象学分析,应当说是比较深入的。

六　守理不动

　　《大学》传文第七章释正心修身,可是此章强调:"所谓修身在正其心者,身有所忿懥则不得其正,有所恐惧则不得其正,有所好乐,则不得其正,有所忧患则不得其正。心不在焉,视而不见,听而不闻,食而不知其味。"这里谈的恐惧忧患忿懥以及心不在焉,都是情感心理方面的问题,也就是说,此章并没有说明道德意义上的正心工夫,反而突出的是情感心理学意义上的内心修养。船山也是只在经文部分谈到正心工夫,在此章则着重于在心体境界的问题上表达对朱学的不满。

有关此章的解释,《四书大全》小注引:"程子曰:非是谓无,只是不以此动其心。学者未到不动处,须是执持其志。"[33]船山称赞此语"乃探本立论,以显实学",又说"《大全》所辑此章诸说,唯'执持其志'四字分晓"。[34]自然,船山对伊川此语的赞赏,是因为伊川"执持其志"的说法与他自己对正心的解释一致,至少这是原因之一。

按程朱的解释,《大学》的主张并非人应当全无忿懥、无恐惧、无好乐、无忧患,故程子说"非是谓无",朱子《章句》也说"盖是四者,皆心之用,而人所不能无者"[35]。朱子在《或问》中也就此问题说明:"人之一心,湛然虚明,如鉴之空、如衡之平,以为一身之主者,固其真体之本然。而喜怒忧惧,随感而应,妍蚩俯仰,因物赋形者,亦其用之所不能无者。"[36]朱子强调,此四者虽不能无,但须警惕省察,因为四者"一有之而不能察,则欲动情胜",如果私欲引发的忿懥好乐主导了内心,这就"不得其正"了。所以心之体无有不正,只有在以喜怒感物时而不能省察其是非与否,心之用才会"不得其正"。

朱子《大学章句》及《或问》的要点已如上述,无可疑处。但《四书大全》所载朱子《章句》《或问》之中,以小注形式附入了大量的朱子语录,这些语录不少都涉及我所谓"有无之境"的问题,如"四者只要从无处发出,不可先有在心下。……才了其心便平,是有不有;若此心常常不平,便是有。"这些都可见朱子虽在《大学章句》《或问》中未尝提及,但朱子对所谓无之境界与工夫并非不了解,惟不以此为要;而《大学》此章的四个"有所"正涉及此点,故朱子讲学时亦间有所提点,语录于是乎载之。而正是这些语录引起船山的疑虑,及对朱子的批评,其中也包含了一些对朱子的误解。

船山把朱子"湛然虚明"的说法等同明中后期流行的"心如太虚"之说而致其不满。[37]船山说:

> 所谓"如一个镜,先未有象",虚明之心固如此矣。即忿懥等之"不得其正"者,岂无事无物时常怀着忿惧乐患之心?天下乃无此人。假令有无可忿当前而心恒懊恼,则亦病而已矣。是则"不

得其正"者,亦先未有所忿懥,而因所感以忿懥耳。若其正者,则乐多良友,未得其人而辗转愿见;忧宗国之沦亡,覆败无形,而耿耿不寐,亦何妨于正哉?[38]

船山认为,所谓不得其正的忿懥等四者,其实并不是指人在未接事物时常怀着忿懥忧患,因为生活里并没有这样的人,所以提这个问题是无的放矢。生活中的人总是外有可忧患之事来感,才产生忧患。所以无须顾虑未接物以前人心会有忿懥四者。这是针对朱子语录:"人心如一个镜,先未有一个影象,有物事来,方始照见妍丑。若先有个影象在里面,如何照得?人心本是湛然虚明,事物之来,随感而应,自然照得高下轻重。事过便当前恁地虚方得。若事未来,先有一个忿懥好乐恐惧忧患之心在这里,及忿懥好乐恐惧忧患之事到来,又以这心相与滚合,便失其正。事了又只若留在这里,如何得正?"[39]船山同时指出,也可以有正面的忧患恐惧,历史与现实中的忧国忧民就是"得其正"的忧患,不能把毫无忧患恐惧作为理性的境界。所以他对《四书大全》中对这一章的解释不能同意。

船山又说:

又其大不可者,如云"未来不期,已过不留,正应事时不为系缚",此或门人增益朱子之言,而非定论。不然,则何朱子显用佛氏之邪说而不恤耶?……《大学》之正其心以修齐治平者,岂其然哉?既欲其虚矣,又欲其不期、不留而不系矣,则其于心也,但还其如如不动者而止,而又何事于正?[40]

船山以为,这种不期不留不系的境界,全然是佛老之说,与儒家思想不能兼容,故释氏只能讲安心、了心,不能讲正心。他指出:"何也?以苟欲正之,则已有期、有留、有系,实而不虚也。今有物于此,其位有定向,其体可执持,或置之不正而后从而正之。若空空之太虚,则从何而施其正?"[41]建立了"正心"的观念和目的,必然在内心有所期待、有所执持,这样的心就不是虚,而是实,船山对佛老的这种批评是对的。船山这种对朱子或朱门的指责,很像明代朱子学对阳明学的批评。其实朱子学诠释中所反对的忿懥忧患等"留""期""系"是指出于"私"的内心情态,朱子学是主张在戒慎恐惧、正心诚意的主导下来容纳这种"不期不留不系"的境界,而并非像佛老那样以此种不期不留不系的境界为最高境界;这是宋明新儒家面对佛老挑战所发展的新进境。朱子学对阳明学的批评也正是因为阳明学中的一派用"无善无恶"来表达这种境界,并把"无善无恶"当成根本宗旨。[42]这里的曲折,船山尚未能深入分辨,但船山的立场显然是古典儒家的立场。船山对朱子尚且如此,他对阳明学无善无恶之说的态度,可想而知。事实上,明遗民"忧宗国之沦亡,覆败无形,而耿耿不寐"的切身经验,正是船山强烈批判"心如太虚"说的背景。

因此,船山坚执孟子的修养方法:

> 孟子之论养气,曰"配义与道"。养气以不动心,而曰"配义与道",则心为道义之心可知。以道义为心者,孟子之志也。"持其志"者,持此也。夫然,而后即有忿懥、恐惧、好乐、忧患,而无不得其正。何也? 心在故也。而耳目口体,可得言修矣。[43]

船山认为孟子不动心的心是道义之心,道义之心也就是孟子所说的持其志的"志",持其志就是持此道义之心,有此道义之心做主,忿懥忧患四者无不得其正。

因此,船山认为朱子所说,是心已经"正"了以后更进一步加以保护,而不是把心确立为一身的主宰的工夫,故与"正心"不相关联:"则似朱子于此心字,尚未的寻落处,不如程子全无忌讳,直下'志'字之为了当。"[44]所以,船山认为,这里的关键在于,不必受《大学》此章本文的牵制,来确立主宰的工夫,"然后知正心工夫之在言外,而不牵害文义,以虚明无物为正。则程子之说,虽不释本文,而大义已自无疑"[45]。就是说,朱子的解释是受此章本文的牵制使然。

根据这样的立场,船山对此章的解释是:所谓有所忿懥四者则不得其正,并非说应当无此四者,而是说,"凡不能正其心者,一有所忿懥、恐惧、好乐、忧患,则不得其正矣,唯其心不在也"。四个有所而不得其正,都是心不正的结果;而心不正用《大学》的话就是"心不在焉"。船山认为"心不在"就是孟子所说的"放其心",被放的心不是虚明之心,而是道义之心。

于是船山收回来,再提起心与意的问题,他提出:

> 心之与意,动之与静,相为体用,而无分主辅,故曰动静无端。故欲正其心者必诚其意,而心苟不正,则其害亦必达于意,而无所施其诚。凡忿懥、恐惧、好乐、忧患,皆意也。不能正其心,意一发而即向于邪,以成乎身之不修。故愚谓意居身心之交,而《中庸》末章,先动察而后静存,与《大学》之序并行不悖。则心之与意,互相为因,互相为用,互相为功,互相为效。[46]

虽然《大学》的铺陈,是说诚意是正心的前提,但船山这里坚持正心是诚意的前提,他认为忿懥四者都是意,如果心不正,就会连带意向于邪,从而无法作诚意工夫。当然,这不是说正心完成后才去诚意,因为正心永无完成;船山也认为如果不作诚意工夫,意念就会反过来影响心,如前节所说的那样。所以正心诚意相为体用,而互相为用。

七　格致相因

在格物致知的问题上,船山赞成朱子补传中有关"莫不因其已知之理而益穷之"的说法,说"此乃看得朱子胸中原委节次不妄处。乃既以小学所习为'已知之理',则亦洒扫进退之当然,礼乐射御书数之所以然者说也。"[47]

但船山在穷理的范围方面,对于朱子的格穷天下之理的主张持异议。船山认为:"天下之物无涯,吾之格之也有涯。"[48]"以此求之,传文'天下之物莫不有理'八字,未免有疵。只此洒扫应对进退,礼乐射御书数,约略旁通,已括尽修齐治平之事。自此之外,天下之物莫不有理,而要非学者之所必格。"[49]他认为,人只需要格社会之物,穷人文之理;如果无限制地遇一物便穷一物之理,就会流于记诵词章之学。

在格物致知的问题上,船山与朱子最大的不同,是在致知的问题上。朱子强调格物,因此认为致知只是格物的实践在主体方面所产生的结果,致知并不是一种与格物相独立的工夫。[50]这种解释在经典上自然可引起疑问,正如王阳明以正意念解释格物,会导致正心一条的虚化,而在经典上引起疑问一样。[51]船山不赞成朱子"格物则知自致"的主张,认为这"竟删抹下'致'字一段工夫"。[52]船山还指出,朱子解释诚意先致知,说应当先知善知恶而后可诚其意,这里的致知指知善知恶而言;而朱子在解释格物致知时,又认为致知是知天下之物。同一个致知,朱子有两种解释,这就不一致了。

船山主张格物和致知是有区别的,他指出,孝之理并不是用格物的方法得知的,知子之当孝,并不是通过研究儿子与父亲所以相亲的根源而得来的。"即此一事求之,便知吾心之知,有不从格物而得者,而非即格物即致知审矣。"[53]这个讲法,似吸收了王阳明论孝之理不在物的思想。

如果孝之理之知不是从格物得来,则必是内在的:"是故孝者不学而知、不虑而能,慈者不学养子而后嫁。意不因知而知不因物,固矣。"[54]孝慈的良知不依赖于物,良知不是从格物得来。此外,"至如吾心一念之非几"及"自家食量之大小",这些都不是格物可知,"此若于物格之,终不能知,而唯求诸己之自喻"。[55]在船山看来,凡不由格物而知,必反求于己而可明者,这些内在的知识,都属于致知之知。这是从知识来源与形态来理解格物和致知的区别。[56]

所谓由格物得知的,是指关于事物的客观知识和部分道德知识,如船山说:"善恶有在物者,如大恶人不可与交,观察他举动详细,则虽巧于藏奸,而无不洞见;如砒毒杀人,看《本草》,听人言,便知其不可食:此固于物格之而知可至也。"[57]对人的了解和对物的了解,都是格物所得之知。又如"事亲之道,有在经为宜,在变为权者,其或私意自用,则且如申生、匡章之陷于不孝乃借格物以推致其理,使无纤毫之疑似,而后可用其诚。此则格致相因,而致知在格物者,但谓此也。"[58]事亲之孝,是不学而知的,但事亲之道,需要借助格物加以推究,船山把这叫做"格致相因"。

由此,船山也根据《中庸》"博学、审问、慎思、明辨"的提法区别了格物与致知两种不同的用功方法:"大抵格物之功,心官与耳目均用,学问为主,而思辨辅之,所思所辨者皆其所学问之事。致知之功则唯在心官,思辨为主,而学问辅之,所学问者乃以决其思辨之疑。'致知在格物',以耳目资心之用而使有所循也,非耳目全操心之权而心可废也。"[59]格物以经验知识为主,心智的思考辨析为辅。致知以心的慎思明辨为主,但也借助学习审问。总之,格物与致知相互为因,学问与思辨相互为辅,它们都是不能割裂或者偏废的。这里所说的致知,是指作为工夫的致知,即思维作用的发挥。这种工夫意义上的致知,与前面所说知识形态的致知意义有所不同。[60]

因此船山最终的立场,对于《大学》的工夫条目,既不像阳明学那样注重致知,忽略格物;也与朱子学注重格物,忽略致知有所不同。[61]他说:

> 子贡闻一知二,格一而致二也。必待格尽天下之物而后尽知万事之理,既必不可得之数。是以《补传》云"至于用力之久,而一旦豁然贯通焉",初不云积其所格,而吾之知已无不至也。知至者,"吾心之全体大用无不明"也。则致知者,亦以求尽夫吾心之全体大用,而岂但于物求之哉?孟子曰:"梓匠轮舆,能与人规矩,不能使人巧。"规矩者物也,可格者也;巧者非物也,知也,不可格者也。巧固在规矩之中,故曰"致知在格物";规矩之中无巧,则格

物、致知亦自为二,而不可偏废矣。[62]

其实朱子也并非要人格尽天下之物,只是强调天下万物莫不有理,都可以作为格物的下手之处,积久贯通,达到知至的境界。船山赞成朱子积久贯通的物格说,也赞成朱子"明吾心全体大用"的知至说,而强调格物、致知相因互辅、不可偏废。

八 余 论

《四书训义》是船山晚年所做,其中的《大学》训义部分,与《读书说》札记式的对以往注疏的批判阅读不同,正面且系统地阐述了船山对于《大学》"心性—工夫"义理的看法。

《四书训义》是在《大学》的每章本文中都附入朱子注,而在每章之末以"训义"为题,综合阐述对此章的理解和解说。在《大学》经一章本文及朱注之后,船山表述了他对"修身"到"致知"的看法:

> 古之欲修其身者,则以为及其发而制之,有不胜制者矣。吾立身之始,有为身之主者,心也。当物之未感,身之未应,而执持吾志,使一守其正而不随感以迷,则所以修身之理,立之有素矣。乃心素定者也,而心与物感之始,念忽以兴,则意是也。静而不失其正,动而或生其妄,则妄之已成,而心亦随之以邪矣。古之欲正其心者,必先于动意有为之几,皆诚于善,而无一念之不善夺其本心焉。乃意者忽发者也,而意所未发之始,几可素审,则知是矣。发而乍欲其善,豫未有以知其不善,则着之不明,而意亦惑于所从出矣。古之欲诚其意者,必先于善恶可知之理力致其辨,而无一理之不明引意以妄焉。[63]

这是说,修身如果只从行为上去制约,是不行的,要从身的主宰"心"下手,也就是要先正心。所谓正心,就是在外物还没有作用于身体,身体也还没有对外物做反应的时候,"执持吾志",使志心一守其正而成为身的主宰,以便志心定之有素,即使在外物感动时,也不会迷乱。当心与外物相感应的时候,意念兴起,如果意念妄生妄动,使妄的意念充满心中,那么本来素正的志心也会被意念带动而失其正(这就是《读书说》所说的"意欺心")。所以要达到正心的效果,先要在意念上面做工夫,这就是诚意。所谓诚意,尤其要在意念初发之几,审察其是非,力图使一念之几都诚于善,这就避免了不善之意欺夺本心的可能。要在一念发动之几审察明辨善恶,则依赖于"知";如果知觉明辨的能力不强,一念初发为不善,却不能明辨知察,则意念发动之妄就不能避免。所以要做到诚意,先需要最大程度地发挥人的知善知恶的辨别力,在反复辨别是非善恶的实践中使此知觉明辨的能力保持锐利明亮。可见,船山的这些思想与《读四书大全说》是基本一致的。船山还指出,致知不是道家的"虚生白"(《庄子》"虚室生白"),也不是自信自任自己的聪明,而是必须接天下之物求其当然之则,察其固然之理,这就是格物。

以下再选船山在《四书训义》中对诚意、正心的解说来看其与《读四书大全说》的比较。其诚意章"训义"说:

> 学者有先致其知之功,则是非之辨既已素审,而有欲正其心之念,则秉正无邪之志又已豫定,可以一于善而无恶矣。……夫人虽已于善之所以为善、恶之所以为恶、善之疑于恶、恶之疑于善,知之明矣;而素所居之心,又固欲其以善为正也;乃忽发一意焉,或触于物而动,或无所感而兴。其念善也,而为之也难;其念不善也,而为之也利。于是此一意者,任其择于难易利害之间,而为善不利,为不善遂决。则将前此所知之理、素所正之心,欺而夺之使不得行;而远于善,就于不善;是自欺其心知也。故诚其意者,使意皆出于不妄,而心为实心,知为实知,意亦为诚实之意,而后为善去恶之几决矣。[64]

这也说明,致知是致其是非之辨之知,正心是豫正其志心(豫是预备,即未接物时)。船山强调,有了致知和正心的工夫但仍不能保证意的诚。因为,善恶之知虽然已明,平常未接物的心虽然已正,但意念往往突发;意念可能因外物所感引起,也可能没有外感心中自己生起。无论如何,意念活动的倾向往往是趋易避难,而且常常会觉得为善很难,而觉得为不善既容易又有利。意念因趋利避难而决定为不善,此时知是知非之知、平素豫定的志心,就都会在一定程度上被意念所欺夺,从而不能正常行使和发挥他们的作用。而所谓诚意的工夫,就是要在这个环节上做慎独的工夫。可见船山的《四书训义》基本上是用其《读四书大全说》的思想来训释《大学》义理。

船山在传文正心修身章的"训义"中说:

> 夫心之不正,惟无理以为之宰制也。乃情之未生,则正不正不可得而知;迨乎情之既起,则无主之心必因情而流矣。……若心无定理守其正以待事物之至以为准,于是而有所忿懥,则偏于忮刻而不得其正矣;……此惟无至正之则以守此心而不妄动,则还为心累,始于偏而终成乎邪。[65]

在《四书训义》中更强调正心是用理则或定理守住心,使理成为心的主宰,使心不妄动。这个说法比起《读四书大全说》对正心工夫的说法更进了一步。

从历史的角度来看,船山对朱子的态度前后有所变化。《读四书大全说》中对于朱子学的《四书》诠释,在大关节上予以肯定的同时,往往有苛评之处,虽然主要针对朱门后学者。但在船山后期,对朱子的态度渐就平实,在《礼记章句》和《四书训义》中对朱子的推崇明显加重。

船山的《礼记章句》中对各篇都做了章句疏解,唯独其中的《中庸》和《大学》两篇,完全录用朱子的《中庸章句》和《大学章句》。而且,在《中庸》和《大学》各篇之前船山都有一大段文字阐明其意,如他在《大学》篇首说:

是篇按圣经之文以审为学之次第,令学者晓然于穷理尽性、守约施博之道,可谓至矣。愚谓十传之文,鳞次栉比,意得而理顺,即令古之为传者参差互发,不必一皆如此,而其命意,则实有然者。得朱子为之疏通而连贯之,作者之意实有待以益明,是前此未然而昉于朱子,固无不可之有。况《礼记》之流传舛误,郑氏亦屡有厘正而不仅此乎!是篇之序,万世为学不易之道也。[66]

这是说,《大学》以格物为本的为学次序是不可改变的,朱子所分析的《大学》十传文理通顺,意旨明白。即使古人作《大学》传时,十传的次序或许与朱子定本有差异,但朱子所把握的《大学》意旨和工夫次序是正确的,而且只有经过朱子发明的《大学》,作者的意旨才得以彰显发明。在《大学》的问题上,船山的立场是捍卫朱子而反对阳明。

船山在《大学》本文"此谓知之至也"朱注下"衍"其说曰:

> 故以格物为始教而为至善之全体,非朱子之言也,经之意也。……补传之旨,与夫子博文约礼之教,千古合符,精者可以尽天德之深微,而浅者亦不亟叛于道,圣人复起,不易朱子之言矣。[67]

这是说,以格物《大学》入手的工夫,不仅是朱子的主张,本来也是《大学》经文的主张;朱子的"补传"完全符合孔子的教导。

总之,船山《读大学说》,已呈现出其独特的心性—工夫论,其中以正心说和诚意说为其核心。船山有关《大学》的讲法,可以说是"接着"程朱讲的,但不是"照着"程朱讲的。他不是传统意义上的程朱学派,但受到程朱学派的较大影响。我们说船山是"接着"程朱讲的,但这种"接着"程朱讲,并不是指船山承诺自己为程朱学派的一员,而是说船山是顺承程朱《大学》解说的脉络,延续程朱《大学》诠释的问题性,吸取程朱许多的诠释学资源,同时又对朱子本人及朱门后学的论点提出广泛的批评,而提出自己的诠释主张。船山的《大学》解释是明清之际儒学的一部分,其心性—工夫论虽未及开展到清代儒学以接受理论和实践的辩证,但在儒学思想史上确有其意义。

　　就对于《大学》的诠释而言,把船山在细部上与朱子的不同都综合起来,是否可以看出船山哲学思想的特异之处呢? 还不能明确肯定这一点。就学术思想而言,格物致知的解释是宋代和明代理学的中心问题,船山用朱子《集注》《或问》为基础,不用《大学》古本,表明他在基本思想上是反阳明学的。在朱子学《大学》诠释中最重要的格物问题上,船山似无异议,他基本上肯定朱子对格物的解释,这就使得他在《大学》的立场与朱子是不对立的,而是接近的。他与朱子在解释方面的主要差异,在于他基于心意之辨的正心诚意说,在船山的诠释体系中,格物似非其最重视之处,他最重视的是以伊川的持志说解释、发挥其对正心诚意的诠释。这种在《大学》诠释方面的与朱子的差异,虽然还不能看出二者在哲学基本立场上的分别,但表现出船山的心性—工夫论是有其独特之处的。

注　释

〔1〕《张子正蒙注》所著之年,年谱记传皆不及之,甚可怪也。惟新编《船山全书》中《张子正蒙注》编校后记载,衡阳王鹏藏钞本末叶有云"乙丑孟春月下旬丁亥成,庚午季夏月重订",可知此书成于船山 67 岁,重订于船山 72 岁,其在晚年无疑。

〔2〕晚近船山哲学研究成果,可参看曾昭旭:《王船山哲学》,台北:远景出版事业公司,1983 年;蔡尚思:《王船山思想体系》,湖南人民出版社,1985 年;萧萐父:《船山哲学引论》,江西人民出版社,1993 年;林安梧:《王船山人性史哲学之研究》,台北:东大图书公司,1987 年;衷尔矩:《王夫之》,文史出版社,1997 年。

〔3〕许冠三:《船山学术思想生命年谱》(上),《王船山的致知论》,香港中文大学出版社,1981 年,第 108 页。

〔4〕本文所用主要资料:王夫之:《读四书大全说》,中华书局,1989 年。胡广等纂:《四书大全》,孔子文化大全本,山东友谊出版社,1989 年。按《四书大全》中与《大学》有关者为《大学章句序》《大学章句大全》《读大学法》《大学或问》,船山

《读四书大全说》论及《大学》者即涉及这几部分。

〔5〕 《读四书大全说》，中华书局，1989 年，第 55 页。以下凡引此书，只注书名及页码。

〔6〕 《张子正蒙注序论》，《船山全书》十二卷，岳麓书社，1992 年，第 10—12 页。

〔7〕 按船山之子王敔《大行府君行述》中云："至于守正道以屏邪说，则参伍于濂、洛、关、闽，以辟象山、阳明之谬，斥钱、王、罗、李之妄"，"读十三经、廿一史及朱张遗书，玩索研究"（见《船山全书》十六，第 73 页）。此中"参伍濂、洛、关、闽"之说，为后来一切传谱所因循。《清史列传》乃云："其学深博无涯，以汉儒为门户，以宋五子为堂奥，所作《大学衍》《中庸衍》皆力辟致良知之说，以羽翼朱子"（同上书，第 99 页）。照这些说法，船山虽不必归于朱子学，但当属于广义的道学。

〔8〕 《读四书大全说》，第 1 页。

〔9〕 见《四书大全·大学章句序》小注朱子曰，第 9 页。

〔10〕 按船山此处似有误，其云"人有人之是非，事有事之是非，而人与事之是非，心里直下分明，只此是智"，应为"只此是知"，盖人物之是非自家心里分明，此是心，已带用说，不可以为即是性体之智。

〔11〕 《读四书大全说》，第 14 页。

〔12〕 皆见《四书大全》，第 34 页。

〔13〕 《读四书大全说》，第 2 页。

〔14〕 同上书，第 2—3 页。

〔15〕 同上书，第 3 页。

〔16〕 所谓正经与传文的分别，是朱子对于《大学》文本的分析，本文亦取此说以方便论述，但不意谓作者完全赞同《大学》本有经传之分。

〔17〕〔18〕〔19〕 《读四书大全说》，第 8 页。

〔20〕 同上书，第 8—9 页。

〔21〕 按船山所说，未为精密，若志心听命于意，则不可谓"胥以此为之主"矣。又唐君毅释船山之志云"志即规定心之思，使常定向乎道者"（《中国哲学原教篇》，《唐君毅全集》十七卷，学生书局，1990 年，第 598 页），此以定向乎道释志，但船山明言此志心可正可不正，非恒定向乎道者。

〔22〕 《读四书大全说》，第 9 页。

〔23〕 船山《四书笺解》卷一云："身以言行动言，心以所持之志言，意以偶发之念言，知以知足知非言。俗解于心知两字全不分晓，但云心者身之主，此是宽篰大帽语，直当不曾说。有以统性情之心言者，则是心之全体知与意皆在其中。有

云心是虚灵之觉体,这是知不是心。且此虚灵之心有何不正而须正之? 则此心字以志言明矣。正其心,常持其志使一于善也"(《船山全书》六,第 110 页)。据此书的王之春序,此书乃作于《读四书大全说》之后,盖为初学者作法程也。其中所说亦可与《读书说》相参。又,《四书训义》始作于康熙十九年,船山 61 岁,观《四书笺解》所论,当在《四书训义》之前,但此处不能详论,留后论也。

〔24〕 船山所用的志心究竟应当解释为理性,或是意志,或其他近代学术概念,我尚无把握,此处暂以理性说之。自然,此所说之理性乃实践的理性,非理论的理性也。

〔25〕《读四书大全说》,第 18 页。

〔26〕 同上书,第 19 页。

〔27〕〔28〕 同上书,第 20 页。

〔29〕 同上书,第 23 页。

〔30〕 船山后来在《四书笺解》中云:"自欺、自谦二'自'字,兼心与知言,盖此章上通心自信为己得之理。而意之妄动,则有心之所不欲、知之所不昧者,皆欺也。恶恶臭,好好色,自心素定,而至前便知,皆所谓'自'也"(《船山全书》六,第 115 页)。此说则比《读书说》以自为心的说法有所改增,认为"自"含正心的"心"和致知的"知"两种意义。

〔31〕《读四书大全说》,第 23 页。

〔32〕 同上书,第 25—26 页。

〔33〕《四书大全》,第 92 页。伊川语录原文在《二程遗书》卷十九。

〔34〕《读四书大全说》,第 27—28 页。

〔35〕 程朱说皆见《四书大全》,第 92 页。

〔36〕《四书大全》,第 267 页。

〔37〕《读四书大全说》:"如此戏论,朱子亦既破之矣,以其显为悖谬也。而又曰'湛然虚明,心如太虚,如镜先未有象,方始照见事物'"(卷一,第 28 页)。按朱子语录原文并非如此。镜象照物一段见于论文中下段所引,提及太虚的一段是:"(《大全》未录:四者心之所有,但不可使之有所私。才有所私,便不能化,醒在胸中。且如忿懥恐惧,有当然者,若定要他无,直是至死方得,但不可先有此心耳。)今人多是才忿懥,虽有可喜之事亦所不喜;才喜,虽有这当怒之事亦不复怒,便是蹉过事理了。……盖这物事,才私便不去,只管在胸中推荡,终不消释。(设)使此心如太虚然,则应接万务,各止其所,而我无所与;则便视而见,

听而闻,食而真知其味矣。看此一段,只是要人不可先有此心耳"(《四书大全》,第93页)。原载《朱子语类》卷十六,《大学》三传七章)。朱子之说本自平正,亦与经验合。

〔38〕 同上书,第28页。

〔39〕 《四书大全》,第268页。其实朱子所说未接物时先怀忿懥忧患,是指此前所留滞于心者,船山似未了解。

〔40〕 《读四书大全说》,第28—29页。《四书大全》所载朱子语录云:"心才系于物,便为所动,所以系于物者有三事:未来先有个其待之心;又事已应过,又留在心下不能忘;或正应事时,意有偏重。都是为物所系缚"(第93页)。此段原载在《语类》卷十六,《大学》三,个别字有异同。

〔41〕〔43〕 《读四书大全说》,第29页。

〔42〕 这里涉及的问题既广泛也复杂,读者有兴趣可详参拙著《有无之境——王阳明哲学的精神》,人民出版社,1991年。

〔44〕〔45〕 同上书,第30页。

〔46〕 同上书,第32页。

〔47〕〔49〕 同上书,第16页。

〔48〕 同上书,第11页。

〔50〕 参看陈来:《朱子哲学研究》本论二论致知部分,华东师范大学出版社,2000年。

〔51〕 湛甘泉、罗整庵皆在阳明生时质疑之,参看陈来:《有无之境——王阳明哲学的精神》第四章,人民出版社,1991年。

〔52〕〔53〕 《读四书大全说》,第10页。

〔54〕〔55〕 同上书,第11页。

〔56〕 后《四书笺解》云:"知字只说是昭昭灵灵的,又何以致之?且此昭昭灵灵者,心意之所共有,不尽属知。圣贤之学,其于知也,止以知是知非为大用,原不要他明光照,入释氏之般若。致知者,析理之是非,无毫发之差也。故必格物以因事辨理,而后是非昭著:是非昭著,则意之方动,其为善为恶,无不审而知所慎也"(《船山全书》六,第110页)。此说以"知"为知是知非之知,以"致知"为致极,此知是知非之知,似有取于阳明致知之说。

〔57〕 《读四书大全说》,第10—11页。

〔58〕 同上书,第11页。

〔59〕 同上书,第12页。

〔60〕 此前船山在《尚书引义》中已说过:"博取之象数,远证之古今,以求尽乎理,所谓格物也。虚以生明,思以穷其德,所谓致知也。"《尚书引义》成于康熙二年,时船山 45 岁,其格物说似亦受到方以智影响。

〔61〕 此只是对比船山而粗略说如此,事实上阳明晚年以致良知为主,格物乃为致知的即物方式;而朱子终生强调格物,以致知为格物的结果。

〔62〕《读四书大全说》,第 11 页。

〔63〕《四书训义》,《船山全书》七,第 48 页。

〔64〕 同上书,第 66 页。

〔65〕 同上书,第 70 页。

〔66〕《船山全书》第四册,第 1467 页。

〔67〕 同上书,第 1484 页。

读 《中 庸》

第二章

船山的《中庸》首章诠释及其思想

"中"之诸义

道心人心

中和皆体

未发为性

戒惧慎独

余论:《四书笺解》与《四书训义》

　　关于船山对《大学》特别是其对"正心""诚意""致知""格物"的心性学理解,我在前章中已经做了细致的分析。众所周知,道学的心性—工夫论,在很大程度上是以《大学》和《中庸》二者共为基础。《大学》和《中庸》不仅为道学提供了基本的心性范畴和工夫范畴,也成为道学心性哲学和工夫理论的核心经典。朱子早年的心性工夫受《中庸》(中和)影响较大,中岁以后其学则以《大学》工夫(格物)为主,[1]宋代道学也因此转变。朱子以后的道学发展,无论心学理学,多在《大学》工夫的框架中以各自的诠释向不同条目发展,如阳明主致知,淮南主格物,戴山主诚意等。但《中庸》的范畴与节目仍与《大学》条目结合一起受到重视，尤其是"慎独"之说贯穿《大学》《中庸》二书，所以阳明仍注重戒慎恐惧的问题，戴山以诚意与慎独并提，船山亦是如此。本章即是在对船山《大学》思想研究基础之上，以船山《读四书大全说》对《中庸》首章的诠释为主，对其《中庸》心性学进行的一些基本分析。

一 "中"之诸义

《读四书大全说》的《中庸》部分涉及《四书大全》中的《中庸章句序》《读中庸法》《中庸章句大全》《中庸或问》，我们的关注则集中于船山围绕《中庸》本文、《章句》《或问》的首章讨论所发生的思考，这是因为传统上对《中庸》的研究无不重视其首章，也是因为"中""和""道""性""已发""未发"的原始讨论都在此章，心性工夫的讨论多集中于此。

在朱子学的《中庸》解释中，认为"中"字按其在文本中的脉络，可区别为不同的意义，在朱子学中也为此区别建立了各种不同的对比性表达。如朱子言："名篇本是取时中之中，然所以能时中者，盖有那未发之中在。所以先说未发之中，然后说君子而时中。"[2]朱子弟子陈北溪说："中和之中，是专主未发而言；中庸之中，却是含二义：有在心之中，有在物之中。"[3]这里就出现了时中之中、未发之中、中和之中、在心之中、在物之中这些不同的概念。

这种分别早在北宋道学已经提及。如伊川对"中庸"的界定是"不偏之谓中，不易之谓庸。中者天下之正道，庸者天下之定理"[4]与伊川以"不偏不倚"定义中不同，程张门人吕大临则以"无过不及"定义中。[5]朱子后来同时吸收了这两种说法，认为中有两种基本意义，不偏不倚之中是作为心体的中，无过不及之中是作为行为的中，前者是体，后者是用。[6]程门苏季明曾问伊川："中之道与喜怒哀乐未发之中同否？"伊川曰："非也，喜怒哀乐未发是言在中之义。只一个中字，用处不同。"〔7〕此是把"中之道"与"未发之中"加以分别。朱子后来说:"在中是言在里面的道理,未动时恰好处,或发时不偏于喜则偏于怒,不得谓之在中矣。"〔8〕在中就是指这个"中"不是表现于外在行为的中,而指在心性里面而言。

朱子在《中庸或问》中乃说:"中一名而有二义,程子固言之矣。今以其说推之,不偏不倚云者,程子所谓在中之义,未发之前、无所偏倚之名也。无过不及者,程子所谓中之道也,见诸行事、各得其中之名也。盖不偏不倚,犹立而不见四旁,心之体,地之中也。无过不及,犹行而不先不后,理之当,事之中也。故于未发之大本则取不偏不倚之名,于已发而时中,则取无过不及之义,语固各有当也。"〔9〕在朱子学的理解中,时中之中是用,是在事之中,是无过不及之中。而未发之中是体,是在心之中,是不偏不倚之中。换言之,时中之中是已发之中,中和之中是未发之中。《四书大全》引新安陈氏云:"不偏不倚,未发之中,以心说者也,中之体也。无过不及,时中之中,以事论者也,中之用也。"〔10〕

在《中庸或问》中朱子借问者之口曰:"此篇首章先名中和之义,此章乃及中庸之说,至其名篇,乃不曰中和,而曰中庸,何哉?"朱子云:"中和之中其义虽精,而中庸之中实兼体用;及其所谓庸者,又有平常之意焉,则比之中和,其所该者尤广。"〔11〕朱子以为,中庸的中既不仅是未发之中,也不仅是已发之中,而是兼含两种意义。

总结起来,《中庸》作为篇名,此"中庸"一词的"中"即是所谓"中庸之中";《中庸》"喜怒哀乐未发谓之中",此"中"即所谓"未发之中";"发而皆中节谓之和",此中节之"中"即所谓"在事之中";"君子而中庸也,君子而时中",此"中"即所谓"时中之中"。朱子最后将这些有关"中"的说法都容纳在一个体用系统之中,在这个系统中,"中庸之中"是兼动静体用而言的,它包含"中和之中"与"时中之中"两方面,在这两方面当中,"中和之中"是体,"时中之中"是用。"中和之中"又可称"未发之中""在中之义""不偏不倚之中""在心之中";"时中之中"又可称"中节之中(已发之和)""中之道""无过不及之中""在事之中"。就"中"与"和"而言,这里的"中"是指未发之中,"和"则属于已发,故中与和的关系是体与用的关系。

二 道心人心

与对朱子《大学章句序》的详细讨论不同,船山对朱子的《中庸章句序》讨论甚少,不过三行字而已。在这三行中,船山比较重视朱子序中的"知觉"二字。朱子在其序中论及道心人心的问题时说:"心之虚灵知觉,一而已矣。"《四书大全》小注引格庵赵顺孙曰:"知是识其所当然,觉是悟其所以然。"[12]对此船山提出,"知"是"随见别白","觉"是"触心警悟",[13]认为二者的不同在于,知是对现象的分别,觉是对内心的醒觉。在他看来,以分别作用为主的"知"是可以概念名言来表达的,而"觉"是内心的自省和觉解,往往无须借助概念,亦难于名言。

虽然船山在"中庸序"一节中只写了三行字,但在第一章的第16节却专门谈到《中庸章句序》中朱子的人心道心说。船山说:

> 序引"人心惟危"四语,为《中庸》道统之所自传,而曰"天命率性,则道心之谓也",然则此所谓中者即道心矣。乃喜怒哀乐,情也;延平曰"情可以为善",可以为善,则抑可以为不善,是所谓惟危之人心也。[14]

船山以为,如果从朱子的讲法,以天命率性为指道心,那么天命于性者即是中(见以下未发为性节),所以中就应当是道心。而人心应当指情,因为情是可以善可以不善的。船山这个"道心即中、人心即情"的说法,与朱子不同,在朱子,道心人心都是已发的知觉,故"未发之中"并不能等同"道心";而情之善者如恻隐羞恶四端,应属道心,故不能以"情"皆等同于"人心"。按照船山此种讲法,喜怒哀乐是情,是人心,则《中庸》的思想便当解释为人心之未发为道心,道心之已发为人心。这种讲法就传统力图呈现道心与人心的互动冲突而言,似非妥当。

船山提出这样的问题:《中庸》讲未发之中,为什么不讲仁义礼智之未发,而却讲喜怒哀乐之未发？他的理解是：

> 朱子为贴出"各有攸当"四字是吃紧语。喜怒哀乐只是人心,不是人欲。"各有攸当"者,仁义礼智以为之体也。仁义礼知,亦必于喜怒哀乐显之。性中有此仁义礼智以为之本,故遇其攸当,而四情以生。[15]

人欲属恶,人心则可以善可以不善,故喜怒哀乐之情是人心不是人欲。"各有攸当",在船山的理解是指情在所当发时而发,如果情是在非所当发时发作,那就违反了"各有攸当"。攸当属于应然的范畴,应然的规范即仁义礼智四德。船山实际上认为,四德(仁义礼智)是性之本(体),四情(喜怒哀乐)是发之用,而四德必须通过四情才能显现。所以仁义礼智就是未发,不能再到仁义礼智后面去找未发;喜怒哀乐是已发,喜怒哀乐的根源是未发。所以《中庸》讲喜怒哀乐之未发,而不能讲仁义礼智之未发。

最后船山的结论是：

> 惟性生情,情以显性,故人心原以资道心之用。道心之中有人心,非人心之中有道心也。则喜怒哀乐固人心,而其未发者,则虽有四情之根而实为道心也。[16]

惟性生情,情以显性,这实际上是以体用关系理解性情关系,与道学一致。在道心人心的关系上,船山所谓的"道心即中,人心即情"实际就是"道心即性,人心即情",道心人心的关系即是性情之间的关系。道心是人心之本,人心是道心之用,也应从这一方面来理解。船山把道心理解为性,与明代理学如罗钦顺的思想略同。不过,船山所谓"道心之中有人心,非人心之中有道心也",似嫌粗略,意义非明。如果这个说法意谓"性中有情,非情中有性",即性中包含有情的根源,则似不必取此种表达。可能船山此说是针对朱子《中庸或问》的"天命之性纯粹至善而具于人心"，其实朱子此处所说的"人心"是指人之心，而非相对于"道心"的"人心"。

船山早在《尚书引义》中曾专论道心人心的问题，《读四书大全说》的以上讲法，与《尚书引义》有相同处，但也有不尽相同处，如《尚书引义》有"今夫情则迥有人心道心之别也"的说法，以道心人心皆为情，即与其读《中庸》说的讲法有异。[17]

三　中和皆体

在接下来的"名篇大旨"中，船山兼取朱子《中庸章句》和《或问》加以讨论，名篇的问题即《礼记》中此篇何以命名为"中庸"，在朱子学传统中，这同时涉及"中"的概念在《中庸》文本中的不同用法，以及"中"与"和"的概念分别与体用关系，已如上述。船山对《中庸》题名以及"中"之义异议不大，但他着重就中和体用的问题提出异议。

船山认为："其专以中和之中为体则可，而专以时中之中为用则所未安。"[18]就是说，朱子学派认为中和之中是体，船山认为是对的；但朱子学认为时中之中是用，船山是不赞成的，他主张时中之中也是体，故说：

> 但言体，其为必有用者可知(小注：言未发必有发)；而但言用，则不足以见体(小注：时中之中，何者为体耶?)。时中之中，非但用也。中，体也；时而措之，然后其为用也。喜怒哀乐之未发，体也；发而皆中节，亦不得谓之非体也。所以然者，喜自有喜之体，怒自有怒之体，哀乐自有哀乐之体；喜而赏，怒而刑，哀而丧，乐而乐，则用也。虽然，赏亦自有赏之体，刑亦自有刑之体，丧亦自有丧之体，乐亦自有乐之体，是亦终不离乎体也。……中皆体也，时措之喜怒哀乐之间而用之于民者，则用也。以此知夫凡言中者皆体，而非用矣。[19]

观船山之意,他的第一句话是认为,当我们指称某物为体时,我们会肯定此体必有其用(的一面);可是,当我们指称某物为用时,我们却往往不能确定其是否有体或其体为何,以致会否认此用同时亦是体。从这样的哲学观点来看,船山说"时中之中非但用也"似乎认为朱子学派以时中之中为用的看法,在某一意义上并无不可;但应当承认时中之中也同时是体,也就是说,时中之中既是用,也是体。因此,不仅时中之中是用也是体,其他所有朱子学派认为是用的"中"都同时也是体。可是,照船山后面的说法,他又认为,被朱子学派区别为体用的各种"中"其实都是体,不是用,这就是所谓"中皆体也""凡言中者皆体,而非用矣"。看来船山的说法不严格,应当加一"但"字,他应该说"凡言中者皆体,非但用也"。

船山又说:

> 未发者未有用,而已发者固然其有体。则中和之和,统乎一中以有体,不但中为体而和非体也。时中之中,兼和为言。和固为体,时中之中不但为用也明矣。[20]

第一句说"未发者未有用",即中尚未发为用,但未发必有发,不必担心未发作为体而没有用。这与上面一段开始所说一致。最后一句"时中之中不但为用",也就是上面说过的"时中之中非但用也"。值得分析的是中间几句,船山说"已发者固然其有体",但朱子学派也认为已发有体,体即未发,未发之中是已发之和的体,已发之和是未发之中的用。船山显然与朱子的想法不同,船山的主张是"和"也(就)是体,因此,那些传统朱子学规定为已发的范畴,如表示情感合度的"中和之和",与表示行为合度的"时中之中",船山认为都是体。可见船山所说的"有体"不是另外有一个某物作为和的体,"固然其有体"与"统乎一中以有体"都是指自己即是体,所以他不赞成未发之中是体、中和之和非体的说法。

可见,在船山的看法里,不仅被朱子归于"体"的一系列范畴(如

"中和之中""未发之中""在中之义""不偏不倚之中""在心之中")是体,被朱子归于"用"的一系列范畴("时中之中""中节之中""已发之和""中之道""无过不及之中""在事之中")也是体。简言之,比起朱子,船山更强调已发为体、和即是体、时中即体。[21]

不过,这样一来,也显示出船山的体用观念与朱子的体用观念不同。朱子是以内在之根据为体,以外发之表现为用。而就此处所说,船山则规定凡可以被措之于民的东西都是体,措之于民用的实践则是用。因此,喜怒未发是体,喜怒发而中节也是体。为什么说喜怒发而中节也是体呢?因为,在船山看来,喜有喜之体,怒有怒之体,观船山之意,是以自体为体,即喜的情感本身便是喜的体,怒的情感本身便是怒的体,而把喜怒措之于政治实践,这是用。所以就未发可以发为已发而言,未发是体;就已发的喜怒情感可以发为刑赏之实践而言,喜怒亦是体。可见船山是在一个"发"的系列中来确定体用的:如果甲可发为乙,则甲为体;如果乙又可以发为丙,则乙亦为体。[22]如此类推,而此中的"发"可以具有多种意义。

以上是就上引船山对朱子的体用说的异议而做的分析。以下再就首章中船山的其他的体用讨论进一步加以分析。船山说:

> 中无往而不为体。未发而不偏不倚,全体之体,犹人四体而共名为一体也。发而无过不及,犹人四体而各名一体也,固不得以分而效之为用者之为非体也。[23]

这里的辩论有些特异。第一句"中无往而不为体"即上面所说的"中皆为体",不必再论。未发之中是体,已发之中也是体,这也是前面讲过的。比较特别的是这里提出,未发之中的体,与已发之中的体,可视为全体和分体之别。这是什么意思呢?自然,从全体和部分的方面看,未发是喜怒哀乐一切情感之未发,而已发则不可能七情同时发作,或喜或怒,只是一部分的感情表现出来。但已发与未发毕竟层次不同,船山的这种比喻既不能证明已发与未发是同一层次上的全体和部分间的关系,也不能说明何以发而无过不及也是"体"(与用相对)。

　　船山又说:"以实求之,中者体也,庸者用也。未发之中,不偏不倚以为体;而君子之存养乃至圣人之敦化,胥用也。已发之中,无过不及以为体;而君子之省察乃至圣人之川流,胥用也。"[24]这是说,"未发之中"以不偏不倚为规定,是体;而由未发之中引发出来的存养实践,是用。"已发之中"以无过不及为规定,而由已发之中引发出来的省察实践,是用。可见,船山以为,有关《中庸》所提出的各种"中",都是体,而每一"中"所引发、所对应、所见诸的实践都是用。比如,在朱子学传统中的规定,与未发相对应的修养是"存养",与已发相对应的修养是"省察",船山认为存养是"未发之中"对应的用,省察是"已发之中"对应的用。在这个意义上的体用观念与朱子所讲的中和体用的体用观念是不同的,也就是说船山的这种讲法其实并不见得构成对朱子的真正批评。这里也可以看出,船山的讨论中其实也是接受了朱子学很多的假设和规定的。

　　船山接着说:

　　　　未发未有用,而君子则自有其不显笃恭之用。已发既成乎用,而天理则固有其察上察下之体。中为体,故曰建中,曰执中,曰时中,曰用中;浑然在中者,大而万理万化在焉,小而一事一物亦莫不在焉。庸为用,则中之流行于喜怒哀乐之中,为之节文,为之等杀,皆庸也。[25]

未发是体,此状态下体未发为用,但与未发相对应的存养工夫就是君子之用,在这个意义上,未发不待发作而亦有其用。已发是用,用之中似不见体,但已发的省察工夫达到的中节就是体。因此,中作为体,可以说无处不在。在用的问题上船山似乎有矛盾,因为他在前面说过,"中皆体也,时措之喜怒哀乐之间而用之于民,则用也",这是用。而这里说,中之体流行于喜怒哀乐之中,为之节文,皆用也。问题是中之体流行于喜怒为之节文,如果这便是喜怒之中节,而船山前面曾主张中节之中也是体,怎么在这里说为用了呢? 也许,这里的节文等杀应当解释为礼的实践,也就是说中之体流行于喜怒哀乐而发为礼的实践,这是用。

《中庸》首章"天命之谓性,率性之谓道,修道之谓教",在性、道、教三者的关系上,船山说:"性、道,中也;教,庸也。'修道之谓教',是庸皆用中而用乎体。用中为庸而即以体为用。"他认为性与道是中,也就是体;而教是从性、道发出的实践,所以是用。他更在一般意义上面提出,用就是"用中""用乎体",也叫做"以体为用"。可见,船山所说的用,是指对于体的运用、实践。所以他还说:"夫手足体也,持行用也。浅而言之,可云但言手足而未有持行之用;其可云方在持行,手足遂名为用而不名为体乎? 夫唯中之为义专就体而言,而中之为用,则不得不以庸字显之。"[26]以手足为体,持行为用,合于上面所说的船山的体用观。[27]照此种体用观,船山以为,当手足未动,未有持行之用时,这并不妨我们可以说手足是体。同理,未发之中未发为用时,不妨我们说未发是体。但当手足在持行时,难道手足就只是用而不是体了吗? 以此推之,当已发之时,难道时中之中就只是用而不是体了吗? 这也就是船山在前面反复强调的"未发者未有用,而已发者固然其有体"。[28]

船山强调用,他说:"《中庸》一部书,大纲在用上说。即有言体者,亦用之体也。乃至言天,亦言天之用;即言天体,亦天用之体。大率圣贤言天,必不舍用,与后儒所谓'太虚'者不同。若未有用之体,则不可言'诚者天之道'矣。舍此化育流行之外,别问窅窅空空之太虚,虽未有妄,而亦无所谓诚。"[29]"用之体"即上面所说"用乎体""以体为用",总之不离用言体,船山甚至认为《中庸》主要是讲用,讲实践。这些思想可以看做其诠释《中庸》首章中和体用说的天道论基础。

四　未发为性

现在来讨论关于"未发"的问题。自宋代道学程伊川与其门人讨论《中庸》"未发"之义以后,经过杨时、李侗至朱子,"未发之义"成为道学《中庸》诠释的焦点。船山面对朱子学派的诠释传统,也承认"未发"问题的意义和重要性,他说:"'喜怒哀乐之未发谓之中',是儒者第一难透底关。此不可以私智索,而亦不可执前人之一言遂谓其然。"[30] 这既可见其受到朱子学的影响,也显示出船山强调独立思考的性格。

船山反对以未发之心为中,他说:

> 今详诸大儒之言,为同为异,盖不一矣。其说之必不可从者,则谓但未喜未怒未哀未乐而即谓之中也。夫喜怒哀乐之发,必因乎可喜可怒可哀可乐,乃夫人终日之间,其值夫无可喜乐、无可哀怒之境,而因以不喜不怒不哀不乐者多矣,此其皆谓之中乎?[31]

这是说喜怒哀乐的感情是由可喜怒哀乐之事所引起,而人在生活中多处于没有可喜怒哀乐之事刺激的状态,故人的内心状态,大多数时间中是属于不喜不怒不哀不乐的状态,可是我们能说这些不喜不怒不哀不乐的状态都是《中庸》看做为"天下之大本"的"中"吗?船山断然表示他不赞成把这些不喜不怒的状态都视为中的看法。这种对朱子学未发论的质疑是有道理的,事实上这样的看法在船山以前如阳明学中也提出过。另外,船山在这里并未说明其理据,比如,假设船山认为不喜不怒时仍有意念,故不得为中,则自伊川起,至朱子,已经将所谓"未发"规定为"思虑未萌"。

船山又在概念上提出"中"与"空"的问题,中不是空,不可以空证中;中不是无善无恶,无善无恶不可谓之中:

> 夫中者,以不偏不倚而言也,今曰但不为恶而已固无偏倚,则虽不可名之为偏倚,而亦何所据以为不偏不倚哉?如一室之中空虚无物,以无物故,则亦无有偏倚者。乃既无物矣,抑将何者不偏,何者不倚耶?必置一物于中庭,而后可谓之不偏于东西,不倚于楹壁。审此,则但无恶而固无善,但莫之偏而固无不偏,但莫之倚而固无不倚,必不可谓之为中,审矣。[32]

船山认为"无所偏倚"与"不偏不倚"是不同的,不能用无所偏倚证明不偏不倚。朱子本来说过:"喜怒哀乐未发,如处室中,东西南北未有定向,不偏于一方,只在中间,所谓中也。"[33]船山的批评应当主要是表达对朱子此说的不满,但也可以说包含了对阳明学的批评。

船山又指出:

> 曰在中者,对在外而言也。曰里面者,对表而言也。缘此文上云"喜怒哀乐之未发",而非云"一念不起",则明有一喜怒哀乐,而特未发耳。后之所发者,皆全具于内而无缺,是故曰在中。乃其曰在中者,即喜怒哀乐未发之云,而未及释夫"谓之中"也;若子思之本旨,则谓此在中者"谓之中"也。……未发之中,体在中而未现,则于己而喻其不偏不倚耳,天下固莫之见也。未发之中,诚也,实有之而不妄也。时中之中,形也,诚则形,而实有者随所著以为体也。[34]

这是说,《中庸》所说的未发,并不是指一念未起的意识状态。所谓"后之所发者,皆全具于内而无缺"即指潜在的喜怒哀乐,故未发其实是指喜怒哀乐的内在根源和根据,而一切已发的喜怒哀乐都是此根源的外发和表现。这个隐而未发的根源,船山认为就是二程所说的"在中"。

在这一点上,船山的讨论也显示出存有论的面向。从存有论来说,未发时此中体作为"在中",内在于心而为体(所谓体在中而未现);已发之后,此中体表现为"时中之中",随事随物以为体。[35]如果用《大学》的讲法,未发是"诚于中",已发是"形于外";用《中庸》二十三章"曲能有诚,诚则形,形则著"的讲法,未发之中是"诚",虽然隐而未发,但实有不妄;时中之中是"诚则形",是内在实有不妄者形著于外,此时此实有者与物为体,即前所谓"已发之中,无过不及以为体"。所以,从存有论说,"以在天而言,则中之为理,流行而无不在"。

船山进而指出,这个"在中",即是理,即是性:

盖吾性中固有此必喜必怒必哀必乐之理,以效健顺五常之能,
而为情之所繇生。则"浑然在中"者,充塞两间,而不仅供一节之
用也,斯以谓之中也。[36]

　　故延平之自为学与其为教,皆于未发之前体验所谓中者。乃
其所心得而名言之,则亦不过曰性善而已。善者中之实体,而性者
未发之藏也。若延平终日危坐以体验之,亦其用力之际,专心致
志,以求吾所性之善。其专静有如此尔,非以危坐终日、不起一念
为可以存吾中也。[37]

　　不是喜怒哀乐之未发便唤作中,乃此性之未发为情者,其德
中也。[38]

可见,最终船山认为"中"是性中固有之理,是情之所生的根源与根据,
而且这个"中"充塞天地,具有本体的意义。他还称赞李延平,认为延
平所谓体验未发之中,即是体验性善,他还肯定"善者中之实体,而性
者未发之藏",意思是善为中的本质,而所谓未发即是指性。所以,不
能说不喜不怒就是中,而应当说"中"是性未发为情的德性状态的一种
表达。这样一来,船山几乎回到了朱子的说法"中为性之德""中所以
状性之德"[39]。

　　宋儒吕大临主张"中即性也",伊川批评说:"'中即性也',此语极
未安。中也者,所以状性之体段(若谓性有体段亦不可,姑假此以明
彼)。"又说:"若只以中为性,则中与性不合;子若对以中者性之德,却
为近之。"[40]朱子之说即来源于此。又宋儒胡五峰以"性为未发,心为
已发"发展道学的《中庸》诠释,朱子早年也曾受其影响。而船山的上
述讲法,以未发为性,以未发之中为性善,以中为性之德,都合于宋代道
学的讲法。

　　自然,质疑喜怒未发便是中,而把未发归于性,明代王学即已如此。
事实上,朱子讲未发有二义,一为心有未发已发,二为性未发情已发,后
者可见于《中庸章句》所说:

> 喜怒哀乐,情也;其未发,则性也。无所偏倚,故谓之中;发皆中节,情之正也;无所乖戾,故谓之和。[41]

朱子《中庸或问》亦云:

> 盖天命之性,万理具焉。喜怒哀乐,各有攸当。方其未发,浑然在中,无所偏倚,故谓之中。及其发而皆得其当,无所乖戾,故谓之和。谓之中者,所以状性之德,道之体也;以其天地万物之理无所不该,故曰天下之大本。谓之和者,所以着情之正,道之用也;以其古今人物所共由,故曰天下之达道。[42]

可见在未发的问题上,船山的看法与朱子的《中庸》诠释是相近的。

五　戒惧慎独

　　"慎独"之说,《大学》《中庸》都有表达。《大学》传文释诚意章云:"所谓诚其意者,毋自欺也。……故君子必慎其独也。"《中庸》首章:"莫见乎隐,莫显乎微,故君子慎其独也。"我们在讨论船山的《大学》诠释的一章中之所以没有涉及关于"慎独"的问题,意即留待《中庸》中一并加以讨论。

　　按朱子《大学章句》释"君子必慎其独也":

> 独者,人所不知而己所独知之地也。……盖有他人所不及知而己独知者,故必谨于此以审其几焉。……虽幽独之中,而其善恶之不可掩如此,可畏之甚也。[43]

可见朱子把"慎独"的"独"解释为"己所独知"的知觉状态和境况,[44]而以"慎"为谨慎地审察善恶之几。

《中庸》首章第二句有云："戒慎乎其所不睹,恐惧乎其所不闻。莫见乎隐,莫显乎微,故君子慎其独也"。朱子《中庸章句》释其中慎独之义:

> 隐,暗处也;微,细事也。独者,人所不知而己所独知之地也。言幽暗之中,细微之事,迹虽未形,而几则已动。人虽不知,而己独知之。则是天下之事,无有着见明显而过于此者。[45]

朱子在《中庸》中对慎独的解释和其《大学》中所解释的是一致的。朱子认为,"戒慎"讲"慎","慎独"也讲"慎",但"不睹不闻"与"独"有别。简言之,"独者,人之所不睹不闻也";"其所不睹不闻者,己之所不睹不闻也"。就是说,戒慎恐惧的"不睹不闻"是指自己无所闻无所见,也就是"未发"。而"独"是指自己的内心别人无所闻见,别人虽然不睹不闻,但自己的心有自我意识,自己知道自己在想什么,这种独知已属已发。也因此,朱子将"戒慎"与"慎独"的工夫加以分别,以"戒慎乎其所不睹,恐惧乎其所不闻"为未发时的工夫,以"莫见乎隐,莫显乎微,故君子慎其独也"为已发时的工夫。

船山在其读《大学》说中提出:

> 但当未有意时,其将来之善几恶几,不可预为拟制,而务于从容涵养,不可急迫迫地逼教出好意出来,及其意已发而可知之后,不可强为补饰,以涉于小人之掩著,故待己所及知,抑仅己所独知之时而加之慎。[46]

从这里可以看出船山对慎独的看法。在他看来,"独"即是"己所及知抑仅己所独知之时"。这个说法吸收了朱子之说即人所不知不睹不闻、而己所独知。但"及知"的提出显示船山的提法也包含有自己的主张。船山之意以为,独属于意,属于意之已发;而且独所代表的意,只是自己刚刚知觉而别人完全不能知觉的意识状态。这个主张,其实就是以"独"指意念之初发将发之几。至于"慎"字,船山认为"慎字不可作防字解,乃缜密详谨之意"。[47]又说:"若夫慎之云者,临其所事,拣夫不善而执夫善之谓也。"[48]船山把独解释为意之几,这种对几的强调的讲法应当说是对朱子学慎独说的进一步展开。[49]

船山认为独是已发,这与朱子相同。但船山明确提出独即意,这就与船山自己心性学重视诚意有关了。船山说:"慎独为诚意扣紧工夫,而非诚意之全恃乎此,及人所共知之后,遂无所用其力也。"[50]在他看来,从意来说,意之已发分为"己所独知"和"人所共知"两个阶段或部分,诚意是指两个部分全体都要慎之而严,慎独则专指"己所独知"的这前一个部分。故慎独属于诚意的一个部分,而不是全部。如果把慎独当成诚意工夫的全体,那么在人所共知的阶段就无工夫可言了。

船山说:

> 《中庸》云"莫见乎隐,莫显乎微",谓君子自知也,此(《大学》)言"十目""十手",亦言诚意者之自知其意。如一物于此,十目视之而无所遁,十手指之而无所匿,其为理为欲,显见在中,纤毫不昧,正可以施慎之之功。[51]

这也是说《中庸》的慎独之独是君子自知而他人不知的状态,这个状态属于意,而自知就是自知其意;船山强调这与《大学》讲诚意的自知其意的状态相同。由于独属于意之已发的状态,故船山又指出,这种状态下,自己内心之意念,为理为欲,自己都了然不昧,这种状态正好采用慎独的工夫。

船山说:"《礼记》凡三言慎独,独则意之先几,善恶之未审者也。"明确说明独属于意,是意的"先几"阶段,即意之初发初动初萌,此时意的善恶尚待分辨。船山强调,慎独是诚意工夫的一部分,慎的对象只能是意,而不能是心;[52]因为明德之心虚灵不昧,有善无恶,而"慎"的工夫是在善恶混杂之中"拣其不善以孤保其善"。[53]船山以此来说明何以《大学》专在诚意的部分提出慎独:"传独于诚意言慎者,以意缘事有,以意临事,则亦以心临意也。若夫心固不可言慎矣。是以意在省察,而心唯存养。省察故不可不慎,而存养则无待于慎,以心之未缘物而之于恶也。"[54]慎独是"拣其不善而执其善",这属于省察,故慎独属于意之省察,也就是说,慎独是意的省察工夫。[55]

船山精于易学,往往以易论《中庸》,如:

> "戒慎不睹,恐惧不闻",泰道也;所谓"不遐遗,朋亡,得尚于中行",所以配天德也。"慎其独",复道也;所谓"不远复,无祗悔","有不善未尝不知,知之未尝复行",所以见天心也。[56]

船山用泰卦九二爻辞解释《中庸》的戒慎恐惧,未明其意。按传统解释泰九二爻辞,是指用心宏大,包容不遗,但不知船山何以以此比喻戒慎恐惧。按《周易内传》论泰九二爻辞有云"乃不偏倚而尚于中道",船山或以此喻未发之中的不偏不倚。[57]至于复卦,应当是用"有不善未尝不知"解释"独",以比喻"独知"。无论如何,这个讲法可以看出船山也是把戒慎恐惧与慎独分开来看的。

朱子《中庸章句》解释戒慎恐惧为:"君子之心常存敬畏,虽不见不闻,亦不敢忽,所以存天理之本然,而不使离于须臾之顷也。"[58]船山的解说是:

> 乃君子则以方动之际,耳目乘权,而物欲交引;则毫厘未克,而人欲滋长,以卒胜夫天理。乃或虽明知之,犹复为之。故于此尤致其慎焉,然后不欺其素,而存养者乃以向于动而弗失也。"有不善未尝不知","莫见乎隐,莫显乎微"之谓也。"知之未尝复为",慎独之谓也。使非存养之已豫,安能早觉于隐微哉?[59]

方动之际就是意之先几,意之动则有善有恶,所谓恶即人欲之萌。此时若不能辨别理欲,则人欲将会滋长而最终胜过天理;或者虽独知意动于不善,却仍行之,则成乎不善之行。所以人须在意念方动之际,用"慎"

的工夫,使意念不自欺于素正之心。[60]不过,船山所谓"然后不欺其素,而存养者乃以向于动而弗失也",此种说法似乎将慎独属"存养",而不像前面属之"省察",有不协调处。其实船山是指,存养是未发工夫,是慎独以前工夫;正是由于善作工夫者在意念发动之前有存养的工夫,所以才能在意念方动之际行之以慎独的工夫,使在意念发动的状态得以弗失。如果不是素有未发工夫的存养,就不可能在意念初动时察觉善恶之几。船山认为《易传》"有不善未尝不知",就是莫见莫显的独知,这是慎独的前提;"知之未尝复为",就是慎独,亦即慎独的过程及结果。

由此,船山认为《中庸》首章的主旨是:"盖所谓中庸者,天下事物之理而措诸日用者也。若然,则君子亦将于事物求中,而日用自可施行。"[61]"中"代表天下之理,"庸"是将理措之于日常实践,而"中庸"就是要人在日常事物里面求理。"故中庸一篇,无不缘本乎德而以成乎道,则以中之为德,本天德;而庸之为道,成王道。天德、王道一以贯之,是以天命之性不离乎一动一静之间,而喜怒哀乐之本乎性、见乎情者,可以通天地万物之理。如其不然,则君子之存养为无用,而省察为无体,判然二致,将何以合一而成位育之功哉?"[62]存养为静中涵养性体工夫,但若无省察,则为无用;省察是动时审察工夫,若无存养为基础,则为无体。

船山又说:

> "莫见乎隐,莫显乎微",自知自觉于"清明在躬、志气如神"者之胸中。即此见天理流行,方动不昧,而性中不昧之真体,率之而道在焉,特不能为失性者言尔。则喜怒哀乐之节,粲然具于君子之动几,亦犹夫未发之中,贯彻纯全于至静之地。而特以静则善恶无几,而普遍不差,不以人之邪正为道之有无,天命之所以不息也;动则人事乘权,而昏迷易起,故必待存养之有功,而后知显见之具足,率性之道所以緜不行而不明也。一章首尾,大义微言,相为互发者

如此。章句之立义精矣。[63]

"清明在躬、志气如神,嗜欲将至,有开必先"出于《礼记》的《孔子闲居》,可理解为欲念未动未起时清醒的意识状态。自知自觉此清醒状态,就是《中庸》所说的莫见莫显的独知,故自知自觉即是独知,独知即自知自觉自审其意念之动的善恶。这个方动而不昧的意识状态,就是天理流行的表现,亦由此可见性之本体。因此这个"独"(动几)可以说是喜怒哀乐发而中节的根源。"未发之中"是发而中节的更深的根源,虽然未发时为静,此时意念未动,善恶无几,但"未发之中"在至静之中恒在不息。此时不能用慎独的工夫,必须用存养;只有经过长久的存养工夫,才能保证人在意念初动时有充足完全的独知去审辨之,而中和的大用才能成立。

所以,船山认为"慎独"是以"存养"为其基础的,"《大学》言慎独,为正心之君子言也。《中庸》言慎独,为存养之君子言也。唯欲正其心,而后人所不及知之地,已固有以知善而知恶。唯戒慎恐惧于不睹不闻,而后隐者知其见,微者知其显。……以明夫未尝有存养之功者,人所不及知之地已固昏然,而莫辨其善恶之所终,则虽欲慎而有所不能也"[64]。即有长久的存养为基础,隐微的独知才能辨知善恶如白日之明显;如果没有日常存养的工夫,所谓独知已昏昏然不能辨善恶,这种状态下"慎"的工夫也就无所用了。船山还主张,慎独在《大学》系统中是指"正心",慎独在《中庸》系统中是指存养。船山以存养、慎独二分,认为存养是慎独的基础,并认为这个思想就是《中庸》首章的大义,这些都与朱子学的解释一致。船山在其读《中庸》说中,还屡次使用"圣贤心学""心学"的概念,这些地方都可见他所受道学心性—工夫论的影响。

六 余论:《四书笺解》与《四书训义》

船山作《读四书大全说》之后,又曾作《四书笺解》和《四书训义》,

其《四书训义》之成已在其 60 岁之后。[65]余论即略论此二书关于《中庸》首章的解说。

《四书笺解》云："修道者不可但于事为上求合于道，必静存以体天理不息之诚，动察以谨天理流行之机也。"[66]这是明确指出，《中庸》所谓"修道"并不是只要人们达到时中之中（在事之中），而是强调静存动察的修养工夫。其中天理不息及流行的说法，与前述《读四书大全说》的"静则善恶无几，天命之所以不息也""自知自觉于……即此见天理流行，方动不昧"（原文稍长，以上二句是概引）相近，也与"未发之中，不偏不倚以为体；而君子之存养乃至圣人之敦化，胥用也。已发之中，无过不及以为体；而君子之省察乃至圣人之川流，胥用也。"是一致的。

前引《读书说》中有云"未发之中，体在中而未现，则于己而喻其不偏不倚耳，天下固莫之见也。"《四书笺解》云"性不因形声之有无而不存于心也"[67]，可谓前者的注脚。前节曾引船山说："唯戒慎恐惧于不睹不闻，而后隐者知其见，微者知其显"，《四书笺解》有云"见显只是是非分明"[68]，以此可以解释前句为：只有戒慎恐惧于不睹不闻作为基础，独知时才能是非分明。可见《四书笺解》的一些疏释对《读书说》是有益的补充。

关于《中庸》首章"喜怒哀乐"一段，《四书笺解》谈到中和的区分："盖言此性之存乎喜怒哀乐未发之时者，则所谓中也。此性之发而为情，能皆中节者，所谓和也。"[69]又云："喜怒哀乐二节，言性情本有中和之德，以具众理应万事，故能存养省察以致之，则其功效有周遍乎天地万物之大用也。"[70]这是说，中与和是指性与情而言，而性情皆统于心（心统性情）；心具中和之德以应万事，所以能由存养以致中，由省察以致和；人的致中和不仅是个人修养的成就，还可以促进宇宙的和谐发育。

《四书笺解》也提到"未发"与"不睹不闻"的区别，他说："喜怒哀乐之未发，与不睹不闻不同。不睹不闻以事物未接言，未发以己之所以应物者未出而加一物言。彼所言者，道之常存于心；此所言者，德之可被于物也。"[71]我们记得,朱子认为"其所不睹不闻者,己之所不睹不闻也"。船山把不睹不闻解释为事物未接于己(故对物无所睹闻),这与朱子一致,与《读书说》有所不同。至于以"未发以己之所以应物者未出而加一物言"解未发,是说自己并未发出以加被于物。最后两句如果用以解说"不睹不闻"与"未发"的区别,更不如用来解说"中"与"和"的区别,即未发之"中"是指道之常存于心,已发之"和"是指德之可被于物。船山在这里的解释似不周全。

《四书训义》全录朱子章句集注,而在每章后以"训义"为题,综合阐述船山对此章的解说,层次递进而成系统。这与《读书说》随句落笔,处处加评,即每章之义亦散漫不明的特点不同。[72]

《四书训义》对《中庸》首章宗旨的理解是:圣人之学,以性善论为基础,而充分力行存养和省察的工夫;存养以治内,省察以发外,内外合一之德称为中庸。道出于人性,人性出于天,天以理气化生万物的过程为天道;气生万物,人为最灵,形具而理在其中;人心能知此理,人力能行此理,故人对此理的知觉认识与实践展开即是人道。"是人道者,即天分其一真无妄之天道以授之,而成乎所生之性者也",船山用一"分"字,以说明人道的根源来自天道,而人道的使命就是完成人性。

关于首章的心性工夫,船山说:

> 是故君子之体道也,有所不睹者焉,形未著也,而性中之藏,天下之形悉在焉。君子于此而致其戒慎,所炯然内见者,万善之成象具在,不使有不善之形无故而妄为发见也。有所不闻者焉,声未起也,而性中之藏,天下之声悉在焉。君子于此而致其恐惧,所井然内闻者,万善之名言咸在,不使有不善之声无端而妄相荧惑也。养其纯一于善成无杂之心体,然后虽声色杂役,而吾心之宁一有主者自若。斯乃以体天理于不息之常,而无须臾之离矣。此其静而存养者如此,盖以天与性不离于静中,而以此体天道而合道也。[73]

这是对于"戒慎乎其所不睹,恐惧乎其所不闻"而加以解说。睹对形而言,闻对声而言,不睹不闻是指君子没有知觉到事物的形象,但此时事物的形象已经具备于人之性中。因此,君子在此时加戒慎恐惧的工夫,可以内见万善。何为内见万善,船山语焉未详,内见既为"见",与睹的区别何在? 而内闻者,则似乎已非未发。无论如何,船山认为静时要用此戒慎恐惧的存养工夫,以帮助养成纯善无杂的心体,这个心体在有睹有闻时可以成为心的主宰。这个工夫属于静而存养,即意念未动时加以涵养。

关于慎独,《四书训义》说:

> 及其一念之动也,是天理之所发见也,而人欲亦于此而乘之;是吾性之见端也,而情亦于此而感焉。君子既常存养,以灼见此理于未动之先矣,则念之所发,或善或恶,有自知之审者。故其动也,在幽隐之际,未尝有是非之昭著也,而所趋之途自此而大分,莫见于此矣。其动也,亦起念之微,未尝有得失之大辨也。故君子知此人所不及知、己所独知之际为体道之枢机,而必慎焉,使几微之念必一如其静存所见之性天,而纯一于善焉。其动而省察又如此,盖以天与性昭见于动时,而以此尽道以事天也。[74]

船山此前多次用"动则人事乘权""方动之际,耳目乘权"的说法,而在《四书训义》中又明确指出,"人欲乘权"是以"天理发见"为前提的。据船山看来,当人心由静转为动,必是因为一念之动,一念之动的原发之几,是天理发见,也是性的表现;人欲此时要乘天理发见之机而起来,于是情就发生了。在起念之微的时候,君子由于有静养的工夫作为基础,所以即使善恶分别很细微,但也看得清清楚楚。这个起念之微的内在变化,是人所不及知,而只有自己所独知,君子必须在此时用慎独的工夫,使得意念在几微之时便能一如静养之善。这个工夫属于"动而省察",即意念发动而加以省察的工夫。

最后船山说:

惟吾性之为静为动皆涵天下之理，而道为体为用皆不离乎性情。……君子以其戒慎恐惧者存养于至静之中，而喜怒哀乐未发之际，人以为虚而无物者，君子以为实而可守；则存养之熟，而无一刻之不涵万理于一原，则心之正也，无有不正者矣。君子以慎独省察于方动之顷，而喜怒哀乐固然之节，存之于未起念之前而不紊者，达之于既起念之后而不违；则省察之密，而无一念之不通群情以各得，则气之顺也，无有不顺焉。[75]

这是说，静而未发之际，以戒慎来存养，这也是《大学》正心的工夫。动而起念之际，以慎独来省察，其效用可通被于群物。以"气顺"说致中和的效验，本于朱子《章句》和《或问》。

《四书训义》在《中庸》首章之末照录了朱子《章句》的首章结语：

右第一章，子思述所传之意以立言。首明道之本原出于天而不可易，其实体备于己而不可离，次言存养省察之要，终言圣神功化之极。盖欲学者于此反求诸身而自得之，以去夫外诱之私，而充其本然之善。杨氏所谓一篇之体要是也。[76]

船山照录这些讲法，表明他与道学如朱子学派的中庸解释基本一致，明显表示出船山的儒家立场和其所接受的道学影响，也证明船山对儒家经典的解释的确应作为整个宋明道学运动的一个部分。[77]

从历史的角度来看，船山对朱子的态度前后有所变化。《读四书大全说》中对于朱子学的《四书》诠释，在大关节上予以肯定的同时，往往有苛评之处，虽然主要针对于朱门后学者。但在船山后期，对朱子的态度渐就平实，在《礼记章句》和《四书训义》中对朱子的推崇明显加重。

船山的《礼记章句》中对各篇都做了章句疏解，唯独其中的《中庸》和《大学》两篇，完全录用朱子的《中庸章句》和《大学章句》，而未做疏解。而且，在《中庸》和《大学》各篇之前船山都有一大段文字阐明其意。他在《礼记章句·中庸》的篇首说：

> 《中庸》《大学》自程子择之《礼记》之中，以为圣学传心入德
> 之要典迄于今，学宫之教、取士之科，与言道者之所宗，虽有曲学邪
> 说，莫能违也。则其为万世不易之常道，允矣。乃中庸之义，自朱
> 子之时，已病夫程门诸子之背其说而淫于佛老，盖此书之旨，言性
> 言天言隐，皆上达之奥，学者非躬行而心得之，则古不知其指归之
> 所在，而佛老之诬性命以惑人者亦易托焉。朱子章句之作，一出于
> 心得，而深切著明，俾异端之徒无可假借，为至严矣。……夫之不
> 敏，深悼其所为而不屑一与之辨也，故僭承朱子之正宗为之衍，以
> 附章句之下，庶读者知圣经之作、朱子之述，皆圣功深造体验
> 之实。[78]

他推崇朱子的《中庸章句》"深切著明"，认为朱子对《中庸》的析述反
映了"圣功深造体验之实"，而且他还声明他自己"僭承朱子之正宗为
之衍"。对于一贯坚持独立思考和批判审查态度的船山而言，这种对
于朱子的推许，应当说已经达到了相当高的程度。

　　考察船山《中庸》首章的诠释的结论，如同我们对他的《大学》说的
分析的结论一样，即船山的《中庸》诠释是"接着"朱子学的诠释讲的，
无论从话语、概念、问题意识乃至主要的工夫理论和立场，船山的思想、
诠释都受到了朱子学的重要影响。同时，如在中和体用等问题上面，船
山也提出了独特的看法，表现出他力图把道学的心性意义的实践扩展
为包括政治、社会实践在内的一般实践，而这一立场反映了明清之际儒
家学者的积极反思。

注　释

[1]　自然，这只是笼统言之，朱子中年以后至晚年，其工夫论中亦重视《中庸》的戒慎
　　　恐惧等。

〔2〕〔3〕 《中庸章句大全》,载《四书大全》,山东友谊书社,1989 年,第 325 页。以下径引《四书大全》。

〔4〕 《四书大全》,第 326 页。

〔5〕 吕大临说:"圣人之德中庸而已,中则过与不及皆非道也。"但他也说:"不倚之谓中,不杂之谓和"(引自《中庸辑略》,载《四库全书》198 册,上海古籍出版社,第 561、566 页)。

〔6〕 朱子释中之义曰:"中者,不偏不倚、无过不及之名"(《四书大全》,第 325 页)。

〔7〕 引自《中庸辑略》,《四库全书》198 册,第 567 页。

〔8〕 《中庸或问》论名篇之义小注,《四书大全》,第 545 页。

〔9〕 此答或问者之疑"名篇之义,程子专以不偏为言,吕氏专以无过不及为说,二者固不同矣。子乃合而言之,何也?"见《四书大全》,第 545 页。

〔10〕 《四书大全》,第 325 页。

〔11〕 同上书,第 549 页。

〔12〕 同上书,第 308 页。

〔13〕 《读四书大全说》,第 59 页。

〔14〕 同上书,第 82 页。

〔15〕〔16〕 同上书,第 83 页。

〔17〕 船山《尚书引义》的人心道心说,可参看曾昭旭:《王船山哲学》,第 420—433 页。

〔18〕〔19〕〔20〕 《读四书大全说》,第 60 页。

〔21〕 以《四书训义》及《张子正蒙注》观之,船山晚年似不再用"时中为体、和亦是体"之说。

〔22〕 根据此理,如果甲可发为乙,则甲为体,乙即用;而乙又可发为丙,则此时乙为体,而丙为用。但船山为突出对朱子的辩论,故未将此理清楚说明。

〔23〕 《读四书大全说》,第 60—61 页。

〔24〕〔25〕 同上书,第 61 页。

〔26〕 同上书,第 62 页。

〔27〕 船山此种体用观,以实体与其运用分别体用,又可见其所说:"天以阴阳五行化生万物,以者用也,即用刺阴阳五行之体也。犹言人以目视,以耳听,以手持,以足行,以心思也"(《读四书大全说》,第 69 页)。

〔28〕 关于船山的体用论,此节所说皆就《中庸》首章而言,其所涉及者非本体论。涉及本体论的体用论,可参看曾昭旭的分析:"个体非是形上本体所作用的对象,

若然则体用分为两截矣,而直是本体之一端而可直通于全体者。于是个体乃真亦有其超越无限之尊严,且直是就其有限之存在而立其无限尊严。……于是个体亦可直称为体。"其又云:"本体之现为一一定体,……而一一定体又全具本体之创造性而亦起用者,非一一僵死之物也。……总之是两体回环相抱"(《王船山哲学》,远景出版事业公司,1996 年,第 345、347 页)。

〔29〕 同上书,第 138 页。按船山此处对横渠太虚说尚有微词,值得注意,然其晚年则归本横渠之学。

〔30〕〔31〕 同上书,第 79 页。

〔32〕 同上书,第 80 页。

〔33〕 《四书大全》,第 344 页。

〔34〕 《读四书大全说》,第 80 页。

〔35〕 我一向不喜欢用"中体"这类概念,而此处已无可回避。中体即作为本体的中。

〔36〕〔37〕 《读四书大全说》,第 81 页。

〔38〕 同上书,第 84 页。

〔39〕 皆见《四书大全》朱注及小注,第 344 页。

〔40〕 皆见《中庸辑略》,《四库全书》198 册,第 566 页。

〔41〕 《四书大全》,第 343 页。

〔42〕 同上书,第 583 页。

〔43〕 同上书,第 80、87 页。

〔44〕 按朱子所谓"独知之地",此"地"字《四书大全》载新安陈氏曰:"地,即处也。此独字指心所独知而言,非指身所独居而言"(《四书大全》,第 81 页)。

〔45〕 《四书大全》,第 339 页。

〔46〕〔47〕 《读四书大全说》,第 19 页。

〔48〕 同上书,第 47 页。

〔49〕 《四书大全》之《大学章句大全》载新安陈氏发挥朱子说曰"己所独知,乃念头初萌动,善恶诚伪所由分之几微处,必审察于此";云峰胡氏云"独字便是自字,便是意字"(皆见《四书大全》,第 81、84 页)。

〔50〕 《读四书大全说》,第 20 页。

〔51〕 同上书,第 27 页。

〔52〕 此处的心指正心之心,有关船山关于正心之心的观念可参看我的《道学视野下的船山心性学——以船山的〈大学〉诠释为中心》一文,《中国哲学史》2002 年第 3 期。

〔53〕 同上书,第 47 页。

〔54〕 《读四书大全说》,第 47 页。

〔55〕 船山对慎,还有一说法:"慎者,慎之于正而不使有辟也。慎于正而不使有辟者,好恶也,君子以内严于意,而外修其身也。"这是解释《大学》"君子先慎乎德"。

〔56〕 《读四书大全说》,第 71 页。

〔57〕 《周易内传》,《船山全书》一,第 144 页。

〔58〕 《四书大全》,第 336 页。

〔59〕 《读四书大全说》,第 74 页。

〔60〕 船山此处所说的"素"即其《大学》说所谓"素正之心",可参看拙文《道学视野下的船山心性学——以船山的〈大学〉诠释为中心》。

〔61〕 《读四书大全说》,第 65 页。

〔62〕 同上书,第 62 页。

〔63〕 同上书,第 75 页。

〔64〕 同上书,第 73—74 页。

〔65〕 据许冠三《船山学术思想生命年谱》,《四书训义》始作于 61 岁,以船山作书之速推之,应可在一年中完成。许说参见其《王船山的致知论》,香港中文大学出版社,1981 年,第 114 页。

〔66〕 《四书笺解》,《船山全书》六,岳麓书社,1991 年,第 124 页。

〔67〕〔68〕〔70〕 同上书,第 126 页。

〔69〕〔71〕 同上书,第 127 页。

〔72〕 曾昭旭谓"船山书大率为注疏体,往往随文衍义,因几立说,由是精义散见,漫无所统",参看其《王船山的哲学》,第 3 页。另需指出,《四书笺解》与《四书训义》似兼为学子应举用,与《读四书大全说》形成、整理自己思想的札记不同。《四书笺解》《四书训义》对朱子批评甚少,这也可能是个原因,但船山晚年思想越来越趋向道学,应是事实。

〔73〕 《四书训义》,第 106 页。

〔74〕 同上书,第 107 页。

〔75〕 同上书,第 108 页。

〔76〕 同上书,第 109 页。

〔77〕 不过,照今本《船山全书》的《四书训义》字行之排,其中之《中庸》每章之末,船山都照录了朱子《中庸章句》此章的结语;但船山本意是否如此,不得而知。而

《船山全书》的标点者对此似皆未觉察。也许朱子《中庸章句》每章的结语不
应列入"训义"之中,而与其他朱注皆以大字排出(今印《船山全书》朱注与训
义字号同)。因未见船山原稿钞本,暂记于此。若印本无误,说明船山在《训
义》中已完全接受了朱子的结论。

〔78〕 同上书,第 1245—1246 页。

读 《论 语》

第三章

船山《论语》诠释中的理气观

理气无分体,德才有合用
以理治气,以理养气
天命之理与气数之命

　　船山《读四书大全说》中,关于《论语集注大全》的批读,所占的篇幅大于其他三种。不过,与对《大学》《中庸》的深度解读和细部诠释以及全而不遗的批读方式相比,船山对《论语集注大全》的批读在某种意义上是蜻蜓点水式的。《论语》二十篇,每篇二三十章,而船山多只留意其中若干章中的问题,故比起《大学》《中庸》说,这些对《论语集注大全》的思考,可谓粗而不细。但另一方面,就其批读所阐发的内容而言,则所涉及的范围又要比《大学》《中庸》来得广泛,涉及《大学》《中庸》二书中所未涉及的重大哲学问题,更能彰显出船山在哲学上的基本立场。本章所说的理气观是广义的,不限于理气的宇宙论、本体论讨论,而广泛涉及以理气为基本范畴的其他讨论。本章将从船山以理气为间架的论述语境入手,在其《论语》诠释的具体脉络中,深入其中有关理、气等宋明道学所注重的问题,以分析船山在其《论语》批读中所表达的哲学思想。

一 理气无分体,德才有合用

《论语》泰伯篇十一章"如有周公之才之美,使骄且吝,其余不足观也已"章,朱子《集注》引程子曰:"盖有周公之德则自无骄吝,若但有周公之才而骄吝焉,亦不足观矣。"《四书大全》在此下列朱门弟子庆源辅氏曰:"德出于理,才出于气……"[1]船山不满庆源此说,他认为德有两种,一为性之德,即天生之德;二为行道有得之德,即由后天学而所得者,然后他提出:

> 凡言理者有二:一则天地万物已然之条理,一则健顺五常、天以命人而人受为性之至理。二者皆全乎天之事。而"德出于理",将凡有德者,一因乎天理之自然而人不与哉?抑庆源之意,或浅之乎其为言,若曰出于理者为德,未出于理而仅出于气者为才?……是云"德出于理"业已不可,而况云"才出于气"乎?[2]

他把理分为"已然之条理"和"受性之至理",前者是天地万物之理,后者是人之性,用理学的语言来说,前者是物理,后者是性理。这个观点当然是受理学的影响,因为程朱理学主张性即是理,是来源于天之所命的。船山认为,人的健顺五常的性来源于天之所赋予,而万物之理是天地间自然的条理,这两者都是自然的而无关人为的,即都不是人所设定的。因此,如果说"德出于理",就意味着德和理一样,也是自然的,而无关于人为的,这是船山所不同意的。根据他的两种德的思想,船山认为"德出于理"的说法将导致德与人为无关,这等于只承认性之德即天生之德,而不承认"行道有得之德",不承认由后天人为学习、修养得来的德。所以船山的主张实际是,在"德出于理"外,还要加上"德出于学"。

按《论语》此章中"周公之才"的"才"字,朱子《集注》释为智能才艺;才与德相对:德即道德,才为智能。朱门弟子辅广(庆源)对《集注》之说加以申发,说德出于理,才出于气,即德出于人之性理,才出于人之气质,认为德是善的,而才本身不能决定善恶。这个说法在朱子学内自成一家。但船山不赞同此说,他认为,周公固然有天赋的德性,但周公的德性也是从学得来的。如果说"德出于理",就容易使人以为人的道德心完全来自天赋的性理,而否认了人的道德心也是从"学"中得来的。这里的"学"当然不是现代教育的知识学习,而是包括知识学习在内的、以成圣为目标的广泛的"学"与"习"。如果仅仅把出于性理的德性称做德,又把德与气相对待,这不仅把德性当成天赋的,而且无法肯定"学"对于德性的意义,无法肯定实践对德性养成的意义。这就是他说的:"今不可云周公质非生安,而亦不可谓周公之德不由学得,则已不必云出于性者之为德,而何得对气而言之,理为德之所自出也?"[3]因此,在船山看来,在哲学上把德和才归源到理和气,既不妥当,也无意义。

"德"的问题或"自然"与"人为"的分辨,不是我们在这里要讨论的问题,我们在这里注意的是,在德才之辨的语境背景下船山对"理"的理解和规定,以进入船山理气观的世界。由船山的说法可知,理的基本意义有二,一指天地之理,一指人性之理。也因此,船山强调天地之间没有离气独存之理,理气的这两种关系是朱子哲学中本有的讨论,如朱子哲学中理气先后的讨论是指天地之理与天地之气的关系,而理气同异的讨论就更多涉及人性之理与人身之气的关系。在朱子以后,朱子学派对理气问题的讨论越来越多地偏重于性理与气质的关系。值得注意的是,船山在《读四书大全说》中论及的理气关系亦多属人性之理与人身之气的关系。

在上面的叙述中可见,船山也表现出不赞成把气作为德的对立面来看待。在这个问题上,船山接着说:

> 一动一静,皆气任之。气之妙者,斯即为理。气以成形,而理
> 即在焉。两间无离气之理,则安得别为一宗,而各有所出?气凝为

形,其所以成形而非有形者为理。夫才,非有形者也;气之足以胜之,亦理之足以善之也。不胜则无才,不善抑不足以为才。是亦理气均焉,审矣。寂然不动,性著而才藏;感而遂通,则性成才以效用。故才虽居性后,而实与性为体。性者,有是气以凝是理者也,其可云"才出于气"而非理乎?[4]

这一段的前几句是说,天地间阴阳动静变化都是气的运动,"理"是"气之妙者",也就是说理是造成气的莫测变化的主导和根据。气能够形成有形质之物,而在气形成物体的同时,原来气中的理也随即在物中成为物之理。船山强调天地之间没有离气独存之理,认为各种在理气问题上的二元论说法都不能成立。在他看来,"德出于理,才出于气"的说法意味着理气"各有所出"、各自"别为一宗",这就至少包含着二元(源)论,使理气成为各自独立、互相分离。坚持理气不离,就不能赞同那种理气"别为一宗,而各有所出"的说法。从这里可以看出,船山在这里表达了他在理气观上的一元论的立场。

就"才出于气"这个观点来说,船山认为这在他所理解的理气观上是不能成立的。在他看来,气是凝聚形质的材料,是有形的;理是气之聚结的根据,是无形的,即所谓"其所以成形而非有形者为理"。就船山的这个看法而言,和朱子学是一致的。但船山进一步主张,在才和理气的关系上,气可以胜才,理可以善才,即理气都可以影响才。作为性的理如何影响才呢? 在船山接下来的说法中,"寂然不动",应指思虑未发,未接事物,此时性理内在心中,而才尚未表现。"感而遂通",应指七情已发。这些都是宋代以来理学常用的话语。船山认为,在寂然不动的未发状态,思维情感都未发动,这时只有性,才还没有表现出来;在感而遂通的已发阶段,思维情感发动起来,性成就才而使之发挥作用。所以,船山似认为才兼理气:就才的气的方面来说,才与性为体,才是性的表达的载体;就才的理的方面来说,才也受理的影响而得以成就,在这个意义上,才也出于理。如果只说才出于气,就忽视了理对才的作用影响。船山的看法是,才出于气,亦出于理。

船山提出才与性为体，当是仿照伊川、朱子所说动静往来"与道为体"的说法，即才是性的实体、载体。[5] 所谓才居性后，可能是指性是未发，才是已发之用。船山认为，所谓"性"就是一定的气的结聚所同时凝结于其中的理。与朱子用"具"字不同，船山喜欢用"凝"字说明从"理"到"性"的过程。这个过程也就是限定化的过程。在船山看来，人性并不是直接意义上的天地流行之理，而是指随一定的气的聚合为形而限定而凝结在此形中的理。这个看法与朱子学的性理说是一致的。而船山此处意在说明，既然才与性为体，而性是随气所凝的理，又怎么能说才出于气而与理无关呢？

他又说：

> 耳聪、目明、言从、动善、心睿，所谓才也，则皆理也，而仅气乎？气只是能生，气只是不诎，气只是能胜；过此以往，气之有功者皆理也。德固理也，而德之能生、不诎而能胜者，亦气也。才非不资乎气也，而其美者即理也。理气无分体，而德才有合用。[6]

这可以说明，船山对才的看法的确是才兼理气。才不仅指材质意义上的智能，也指智能的活动状态，如耳聪、目明、动善、心睿。就耳聪心睿这些才来说，才不仅是气，也是理。气是能屈伸、能攻取的能动力量，而凡气的有功效的、好的功能状态都是理(的表现)。如动为气，动而善则为理；听为气，而听之聪为理；视为气，而视之明为理。这就叫气之有功者皆理。另一方面，船山这里讲的德应指道德心，他认为道德心属理，而道德心的生生不诎，亦有气参与其中。因此，才兼指材质和其活动状态，就材质而言，才依凭于气；就活动状态而言，其状态美好者即是理。可见才不仅仅是气。事实上，由于理气并非分离的实体，所以德中有气，才中有理，他们的作用是交叉的混合的。船山把这种关系概括为"理气无分体，而德才有合用"。

活动状态的美好船山又称做"善其用"，船山进一步讨论了"得其理"和"失其理"以及"善其用"与"失其用"的问题，他说：

> 气原无过,气失其理则有过;才原无过,才失其用则有过。然而气失其理犹然气也,才失其用则不可谓才。[7]

> 德者得其理,才者善其用,必理之得而后用以善,亦必善其用而后理无不得也。[8]

过对功言,得对失言,过是有差失之不善。船山这里是说,气与才另一不能等同的地方在于,气的过是由于失其理,才的过是由于失其用;气失其理仍然是气,而才失其用就不成其为才了。所谓气失其理,是指气的运行失去了正常的秩序,气即使运行失常,但仍是气。由于船山对才的定义是正面的,即才是形质的良好的运用状态,所以如果才的运用状态反常不良,则也就不能成其为才了。如果气能不失其理,而得其理,即保有正常的秩序,这就是德。如果质体不失其用,而善其用,这就是才。德与才两方面是互相影响的,质体要善其用,必先得其理,也就是有德才能有才;反过来,要得其理,必先善其用,即有才始有德。

最后,船山的结论是:

> 故圣人于此言才,又云骄吝,正是教人以人辅天,以道养性,善其气以不害其性之意,使天以此理此气授之人而为才者,得尽其用而成其能。其为功在学,而不恃所性之理。何居乎庆源之孤恃一理以弹压夫才,废人工而不讲也![9]

船山反对以理压才,反对依靠天生性理,而主张以后天人为的学问工夫辅助天赋的性理,以道德实践养育性理,以善养其气发挥性理,也使人所禀受的理气都得以充分发挥在"才"的表现上。总之,船山的上述观点,在天人之间,反对重天轻人;在理气之间,反对重理轻气;在德才之间,反对以德压才。体现了他重视人的实践、重视气的作用的思想,也体现了他在一切对待之间主张平衡、重视互动的辩证思想。

二 以理治气，以理养气

上节的讨论明显包含了"天地之理气"和"人身之理气"两方面的理气讨论，这种论人身之理气的内容在船山的《论语说》中甚多。

《雍也篇》论"颜子不迁怒、不贰过"章，船山发明曰：

> 情中原有攻取二途。……取缘己之不足，攻缘己之有余。所不足、所有余者，气也，非理也。气不足则理来复易，气有余则将与理扞格而不受其复。唯奉理以御气，理足在中而气不乘权，斯可发而亦可收，非天理流行充足者不能也。[10]

> 怒者缘己之有余。气有余者，众人之怒也；理有余者，圣人之怒也。[11]

在朱子学中颜子的不迁怒、不贰过，是作为颜子的克己工夫来讨论的，船山所论的"己"即由此而来；而怒属于情，故需论及情。船山认为，人的情感可分为"攻"与"取"两类，如"喜，取于彼者也"，这是取之情。"怒，以我攻也"，这是攻之情。怒是以发于己者攻人，喜是取人之有以悦己。船山认为，凡是取类的情感，都是起因于"自己所有"的不足而产生的，凡是攻类的情感则都是起因于"自己所有"的充余而产生的。而所谓自己所有的不足或有余，都是指气的不足或有余，不是指理。就是说，取之情的发生是因为己之气不足，攻之情的发生是因为己之气有余。虽然不足或有余是指气，但气的不足或有余也会影响到理的修养。可见这里船山所说的理实际是指人的道德的理性，所谓理的修养也即道德理性的修养。照船山说，克己复礼，也就是复理，使理来复。如果人的气不足，理的来复就较为容易；当气有余的时候，则气容易与理发生冲突而阻碍理的来复。用情感的语言来说，情感过于丰富和强烈时，理性不仅容易受到遮蔽，而且不易回复正常；而情感弱化时，理性较易恢复其主导的地位。在这个问题上，理想的状态是奉理以御气，亦即尊理以制气,时时以理为主导而驾驭乎气,以理性主导情感,使气不能乘权(乘权指被主导者乘机掌握了主导权),也就是使气不能借其攻取之势冲击理的主宰地位。这个讨论是一个关于修养学的讨论,所以这里的理是指理性,指道德意识,合而言之,即道德的理性。

在"不迁怒、不贰过"的解释上,船山认为理的作用对于怒、过二者是不同的:

> 理居盈以治气,乃不迁怒;理居中以察动,乃不贰过。[12]

怒是气盈而有余才发生的,所以气盈时要注意以理居主导以治气,这样既是生怒,也不会迁怒他人。至于平时则以理居内心之中而察识自己的言行动作,这样就可以避免重犯错误。这里的理也是指道德的理性而言。

可见,在以理指道德理性和道德意识,以气指情感欲望及禀性,强调要以理性主导情欲的方面,船山对于朱子学都是有继承关系的。他在谈到《雍也篇》"人生也直"章时也说:"于此不察,则将任直为性,而任气失理以自用。"[13]这里任气失理的气是指人的刚直的性格,理则指平正的理性,任气失理就是听任人的自然禀性,而不能使人道德理性居于主导地位。这里的理气讨论也不是论本然的理气、自然的理气,也都是就人身的理气而言。在存在论上理气的地位是平等的,但在实践论上,理的作用是驾驭调节气,这点船山依然坚持着与朱子学相同的立场。

但是在实践论上,气并非纯然消极的,事实上船山因受孟子的影响很大,颇重视养气,只是船山所说的养气包含着"以理养气"。在《雍也篇》的乐山乐水章,船山这次对庆源的发挥大加表扬:

> 庆源于理上带一气字说,其体认之深切,真足以补程朱之不逮,孟子养气之学,直从此出,较之言情言体者,为精切不浮。情发于性之所不容已,体为固然之成形与成就之规模,有其量而非其

实。乐水、乐山、动静、乐寿,俱气之用;以理养气,则气受命于理,而调御习熟,则气之为动为静,以乐以寿,于水而乐于山而乐者成矣。[14]

　　气以无阻于物而得舒,则乐;气以守中而不丧,则寿。故知此章之旨,以言仁者知者备其理以养其气之后,而有生以降,所可尽性以至于命者,唯于气而见功,亦可见矣。庆源遇微言于千载,读者勿忽也。[15]

《论语》载仁者乐山、知者乐水,朱子注:"乐,喜好也。知者达于事理而周流无滞,有似于水,故乐水。仁者安于义理而厚重不迁,有似于山,故乐山。动静以体言,乐寿以效言也。"[16]这个说法本于程子"知如水之流,仁如山之安;动静,仁知之体也。"[17]《四书大全》载庆源辅氏云:

　　知者通达,故周流委曲,随事而应,各当其理,未尝或滞于一隅;其理与气皆与水相似,故心所喜好者水。仁者安仁,故浑厚端重,外物不足以迁移之,其理与气皆于山相似,故心所喜好者山。……[18]

船山很欣赏辅氏此说,认为此说好就好在他不是只讲"理",而是把理和气并提,没有忽视气;特别是从这里能够接上孟子的养气说,这是程朱所未及的。船山认为,所谓"仁者静、知者动",这里的动静都是气之用;所谓"仁者乐山、知者乐水",这里的乐山乐水也是气之用;所谓"知者乐、仁者寿",这里的乐与寿也是气之用。气之用即气的作用。气之用也是效果,也是境界,如何达到这一动静乐寿的效果和境界?工夫就是"以理养气",而与不迁怒的工夫"以理治气"有所不同。当然二者也有接近的地方,即以理养气的结果也包含着使气受命于理,受到理的调控,这是与以理治气一致的。但以理养气的机制和结果与以理治气不同,养气而使气无阻于物则乐,养气使气能够守中则寿,在理的调控下养气纯熟,就自然达到"仁者静、知者动""仁者乐山、知者乐水""知者乐、仁者寿"的效果和境界。不仅如此,人能以理养气,就能达到《周易》所说的"尽性以至于命"的境界。可见船山认为人的修养工夫,不仅要"奉理",还要注重在理的调控下的"养气"。由于船山重视养气工夫,所以他说"有生以降,所可尽性以至于命者,唯于气而见功",即圣门一切境界都要落实到养气上以见其功效。这当然不是只要养气不要奉理,而是对朱子学尊理而忽视养气的纠正,对他来说,孔门的养气要法就是"以理养气"。船山认为《论语》的这一章的主旨是"以理养气",这显然是船山在孟子影响下的诠释。

这意味着,在船山看来,只讲以道德理性主宰感性情欲,只能成为君子,还不能完满地实现尽性至命的圣人境界。尽性至命就是把人的一切发展可能性全部实现出来,包括生死大命。而要达到尽性至命就不仅要"理居以治气",还要"以理养气"。以理治气和以理养气既是两个方面,也是两个阶段,船山的这个思想可谓是孔子的"克己"说和孟子的"养气"说的结合。

三 天命之理与气数之命

《论语·子罕》篇首章"子罕言利与命与仁",《四书大全》引朱子曰:"命只是一个命,有以理言者,有以气言者。天之所以赋与人者,是理也;人之所以寿夭穷通者,是气也。"[19]在朱子这个说法里,命是天之所赋,但天赋予人有理有气,所以命有两种,一是理之命,一是气之命。船山就此写道:

> 天之命人物也,以理以气,然理不是一物,与气为两,而天之命人一半用理以为健顺五常,一半用气以为穷通寿夭。理只在气上见,其一阴一阳,多少分合,主持调剂者即理也。凡气皆有理在,则凡命皆气而凡命皆理矣。故朱子曰"命只是一个命",只此为健顺五常、元亨利贞之命,只此为穷通得失寿夭吉凶之命。[20]

船山主张理气合一论,他认为理气不是两个物,故反对以"理"为与"气"不同的另一物,反对把"命"理解为一半是理命,一半是气命。在这里他再次阐述了他的理气观:就天地间的理气而言,理不是气外的独立实体,理只是在气上表现着的;气的一阴一阳、分合聚散的运动是气,理是气的运动变化的"主持调剂者",即主宰调节者。这个主宰调节者并不是神,而是指气的运动聚散的法则和规律,理起着主导变化的方向、节奏的作用,决定聚散的方向和数量变化。凡气都有理在其中起作用,没有无理之气。因此,一切属于气的东西,如命,其中必然都有理。就是说,没有纯粹是气的命,命兼理气,既是气的命,也是理的命,命既有气的方面,也有理的方面。这和"才"的情形是相近的。

船山用"健顺五常"指人所禀受的性理,但性理也是从天地之理而来,不是与气无关的,他说:

> 健顺五常,理也。而健者气之刚,顺者气之柔,五常者五行生王之气,则亦气之理矣。寿夭穷通,气也。而长短丰杀,各有其条理,以为或顺或逆之数,则亦非无理之气矣。[21]

船山主张,一切理都是气的理,一切气都是有理的气。从理来说,理是气的属性或条理,而不是与气无关的实体,如健是"气"的刚健的属性,顺是"气"的柔顺的属性,健顺都是"气"的理。五常是五行之气的属性,也是气的理。从气来说,一般以寿夭穷通为气命,但气的长短各有其数,而数就是理的表现。所以就普遍意义上说,没有无理之气,特殊地就寿夭穷通的气而言,其中也有理,而不是那种与理无关的纯粹气命。船山这种讲法,是针对着朱子"寿夭穷通是气也"的思想。

当然,船山也认为"天命之理"和"气数之命"是不同的,即性理和气命虽然都来自天命,但天命之理是"一",即每个人得于天命的性理是一样的、相同的,而气数之命是"不齐",即每个人得于天的气命是不一样的。"若夫气数之命,则所命不齐;命不齐,则是理无定矣。理不一,则唯气之所成,而岂得与健顺五常之命为性者同哉。"[22]气命不一,理就无法发挥恒定的作用,从而使气成为主导的因素。

天赋予人以健顺五常之理,成为人之性,无论智者愚者都有此性,性为愚者可明提供了根据和可能,所以愚者可以使之明。从天赋予人气数之命说,气数之命是天赋予人的生命的本来可能性。而气命有长短不同,气数命短者无法使之长,但气数命长者却可以因其他原因而早死。气数命穷者不可使之通,但气数命通者可以使之穷。总之,天命规定的最高界限不能超过,但可以不及,如何避免不及,充分享有生命的本有的可能性,这里就有人为的因素发生作用,而人为又要以道为指导原则。

最后来看《先进篇》的论生死章。此章有"未知生,焉知死",而且此章前数章论及颜渊之死。如果说,在前面几节,船山着重体现出反对重理遗气的主张,那么,在论生死的讨论中船山更多表达了反对言气遗理的主张:

> 释氏说生死有分段,其语固陋。乃诸儒于此,撇下理说气,而云"死便散尽",又云"须籍造化生生",则与圣人之言相背。气不载理,只随寿命聚散,倘然而生,溘然而死,直不消知生,亦将于吾之生无所为而不可矣。[23]

这是说,只以气论人的生死,是与圣人之言不合的。一般的气学家主张,人生气聚,人死气散,完全用气化过程说明人的生死。这在船山看来,是"撇下理说气"。在这样的说明中,人的生死完全决定于气,这样一来,气似乎成了从未承载理的物质,只随寿命聚散,理的作用在这里全然不见。若根据这样的理解,人只需要了解气和气的寿命,根本无须"知生""知死"的智慧,也不需要为善去恶的道德。船山认为朱子学在生死问题上全受气散说影响,未掌握孔子知生知死的深意。

船山又说:

> 生生虽籍造化,而造化则不与圣人同忧,故须知死生之说,以

为功于造化。此处了无指征，难以名言。但取孟子"直养无害，塞乎天地之间"两句，寻个入路，则既不使造化无权，而在人固有其当自尽者。夫子说"朝闻道，夕死可矣"，亦是此意。盖孟子合理于气，故条理分明；诸儒离气于理，则直以气之聚散为生死，而理反退听。充其说，则人物一造化之刍狗矣。[24]

生死交替的生命过程是一个自然变化的过程，这里没有神的干预，也无关于圣人的忧虑。但人需要理解生命与死亡，以参赞协同自然的造化。这里重要的是一方面要认清生死是一个自然过程，另一方面又要确认人的努力的意义。在自然与人为两者之间保持一种平衡。船山认为要保持这种平衡就要摆好理气的关系，在他看来，完全以"气"的聚散说明生死的自然主义倾向，使"理"即人性、理想、道德、意义在人的生死问题上退出不见，在这种生死观的视野中，人变得与草木没有分别。这种观点他称为"离理于气"，是他的"合理于气"的立场所不能赞同的，"离理于气"就是"撇下理说气"，"合理于气"就是综合理气两方面的因素来说明事物。

总起来看，船山的理气观认为，天地之间没有离气独存之理，"理"是"气之妙者"，也就是说理是造成气的莫测变化的主导和根据。气能够形成有形质之物，而在气形成物体的同时，原来气中的理也随即在物中成为物之理，从而反对各种在理气问题上的二元论说法。船山对理气的说法不少同于朱子，但船山不像朱子那样往往用实体化的理解或说法处理有关理的问题，在这一点上，船山与元明时代理学关于"理"的理解的"去实体化"发展是一致的。而船山理气观与朱子学的不同处，更多地在于船山运用其理气不离的观点对许多具体问题的讨论，在这些讨论中可明显看到，凡朱子学表现出重理轻气的地方船山必强调气，凡朱子学言气离理的地方船山则注重理，凡朱子学的说法中容易把理气变成各自独立的二物之处，船山必定强调理气合一。由此可见，我们有理由把船山理气观的要点归结为理气互体，理气合一。

注 释

〔1〕 《四书大全》(二),山东友谊书社,1989 年,第 1320 页。

〔2〕〔3〕 《读四书大全说》,中华书局,1975 年,第 324 页。

〔4〕〔7〕〔9〕 同上书,第 325 页。

〔5〕 《论语》"子在川上曰,逝者如斯夫! 不舍昼夜。"朱子《集注》引程子曰:"此道体也,天运不已,日往则月来,寒往则暑来,水流而不息,物生而不穷,皆与道为体"(《四书集注》,中华书局,1983 年,第 113 页)。当然,郭象《庄子注》序亦有言"与化为体",但船山《读四书说》应是受程朱影响。

〔6〕〔8〕 《读四书大全说》,第 326 页。

〔10〕〔12〕 同上书,第 278 页。

〔11〕 同上书,第 280 页。

〔13〕 同上书,第 293 页。

〔14〕 同上书,第 298 页。

〔15〕 同上书,第 299 页。

〔16〕 《四书大全》(二),第 1166 页。

〔17〕 同上书,第 1168 页。

〔18〕 同上书,第 1169 页。

〔19〕 同上书,第 1341 页。

〔20〕〔21〕 《读四书大全说》,第 335 页。

〔22〕 同上书,第 336 页。

〔23〕 同上书,第 361 页。

〔24〕 同上书,第 362 页。

第四章

船山气质论与气质人性论

质以函气,气以函理
形质之体与形后之气
"性善"说与"性近"说

本章将从船山以理气为间架的论述语境入手,进一步展开至与理气相关的其他方面,在其《论语》诠释的具体脉络中,集中于其中宋明道学所注重的气质之性问题,以深入了解船山在其《论语》批读中所表达的哲学人性论思想的特点。

一　质以函气,气以函理

船山对气质之性的问题最为留意,讨论颇多。气质之性的问题,既是人性论的问题,又直接关联着理气论,可以说它是理气论的延伸,甚至是理气论的一个部分。

《论语·雍也篇》伯牛有疾章有"命矣夫",《四书大全》在朱子《集注》下引朱子语:"有生之初,气禀有一定而不可移者,孟子所谓莫之致而至者也。"[1]船山则认为,"气禀定于有生之初,则定于有生之初者亦气禀耳,而岂命哉!"[2]这是不同意朱子用气禀来解释"命"。接着船山又提出:"先儒言有气禀之性。性凝于人,可以气禀言;命行于天,不可以气禀言也。"这是说,气禀之性这个说法是可以成立的,但气禀之命的提法就不能成立了。因为气禀是指人身而言,性是禀气成形后事,所以性与气禀有关,可以气禀言。而命是天地间大化流行,是禀气成形以前的事,所以命与气禀无关,命不可以气禀言。"性凝于人"是说"性"是天理在人身所凝结的形态,以说明天理与人性之间的一贯性。

在《论语·阳货篇》论性相近章,朱子《集注》说:"此所谓性,兼气质而言也。气质之性,固有美恶之不同矣。"又引程子曰:"此言气质之性,非言性之本也。若言其本,则性即是理,理无不善,孟子之言性善是也,何相近之有哉?"[3]程朱都主张,在性即理的意义上,人性并无不同,不能说相近;只有在气质之性的意义上,人的气质之性各个差别,才能说相近。船山认为,程子创说气质之性,"遂疑人有两性在",他是反对人有两性的,反对性二元论:

> 所谓气质之性者,犹言气质中之性也。质是人之形质,范围著者(这)生理在内;形质之内,则气充之。而盈天地间,人身以内、人身以外,无非气者,故亦无非理者。理行乎气之中,而与气为主持分剂者也。故质以函气,而气以函理。质以函气,故一人有一人之生;气以函理,故一人有一人之性也。若当其未函时,则且是天地之理气,盖未有人者是也。乃其既有质以居气,而气必有理。自人言之,则一人之生,一人之性;而其为天之流行者,初不以人故阻隔,而非复天之有。是气质中之性,依然一本然之性也。[4]

在他看来,气质之性的概念,不应当指人性的一种内涵、一种倾向,而是指人性与气质的内在关系。本来在宋明理学里"气质之性"的概念与"天地之性"的概念(或本然之性或义理之性)相对,是注重强调人性中代表气质作用的一面,以说明人的情欲的宇宙论根源。船山则认为,气质之性,就如同其字面的意义一样,应(在存在的意义上)指一定气质的性,而不是(在价值的意义上)代表气质作用的人性。在这里,气质两字加在性的前面的意义,是说这个性不是脱离气质独立自存的性,而是依赖于气质、作为气质自身的属性、规定、条理的性。在具体的阐发方面,船山提出,从宇宙论来说,天地之气充塞于两间,而理行乎气之中,这里的行不是指理作为另一实体行于气中,而是指理作用于气中,这种作用就是"与气为主持分剂",也就是调节之、条理之。就理和气的结合关系来说,两者是永不分离的:有气,必有理在其中;有理,必有气为之体。天地之气不断聚合为有形之质,形质中充满了气,船山称做质以函气,这里的"函"特指成形后的体质与气的关系,形质是气构成的,故说质以函气。质包含着气,这里的气是指构成形质的气,而气又总是包含着理的,故又说气以函理。气以函理的理就是此形质的性了。"若当其未函时,则且是天地之理气",在气没有聚合成为形质时,就谈不到函了,这时的理气不是已聚之气、已凝之理,而是两间中大化流行的理气。对船山来说,流行的天地之理气,与聚凝的人物之理气,两者的区别是很重要的。

以上的说法是比较清楚的,可以说也是与朱子学理气观的宇宙论构成论是一致的。但另外一些说法,就似乎不是很清楚了。按照解释的脉络说,这里是针对"性相近"之说,因此,说"质以函气,故一人有一人之生;气以函理,故一人有一人之性",应该是说,既然质以函气,则不同的个体形质所函的气有所不同,从而每人都有其特殊的生命体质;又由于不同个体形质所函的气有所不同,所以这些气中所函的理也有所不同,也就是气质中之性相近而不同。这个说法在朱子学里叫做"气异而理异",这样就说明了孔子的"性相近"的思想。可是,船山在这段的最后却说"是气质中之性,依然一本然之性也",以反对朱子学把本然之性与气质之性区别开来的做法,而这似乎是说,气质之性不受气质的影响,与本然之性相同。这种说法在朱子学中叫做"理同而气异",可是,这样一来,又怎么能论证性相近之说呢?船山最后的推理也不清楚,照其最后几句所说,当形质已成之后,质以函气,气以函理,一人一生,一人一性;而那些未聚的理气仍只是天地流行之理气,并不受已聚成形的形质所影响。从这里如何推出"是气质中之性,依然一本然之性也"的结论?[5]船山所用的"本然之性"的概念与朱子学是同是异?气质中之理当然是来自天地之理,但假如气质中之理与天地之理全同,那它就不受特定气质所影响,又如何说明性是相近而不是相同呢?

接下来,船山引入了一个比喻:

> 以物喻之,质如笛之有笛身、有笛孔相似。气则所以成声者,理则吹之而合于律者也。以气吹笛,则其清浊高下固自有律在,特笛身之非其材,而制之不中于度,又或吹之者不善而使气过于轻重,则乖戾而不中于谱。故必得良笛而吹之抑善,然后其音律不爽。[6]

在这个比喻中,用笛子的材料(良与不良)、构造(中于不中)来比喻形"质",用吹气比喻"气",用吹奏者以技巧合于音律来比喻"理"。气的作用是成声,理的作用是合律。照船山的想法,人的形质各个差别,正如笛身的材料有良有不良,"如虽不得良笛,而吹之善,则亦可中律","吹之善"当指以理治气养气,所以气质不善的人仍然可以为善成德。但船山这一段表达并不能用这个比喻阐明前述"质以函气,气以函理"的道理。

他又说:

> 气丽于质,则性以之殊,故不得必于一致,而但可云相近。乃均之为笛,则固与箫管殊类,人之性所以异于犬羊之性,而其情其才皆可以为善,则是概乎善不善之异致,而其固然者未尝不相近也。[7]

不同的形质所函之气不同,故性亦殊而不同,但就人类整体来说,与牛羊相比,个体的人与人之间虽有差别,但都可以为善,都有为善的根据,故人之性差别不大,只能说性相近。

船山接着说:

> 气因于化,则性又以之差,亦不得必于一致,而但可云相近。乃均之为人之吹笛,则固非无吹之者。人之性所以异于草木之有生而无觉,而其情其才皆有所以为善者,则是概乎善不善之异致,而其能然者未尝不相近也。[8]

这一段与上一段完全是对文,可见此段讲的"气因于化"造成性相近,与上段讲的"气丽于质"造成的性相近是两回事。气丽于质,是讲的质以函气的关系;而"气因于化"讲的则是另一个问题,另一种质气关系。正如他在举出笛子的比喻之后立即指出的:

> 气之在天,合离呼吸、刚柔、清浊之不同,亦乘于时与地而无定。故偶值乎其所不善,则虽以良质而不能有其善也。此理以笛譬之,自得其八九。[9]

这是说,气的清浊刚柔,是不一定的,要看时间地点,如果碰上不好的气,良质也没办法。在这种说法里,"值乎其所不善"指气,可是这个气不是质所函的气,因为良质所函的自是良气,所以应当指的是形质形成以后在其周围时空环境中与之往来的天地之气,而不是形质本身所函之气。为了便于讨论,我们可以把构成特定形质的气,也就是形质所函的气称做"形质之气",把未聚结成形前的气称做"天地之气",把成形后作用于形质的天地之气称做"形后之气"(船山自己有时称生气)。这样一来,在这里所讨论的质气关系就不同于前面的讨论了,不再是形质凝聚成形时的内部固定构造,而变成成形以后形质之体与天地之气的关系。船山认为,形质成形后,天地生气不断向身体渗透,如同对笛子吹气。这种天地之气对性的作用我们将在后面讨论。

二　形质之体与形后之气

从这里,船山把气质之辩做了进一步的探讨:

> 以愚言之,则性之本一,而究以成乎相近而不尽一者,大端在质而不在气。盖质,一成者也;气,日生者也。一成则难乎变,日生则乍息乍消矣。夫气之在天,或有失其和者,当人之始生而与为建立(所以有质者,亦气为之),于是而因气之失,以成质之不正。乃既已为之质矣,则其不正者固在质也。在质,则不必追其所自建立,而归咎夫气矣。若已生以后,日受天气以生,而气必有理,即其气理之失和以至于戾,然亦时消时息,而不居之以久其所也。[10]

性的本源是同一的,但最终各个人的人性变成相近而不再是同一,这其中的主要原因在于"质"的作用,而不在"气"的作用。这里所说的"气"就不是形质之气(形质之气此处已包含在"质"之内),而是成形后仍不断作用于形质之体的天地生气。船山认为,人的形质之体是一成不变的,而环绕在形体周围的天地之气则是日生变化的,质是指人生而成的身形体质,而气则是指后天不断出入人体的物质能量。质本来也是由天地之气构成的,但一个特殊的形质体是由特定时空中的特定成分的气所构成的。天地之气流行变化,而有各种性状情态,有清有浊,有和有戾,如果构成一定形质的气不是"和"气,那么此一质体就不"正"。这一不良不正的质在人出生后一成难变,质的这种状况对于这个人的发展有持久的限制性。

人不仅在初生时由特定的气构成形体,而且在成形以后,还会"日受天气以生",日日接受天之气以实现生命的日进。这里所说的出生后日受的天气,船山在这里也直接用"气"来表达,但从形质上讲,这不是形质之体所函充的气,在时间上讲,这也不是指受生以前的气。在这个意义上,为了区别,我们称之为形后之气。船山提出,一个人身体成形之后，日日接受的气，也是具体的气，即可能是清，可能是浊，可能是和，可能是戾，可能有序，可能无序（失理）。不过人对这种形后之气的接受（或者说这种形后之气对人的影响）只是短暂的，时消时息的，这种气流入身体后不久就消亡，不会久居人体，所以这种气对人的影响没有质对人的影响来得大。由此船山认为造成性相近的原因主要是质，而不是这种形后之气。因此，人虽日受形后之气，但作为身体的自我并没有变，"若夫气之日入于人中者，在天之化，或和或乖，而人任其自至以受之，则固不为之变也"，[11]仍保持形体和本己的同一性。这一套体质人类学的说法在哲学上、科学上的意义不大，但这些说法我们要给予准确的了解。

这种讲法中有两点值得注意，我们知道，形质之体函有气在体内，而形质之气函理在其中；而形体形成后，与之作用的形后之气，此气中也有理。所以说"已生以后，日受天气以生，而气必有理"，这个气就不是质所函的气，而是成质后日日所受的形后之气，其中也是载带着理的。这个理使得性也日生不断。其次，形后之气与其中的理，两者之间也构成一种理气关系，这种理气之间的关系是"和"或"失和"，"得理"或"失理"。船山还认为，就人来说，思虑的通或蔽，知识之至或穷，嗜欲之能克不能克，一般人以为这些都是"气"的作用，其实不是，在船山看来都是"质"的作用使然。是由于质中充气不足，或质的通透性不好，从而导致了"气以失其条理而或乱"。其实，船山所说的质，在朱子学即称为气，而船山这里所谓气，乃是指形体成形后作用于形体的天地之气。

因此，船山认为：

> 质能为气之累，故气虽得其理，而不能使之善。气不能为质之害，故气虽不得其理，而不能使之不善。又或不然，而谓气亦受于有生初，以有一定之清刚、浊弱，则是人有陈陈久积之气藏于身内，而气岂有形而不能聚散之一物哉！故知过在质而不在气也。[12]

一般来说,人在已生之后,如果质是良好的,日日所受的气再不好,也只是今日受,明日消,并不能使质变为不善;形后之气的作用总是短暂的,故说气不能为质之害。反之亦然,先天之质不好,所受的气再好,日消日息,好气也不能使劣质变为善;故说质能为气之累。总之,从客观、外在的因素来说,对人的道德性情影响最大者是已成之"质"而不是形后之"气"。这一套有关人的构成论的说法,在思路上实际是和朱子学一脉相承的。

道德性情发展的阻碍主要来自质,而气却有助于发挥人的向上的可能性。船山认为:

> 乃人之清浊刚柔不一者,其过专在质;而于以使愚明而柔强者,其功专在气。质,一成者也,故过不复为功。气,日生者也,则不为质分过,而能(为)功于质。且质之所建立者,固气矣,气可建立之,则亦操其张弛经纬之权矣。气日生,故性亦日生(生者气中之理)。性本气之理而即存乎气,故言性必言气而始得其所藏。[13]

建立指构成。这里除了主张形质对人的道德和知性发展的先天影响外,并没有导致一种气质决定论,把人的改变的可能性完全堵塞。他不仅认为人是可变的,还宣称后天的气在使人由愚变明、由柔变强的过程中扮演了主要作用(其功专在气),这种作用表现为气能对已成之质发挥某种积极的作用(能为功于质)。这种作用是如何发生的呢?在这里船山有一新的提法,气日生导致了性日生。我们知道船山的人性论始终强调性日生日成,就是人性不是初生后一成不变的,而是不断成长、不断实现的。照船山所说,性的这种日生起因于气的日生,也就是气对人的身体的不断作用,使得性得以日生日成。这里的气当然是指形后之气。

当然船山在这里似乎也显示出一些混乱,如他强调理在气中,其逻辑似乎是气日生,故气中之理亦日生,而气中之理即性,故谓性日生。可是,如果气在这里只是形后之气,其中的理怎样影响到整个形质的性理、怎样导致整个形质的性理（人性）日生日成呢？其次，他说人的身体日受天地生气，这种"受"是什么意义上的受？特别是，气中有理，则人在日受天地生气的同时，也应当日受生气中的理，这种"受"又是什么意义上的受？理的日生是什么意思？这种从实体化的自然机制去讨论人性问题，把人性、善恶还原到身体构成的自然机理或身体与外气的实体关系，在科学上没有根据，在哲学上也没有发展，这实际上仍是朱子学思维的未经克服的后遗症。

但在船山的孟子学立场上看，这还是有意义的，即"气"的有功与"习"相互发明，得以改变质，"气随习易，而习且与性成"，[14]习能改变气，从而改善性。养气的问题在这里被引入进来：

> 是故质之良者，虽有失理之气乘化以入，而不留之以为害。然日任其质，而质之力亦穷，则逮其久而气之不能为害者且害之矣。盖气任生质，亦足以易质之型范，型范虽一成，而亦无时不有其消息。始则消息因仍其型范，逮乐与失理之气相取，而型范亦迁矣。若夫由不善以迁于善著。则亦善养其气，至于久而质且为之改也。[15]

这里的"化"是个重要的观念，化就是天地自然之化，每个人都被天地大化所包围着，受着它的影响。"乘化以入"似是指外气在大化运行中可以流入身体（形质）而又流出或消失。前面说过，形后之气日生日消，因此一般来说它对质体的影响不大，如这里所举的，质如果是良质，那么即使有时有不良的形后之气作用于身体，由于这些气短时间内在身体内流进消逝，便不会对质有什么影响。但是，如果完全依赖质体对气的抵御能力，而忽视了人自身养气等修养，那么质对气的抵抗能力会逐渐减低，最后在质与气的长期互动中，气将会导致质的改变（迁）。

相反，如果人能注意养气，久而久之，质也将为之改善。只是船山在这里没有说明，养气的气是什么气，是质中所函之气，还是乘化而入的形后之气，或是别的什么气。养气的气其实应当是船山体系中更重要的气。照其逻辑,养气的气应是在心的作用下能流动于身体中的气,但船山并未独立定义此种体内流动之气。而质所函的气的作用是构成形质,已不能流动。无论如何,这种气可以移质的思想显然是对前述"气不能为质之害"的补充,而与前述另一说法"故值乎其所不善,则虽以良质而不能有其善也"相合。

船山又说:

> 性以纪气,而与气为体(可云气与性为体,即可云性与气为体),质受生于气,而气以理生质(此句紧要)。唯一任夫气之自化、质之自成者以观之,则得理与其失理,亦因乎时数之偶然,而善不善者以别。[16]

纪,即治理之、法则之,与船山所说的分剂意思相近。性与气为体应指性作为气的理体。"质受生于气"指"气以生化乎质",即已成之质日受天气而变化。"气以理生质",此句未明,似指形后之气对质的积极影响是由形后之气所载带的理所造成的。船山反对气质决定论,反对那种认为人的善恶都由质的出生时构成所决定的观点,也反对认为人的善恶都由形后之气对人体的偶然作用所决定的观点。船山在这里较强调性和理的作用。

这里,船山把他的观点再次说明:

> 质者性之府也,性者气之纪也,气者质之充而习之所能御者也。然则气效于习,以生化乎质,而与性为体,故可言气质中之性,而非本然之性以外别有一气质之性也。[17]

质者性之府,即前面说过的"质是人之形质,范围著者(这)生理在内",府即范围。所谓"气是习之所能御","气效于习",这里都是指"气随习易",以变移形质,强调习的作用,故这里的气应是指形后之气。可是形后之气如何与性为体?作为气质中的性到底是质体的性,还是形质加上流入身体的形后之气的性？到此为止，船山的论证虽然基本完成，但并不能令人完全满意。如船山又以此种习所能御的气为质之充，这就与质所函的气没有区别了，似乎不再需要形后之气这样的环节和作用。这也可能是因为船山本来没有自觉区分二者，而且他在这里更是笼统强调气的作用，而未做其他的细致分别。

船山在最后说：

> 盖性即理也，即此气质之理。主持此气，以有其健顺；分剂此气，以品节斯而利其流行。主持此质，以有其魂魄；分剂此质，以疏浚斯而发其光辉。即此为用，即此为体。不成一个性、一个质、一个气，脱然是三件物事，气质已立而性始入，气质常在而性时往来耶？[18]

前一个"主持""分剂"的主语都是理，理主持此气、分剂此气；理对气的主持作用即主导，提供其变化的动力；对气的分剂作用即调节，提供其流行的规律节次。这都是指天地之化的理气而不是指人身的理气。后一个"主持""分剂"的主语应是性（即在人身凝为性的理），性主持此质、分剂此质。性对形质的主持作用是提供其生命力，性对形质的分剂作用是疏通其通透性以便于生气的往来。这都是指人身的理气。性以气质为体，也以气质为用，不能说性、气、质是三个独立的事物。那种以为气质形成以后性才进入气质，或以为气质是恒定的而性在气质中进进出出的观点，把性皆理解为一独立于气质的实体，都是错误的。我们知道，小程提出性即理，与大程提出天即理同功，但小程所说的性即理，只是说性即仁义礼智等道德原则，而在朱子便将性即理的解释立基于宇宙论的理气论，性成为宇宙流行之理安顿在人身的小太极。船山强调的是，所谓性即理，不是借寓于气质中的神秘实体，而是指性即气质之理，性即属于一定气质本身的属性和条理。这一讲法与明代理学人性论的变化趋势是一致的。

人的善恶与气的失理或得理有关，如果气质决定论是错的，那么如何理解气的失理或得理？船山在上述说法外，还透露出另一种想法，他认为："若推其胥为太极之所生以效用于两间，则就气言之，其得理者理也，其失理者亦何莫非理也？就质言之，其得者正也，其不正者亦何莫非正也？气之失理，非理之失也，失亦于其理之中……善养者何往而不足与天地同流哉！"[19]就是说，从一种更高的宇宙观点看，一切现象都是理的作用表现，则所谓失理之气，所谓不正之质，未尝不是理的表现；一切事物都是万物皆备于身，则任何气质都可以由善养的工夫达到与天地同流的境界。这是从孟子"践形"和"万物皆备"的角度对气质问题做出的另一种观照，此处就略而不论了。

三 "性善"说与"性近"说

气质之性的概念本来是在性善论的前提下对性善论的一种补充，如果气质之性的概念甩开本然之性而独立成立，则气质之性的说法可与性近论协调，而与性善论的差别便突显出来了。船山思想受孟子影响甚大，但在性善说的问题上，便显示出与孟子的不同。

船山在这一点上，是有自觉的，所以他特别讨论了孔孟性说的差别，并对孟子性善说做了一种解释：

> 孟子惟并其相近而不一者，推其所自而见无不一，故曰"性善"。孔子则就其已分而不一者，于质见异而于理见同，同以大始而异以殊生，故曰"相近"。乃若性，则必自主持分剂夫气者而言之，亦必自夫既属之一人之身者而言之。孔子固不舍夫理以言气质，孟子亦不能裂其气质之畛域而以观理于未生之先，则岂孔子所言一性，而孟子所言者别一性哉？[20]

照船山的说法，孟子是从现实的相近人性，"推其所自"，推原人性的根源，发现它们的根源是一致的相同的，所以说性善。孔子则是就现实的人性观察，来做判断，所以说性近。现实的人性与人性的本源是不同的,其不同在于,在宇宙论上,从人性的本源到现实的人性已经历了一个从"一"到"分"的演化过程,从而现实的人们的人性不再是相同的一致的,而是相近的。相近就既不是"一",也不是大"异",不完全一致,所以不是"一",但大同而小异,故是"近"。这就是所谓"于质见异而于理见同,同以大始而异以殊生",于理见同是指同以大始,于质见异是指异以殊生。同以大始(《易》云乾知大始)即人性的发生学根源是相同的,异以殊生指人的身体形质各个差别。船山认为,性应当指气的调节者而言,也必须落实到每个个体的身体形质上说。

船山的这个讲法实际是说,孔子讲的是人性,孟子讲的不是人性,而是人性的源头。正如前面所叙述的,人性的源头即人的形体未生、未成以前,而禀气成形以前的天地理气是命而不是性。故船山接着说:

> 孟子之言性,近于命矣。性之善者,命之善也,命无不善也。命善故性善,则因命之善以言性之善可也。若夫性,则随质以分凝矣。一本万殊,而万殊不可复归于一。易曰"继之者善也",言命也;命者,天人之相继者也。"成之者性也",言质也,既成乎质,而性斯凝也。质中之命谓之性,(此句紧切。)亦不容以言命者言性也。故惟"性相近也"之言,为大公而至正也。[21]

从以上的分别来看,孟子讲的性实际是推原性之所自,即二程所说的极本穷源之论,讲的是"人生而静以上"事,因此船山认为孟子讲性善的性其实是命,《孟子说》的性善其实是命善。命是无不善的,命是天命本然,是性的源头,所以由源头的善而说人性亦善,这也是可以的。但是真正来说,性是随所在的特定气质而分殊凝定的,分是指从源头到特殊的气质而分化,凝是指从流行的天理变为限定在一定气质之中的理。从本源的命到个人的性,是"一本万殊"的过程,既是万殊就不可能是"一"了。用《周易》的语言来说,命属于"继之者善",故说"命者天人之相继者也";性属于"成之者性",而"成之"就是指形质。质成形而性随之以凝。质从命接受来的是性,但已不是源头的一本,而成为各个相近的万殊,故不能说性善,只能说性近。从哲学的论证而言,这种以"继善"和"成性"来区分天理与人性,也是朱子学所本有的。

在性与气质的问题上,船山不仅反对天地之性与气质之性的二元人性论,还对朱子学的一些提法提出了批评,如他对新安陈氏的"性寓于气质之中"的说法加以批评:

> 新安云"性寓于气质之中",不得已而姑如此言之可也;及云"非气质则性安所寓",则舛甚矣。在天谓之理,在天之授人物也谓之命,在人受之于气质也谓之性,若非质,则直未有性,何论有寓无寓?若此理之日流行于两间,虽无人亦不忧其无所寓也。若气,则虽不待人物之生,原自充塞,何处得个非气来?即至于人之死也,而焄蒿悽怆、昭明于上者,亦气也。且言寓,则性在气质中若人之寓于馆舍。今可言气质中之性,以别性于天,实不可言性在气质中也。[22]

其实,性寓于气质中的说法以及非气质性何所寓的说法都来自朱子,并非新安陈氏的发明。船山在这里强调,性和气质的关系不适合用"寓于"这样的表达,因为"寓于"容易被理解为一种外在的关系,即"寓于"的说法虽然也表示理在气中,但这种"在"不是内在的"在",好像是另外一个本来与气无关的实体藏栖于气之内。而船山所理解的作为气质中之性的理当然也在气之中(不会在气之外),但它是此气自身的条理、属性。于是,对于一个人来说,气质不是性居住的一个场所,因为场所是可变换的,而一个人的性和此人的形质是一种不可变换的内在关系。

正是在这个意义上,船山甚至反对使用"性在气质中"的讲法,而始终主张的是"气质中之性"的提法。"性在气质中"和"气质中之性"的这个区别,在一定意义上正如同我们现在强调的"哲学在中国"和"中国的哲学"的区别一样。这一点才体现了船山与朱子理气观念上的最基本的分别,这也是明代中后期思想的共识。换言之,在经历了明中期以来的在"理"的理解方面的"去实体化"的转向以后,哲学家都走向了这种气质之性的人性一元论,而这种人性论使得孟子的性善论在儒学中的地位受到挑战,从而形成了儒学发展和经典诠释的新课题。[23]

注　释

〔1〕《四书大全》,山东友谊书社,1989 年,第 1138 页。

〔2〕《读四书大全说》,中华书局,1975 年,第 285 页。

〔3〕《四书大全》,山东友谊书社,1989 年,第 1866 页。

〔4〕《读四书大全说》,第 445—446 页。

〔5〕唐凯麟认为:"这就是说,气质之性即气质中所涵之理,借用朱子的话来说,就是本然之性。"《试论王船山的人性论》,《王船山学术思想讨论集》,湖南人民出版社,1984 年,第 300 页。

〔6〕《读四书大全说》,第 466 页。

〔7〕〔8〕〔10〕　同上书,第 467 页。

〔9〕　同上书,第 446 页。

〔11〕〔12〕　同上书,第 468 页。

〔13〕　同上书,第 468—469 页。

〔14〕　同上书,第 463 页。

〔15〕〔16〕〔17〕　同上书,第 469 页。

〔18〕〔22〕　同上书,第 471 页。

〔19〕〔20〕　同上书,第 470 页。

〔21〕　同上书,第 470—471 页。

〔23〕　宋明理学中,把"理"理解为气的条理,而不再视为寓于气中的实体,在吴澄已发其端。明代罗钦顺、王廷相、刘宗周都在此一"去实体化"的转向中发挥了自己的作用。而罗、王、刘这些学者也都反对本然之性与气质之性的二元论,主张气质之性的一元论。

第五章

船山思想的理欲观

情者己也

己者性也

存理遏欲

《孟子说》的天理人欲之辨

在已有的船山研究中,有不少学者认为船山的理欲观与宋明理学"存天理、去人欲"的思想相反对,是具有启蒙意义的、唯物主义的理欲一元论。[1]其实,这个问题并不那么简单,本章以王船山《读四书大全说》的《论语》诠释为主,以"自我"和"情欲"的思考为进路,来重新检视船山在这个问题上的思想主张。

在船山《论语》诠释的思想中,有关"己"的讨论不少。其中,一方面与"克己"有关,如对"克己"的直接讨论,或者是以克己论为背景的、与"己"有关的讨论。在这些讨论中的重点是,把"己"与"情""欲"联系在一起,即把克己论中的自我分解为情感和欲望,以加深克己论中消极自由的理解。另一方面与"尽己"有关,在不同于克己论的意义上强调"理"与"欲"的合一,"性"与"情"的合一,以突出积极自由的实现。

一 情者己也

在《论语》的《雍也篇》，针对"不迁怒，不贰过"的提法，船山解释说：

> 克己之功……所谓非礼者，于物见其非礼也，非己之己有夫非礼也。若怒与过，则己情之发，不由外至矣。外物虽感，己情未发，则属静；己情已发，与物为感，则属动。静时所存，本以善其所发，则"不迁""不贰"者，四勿之验也。[2]

船山的解释明显以克己论为背景，把"不迁怒，不贰过"与"克己"联系起来，并在"己"与"物""内"与"外"之间展开他的讨论。

船山接着说：

> 盖学之未至者，天理之所著，自在天理上见功，不能在己私上得力。怒，情也，又情之不平者也；过则又不待言矣。情者，己也。情之不平者，尤己之不能大公者也。故怒与喜同为情，而从出自异。凡喜之发，虽己喜之，而必因物有可喜，以外而歆动乎中者也。若怒之发，则因乎己先有所然有所不然，物触于己之所不然，而怒生焉。故天下之可怒者未必怒，而吾之情之所怒者非必其可怒。虽等为可怒，而见盗则怒，见豺狼蛇蝎则恶之畏之而怒不生。岂非己先有怒，而不徒因其能为人害也哉？[3]

船山在这里指出，情感就是一个人的"己"，"己"不是空的，"己"表现为情感。由于"情"有平有不平，故"己"有大公与不公。理学的理想是"廓然而大公"（程颢语），但情的不平，就表现了"己"尚未能达到大公的境界。可见，"己"是人的现实的情感欲望的综合，而现实的人的自我，或者说人的现实的自我，并不是理想的自我，或理学所说的未受污染的本然的自我。当一个人的"己"充满了私意,人就不能仅仅凭借"己"来实现道德人格的完善,而必须以"天理"作为标准来做工夫。

上面的讨论因为"不迁怒"的提出,而特别着重于怒。船山认为孔子这里主张不可迁的"怒"与不可贰的"过"就是己私,是"己私用事时","自为学者而言,则怒与过是己私将炽时大段累处,吃是要紧"。[4]己私也就是己之私欲,从而克己便是克抑己之私欲。由于这个原因,他对怒与己和怒与物的关系做了不少讨论。首先,怒、过属情,即属于情感的发生,但属于和外物无关的内生情感,他称做"己情之发"。这便与喜不同,在他看来,喜虽然也是情感,但完全是因外物可喜而使得内心产生的。怒的产生则不是因为外物可怒,只是外物触动了内心所不能接受的界限才产生的。借用《孟子》书中仁内义外的说法,我们可以说船山主张"怒内喜外"说。对于怒而言,这里外物虽是情感发生必要的媒介,但外物本身不能决定情感的性质,外物与特定情感之间没有同一性。

船山又说:

> 己先有怒,则不因于物;不因于物,故物已去而怒仍留,迁之所自来也。故人有迁爱无迁喜,无迁哀而有迁怒。喜因物,则彼物与此物殊,而虽当甚喜,有怒必怒。怒在己,则物换而己不换,当其盛怒,投之以喜而或怒也。感乎物而动己,则外拒而克之易。发乎己而加物,则中制而克之难。故克己之功,必验之怒而后极焉。[5]

由于怒是不依赖物(不因于物)的情感,所以事物已去而怒仍然可以存留心中,这就是迁怒的来由。而一切依赖于物(因于物)的情感如喜和哀,物去则消,不会迁留。所以对于"因于物"的情感,容易加以"克"的工夫,因为这些情本来就倾向于随物去而去;而对于"因于己"(不因于物)的情感,用"克"的工夫就比较难,因为它们本来就不以物的去留而去留。所以,克己工夫要在制怒上检验,也是在制怒的成功上达到其极致。

船山又说：

> 因于己则怒迁，因于物则怒不迁。喜怒哀乐，本因于物，昏者不知，以己徇物，而己始为害。故廓然知其因于物，则即物之己可克矣。而以其本因于物，则荡而忘反之己，较易知而易克。怒因于己，不尽因物，而今且克之使因于物，则固执之己私，亦荡然而无余矣。
>
> 夫在物者天理也，在己者私欲也。于其因于己而亦顺于天理之公，则克己之功，固蔑以加矣。是岂非静存之密、天理流行，光辉发见之不容掩者哉![6]

"因于己"或"因于物"不仅是现象的描述，在这里也是工夫的状态。如怒本来是因于己而生的，但如果我们能使之因于物，即随物去而去之，就不会迁怒了。船山讲到这里甚至提出，喜怒哀乐本来都是"因于物"的（这与前面怒不因于物的说法不一致），即都是随物去而去的，只是昏者不能随顺于物，突出自我，所以使得"己"变为害，而须要克除了。如果我们知道情感本来都是因于物的，那么徇物的"己"就容易克除了（船山此说似有病，不因于物即非徇物）。在这个意义上，能因于物就是天理；不能因于物而固执因于己，这就是人欲，也就是说，"克己"的"己"就是人欲。

关于克己与复礼的关系，船山表现出重视礼的思想，他说：

> 克字有力，夫人而知之矣，乃不知复字之亦有力也。……夫谓克己、复礼，工夫相为互成而无待改辙，则可；即谓己不克则礼不复，故复礼者必资克己，亦犹之可也；若云克己便能复礼，克己之外无别复礼之功，则悖道甚矣。[7]

他又说：

实而求之,己之既克,未即为礼,必将天所授我耳目心思之则,复将转来,一些也不亏欠在,斯有一现成具足之天理昭然不昧于吾心,以统众理而应万事。若其与此不合者,便是非礼,便可判断作己,而无疑于克,……圣人扼要下四个"非礼"字,却不更言"己",即此可知。[8]

可见,船山认为克己和复礼是两种不能互相代替的工夫,针对理学强调克己工夫而往往忽视复礼实践的倾向,船山主张复礼的工夫和克己的工夫同样重要,他指出,那种以为克己之后自然能复礼,或者认为克己以外没有独立的复礼工夫,这些观点都是重视克己而忽视复礼,重内轻外,甚至用克己排斥复礼。私己在内心被克之后,还不等于复礼,必须以天理落实于、规范到视听色貌言动的一切行为上面。

在《论语·季氏篇》关于"九思"的问题上,船山把喜怒哀乐和视听色貌言动结合起来加以讨论:

是君子终日于此九者,该动静,统存发,而更不得有无事之时矣。知此则知南轩所云"养之于未发之前"者,亦属支离。唯喜怒哀乐为有未发,视听色貌无未发也。盖视听色貌者,即体之用;喜怒哀乐者,离体之用。离体之用者,体生用生,则有生有不生;而其生也,因乎物感,故有发有未发。即体之用者,即以体为用,不因物感而生(视听因色,然天下无无色之时,无时不感,不得云感。且色自在天下,非如可喜可怒之事加于吾身,不可云感),不待发而亦无未发矣。[9]

船山这里以《中庸》与《论语》互释,是继承了朱子学的方法,他指出,《中庸》所说的已发未发,适合于《中庸》所说的"喜怒哀乐",但不适于《论语》所说的"视听色貌",也就是说,喜怒哀乐有已发未发,但视听色貌无已发未发。其原因在于,喜怒哀乐是"因乎物感"而生的,物来感则发,物不感则未发。而视听色貌则是"不因物感而生"的,也就无所谓未发已发。可见这里用的因乎物和不因乎物，与前面讨论的怒过喜哀的因于物和不因于物是有所不同的，而且这里把喜怒哀乐都称为因乎物感，也和前面所说喜因于物，怒不因于物的说法不同，表明船山还没有很好地统合自己的思考。这种不一致的地方在《读书说》中很多。值得注意的是，船山提出"即体之用"和"离体之用"两个区别性的"用"的概念，即体之用显然是指用永远和体连在一起，离体之用则是指可以离开体的用，但船山的具体使用并不很清晰。

船山接着说：

> 若其相与为用也，则喜怒哀乐亦因视听色貌言事而显，当其发，则视听色貌言事皆为喜怒哀乐用。乃喜怒哀乐一去一留于此六者之间，而六者不随喜怒哀乐为去留。当其为喜怒哀乐之时，则聪明温恭忠敬，要以成发皆中节之和，而当夫喜怒哀乐之已去与其未来，则聪明温恭忠敬之思之不忘者，即所谓于未发时存中也。[10]

船山本来说喜怒哀乐是因物感而发，而视听色貌不因物感而生，这里又认为喜怒哀乐因物而发后，也因视听色貌而显。从而喜怒哀乐与视听色貌互相为用，也就是说，喜怒哀乐往往也在视听色貌上表达出来。就聪明温恭忠敬而言，也属于视听色貌的状态，如果喜怒哀乐与视听色貌的聪明温恭忠敬相配合，这就能成就人的"发而皆中节谓之和"，即已发的和。不过，当喜怒哀乐随物去而去时，聪明温恭忠敬却不必然随之也去，作为一个君子，喜怒哀乐未发时或发后已去时，仍保持聪明温恭忠敬在内心中，这就是未发时存中的工夫。

二　己者性也

上节末谈到未发之中，用本章开始的关于"己"的讨论来说，可以说未发之中也是人的"己"，船山指出：

> 所尽之"己",虽在事物应接处现前应用,却于物感未交时也分明在。和非未发时所有,中则直到已发后依旧在中,不随所发而散。故存养无间于动静,省察必待于动时。[11]

这是说"己"不仅是人的现象的意识和现实的情感,也是意识与情感未发时的存在,换言之,用《中庸》的语言来说,不仅已发之"情"是己,未发之"中"也是己。

这里的意义在于,"己"不仅包括心理的动静不同的状态,也包括消极与积极的不同方面。如果说"克己"主要关注的是消极的自我,或自我消极的方面,则"尽己"关注的就是积极的自我,或者自我的积极面。我们知道宋儒提出"尽己之谓忠,推己之谓恕"的著名诠释,[12]所以,此后"尽己"的讨论总是以程朱对《论语》"忠恕"的解释为基础的,在这一点上,船山也不例外,在关于《论语·卫灵公篇》"予一以贯之"的解释中他说:

> 忠,尽己也;恕,推己也。尽己之理而忠,则以贯天下之理。推己之情而恕,则以贯天下之情。推其所尽之"己"而忠恕,则天下之情理无不贯也,斯一以贯之矣。
>
> 夫圣人之所知者,岂果有如俗儒所传"萍实""商羊",在情理之表者哉?亦物之理无不明,物之情无不得之谓也,得理以达情而即情以通理之谓也。[13]

与克己不同,尽己和推己的"己"不是消极的情欲我,这个积极的"己"包括理和情两方面,而这里的情就不再是克己论中所说的要克制抑除的不平情感,而是可以成为大公之情的基础的积极的情,这样的情不仅不能克除,而且是恕道的基础。在这里的理情讨论中,没有那种主张此一元而排斥另一元的倾向,而是主张两者间互通互助,"得理达情"和"即情通理"成为船山二元互动思维在理情问题上的又一体现。

这个自我也就是孟子所说的"万物皆备于我"的"我",这个尽己也就是孟子所说的"尽心"的心：

> 所以皆备者何也？理在心，而心尽则理尽也；情沿性，而知性则知情也。理之不爽，情之不远，于己取之而皆备矣。己之理尽，则可以达天下之情；己之情推，则遂以通天下之理。故尽之以其理，推之以其情，学者之所以格物致知也，学者之忠恕也。理尽而情即通，情不待推而理已喻，圣人之所以穷神知化也，圣人之忠恕也。[14]

船山认为，尽己是能充分实现己之理，这就是忠；推己是能推己及人，即推己之情以及人之情，这就是恕。船山进而主张，尽理和尽情是互相作用的，尽己之理可以达天下之情，而推己之情可以通天下之理，这就把理和情沟通起来了。情在这里不是与理对立的，而是与理互通的。这里船山也发挥了朱子关于"天地是一个无心底忠恕，圣人是一个无为底忠恕，学者是一个着力底忠恕"的分别。[15]

船山又把情与欲连接起来，他说：

> 故知合尽己言之，则所谓己者，性也，理也；合推己言之，则所谓己者，情也，欲也。如尧授天下于舜，所性之理，大公无私，而顺受得宜者，既尽乎己性之德。乃舜之德必为天子而后尽其用，舜之情也；天下臣民必得舜为天子而后安，天下之情也。舜欲兼善天下之情，亦尧所有之情；天下欲得圣人以为君之情，亦尧所有之情。推此情以给天下之欲，则所谓推己者，又于情欲见之也。[16]

这是说，从尽己来说，这个"己"是性，是理；从推己来说，这个"己"是情，也是欲。因此己包含了理性我和情欲我两方面。仔细体味船山所说，这里的"情"多指心情意愿，但其中确实也多属于欲求，如舜希望成为天子的心情和欲求，人民希望舜成为天子的心情和欲求。因此这里所说的"情"并不等同于喜怒哀乐等一般情感形式，这里的"欲"也不是一般所说的人的根于私己身体的欲望,而是人民的要求和愿望。这就是船山在《孟子说》中所说的"公欲"。由此看来,船山所谓情和欲包含颇广,决不能简单地仅仅理解为一般意义上的一种情欲。也因此,就不能把他对他所谓情和欲的这些肯定简单地理解为无分别地对于一切感性情欲的肯定。

无论如何,船山在这里对情和欲是肯定的,船山的理欲论也是在这样的尽己论背景下展开的。在《论语·里仁篇》论一贯忠恕章,朱子《集注》:"尽己之谓忠,推己之谓恕。……夫子之一理浑然而泛应曲当,譬则天地之至诚无息,而万物各得其所也。"在朱子学此篇的诠释中都没有论及理欲问题,但船山却在这里开始大谈理欲问题,充分显示出他在诠释上的主动性。船山说:

> 尽与推都是由"己"及"物"之事,……未至于圣人之域,则不能从心所欲而皆天理,于是乎絜之于理而性尽焉,抑将絜之于情而欲推焉。两相交勘,得其合一……若圣人,则欲即理也,情一性也,所以不须求之忠而又求之恕,以于分而得合,但所自尽其己,而在己之情、天下之欲,无不通志而成务。故曰"惟天下至诚为能尽其性,能尽其性,则能尽人物之性"。不须复如大贤以降,其所尽之己,须壁立一面,撇开人欲以为天理;于其所推,则以欲观欲而后志可通矣。[17]

这里讲的是圣人境界。他指出,尽和推都是学者的必须工夫,圣人则不需要尽和推的工夫,因为圣人理不待尽,己之理已尽;情不待通,己之情已通。也因此,圣人心之所欲都是天理,情之发动都是本性,对于圣人来说,理欲合一,故欲即是理;情性合一,故情一于性。从这个说法来看,没有达到圣人的人,就要用尽己和推己的工夫,求得欲合于理,情合于性,以期达到理欲合一、性情合一。对大贤以下的人,其尽己的工夫就须从区分"人欲"和"天理"入手;其推己的工夫则要注重以欲观欲,即以己之欲絜人之欲。

他又说：

> 圣人有欲，其欲即天之理。天无欲，其理即人之欲。学者有理有欲，理尽则合人之欲，欲推即合天之理。于此可见，人欲之各得，即天理之大同；天理之大同，无人欲之或异。治民有道，此道也。获上有道，此道也。……[18]

关于欲的问题，在朱子的解释中已经提到过，如《四书大全》引朱子语"恕者推己及物，各得所欲"[19]。船山这里并未说明他所说的"欲"是什么，从前面所说来看，欲可能就是泛指心之所欲，而不是特指感性欲望。因此，他所说的圣人有欲，不见得就是指一般所说的感性欲望。但就命题而言，他肯定圣人之欲即天之理，认为理欲合一是儒家圣人观的合理结论。相对于圣人的理欲合一，天就很难说理欲合一了，因为天没有意志欲望，但可以说天之理即表现为每个人的欲求的合理满足。这是我们对"天无欲，其理即人之欲"这句话的解释。学者有理有欲，是指学者的自我包含理欲两个方面，己作为性理，若能充分实现（尽己之理）就能与百姓的欲求相合。己作为欲求之情，若能推己及人，絜之于百姓之情（推己之情），就能合乎天理。每个人的欲求得到满足，就是天理的大同。这就是忠恕的道理，也是治民的道理。船山透露出他的思想，即理和欲不是互相排斥的，而是互通的。从这里也可见，船山思想中情和欲不是分开的，是互相包含的，故推己之情的说法可以换成推己之欲的说法，并无问题。

在这样的语境中船山提出：

> 于天理达人欲，更无转折；于人欲见天理，须有安排。只此为仁恕之别。
>
> 只理便谓之天，只欲便谓之人。饥则食、寒则衣，天也。食各有所甘，衣亦各有所好，人也。[20]

"于天理达人欲",是如前所说"己之理尽,则可以达天下之情(欲)",这比较容易;"于人欲见天理",如前所说"己之情(欲)推,则遂以通天下之理",这比较曲折,另需要辅助的工夫。至于天理与人欲的分别,船山以欲求的本能性属于天,而以欲求的差别性属于人。可见船山所谓的理欲分析,终究不脱离天理—人欲的分别架构。

船山又指出:

> 圣人才尽性,即尽情,即尽乎欲。要尽乎理欲,有分界可以言推,理本大同,不可以推言也。然竟舍恕言忠,则又疑于一尽于理,而不达于情。故至诚无息者,即万物各得之所;万物各得之所,即圣人自得之所。理唯公,故不待推;欲到大公处,亦不待推,而所与给万物之欲者,仍圣人所固有之情。[21]

对圣人来说,尽性、尽情、尽欲是一致的,尽了性,也就尽了情、尽了欲,圣人性情欲三者合一。圣人已无须尽推的工夫,而对于贤者以下的人,既要尽理,又要推情。船山重视恕,反对舍恕言忠,认为舍恕言忠就会达理而不通情。推己之情与欲及人之情与欲,是要使得万物各得其所,万物各得其所,也就是圣人自得其所,二者是统一的。圣人的情与万物欲求的满足是一致的,圣人的欲是大公之欲,所以不待推。这里的公理公欲的合一说,是船山的尽己论的基础。

回到本节开始讨论的未发问题,来看船山的主张:

> 动则欲见,圣人之所不能无也。只未发之理,诚实满足,包括下者动中之情在内,不别于动上省其情,斯言忠而恕已具矣。若于喜怒哀乐之发,情欲见端处,却寻上去,则欲外有理,理外有欲,必须尽己推己并行合用矣。倘以尽己之理压伏其欲,则于天下多有所不通。若只推其所欲,不尽乎理,则人己利害,势相扞格,而有不能推;一力推去,又做成一个墨子兼爱,及身徇物之仁矣。[22]

船山先指出，圣人心之发动便有欲，因此无欲论是不对的。然后他提出，未发时只是理，只是忠，但包含了发动时才表现的恕和其他可能发动的情。至于学者，喜怒哀乐情欲已发，有理有欲，故必须用尽己之理和推己之欲的工夫，这样就知道在欲以外还有公理的规范，在理之外还需注意公欲的满足。如果只用尽己之理的工夫压制欲，而不用推己之欲的工夫，就不能通天下之欲与情。如果只用推己之欲的工夫，而不用尽己之理的工夫，只讲欲求的满足，就不能会通天下之理，而引起人与人的冲突。船山在这里讲的不可以理压欲，虽然是通过尽己之理和推己之欲的忠恕关系来讲的，但与船山的整个理气观的平衡主义是一致的。

三 存理遏欲

以上我们总是跟着"己"也就是从自我的分解来看情欲在船山思想中的地位。让我们回到天理人欲的问题上。

其实，船山从未否定遏欲的工夫，如说：

> "克、伐、怨、欲不行"即是克己，即或当念未尝不动，而从事于非几将构之际，以力用其遏抑，而不能纯熟净尽，则学者之始事，故无不然者。先儒言克己之功，云"难克处克将去"，正谓此也，亦安得以"强制"病之哉？乃朱子抑有"合下连根铲去"之说，则尤愚所深疑。合下不合下，连根不连根，正释氏所谓"折服现行烦恼""断尽根本烦恼"之别尔。[23]

"非几"就是不善之念将发未发的苗头，船山认为遏抑非几是学者初用克己工夫的实践，人人如此，不能像程朱那样用"强制"这样消极的说法来表述这工夫。另一方面，船山反对在克己工夫上的"连根铲去"，认为提倡连根铲去人欲，就等同于佛教的主张。可见船山在儒释之辨上所持甚严，在这一点上他超过了朱子，这也是他特别警惕禁欲主义的根本原因。

船山又说:

> 若人欲未消,无诚意之功;天理未明,无致知之力。但以孟之反一得之长为法,则必流入老氏之教。……以浅言之,"伐"亦私欲之一端,能去伐者,自是除下人欲中一分细过。

可见船山肯定消人欲、明天理的实践,并把它看做诚意、致知的工夫。克伐怨欲都是私欲,都应当"去",应当"除"。船山在《读四书大全说》中多次提到"消欲明理",并加以肯定。

另一方面,船山虽不否定"遏欲"的工夫,却很强调认清遏欲和存理两种工夫的各自特质和相互关系。如说:

> 此二语是君子警昏策惰以尽耳目之才,乃复性语也,存理语也,而非遏欲语也。遏欲之功在辨,存理之功在思。[24]

船山注重区分遏欲和存理两种工夫,他认为这两种工夫都需要,但首先要分清两者的不同。遏欲的工夫重在明辨出私欲,而存理的工夫重在慎重地思考。这里强调"思"是因为解释《论语》本文的九思。他接着说:

> 夫人之从事于学,各因其所近以为从入之功。有先遏欲以存理者,则不为恶色奸言所蔽,乃可进而思明与聪。其先存理以遏欲者,则唯思明而明,思聪而聪,而后恶色奸言不得而欺蔽之。……故思明思聪,不在去蔽,而但在主一。去蔽者,遏欲者也,辨之明也。主一者,存理者也,思之慎也。[25]

《论语·季氏篇》讲九思,《四书大全》引朱子解释,强调视听要不为恶色奸言所欺蒙必须用"思",而不能"思"则是因为气质和私欲壅蔽。张南轩也说九思是"天理所由扩而人欲所由遏也"。[26] 船山用中庸的"明辨""慎思"区别遏欲和存理，以阐释"思"的存理意义，并指出，学者的工夫有两种，一是先遏欲以存理，一是先存理以遏欲。这两种工夫无所谓对错，而应由各个学者根据自己的具体情况来加以确定。在这里他并没有任何否定遏欲工夫的意思。

不过，船山虽然对遏欲和存理工夫都予肯定，但主张先存理：

> "不骄矣，而未能泰者有之"，南轩真作工夫人，方解为此语。……不骄是遏欲之效，泰是存理之效。须先在存理边致功，教笃实光辉，而于私欲起时加以克治，则不骄也而实能泰，泰矣而抑又不骄也。[27]

这是针对《论语·子路篇》"君子泰而不骄"的解释。船山强调要先在存理边用功，这与船山关于《大学》"正心"工夫的思想是一致的。从这里还可以明显了解到，船山所说的遏欲，就是指"私欲起时加以克治"。

船山不仅主张先存理，而且主张以存理为主：

> "遏欲"有两层，都未到"存理"分上。其一，事境当前，却立著个取舍之分，一力压住，则虽有欲富贵恶贫贱之心，也按捺不发。其于取舍之分，也是大纲晓得，硬地执认，此释氏所谓"折服现行烦恼"也。其一，则一向欲恶上情染得轻，又向那高明透脱上走，使此心得以恒虚，而于富贵之乐、贫贱之苦未交心目之时，空空洞洞著，则虽富贵有可得之机，贫贱有可去之势，他也总不起念。由他打点得者心体清闲，故能尔尔，则释氏所谓"自性烦恼永断无余"也。[28]

这是说，有两种遏欲的工夫，一是压制欲富恶贫一类的欲望使之不发作，一是本性上就少私寡欲，再加以心体空寂的工夫。这两种遏欲的工夫都与存理的工夫不同，后一种显然是佛老的特色。船山所说"未到存理分上",既指出遏欲与存理是两种工夫,也包含着存理是更重要的工夫的思想。在船山看来,遏抑私欲的工夫虽然不能否定,但仅仅讲遏欲工夫就与佛老无法区别。所以在解释颜回"三月不违仁"的问题上他说:

> 注言"无私欲而有其德",究在"有其德"三字上显出圣学,而非"烦恼断尽即是菩提"之谓。西山云"诸子寡欲,颜子无欲",则寡欲者"断现行烦恼"之谓,无欲者"断根本烦恼"之谓。只到此便休去、歇去、一条白练去、古庙香炉去,则安得有圣学哉?
>
> 孔颜之学,见于六经四书者,大要在存天理,何曾只把这人欲作蛇蝎来治,必要与他一刀两段、千死千休?……异端所尚,只挣到人欲净尽处,便是威音王那畔事,却原来当不得甚紧要。[29]

只讲去欲、无欲、净欲,就与释氏断烦恼之说无法区别,释氏只讲去欲,不讲存理,不讲有其德,而儒家"仁"学的根本在于存天理、有其德。因此船山认为,儒家圣学"大要在存天理",而佛老之学可谓"大要在净尽人欲"。这包括两点,一是儒家在存理遏欲之间主张存理为主,二是儒家的"遏私欲"与佛老的"净人欲"有所不同。从这些地方来看,船山对净尽人欲说的反对主要是出于儒释之辨和对佛教思想的警惕,他反复引用佛教有关断烦恼的论述以类比于去欲论,可以证明这一点。

在《论语·先进篇》论曾点章,朱子《集注》云:"曾点之学,盖有以见夫人欲尽处,天理流行,随处充满,无少欠缺。……"《四书大全》在朱注下引庆源辅氏曰:"理欲不两立,须是人欲净尽,然后天理自然流行。随事随处,不待勉强用力。"[30]辅氏主张,人欲去尽以后,天理便自然流行,故应当把工夫主要放在去尽人欲上。这是船山所不赞成的,船山主张要把工夫主要放在存天理上。而且,从儒佛之辨出发,船山明确反对"净尽人欲则天理自然流行"的说法:

> 庆源云"须是人欲净尽,然后天理自然流行",此语大有病在。

以体言之，则苟天理不充实于中，何所为主以拒人欲之发？以用言之，则天理所不流行之处，人事不容不接，才一相接，则必以人欲接之，如是而望人欲之净尽，亦必不可得之数也。故大学诚意之功，以格物致知为先，而存养与省察，先后互用。则以天理未复，但净人欲，则且有空虚寂灭之一境，以为其息肩之栖托矣。[31]

他批评历史上许多现象或人物是"人欲未净而天理不流行"或"将天理边事以人欲行之"[32]，可见船山原则上是赞成天理人欲的分辨的。船山并不反对拒人欲的工夫，但他一方面反对净尽人欲的提法，一方面更重视存天理的积极工夫。在他看来，不能把天理流行看成是人欲净尽的自然结果，恰恰相反，他认为只有先存天理于心中，才心有所主而遏抑人欲之发。如果天理未存，只去做净欲的工夫，那就容易走到佛老空虚寂灭的境界上去。

船山进一步指出：

> 凡诸声色臭味，皆理之所显。非理则何以知其或公或私或得或失？故夫子曰"为国以礼"。礼者，天理之节文也，识得此礼，则兵农礼乐无非天理流行处。故曰："子路若达，却便是者气象。"倘须净尽人欲，而后天理流行，则但带兵农礼乐一切功利事，便于天理窒碍，叩其实际，岂非"空诸所有"之邪说乎？[33]

船山说："盖凡声色、货利、权势、事功之可欲而我欲之者，皆谓之欲。"[34]这可视做船山对欲的定义。声色臭味等是"欲"的对象，也都是"理"借以显现的事物。没有了这些事物，理也就无法表现。从声色臭味扩大到兵农礼乐，都是欲望功利的体现，如果净尽人欲成为整个反对功利的事物，认为一切功利事物都是天理的障碍，而不能区分公利与私利，那就变成释氏空寂的虚无思想了。只要以理为主导，则在理的指导下一切功利事物都是天理流行，所谓天理流行是指理在发挥作用。因此正确的立场不是去除功利事物，而是以理贯穿一切功利事物。若进一步从存在论上说,理正是通过这些声色臭味农兵礼乐的存在而存在的,理也只能存在于这一切事物中。

注重"存理"的立场贯穿了船山在有关理欲问题上的各种讨论,《论语·宪问篇》"克伐怨欲不行焉,可以为仁矣"章,二程主张"克去己私意复乎礼,则私欲不留,而天理之本然得之矣"。船山就不赞成这类主张:

> 到得"君子无终食之间违仁",则他境界自别。赫然天理相为合一,视听言动、出门使民,不但防人欲之见侵,虽人欲不侵,而亦唯恐天理之不现前矣。
>
> 人自有人欲不侵而天理不存之时。在为学者,撇除的人欲洁净,而志不定、气不充,理便不恒。境当前,则因事见理;境未当前,天理便不相依住。即在未学者,天理了不相依,而私智俗缘未起之时,亦自有清清楚楚底时候。
>
> ……盖当天理未存之先,其诱人以去仁者,莫大于富贵贫贱之两端。而于私欲既遏之后,其无所诱而亦违仁者,不在富贵贫贱,而在终食之积与造次颠沛之顷。所以集注说"不但富贵贫贱之间而已"。[35]

这是强调,心中去除了人欲,并不就等于心中充满了天理,人常常有"人欲不侵天理不存"的时候,在这样的内心状态中,心里既无人欲,也未存天理。所以,在去除了人欲之后,要想存天理,还需要在立志、养气等方面不间断地修养自己,这样才能保证有事无事时天理都能现前,即体现为当下的道德意识。

因此船山主张:

> 盖必使吾心之仁泛应曲当于天下而无所滞,天下事物之理秩然咸有天则于静存之中而无所缺,然后仁之全体大用以赅存焉。故存养与省察交修,而存养为主,行天理行于人欲之内,而欲皆从

理,然后仁德归焉。[36]

这是主张,静中存养是存理的工夫,动而省察是遏欲的工夫,只有先在静中存理,才能实现仁德的全体大用。理想的实践是以存养工夫为主,使天理贯彻于一切功利欲望之事,从而使这些功利欲望之事都能得到天理的范导,成为天理的实现形式。

最后来看船山的这段话:

> 天理充周,原不与人欲相为对垒。理至处,则欲无非理;欲尽处,理尚不得流行。如凿池而无水,其不足以畜鱼者,与无池同。病已疗而食不给,则不死于病而死于馁。故曰"仁则吾不知也"。此圣学、异端之大界,不可或为假借者也。[37]

这是说,在哲学上讲,天理并不只是作为人欲的否定,如忠,并不仅仅是不奸诈;恭,并不仅仅是不怠慢;敬,并不仅仅是不放肆。天理在其本源的意义上并不是不欲无欲。因此,仅仅去除克伐怨欲等人欲,固然难得,但还不就是仁,所以孔子说"可以为难矣,仁则吾不知也"。"理至"即理的充分的发挥,"欲尽"即欲求的净尽。如果理能充分彻底地发挥对欲望功利的主导作用,在这种情况下,欲望功利都是符合理的了,也成为理的流行得以体现的载体。但如果欲望净尽而功利事项全无,则理也就无法流行,因为失去了载体。这个说法使得理欲的联系具有了本体论的意义。船山的这个说法,实际上和朱子有关道心能为统率则人心化为道心的说法一致。在船山看来,佛道教都是主张对欲望的彻底否定和对社会功利的完全疏离,这是背离圣学的。儒家必须坚持自己与佛道不同的人生社会理想。

四 《孟子说》的天理人欲之辨

在王船山的思想中,"存理遏欲"是其讨论道德修养的主要问题意识和框架,而天理人欲之辨又是其存理遏欲论的基础。本节以船山的《孟子说》(《读四书大全说》的读孟部分本书简称为《孟子说》)为例子,来继续说明其思想的特点。

船山思想中有关欲的讨论,一般来说,可包括人欲、功利。人欲主要指声色货利之好,功利则是名位事功之求。人欲也简称为欲,人欲主要是指:"饮食,货;男女,色。"[38] 他认为,并不是一切人"心"都是"欲",如有些嗜好就不是欲,"嗜杀人,自在人欲之外"[39],好战乐杀近于虎狼之欲,是天地不祥之气,并不是人之欲。

另一方面,"欲"和"志"不同:"孔子曰:吾其为东周乎?抑岂不有大欲存焉?为天下须他作君师,则欲即是志。人所不可有者,私欲尔(如为肥甘等)。若志欲如此,则从此作去以底于成功,圣贤亦不废也。"[40] 可见船山这里还把欲和大欲(公欲)分别开来,而且说明去欲的欲是指私欲。这里的志是指孔子以周礼治天下的志向和理想,虽然这种志也可说是一种欲求,但应当说是大欲(公欲)。可见,在船山思想中,"欲"至少可区分为人欲、私欲、公欲。还可注意的是,船山有关人欲的说法与朱子同,在朱子,饥而欲食,渴而欲饮,这是人欲,食而要求美味,则属私欲;[41] 船山也把食而欲肥饮而欲甘认定为私欲。

人欲本身并不是恶。船山认为,孟子和齐宣王关于"大欲"的对话显示,在孟子看来,齐宣王"过处在为,不在欲","故孟子终不斥宣王之欲,而但责其所为"[42],这里说的欲都是指人欲,不是指私欲。

在船山看来,欲之成为私欲,不仅是内容、程度的分别,而且是在一定的历史关系和情境中得以规定的:

> 但除舜、禹之受禅,则不可有其志;有其志,则为人欲横流。既为人欲横流,则不问其所为之得失;所为必得,则其恶亦大。王莽把周礼井田事事都学来,以所为求所欲而鱼以得矣,只为他所欲者乱贼之欲,便千差万谬。若汤武之放伐,一向无此志,只等天命到来,则必无此理,故曰"上帝临汝,无贰尔心"。乃谓齐王之大欲是人欲横流,其愚甚矣。若有大欲便是人欲横流,则孟

子当直斥其欲之妄。[43]

一个人要王天下,这种欲望或志向,究竟属于正常的志,还是应该去除的私欲,取决于时代与环境,对于尧舜时代的尧舜相禅而言,王天下的志是正当的,同时代其他人若有王天下之志则为人欲横流,人欲横流就是指私欲横流。在私欲支配下,一切行为即使成功,也只是增加了恶。在这里,船山所持的是动机论的观点,即只要动机(所欲)是私欲,其行事(所为)便不足取。如王莽的"所为"皆依照《周礼》的规定,但他的"所欲"是篡位,所以他的所为不能获得正面评价。而在船山看来,战国时代的齐宣王所说的"吾所大欲"(辟土地,朝秦楚,莅中国,抚四夷)则不是私欲,他反对新安陈氏把齐王的大欲归于人欲横流,他认为,辟土地这些功利之事,对于行仁政来说是必须的。

在《孟子·梁惠王下篇》,在关于梁惠王好勇好色等问题上孟子的议论,朱子《孟子集注》云:"盖钟鼓苑囿游观之乐,与夫好勇好货好色之心,皆天理所有,而人情之所不能无者。然天理人欲同行异情,循理而公于天下者,圣贤之所以尽其性也。纵欲而私于一己者,众人之所以灭其天也。二者之间不能以发,而其是非得失之归,相去远矣。故孟子因时君之问,而剖析于几微之际,皆所以遏人欲而存天理。……学者以身体之,则有以识其非曲学阿世之言,而知所以克己复礼之矣。"船山就此说:"于'好货好色与百姓同之'上体认出克己复礼之端,朱子于此,指示学者入处,甚为深切著明。"他继承发展了朱子以好货好色之心为天理所有的思想、循理而"公"的思想,以及朱子对胡五峰同行异情说的肯定,又指出:

> 动则见天地之心,则天理之节文随动而现也。人性之有礼也,二殊五常之实也。二殊之为五常,则阴变阳合而生者也。故阳一也,合于阴之变而有仁礼;阴一也,变以之阳合而有义知。阳合于阴而有仁礼,则礼虽为纯阳而寓于阴。是礼虽纯为天理之节文,而必寓于人欲以见;虽居静而为感通之则,然因乎变合以章其用。唯

然,故终不离人而别有天,终不离欲而别有理也。

离欲而别为理,其唯释氏为然。盖厌弃物则,而废人之大伦矣。……五峰曰"天理人欲,同行异情",伟哉! 能合颜、孟之学而一原者,其斯言也夫![44]

怎么体认复礼之端呢? 他认为复礼的道理也就是《周易》复卦的道理,程颐主张复卦动见天地之心,故礼是随动而表现的,动就是变合,变合在人即是情欲,故礼是随人的情欲而表现的,人欲即饮食男女,礼即是理。从宇宙论的普遍性上说,阳往往寓于阴,静每每因于动,故理寓于饮食男女而表现,在这个意义上,理不离欲而独立存在。船山还指出,他的理欲观主要是针对于佛老的禁欲主义,他认为老子的五色目盲和五声耳聋说,佛教的禁欲修行,都是"贱欲"论,成为对人欲的整体否定。[45]同时,船山也表现出,他认为颜子之学注重去私欲,而孟子之学肯定形色的正当性,胡宏对天理人欲的"同行异情"说是对颜孟的综合,最为正确。

船山还说:

于此声色臭味,廓然见万物之公欲,而即为万物之公理;大公廓然,物来顺应,则视之听之,以言以动,率循斯而无待外求。[46]

所谓公欲,即孟子所劝告梁惠王的"与百姓同之"之欲,就是说,我有好色之心,我也要让天下人民好色之心得到满足,从而,公欲的实现也就是公理的体现。所以,公理不能离开公欲,公理是在人民对声色货利的普遍满足中实现的。因此船山认为:"孟子承孔子之学,随处见人欲,即随处见天理。"[47]这个思想可谓"即欲见理",也就是在欲上见理。这个思想是说,人欲必须随处受到天理的调控,而天理又须在一定的人欲中实现,总之欲不离理,理不离欲,即理即欲,即欲见理。

由于船山将欲区分为人欲、私欲、公欲,所以不能以为船山对欲持无条件的肯定,事实上在"克己"的问题上,船山主张用礼的节文"克

去"过分的欲望,这一点在《孟子说》中也有表达:

> 因是而节文章焉,则其有淫泆而太过、鄙僿而不及者,固已如衾中蚤虱,克去之而后寝得安焉。当几但加警察,则已净尽而无余。[48]

净尽之说本于《论语·先进篇》朱子注"人欲尽处,天理流行"及朱子弟子辅广"须是人欲净尽,然后天理流行"。[49]可见船山仍主张克去私欲,使之净尽,从而复礼。所以船山有时也在负面的意义上使用"人欲",如说:"大抵人欲便安,天理便真。"[50]"三子之得为圣,是他人欲净尽,天理流行,故造其极而无所杂。"[51]他还说:

> 故不于性言孝悌,则必沦于情;不于天理之节文言孝悌,则必以人欲而行乎天理。看曾子到易箦时说出君子、细人用爱之不同,则知尧舜之"哭死而哀,非为生者",性、情之分,理、欲之别,其际严矣。[52]

这里说的严于理欲之别,指的就是天理人欲之别,而船山在这里对此是完全肯定的。关于"以人欲行乎天理",是说孝悌本来是天理,但人在行孝悌时一味听凭感情,而未能以理来调控,如父母有过错而一味迁就,这就是以人欲行天理,即今人所谓"以感情代替原则"了。以感情代替原则,就是人欲,就是夹杂人欲。

船山在《尽心篇》的解说中又说:

> 天理人欲,虽异情而亦同行。其辨之于毫发之间,俾人所不及知、己所独知之地分明形著者,若非未发之中天理现前,则其所存非所当存者多矣。[53]

这也是说,天理和人欲是互相联系的,理欲之辨很细微,人要在慎独存养上下存天理的工夫,这就可以使得这种分辨在人的"独知"中非常清晰,人也就会在了解天理人欲的"同行"(互相联系)的同时,不忘记天理人欲的"异情"(有严格的分际)。

　　归结起来,还是宋明儒学研究的老问题,那就是理欲讨论中的"欲"何所指,"人欲"何所指。事实上,如同宋明理学的学者一样,船山对"欲"的概念也往往在不同的意义上使用。因此,如果欲是指私欲,船山与其他宋明儒者一样,赞同去欲消欲之说,以确立修身的基本途径。如果欲是公欲,船山以之为恕道的基础,作为推己及人的根据,以实现仁政和社会大同。如果欲是泛指一般的欲求,则船山重视人的正当欲望,主张理欲合一,主张以理贯穿于功利事项;船山并且赋予此种理欲的联结关系以宇宙论的意义,使得其理欲论与理气论的宇宙论具有一致性;这既坚持了儒家个人修身的道德理想,又纠正了宋明理学中反功利主义的倾向,这种思想实际上是主张道德主义和功利主义的统一,这也是儒家在内圣之外同时重视外王思想的必然趋归。事实上,船山的这种理欲说与明代后期许多思想家的理欲观是一致的。[54]就船山而言,这种理欲合一说及其对理欲割裂的禁欲主义的批评,其主要出发点是反对于佛老的人生哲学,以及警惕佛老思想在儒家内发生影响。船山的理欲说和人性论还表明,主张气质之性论的思想家并不就导致对感性情欲的张扬和无条件肯定,两者之间并没有必然的联系。

注　释

〔1〕　如侯外庐《船山学案》,岳麓书社,1982 年,第 75 页。

〔2〕　《读四书大全说》,第 276 页。

〔3〕〔5〕〔6〕　同上书,第 277 页。

〔4〕　同上书,第 276 页。

〔7〕　同上书,第 373 页。

〔8〕　同上书,第 374 页。

〔9〕　同上书,第 463—464 页。

〔10〕 同上书,第464页。

〔11〕 同上书,第249页。

〔12〕 二程对《里仁篇》此章的解释为理学诠释的典范,明道云:"以己及物,仁也;推己及物,恕也,违道不远是也。忠恕一以贯之,忠者天道,恕者人道;忠者无妄,恕者所以行乎忠恕也;忠者体,恕者用,大本达道也。"伊川云:"尽己之谓中,推己之谓恕。忠体也,恕用也。"皆见《论语精义》,影印《四库全书》,上海古籍出版社,第198—292页。

〔13〕〔14〕 同上书,第424页。

〔15〕 朱子语见《四书大全》(一),第1020页。

〔16〕〔17〕 同上书,第246页。

〔18〕 同上书,第248页。

〔19〕 同上书,第1021页。

〔20〕〔21〕 同上书,第248页。

〔22〕 同上书,第249页。

〔23〕 同上书,第406页。

〔24〕〔25〕 同上书,第461页。

〔26〕 皆见《四书大全》(二),第1850页。

〔27〕 《读四书大全说》,第403页。

〔28〕 同上书,第237页。

〔29〕 同上书,第282—283页。

〔30〕 《四书大全》(二),第1515页。

〔31〕 同上书,第371页。严格说,船山有时也未完全否定净尽人欲的说法,如在船山看来,曾点的工夫基本上就是净尽人欲,"只此净欲以行理,与圣人心体庶几合辙"。但又认为曾点的毛病行不掩言,也是由净人欲而来,故终不能作为学圣的工夫(见同页)。

〔32〕 同上书,第370页。

〔33〕 《读四书大全说》,第371页。

〔34〕 同上书,第369页。

〔35〕 同上书,第236页。

〔36〕 同上书,第406页。

〔37〕 同上书,第407页。

〔38〕 同上书,第519页。

〔39〕 同上书,第 507 页。

〔40〕 同上书,第 508 页。

〔41〕 《朱子语类》卷十三,中华书局 1986 年,第 224 页。

〔42〕 同上书,第 508、509 页。

〔43〕 同上书,第 515 页。

〔44〕 同上书,第 519 页。

〔45〕 船山说:"夫情苟善,而人之有不善者又从何而生? 乃以归于物欲,则亦老氏'五色令人目盲,五音令人耳聋'之绪谈。"(第 676 页)

〔46〕〔47〕〔48〕 同上书,第 520 页。

〔49〕 《四书大全》,第 1514—1515 页。

〔50〕 《读四书大全说》,第 626 页。

〔51〕 同上书,第 651 页。

〔52〕 同上书,第 708 页。

〔53〕 同上书,第 717 页。

〔54〕 已有学者指出此点,如衷尔钜《王夫之》,吉林文史出版社,1997 年,第 257 页。萧萐父等:《王夫之评传》,南京大学出版社,2002 年,第 330 页。

读 《孟 子》

第六章

船山哲学的气体论与气善论

气善论
气体论
气几论
气化论
气理论

　　本章是对船山《孟子》诠释的思想研究之一。船山对《孟子·告子篇》的诠释,是我们在其整个《读孟子说》(船山《读四书大全说》的《孟子》部分,我们简称为《读孟子说》)中所关注的主要部分。告子与孟子的人性之辩本是《孟子》书中的重要内容,在宋明时代重视心性学的道学来看,此篇为重中之重,更是具有其突出的重要性。船山读论此篇的特色,是面对此篇的人性论辩论,把理气论的观点和方法投射其中,即不断地把理气的问题在性情的讨论中加以提出,显示出船山自觉地把理气问题向性情问题加以贯彻的努力,从而充分表现出理气论的哲学思想在船山思想中占有的基础、核心、前提的地位。由于船山对于《孟子》此篇以及其他篇章的诠释中,理气论与性情论缠结一起,不易析分,所以我们将依照船山诠释的顺序加以展开,而本章的主要着眼点是在船山重"气"的宇宙论。另须指出的是,船山的《读书说》写定于近50岁,而船山早年所撰《周易外传》和他最晚年的著作《张子正蒙注》,在某些问题上的提法与《读书说》有所不同,而本章集中在《读书说》,故处理船山思想演变的问题,留待于后日。

在《告子篇》的一开始,船山便指出,告子以"性犹杞柳",把性比做杞柳是不对的,因为人性在根本上不能比拟于物,"人之有性,却将一物比似不得"。所以,凡是把性比拟于物者,都未曾"见性""知性","总缘他不曾见得性是个什么,若能知性,则更无可比拟者"。[1]那么,对于知性者见性者,性是什么? 照孟子的说法,性是善;但正如我们在《论语说》的部分指出的,船山主张善是命而不是性。这一点船山在《孟子说》的开始也做了表达:"孟子斩截说个善,是推究根源语。善且是继之者,若论性,只唤作性便是也。"[2]这与《论语说》是一致的,即继之者为善,成之者才是性。性不是继之者,是成之者,所以性不可言善。

不过,《周易》"继之者善也,成之者性也",没有以善言性,这本来可以理解为表达上的问题;而后人强调继善和成性的分别,以致拒绝以善言性,应当说别有意义。如船山在《论语说》中,主张不以善言性,是要与《论语》的"性相近"说一致。但面对《孟子》书中《告子篇》的性善论说,船山若屡屡强调善不是性,显然不宜。所以除了我们在此篇中上面开始引用的一条外,船山没有再用继善成性的分别说明善不是性(反而,对照人和禽兽的比较,船山多处强调人类的性善)。不过船山提出,用"诚"来说性比用善说性更为恰当。

如船山在此篇开始处指出:

> 性里面自有仁义礼智信之五常,与天之元亨利贞同体,不与恶作对。故说善且不如说诚。唯其诚,是以善(诚于天,是以善于人);唯其善,斯以有其诚(天善之,故人能诚之)。所有者诚也,有所有者善也。则孟子言善,且以可见者言之;可见者可以尽性之定体,而未能即以显性之本体。[3]

不以善论性，而以诚论性，在船山哲学中有着更广的宇宙论背景，只是我们在后面才能看得清楚。就这一段话来说，船山认为，性之本体不与恶对，也就是说，如果说人性是"善"，那么这种"善"并不是和"恶"相对立的。[4]换言之，与恶相对的善并不能用来表述性。因此，他认为，孟子以善言性，是以可见者言之，这是有局限性的；因为这种以可见者（如四端）论性的方式只能说明"性之定体"，无法说明"性之本体"。关于性之定体和性之本体的区别，在船山，定体是指其现成性而言，本体是指其本源性而言。[5]船山显然认为，善恶相对的善不能表述性之本体，而应当用"诚"来表述性之本体。"诚"是船山用来表述天和属于天道的存在的属性的概念。这说明船山是把性看做与天具有相同属性的范畴。关于这一点，以及为什么说人之仁义礼智与天之元亨利贞同体，我们在后面会具体地得到了解。至于"唯其诚"以下数句，则不易确解。"所有者"这里当指天道实体的本然之诚而言，"有所有者"指人道"诚之"的努力使诚体现于己身而为己所有。观船山之意，《中庸》以"诚"天之道，以"诚之"为人之道，故诚是第一序的概念，善是第二序的概念，诚是善的前提，善是诚的结果。由于天是诚，所以能把善赋予人；天是善，所以人能"诚之"而达于善；天所有的是诚，而人能把天之诚体现于自身（有所有者）的是善。船山习惯于以天—人的分别架构来进行其对比的分析，这也是他的理论特色之一。

以上是个小引，以下我们进入船山《孟子》诠释的世界。

一　气善论

在《孟子·告子篇》的诠释中，朱子对告子的批评是"认气为性"。[6]这个说法中包含着批评告子是把气质之性当做本然之性，包含着本然之性为善、气质之性有不善的观点。总体上，船山在此篇的论释是针对于朱子学中的这些观点的，而船山所集中阐发和欲证明的，不是性本善说，而是气本善说。这是很值得注意的。

船山认为,"其实告子但知气之用,未知气之体",[7]意思是说告子只知道"气之用"可以为善可以为不善,而不知道"气之体"是无不善的。可见,船山不仅区分了"性之实体"和"性之本体",也区分了"气之用"和"气之体",这里的"气之体"应当相当于性之本体的层次,也可以称为"气之本体"。船山在《告子篇》中的诠释,其主要的宗旨,可以说就是论明"气之体",强调气本善。

从这里话题一转,船山开始正式地讨论起"理气善恶"的问题。他说:

> 理即是气之理,气当得如此便是理。理不先而气不后。理善,则气无不善;气之不善,理之未善也(如牛犬类)。人之性,只是理之善,是以气之善;天之道,惟其气之善,是以理善。"易有太极,是生两仪",两仪气也,惟其善,是以可仪也。所以乾之六阳,坤之六阴,皆备元亨利贞之四德。和气为元,通气为亨,化气为利,成气为贞,在天之气无不善。天以二气成五行,人以二殊成五性,温气为仁,肃气为义,昌气为礼,晶气为智,人之气亦无不善矣。[8]

与"性本善"论相对应,船山着力提倡"气本善"论。在他看来,不仅天之气无有不善,而且人之气也是无不善的。在理气论的框架里,自然会产生这样的问题:"气"的善与不善,与"理"有什么关系?

船山从理气论的基本观念说起。"气当得如此便是理"是说气的运行只能如此而不能如彼,这就是理,这个意义上的理即是气的运行法则和条理。由于理是作为实体的气的法则和条理,故理不是气之外的另一物,理与气也没有存在上的时间先后。

在接下来的分析中,船山提出,在理气善恶的问题上,人与物(动物)有相同有不相同者。以人来说,人的理(性)善,所以人的气无不善;而物之理(性)不善,所以物的气也不善。可见对于人与物来说,都是理的善与不善决定了气的善恶与否。不同在于,人的理善,而物的理不善。这里的"理"其实是指性。以理的善与不善来决定气的善与不善,这个说法显然与船山理气论强调气为首出的一般倾向是不同的,而且船山也没有给出具体的证明。[9]

然而,这种对于人与物的理气善恶的分疏,似不是船山在本篇的重点,其重点在说明天道上的理气善恶。他强调,与"人之性"不同,"天之道"不是理善决定了气善,而是气善决定了理善,即在天道上,气是善的,所以理也是善的。天道与人道的不同是:在天道上,气决定理;在人道上,理决定气。天道"气善是以理善",人道"理善是以气善"。在天道上,气决定理,这是船山哲学理气论的一贯思想;而船山《告子篇》诠释的特色在于强调,天道观上,气不仅决定理,气本身是无不善的。

天道何以如此? 在接下来的论述中,船山从"易有太极"展开了他的宇宙论叙述。太极生两仪,两仪即阴阳,两仪是善的,即阴阳是善的。正是由于阴阳为善,所以乾卦的六阳和坤卦的六阴都是善的,这表现在乾、坤无不具备"元亨利贞"四德。阴阳是气,阴阳之化迭为四气,和气即是"元",通气即是"亨",化气即是"利",成气即是"贞",四气便是四德,可见天之气本身是善的。

在天之气无不善,在人之气如何呢? 船山认为,在气化过程中,与天的阴阳二气组合成金木水火土五行相对应,人以阴阳二气变成为仁义礼智信五性:温气为"仁",肃气为"义",昌气为"礼",晶气为"智",可见人之气本身也是善的。这表示人性的仁义礼智信五者来源于天之阴阳二气,从而这也可以看成是对"人之五性与天之四德同体"的说明。总之,天之道,气无不善;人之道,气亦无不善。船山刻意提倡气善说,以反对各种贬抑气的主张。

回到理气论的表达:

> 理只是以象二仪之妙,气方是二仪之实。健者气之健也,顺者气之顺也。天人之蕴,一气而已。从乎气之善而谓之理,气外更无虚托孤立之理也。[10]

气是实体,理只是体现了二气变化的法则;健与顺是理,但都是气的运行的理。宇宙实体只是一气流行变化,而理不过是气(之善)的依从和顺承,所以气外更无独立的理。不管这里"从乎"的解释如何,船山在这里是强调气之善对于理是先在性的,于是,气善论也成为理的前提。人们常常引用船山所说"气外更无虚托孤立之理也",但忽略了这里所联结的"从乎气之善而谓之理"的特殊语境,也就不能了解这个命题在气善论的含义。

在以下的宇宙论叙述的展开中,船山提出:

> 既以气而有所生,而专气不能致功,固必因乎阴之变、阳之合矣。有变有合,而不能皆善。其善者则人也,其不善者则犬羊也。又推而有不能自为桮棬之杞柳、可使过额在山之水也。天行于不容已,故不能有择必善而无禽兽之与草木(杞柳等),然非阴阳之过而变合之差,是在天之气本无不善明矣。[11]

在前面船山的宇宙论叙述中,从太极到两仪到五行,强调在此过程中天之气无不善。从五行以下进一步发展,则进入了宇宙论的另一个阶段,也就是阳变阴合而化生万物的阶段。船山认为,阴阳的变化交合,导致了万物的产生,从而也导致了善与不善的分化与生成:阳变阴合,善者为人,因为构成人的气是善的。阳变阴合,不善者为物,因为构成禽兽的气是不善的。船山特别指出,天不是有意志的主宰,故天并不能选择生物皆善,不能选择只生成人类而不生禽兽。故善恶的分化和生成是天之不容已,即无可避免的。

船山所叙述的宇宙论,以第一阶段为太极两仪,第二阶段为阴阳变合,这个思想直接来源于周敦颐的《太极图说》。《太极图说》:"太极动而生阳,动极而静,静而生阴,静极复动。一动一静,互为其根,分阴分阳,两仪立焉。阳变阴合,而生金木水火土。五气顺布,四时行焉。"这说明船山的宇宙论结构明显受到周敦颐《太极图说》的影响。只是,船山把变合置于五行之后。我们在下面将看到,比起周敦颐,船山更加强调"阴阳变合"的环节。

船山还把天道的理气和人道的情才放在一起而论其善恶：

> 理以纪乎善者也，气则有其善者也（气是善体）；情以应夫善
> 者也，才则成乎善者也。故合形而上形而下而无不善。[12]

"纪"是调节、导引的意思。这是认为，理是导引于善的，气是实现善
的，情是响应乎性善的，才是成就善的。理、气是形而上的，情、才是形
而下的，理气善则情才皆善。在这四者，比起前人，船山突出了"气是
善体"，即气在善的完成中的基础地位；也肯定了情和才可以为善，是
善的实现的条件。

但是，情才只是可以为善，而非必然为善。"情以应夫性"，情的作
用是能够响应、对应于性，但情本身并没有确定的方向，这叫做"无适
应"。由于情的方向并非一定，所以情不必然为善。"才则成乎善"，才
是成就善的材料条件，而材料是有待于完成的，也就是尚非完成的。所
以才是善的材料，但不是善的完成。这些都与气体的本善不同。

接着，船山的讨论从"善"延伸到"诚"：

> 若夫有其善，故无其不善；所有者善，则即此为善。气所以与
> 两间相弥纶、人道相终始，唯此为诚，唯此为不贰，而何杞柳湍水之
> 能喻哉？故曰"诚者天之道""立天之道曰阴与阳"而已（二气），
> "诚之者人之道""立人之道曰仁与义"（仁生气，义成气），又安得
> 尊性以为善而谓气之有不善哉？[13]

这表现出，船山的主导立场是反对"尊性以贱气"，反对"性善气不善"。
这当然不意味着船山主张贱性说，根据船山一贯的"乾坤并建"之说，
他其实是主张把性与气同等看待。"有其善"当指气（前面曾引述"气
则有其善者也"），"所有者"当指诚（前面曾引述"所有者诚也，有所有
者善也"）。气是善体，"有其善而无其不善"，这意在说明气是善的。

"所有者善"实际是指性(性与诚同位),是说性即此气而为善,而不是离开气独立成为善。气是与天道相弥纶、与人道相终始的本善之体,气即是"诚",即是"不贰"。[14]同时,气的表现分为天人两边,气在天道为诚,为阴阳;气在人道为诚之,为仁义。诚与诚之相对应,阴阳与仁义相对应。对应的意思是说对应的两者具有相同的特质、相同的结构地位。这些说法都意在表明气无有不善。

船山把"诚者天之道""立天之道曰阴与阳"两句并提,是要说明,在《周易》天之即是阴阳二气,在《中庸》天之道即是诚;两者通看,阴阳二气即是诚,诚亦即是阴阳二气,都是天道的内涵。不仅如此,船山还认为人道的仁义也是阴阳、诚的体现,所以他在后面说:"仁义,一阴阳也","气之诚即是阴阳、仁义"。这些都可以看做是他对气善说的发挥。

船山接着说:

> 气充满于天地之间,即仁义充满于天地之间;充满待用,而为变为合因于造物之无心,故犬牛之性不善,无伤于天道之诚。气充满于有生之后,则健顺充满于形色之中;而变合无恒,以流乎情而效乎才者亦无恒也。……[15]

由于阴阳即是仁义,所以,气充满天地之间,也就是仁义充满于天地之间。这样一种普遍模式,表现在人道,即,气充满于生命体,也就是健顺之性充满于人的身体官能之中。但这里说的充满,就天道言,是指变合前的阶段,而变合前的气,其自身不能提供生成,必须有待变合的作用。就人道言,则指情才尚未发生的阶段。船山强调,变合不能保持为一定的方向,故变合的结果不能保证为善,如天之变合会产生性不善的禽兽,人之变合,会产生有不善的情才。总之,充满—变合是一普遍的模式,但有天人的不同表现:在天,有天的充满和天的变合;在人,有人的充满和人的变合。而这两个充满与两个变合之间有对应性。无论如何,气和仁义是变合前的本体。

二 气体论

船山继续其有关"变合"论的发明：

> 天不能无生，生则必因于变合。变合而不善者或成。其在人
> 也，性不能无动，动则必效于情才，情才而无必善之势矣。在天为
> 阴阳者，在人为仁义，皆二气之实也。在天之气以变合生，在人之
> 气于情才用，皆二气之动也。[16]

"变合"是船山哲学中的一个重要范畴。在宇宙论上，变合是船山所理
解的宇宙演化的一个重要机制。宇宙如果只有二气五行，没有变合，就
无法生成。因此二气五行的"变合"是宇宙得以生成万物的关键。而
正是生成造成了善与不善的分化，即从源始的无不善之气分化为善与
不善的气化结果。

事实上，"变合"对于船山而言，正像"发展""变化"之于今人一
样，不仅用于宇宙论，也用于性情论，而成为一普遍范畴。在船山看来，
如果说"变合"是天道论的生成关键，那么在人道论上亦有相应的变合
机制，此人道的变合，他常常用"情才"来说明。也就是说，人道的"情
才"与天道的"变合"相对应。在天，生成万物必依赖于变合，而有变合
则有不善生成；在人，性之动静必见验于情才，情才则有不善。同时，船
山以性对应于天，这也很值得注意。

天、阴阳——阳变阴合而有不善。

性、仁义——情动才变而有不善。

上一行属"天"，下一行属"人"。天之实是阴阳，性之实是仁义。通上
下而言，阴阳、仁义为"二气之实"，变合、情才为"二气之动"，也可以
说，二气之实是体，二气之动是用。体无不善，用有不善。

二气之实的观念，是认为，天之阴阳与人之仁义，都是二气实体
（后面船山还说"仁义，一阴阳也"），这种把仁义归于二气的思想是明

末气学思想影响越来越大的表现,刘宗周等人都曾以不同方式有所表达。但在这里要强调的是,"实"与"动"相对(这与后面的实与几或诚与几相对,是一致的),船山在"动"字后有小注:"此动字不对静字言,动静皆动也。"动静皆动,是说此与"实"相对的"动"字乃是指现象界而言,故"实"是指实体、本体而言。

所以,船山批评告子"只是据气之动者以为性",就是指告子是以情才为性(如性犹杞柳,是言才;性犹湍水,是言情)。以情才为性,就是只知气之用,不知气之体,就是不知气之实。船山指出:

> 告子全既不知性,亦不知气之实体,而但据气之动者以为性。动之有同异者,则情是已;动之于攻取者,则才是已。若夫无有同异、未尝攻取之时,而有气之体焉,有气之理焉,则告子未尝知也。[17]

这是指在人而言,情是有爱有恶,才是受物之引而追求物。这些都是气之动。所谓气之体就是气之未动的存在和状态,在天而言,此时未有变合;在人而言,此时既无情亦无才。也就是说,就人来说,"气之体"是指性之未动,情才未生,人之气未发用于情才的状态。船山在这里虽然就人而言气之体,但从船山哲学的体系来看,气之体当然也有其天道论的意义。如下面所讨论的,在人道的无有同异、无有攻取,即在天道未有气化、变合,此即气之体。气之体并非无理,故说有气之体焉,有气之理焉。

船山进一步说明:

> 若夫人之实有其理以调济夫气,而效其阴阳之正者,则固有仁义礼智之德存于中,而为恻隐、羞恶、恭敬、是非之心所从出,此则气之实体,秉理以居,以流行于情而利导之于正者也。若夫天之以有则者位置夫有物,使气之变不失正,合不失序,以显阴阳固有之

撰者,此则气之良能,以范围其才于不过者也。[18]

"撰"出于《系辞》"以体天地之撰",在船山即指本然之实(体)。照船山的看法,从天道来说,天以理调节(位置即调节之义)万物,使得气变而不失正,合而不失序,即气的变合在理的调节下正而不失其序,以从显乎阴阳固有的状态,这是气的良能。从人道上说,人没有这种良能,只能仿效气的良能,即以人之理调节乎人之气,以达到效法阴阳正而有序的状态。其具体机制是,仁义之性发见为四端之心,这就是气之实体与流行,故气之实体是函有理的,实体流行于情,理导引情使之正而不放。

船山进而论及气的本体:

> 苟其识夫在天之气唯阴唯阳,而无潜无亢,则合二殊五实而无非太极(气皆有理)。苟其识夫在人之气唯阴阳为仁义,而无同异无攻取,则以配义与道而塞乎两间(因气为理)。[19]

前一句讲在天之气,后一句讲在人之气。从天道说,所谓气之实体即是阴阳,太极即是阴阳和均、无变合无潜亢的存在和状态。[20]当然太极阴阳作为气,其中有理。从人道说,所谓气之实体也是阴阳,但阴阳在人体现为仁义,此仁义之气是没有同异也没有攻取的,即尚未有情才的发生;以此人之气"配义与道"(孟子语),就能浩然"塞于天地之间"(孟子语)。可见船山是很推崇气之本体、实体的。船山紧接着说:

> 故心气交养,斯孟子以体天地之诚而存太极之实。若贵性贱气,以归不善于气,则亦乐用其虚而弃其实,其弊亦将与告子等。夫告子之不知性也,则亦不知气而已矣。[21]

这说明,在天,气之实体即诚、即太极,即阴阳;在人,气之实体即性,即仁义。人道的目的就是要体认诚(体诚即诚之)并存养太极(性)。换言之,圣贤所说的太极,所说的诚,都是气,都是阴阳;而人的理想就是要由心气交养以达到天地境界。[22]如果贱气,就无法体认天地的诚,无法存养太极,因为太极、诚就是气之本然存在。

对"贵性贱气"说,[23]船山进一步加以分析:

> 贵性贱气之说,似将阴阳作理、变合作气看。即此便不知气。变合固是气必然之用,其能谓阴阳之非气乎?易曰"立天之道曰阴与阳","立人之道曰仁与义",仁义,一阴阳也。阴阳显是气,变合却亦是理。纯然一气,无有不善,则理亦一也。且不得谓之善,而但可谓之诚。有变合则有善,善者即理。有变合则有不善,不善者谓之非理。[24]

与那种主张"阴阳是理,变合是气"的观点相对反,船山坚持认为,阴阳是气,仁义也是气;变合既是气,也同时是理。"纯然一气,无有不善"指的是太极、诚、阴阳、气之本体,无有不善;到了阴阳变合的阶段以后,才有善和不善,于是善者叫做理,不善者为非理。这是前面讲述过的,这个观点即体在变合前,善在变合后。船山总是说变合之前的实体无不善,但不说此实体是善。这两种说法在逻辑上是不同的,无不善,是指无恶,而无恶并不排斥无善。因此,虽然我们并不确定船山认为太极是超善恶的,但船山本体无不善说和无善无恶说或超善恶说的确不矛盾。

此外,如果我们问:"纯然一气之中不得谓之善,但其中有没有理?"船山应当做肯定回答,正如他在前面所说的"合五殊二实无非太极(气中有理)"。但事实上,船山的回答相当微妙:

> 大要此处著不得理字,亦说不得非理,所以周子下个诚几二字,甚为深切著明。气之诚,则是阴阳,则是仁义;气之几,则是变合,则是情才。若论气本然之体,则未有几时,固有诚也。……唯

本有此一实之体，自然成理，以元以亨，以利以贞，故一推一拽，"动而愈出"者皆妙。实则未尝动时，理固在气之中，停凝浑合得住那一重合理之气，便是"万物资始、各正性命，保合太和"底物事。[25]

"此处"即太极，即气的本然实体。气的本体不能称为"善"，也不能说是"理"，但也不能说是"非理"，船山认为最好称之为"诚"。船山以"气之诚"与"气之几"相对：气之体即是气之诚，其内涵即阴阳、仁义；气之用即是气之几，其内涵即变合、情才。船山以"诚"指气的本然之体，也就是未有"几"时的状态，几就是前面所说的"变合"，故后又称"变合之几"。未有几时，气之本体未动，但理在其中。所以，周全地说，未有几时的太极，是气理凝合、保合太和的存在，这就是万物资始的根源。可见，"诚"与"体""实体""本然之体"是相通的概念，在船山的宇宙论中指气的本然实体。[26]

可见"诚"在天道论上即是未有变合之几的本然气体，所以他说"不待变合而固然，气之诚然者也"。诚可指在天之诚，也可以指在人之诚，在人之诚即五性，船山认为五性十德"其实则气之诚然者而已"，[27]就是说，五性是不待变合而气所固有的。就性是变合以前的本源而言，与天的性质是一样的。

不过，就宇宙论来说，如果太极中包含阴阳、仁义，则此太极已不是浑沦一物，这应当是在两仪的阶段和状态。可能在船山看来，太极与两仪的阶段都在变合生成之前，都可属于本体，故往往不再分疏。

当然，船山建立气之本体的观念，不是仅仅出于宇宙论的兴趣，而是和善恶根源的问题相联系的。他又说：

在天之变合，不知天者疑其不善，其实则无不善。惟在人之情才动而之于不善，斯不善矣。然情才之不善，亦何与于气之本体哉！气皆有理，偶尔发动，不均不浃，乃有非理，非气之罪也。人不能与天同其大，而可与天同其善，只缘这气一向是纯善无恶、配道义而塞乎天地之间故也。[28]

天即气之本体,没有不善。不善是在变合后产生的,所以变合产生的不善与气之本体没有关系。变合而产生善与不善的分化,这并不是气的责任。相反,人之所以能够仿效并达至天的善,正是由于气体本来是善,而能配合人的心性修养达到浩然充满的境界。

三　气几论

从前面的叙述和分析中可见,在"诚"和"几"的问题上,船山受周敦颐的影响较深。

前面已经说过,船山主张:"天不能无生,生则必因于变合。变合而不善者或成。其在人也,性不能不动,动则效于情才,情才无必善之势矣。在天为阴阳者,在人为仁义,皆二气之实也。在天之气以变合生,在人之气于情才用,皆二气之动也。"[29]变合就是动,动的开始便是几。

所以船山又特别引入"几"字:"周子下个诚、几二字,甚为深切明白。气之诚,则是阴阳,则是仁义;气之几,则是变合,则是情才。若论气本然之体,则未有几时,固有诚也。……"[30]周敦颐《通书》言"诚无为,几善恶",在船山的理解,诚是本体,几是发动;本体是超善恶的,几动则有善有恶;诚在几先,故未有几时,只有诚而已。因此,诚与几在船山哲学中成为一对结构性的、方法的范畴,诚不一定仅仅指气,它只在论及宇宙论的本体时才指气的本然实体。诚的意义,准确地说,就是本然之体。而"几",就是指本体外发的活动。与周敦颐相比,船山似不强调"几"本来具有的初始萌动的意义,而更多以"几"作"动"的同义使用。故诚与几,也可以在宇宙论以外用指其他的"本然之体"与"发动之几"的关系,正如变合的概念一样。

如在《告子篇》及《尽心篇》的性情论分析里,船山都多次这样使用:

盖性,诚也;心,几也。几者诚之几,而迨其为几,诚固藏焉,斯心统性之说也。然在诚则无不善,在几则善恶歧出,故周子曰"几善恶"。是以心也者,不可加以有善无恶之名。张子曰合性与知觉,则知恶、觉恶亦统此矣。[31]

不过,这样一来,诚—几的使用就有两种不同意义了,一是本原与后起,这是宇宙论的讲法;一是内体与外用,这是本体论的讲法。无论张载、船山都没有自觉区分这两种论述。

　　在心性论上,诚指性,几指心之知觉(知觉之动)。在这里诚是看不见的,被表现的;心之知觉是表现着的。当心动为知觉,性仍然隐藏在心内。但是,虽然知觉之心是性的外发,却在善恶上与性不同。性是无不善的,而心之动几是有善恶的。

　　船山说:

　　情元是变合之几,性只是一阴一阳之实。情之始有者,则甘食悦色,到后来藩变流转,则有喜怒哀乐爱恶欲之种种者。性自行于情之中,而非性之生情,亦非性之感物而动则化为情也。[32]

在人之道,情就是变合之几,而性是阴阳之实,可见,如果比较在天之道,那么在结构上,性相当于诚,情相当于几。其实,不仅在结构上性相当于诚,在船山看来,在实质上也是如此。

　　船山还进一步解释:

　　情固是自家底情,然竟名之曰自家,则必不可。盖吾心之动几,与物相取,物欲之足相引者,与吾之动几交,而情以生。然则情者,不纯在外,不纯在内,或往或来,一来一往,吾之动几与天地之动几相合而成者也。释氏之所谓心者,正指此也。[33]

情的产生,照船山看来,并不是心之动几独立形成的,而是心与物交互作用之间产生的。这种交互作用表现为,心之动几有取于物,同时物又引于心之动几,两者相交而产生情。所以情是"心之动几"与"外物"之间的相取相引的互相作用的产物。因此,借用西方哲学的概念来说,船山认为情既不是主体自身(内)的产物,也不是客体自为的存在(外),而具有"主客间性",这种主客间性是在主客的交互活动(往来)中发生形成的。船山甚至认为,情是"吾心之动几"与"天地之动几"相合成的结果,这里的天地之动几应当是指在天之道的变合中产生的不善的气质或存在。这个思想还有待进一步研究。

船山又说:

> 乃心统性而性未舍心,胡为乎其有恶之几也? 盖心之官为思,而其变动之几,则以为耳目口体任知觉之用。故心守其本位以尽其官,则唯以其思与性相应;若以其思为耳目口体任知觉之用为务,则自旷其位,而逐物以著其能,于是而恶以起矣。[34]

这是说,既然心动之时性仍然内藏在心,并没有离开心,为什么"几"会有不善? 船山的解释是,人心本来以思为其功能,当心发为变动之几时,有两种发展的可能:一种是,心思与性相应,船山把心思与性相应叫做心能守住自己的本位而充分发挥心官的功能。另一种是,心思为感官所用,即今人所谓"跟着感觉走",船山认为这是心官自己失其本位的职能而在追逐外物上去表现,于是才产生了恶。

在批评陆王"心即理"说的时候,船山也提到"几"的观念:

> 原心之所自生,则固为二气五行之精,自然有其良能,而性以托焉,知觉以著焉。此气化之肇夫神明者,固亦理矣,而实则在天之气化自然必有之几,则但为天之神明以成其变化之妙,斯亦可云化理而已矣。[35]

这是认为心是精之神,心是精之良能,就是说心的知觉是二五精气的神明作用,而性便以知觉之心为依托。气化过程中出现了知觉神明的现象和作用,这不能说是偶然的,在这个意义上说,知觉的出现是气化的一种必然性(理)。就其实际机制而言,知觉(思维)的出现是气化中自然而有的一种"几",以成就变化的妙用,如果说这是理的表现,可以说是"化理",即气化的必然性。

四 气化论

现在来看船山在《尽心篇》中集中阐发的气化论,从中可以进一步了解船山在前面所说的一些重要思想。

船山认为,佛老的基本思想是"以在人之几为心性,而以未始有为天",即佛老以知觉为性,以虚无为天。二程以理统心、性、天,用以破除佛老的这一思想,是正确的。他又认为,比起二程,张载的哲学思考和理论深度更为突出,因为,"言心言性言理,俱必在气上说,若无气处则俱无也"。[36]可见,船山晚年一归横渠,在其中年业已指明其发展方向矣。

船山首先举出"气"与"化"的不同,他说:

> 张子云:"由气化,有道之名。"而朱子释之曰:"一阴一阳之谓道,气之化也。"《周易》"阴""阳"二字是说气,著两"一"字,方是说化。故朱子曰:"一阴而又一阳,一阳而又一阴者,气之化也。"由气之化,则有道之名。然则其云"由太虚,有天之名"者,即以气之不倚于化者言也。气不倚于化,元只气;故天即以气言,道即以天之化言,固不得谓离乎气而别有天也。[37]

《周易·系辞》"一阴一阳之谓道",船山指出,在这句话里,其中的"阴""阳"二字指"气",而其中的两个"一"字是表达"化"。这个解释是来源于朱子,朱子对"一阴一阳之谓道"的解释,就是认为这是指一阴又一阳的气化迭运过程。船山受此影响,也认为《周易》这句话是讲气之化。从这里船山进而提出,气并不总是处于"化",有"不倚于化"的气,这里显然有着张载的"太虚"观念以及古代"元气"观念的影响。此不倚于化的气即张载所谓天、所谓太虚之气,这个不倚于化的气指的就是比"气之化"的阶段更为原始的气的存在。船山认为张载所说的太虚和天即指未化的原始之气,此原始之气亦即本然之气,或气之本体。在这里船山也发挥了张载的思想,强调天即气,没有离气的天。[38]

就理气的问题而论,我们在前面已经指出,在船山哲学中不能说在变合以前的气中没有理,用气化论的说法,即不能说未化之气没有理;但理确是在气化中才得以显现。"气化"即是对"变合"观念的扩展。对此,船山说:

> 凡言理者……,是动而固有其正之谓也。既有当然而抑有所以然之谓也。是唯气之已化,为刚为柔、为中为正、为仁为义,则谓之理而别于非理。[39]

这是说,理一定是在动中作用的,所谓理就是活动和运行有其正当(此处的"正"字不易准确表达)的状态、次序、条理,因此理兼有"当然"和"所以然"的意义。以理兼具当然和所以然的意义,此说法来源于朱子。船山强调的是,只有在气已化的过程中,气化为刚柔、中正,气化为仁义,才叫做理。换言之,气未化时,不得谓之理。

船山又说:

> 化者,天之化也;而所化之实,则天也。天为化之所自出,唯化现理,而抑必有所以为化者,非虚挟一理以居也。所以为化者,刚柔、健顺、中正、仁义,赅而存焉,静而未尝动焉。赅存,则万理统于一理,一理含夫万理,相统相含,而经纬错综之所以然者不显。静而未尝动,则性情功效未起,而必由此、不可由彼之当然者无迹。若是者,固不可以理名矣。无有不正,不于动而见正;为事物之所

自立,而未著于当然;故可云天者理之自出……[40]

船山提出"唯化现理",认为气之已化是理得以显现的前提,气之未化,则理不可现,所以说惟有气化才能使理得以显现。船山又认为,气之化必有所以为化者,什么是"所以为化者"? 观船山之语,此处的"所以为"似非指气化的所以然根据,而是指化的本源。此本源一方面赅存刚柔等理于其中,一方面是静而未动的状态。赅存表示统合浑然而未分化,即"相统相含而经纬错综之所以然者不显",也即理未显现;静而未动表示性情功效未起,也就是变合动几以前的状态,此状态中当然之理无迹可显,故此种状态不可名为理。这种状态就是事物的根源,也是理的根源(是理之所自出),这个根源,在船山指的就是天。

这个天也就是太极,故船山接着说:

太极最初一○,浑沦齐一,固不得名之为理。殆其继之者善,为两仪为四象为八卦,同异彰而条理现,而后理之名起焉。气之化而人生焉,人生而性成焉。由气化而后理之实著,则道之名亦因以立,是理唯可以言性,而不可加诸天也,审矣。[41]

这也是说,太极是宇宙的本原,太极浑沦齐一,静而未动,尚未分化出条理,所以不能把太极叫做理。"继之者善"即是气化的过程,在这个阶段,太极有动而生两仪四象八卦,然后在分化中同异生成,条理显现(我们记得前面船山说过变合而后有同异),才有了刚柔、健顺等条理的名字。气化过程中产生了人,人生而有性。所以气化之后理始彰显,也才有了道的名字。故理是指气化产生的人的本性,而不能用来指气化以前的天和太极。当然,从我们的角度看,正如前面指出的,船山所谓"气化而后理之实著",应当不是说气化以前没有理存在,不是说未化之气其中无理,而是认为气化以前的太极中理是一,与气浑沦为一体,没有分殊的理,没有条理,因此气化以前理不能显现出来。

天又称为诚:

　　若夫天,则《中庸》固曰"诚者,天之道也"。诚者,合内外,包五德,浑然阴阳之实撰,固不自其一阴一阳,一之一之之化言矣。诚则能化,化理而诚天。天固为理之自出,不可正名之为理矣。故《中庸》之言诚也曰一,合同以启变化,而无条理之可循矣。是程子之竟言"天一理也",且令学者不审而成陵节之病,自不如张子之义精矣。[42]

所有这些,都出于船山对二程"天者理也"的异议(船山误引为天一理也),他认为二程之说不如张载之义为精。在他看来,"诚"是浑然阴阳之实体,不属于一阴又一阳之"气化"。诚是气化的"所以为化者",即诚是气化的源头和本原,为气化奠定了可能。气化而后理现,故理显于化;而诚属于天,天是不倚赖于化的。天是理之所自出者,是浑然包含,不动而静,无条理无同异的元气实体。其特点是完全的同一性"一""合""同"。与理相比,此天为体,理为用,故以理言天,只"得用而遗体"。当然,相信天即是理,可以得天之大用,所以,二程的讲法虽然有遗漏,但意旨是正确的。这与陆王主张的充满流弊的"心即理"说是不可同日而语的。可见在船山思想中,认定有一阴阳和合、理气不分的浑沦实体,此为气之本体,为宇宙的本原,亦称太极、天、诚。其所以称天为诚,是因为《中庸》以诚言天。此一实体,就其为宇宙的根源而言,称为太极;就其为气化之前的浑然实体则称为天,就其为变合之几以前的本然之体称为诚。

　　船山接着说:

　　就气化之流行于天壤,各有其当然者,曰道。就气化之成于人身,实有其当然者则曰性。性与道,本于天者合,合之以理也;其既有内外之别者分,分则各成其理也。故以气之理即于化而为化之理者,正之以性之名,而不即以气为性,此君子之所反求而自得者也。所以张子云"合虚与气,有性之名",虚者理之所涵,气者理之所凝也。[43]

就天道而言,气化流行之当然是指"必由此、不可由彼之当然",即气化过程的规律、法则、条理。就人道而言,气化凝聚于人身的当然之则即是人性。性本于天,道亦本于天;性是理,道亦是理。所以性与道在本原上是合而不分的。但气化之后,性在内,道在事,各自为理。性是人身之内的理,道是气化流行而外在于人的理。所谓气之理,不是离开气化独立而存,气之理恰恰就是气化的理。人的"性"本来自气化的理,但气化的理凝于人身者,不称其为理,而称其为性,这表示君子不以气为性,而致力反求自得。所以张载说"合虚与气有性之名",意谓虚是理之所涵,气是理之所凝,就是说,理凝于气,理涵于虚。

船山又讨论了气化过程中理气的统一(一)和差别(别),他说:

> 气固只是一个气,理别而后气别,乃理别则气别矣。唯气之别而后见其理之别,气无别则安有有理焉![44]

气别应指气化之分化和分殊化,形态不同的事物乃由不同气质所构成,但从构成的统一性上看,一切事物只是一气,这也就是《庄子》中所说的"通天下一气耳"。但从分殊的角度看,即从气化的分殊形态及其各自具体构成的气质看,气就不是"一",而是"别"了。那么,气的一或者别,是由理所决定的吗?船山一方面说理别而后气别,也就是理规定了气的分殊差别,这是一个存在论的说法。另一方面,船山又说,若从认识论来看,有气别而后才能见其理之别,即理别一定要在气别上体现出来,如果不在气的殊别上体现,理就不能被人所认识。

船山接着说:

> 在天之变合,不知天者疑其不善,其实则无不善。惟在人之情才动而之于不善,斯不善矣。然情才之不善,亦何与于气之本体

哉？气皆有理，偶尔发动，不均不浹，乃有非理，非气之罪也。[45]

　　天下岂别有所谓理？气得其理之谓理也。气原是有理底，尽天地之间无不是气，即无不是理也。变合或非以理，则在天者本广大，而不可以人之情理测知。[46]

在这里船山又做了一个理的定义：气得其理之谓理。什么叫做"得其理"？得其理可与失其理相对，当指气得其条理，得其自然节次之序。变合本身不是不善，情才本身亦不必不善，情才动而向于不善，才成为不善。故情才的不善与气之本体无关。气之本体非有不善。但是，若气本无不善，而且气中有理，为何变合的过程就会导致了非理？这一点船山并未做出合理的说明。

船山指出，程复心说"万物之生同乎一本"并没有错，但没有指出万物何以同出一本，即所以为一本者。船山指出，天是万物同乎一本的根源和根据，这也是张载《西铭》的宗旨。然而进一步看，若说万物之生同乎一天，这是指未有万物者言之呢，还是指万物的统一之理言之呢？在船山看来，只能是前者，即"万物之同乎一本，以天言也"，就是说，万物的统一性根源是天，而不是理。

关于命，船山说："在天者，命也；在人者，性也。命以气而理即寓焉，天也；性为心而仁义存焉，人也。"[47]又说：

　　天之所以生此一物者，则命是已。夫命也而同乎哉？此一物之所以生之理者，则性也，性也而同乎哉？异端之说曰"天地与我同根，万物与我共命"，故狗子皆有佛性，而异类中可行也。使命而同矣，则天之命草木也，胡不命之为禽兽；其命禽兽也，胡不一命之为人哉？使性而同矣，则犬之性犹牛之性，牛之性犹人之性矣！[48]

天所赋予一物并使之成为此物而非他物的给定性，是"命"，物各不同，是因为它们各自得于天的命不同。一物的所以然本质即是其"性"，物各不同,它们各自的性各个不同。如果说物物性命皆同,那就是佛老之说了,道家说天地与我共命,佛家说狗子都有佛性,都是如此。这也正是孟子所批评的告子所主张的思想。

船山接着说:

> 夫在天则同,而在命则异,故曰"理一而分殊"。分云者,理之分也。迨其分殊,而理岂复一哉! 夫不复一,则成乎殊矣。其同者知觉运动之生,而异以性;其同者絪缊化醇之气,而异以理。乃生成性,而性亦主生,则性不同而生亦异;理别气,而气必有理,则理既殊而气亦不同。[49]

万物的本原都来自天,这是共同的,但天所赋予每一存在物的命各个不同,所以说理一而分殊。分就是指理的分,气化造成分殊的事物,各个事物的理互不相同,理不复为一了。就万物的现成存在而言,如人和动物都有知觉运动,这是共同的,但各自的本性是不同的;就万物生成的来源而言,都来自絪缊气化,这是共同的,但气化成物的理又各个不同。有生命即有其本性,而性能够主导生命;万物性不同,从而各自的生命也不同。理的作用本身就是造成气的区别,万物的理既然不同,它们的气也必然不同。在程朱的格物学说中,有所谓"一物之中莫不有万物之理"的说法,船山则认为这种说法在性论上会导致"万物生同则性同,气同则理同"的结论,这是他所反对的,他的上述讨论都是对这种说法的警惕和批评。

五 气理论

最后,我们来看《读孟子说》中的气理论。这里所说的气理论即我们习惯所说的理气论。由于船山在理气两者之间更显出对气的重视,所以我们用"气理论"来概括其对气和理的讨论。在前面各节,已经在不少地方涉及了船山哲学的理气观念,这里不避重复,先将这些有关理

气的论述集中起来做一呈现。在理气关系问题上,船山的基本观点是:

> 理即气之理,气当得如此便是理。理不先而气不后。[50]

> 理只是象二仪之妙,气方是二仪之实。健者,气之健也,顺者,气之顺也。天人之蕴,一气而已。从乎气之善而谓之理,气外更无虚托孤立之理也。[51]

> 凡言理者,……是动而固有其正之谓也。既有当然而抑有所以然之谓也。是唯气已化,为刚为柔、为中为正、为仁为义,则谓之理而别于非理。[52]

> 天下岂别有所谓理?气得其理之谓理也。气原是有理底,尽天地之间无不是气,即无不是理也。变合或非以理,则在天者本广大,而不可以人之情理测知。[53]

> 虚者理之所涵,气者理之所凝也。[54]

这些都在不同的具体问题上表现出船山的基本理气观,即气是实体,理只是这一实体变化的法则和条理。气外无理,气中函理;气聚成形质,理即凝结为此形质之性。理气不离,理气互相为体。

船山在《读孟子说》中,为说明心、性、志、气的关系,亦依据其理气哲学以为说明:

> 理者,原以理夫气者也(理治夫气,为气之条理),则理以治气,而固托乎气以有其理,是故舍气以言理,而不得理。[55]

这是说,就自然哲学而言,理的意思本来是指治理、条理,使气的运行有序不紊。理的作用不是提供给气以存在的根据,而是提供给气以运行的条理,说明船山的理气观不是注重于气的存在,而是注重于气的运行即气化。而气化是船山宇宙论的第二序的阶段,所以船山理气论的讨论在其思想中并非终极性的本源问题。船山强调的是,理托于气,即理必须依凭于气而存在,以气为实体,因为理的存在就其本质而言即指理对气的条理化作用。所以，离开气，离开表现于气化的条理化，就谈不上理的存在。

在解释"塞乎天地之间"时船山说：

> 天地之间，皆理之所至也。理之所至，此气无不可至。言乎其体而无理不可胜者，言乎其用而无事不可任矣。集注云"充塞无间"，间者，隙漏之谓，言无一理一事之不周也。[56]

中国古代哲学喜欢用"充满两间""充塞天地"一类具象的语汇说明存在的最大普遍性，船山也使用这种讲法，强调天地之间处处有理，处处有气，凡有气处便有理，凡有理处便有气。

在朱子学的论孟诠释中，命是与气相关的。针对《四书大全》引朱子小注"命字皆指气言"，船山说：

> 愚于《周易外传》有德命、福命之分，推其所自来，乃阴阳虚实、高明沉潜之撰。则德命固理也，而非气外之理也；福命固或不中乎理也，而于人见非理者，初无妨于天之理。则倘至之吉凶，又岂终舍乎理，而天地之间有此非理之气乎哉？[57]

船山不赞成以德命为理，以福命为气，根据船山一贯的思想方法，他比较反对把两个不同事物分别界定为理和气，而是主张每个事物都是理气结合的，或都有理气两面。因此，用这个方法来观察，德命虽然可说是理，但不是离于气而独立的理；福命虽然可说是气，但不是离于理而独立的气。

船山又说：

> 其或可以气言者，亦谓天人之感通，以气相授受耳。其实，言气即离理不得。所以君子顺受其正，亦但据理终不据气。新安谓

"以理御气",固已。[58]

在船山看来,像性、命等很多问题都可以看做理气问题的表现,所以他坚持把理气不离的方法贯彻到一切可用理气范畴分析的问题上。在概念上,"命"是天所授予人者,人们之所以认为命是气,原因在于"气"确实往往是天人感通授受的中介。然而,命虽然有时属气,但气不离理,故命中有理。尤其是君子对于命的态度,只依据于理的当然,这也说明命不仅是气,命也不能离开理。船山还指出:

> ……人只将这富贵福泽看作受用事,故以圣贤之不备福为疑,遂谓一出于气而非理。此只是人欲之私,测度天理之广大。《中庸》四"素位",只作一例看,君子统以"居易"之心当之,则气之为悴为屯,其理即在贫贱患难之中也。理与气互相为体,而气外无理,理外亦不能成其气。善言气理者必不判然离析之。[59]

人们有见于圣贤多贫困,所以把命运完全归于气数,以为命与理无关。船山认为,其实即使是人处于贫贱忧患的运命,其中仍然有理,因为离开理就不成其为气,不成其为命。

船山对理势问题的发明,是其思想的特色之一,"势"关系到理,也关联到气,所以在此将之一并讨论。

《孟子·离娄上》说:"天下有道,小德役大德,小贤役大贤。天下无道,小役大、弱役强。斯二者,天也,顺天者存,逆天者亡。"朱子在《孟子集注》中说:"天者,理势之当然也。"朱门后学者认为,德贤以理言,大小强弱以势言,如双峰饶氏说:"盖天下有理有气,就事上说,气便是势;才到势之当然处,便非人之所能为,即是天了。"[60]船山很重视气,但他对这种以气言势之说,并不表示赞成。正如我们在其《读论语说》中所指出的,船山坚持理气不可分离,理气互体并建,故凡前人重理贬气处,船山必注重尊气;凡前人言气离理处,船山必兼顾理、强调

理。船山就此评论说:

> 粗疏就文字看,则有道之天似以理言,无道之天似以势言,实则不然。既皆曰"役",则皆势矣。集注云"理势之当然",势之当然者,又岂非理哉! 所以庆源、双峰从理势上归到理去,已极分明。"小德役大德,小贤役大贤",理也。理当然而然,则成乎势矣。[61]

"役"表示支配性的力量和作用,体现了势;但势并非离开理,不能说一个事物只有势没有理,势本身也体现了理。同时,船山认为,理既是当然,也是必然,"当然"一定展开自己为"必然",故船山说"其必然者即理也"(说见《离娄篇》)。[62]也就是说,理作为当然和必然的展开要借助于气,也就成为势。

> 双峰以势属之气,其说亦可通。然既云天,则更不可析气而别言之。天者,所以张主纲维是气也。理以治气,气所受成,斯谓之天。理与气元不可分作两截。若以此之言气为就气运之一泰一否、一清一浊者而言,则气之清以泰者,其可孤谓之理而非气乎?

所以,势在孟子是用"天"来表达,而天包含理气两者,既包含气,同时即气而显理。纲维是指统率之、法纪之,所以天决不是孤立的理,而是气的有所法则的运行,这一运行本质上是天统理气(统是统率,理是条理)的过程。船山接着说:

> 有道无道,莫非气也,则莫不成乎其势也。气之成乎治之理者为有道,成乎乱之理者为无道,均成其理,则均成乎势矣。[63]

天下有道、天下无道,都是天,都有气的作用,从而都是势。这无异于说,有有道之天与势,有无道之天与势。有道之天是指体现了治之理;无道之天是指气体现了乱之理。无论治与乱,气都成就了、体现了某种理(治之理或乱之理)的作用,从而也由于气的参与而造成了一定的势。

船山进而指出:

> 理与气不相离,而势因理成,不但因气。……凡言势者,皆顺而不逆之谓也,从高趋卑,从大包小,不容违阻之谓也。夫然,又安往而非理乎?[64]

由于理气在存在上不可分离(在认识上可以分离),所以势作为现实的存在,是由理气共同合成的,不仅是气的作用。所谓"势"总是指一定的趋势,而趋势是向着一定方向发展的;向一定方向发展的趋势即是事物的必然性,从而体现了理。因此势总是体现着理的。

船山又把这个道理称为"势之必然处见理",他说:

> 言理势者,犹言理之势也,犹凡言气者,谓理之气也。理本非一成可执之物,不可得而见;气之条绪节文,乃理之可见者也。故其始之有理,即于气上见理;迨已得理,则自然成势,又只在势之必然处见理。

船山明确说明,在他看来,把理和势相对待,则理势的关系在一定意义上相类于理气的关系(势不单纯是气),如理是气的理,气是理之气;理是势之理,势是理之势。因为理解理气的关系是理解理势关系的前提,气是实体,理是作为实体的气的条理,理不是一独立可见之物。气在理的法则(此处法则作动词)作用下自身成为一种势,理便是这一势中呈现的必然性。

船山批评朱门后学者错在把理视为一实体存在:

> 双峰错处,在看理作一物事,有辙迹,与道字同解。道虽广大,然尚可见,尚可守,未尝无一成之例。故云天下有道,不可云天下

有理。则天下无道之非无理,明矣。[65]

船山认为,理和道不同,道是可见的,理是不可见的;道有一定的形态,有一定的轨迹,可以守,而理没有道的这些特点。但另一方面,道又是"一定之理":

> 道者,一定之理也。于理上加"一定"二字方是道。乃须云"一定之理",则是理有一定者而不尽于一定。气不定则理亦无定也。理是随在分派位置得底。道则不然,现成之路,唯人率循而已。故弱小者可反无道之理为有道之理,而当其未足有为,则逆之而亡也。孟子于此,看得势字精微,理字广大,合而名之曰天。进可以兴主,退可以保国,总将理势作一合说。[66]

理是普遍的法则,道是有确定规定的理,这表示,相对于"有一定"的道来说,理是"不尽于一定"的,这是因为理是随气而凝的,气化的不定使理无法一定。

可见船山在对理势问题的论述中也清楚地表达了他对理气关系的基本看法。

综上所述,我们对船山的气体论和气善论思想已有了比较清楚的了解。气体论一方面是船山哲学宇宙论的基础,另一方面是其气善论的论证。从气善论的基本立场出发,船山把宇宙的演化分为两个基本的阶段,即变合以前的气体阶段与变合以后的气化阶段,气体即气之体,亦即气之实体、气之本体,指传统宇宙论的太极、阴阳。气之本体的特点是源始、浑沦、无动、无恶。源始是指它是气化之前的宇宙根源,浑沦是指其尚未分化、没有生成,无动是指没有运动,无恶即无不善。船山宇宙论模式所体现的对濂溪、横渠的复归,值得注意。不仅如此,船山还把气之本体称为"诚",并且认为四气便是四德,阴阳便成五性,仁义便是阴阳,气自身便是德或德的根源。气化即气之用,在气化阶段阳变阴合,生成万物,生成善恶,理作为气化的条理得以呈现。从而,在理气关系上,船山主张气是实体,理是气的理,气决定理。在船山的这一套论说中,主旨是以"气善说""气体说"来反对"性善气不善""尊性贱气"。这种对气的重视,一方面是出于船山对"乾坤并建"二元平衡方法论的贯彻,对于朱子学的尊理抑气论的反拨;另一方面则是由于船山对孟子养气论十分重视,主张"养气以体天地之诚",体现了他自己从修养论出发而需要的宇宙论诉求。这是我们在理解船山气善论和气体论时要细心把握的。

从理论思维来说,也可以这样认为,在经历了元明理学在"理"的理解上的去实体化转向之后,[67] 理不再是首出的第一实体,而变为气的条理,因此人性的善和理本身的善,需要在气为首出的体系下来重新定义,气善论在这个意义上正是为人性和理的善提供了一个新的终极的保证。这使得北宋前期以来发展的气本论,作为儒家思想的体系,终于获得了其完整的意义。

注 释

〔1〕〔2〕 王夫之:《读四书大全说》,中华书局,1975 年,第 695 页。

〔3〕 同上书,第 659 页。本文引文中括号中的文字皆船山自己的小注,以下不逐一注明。

〔4〕 以《孟子》之善不与恶对,首见于南宋胡宏的《知言》。

〔5〕 按,《孟子》朱注水无分东西章已经提出"本性""定体",《四书大全》此条下引新安倪氏曰,提及"水之定体""性之定体""此性本然之定体",见《四书大全》,第 2720 页。

〔6〕 《四书大全》于《孟子·告子篇》首章载"朱子曰告子只是认气为性"(山东友谊书社,1989 年,第 2715 页)。

〔7〕 《读四书大全说》,第 660 页。

〔8〕 同上。

〔9〕 且船山在后面有一段说法与此不合:"人有其气斯有其性,犬牛既有其气,亦有其性。人之凝气也善,故其成性也善;犬牛之凝气也不善,故其成性也不善"(同上书,第 662 页)。照此说法,气善故性善,气不善故性不善,则人物之性的善恶

决定于形气凝合的善否。这与理的善否决定气的善否的说法不同。

〔10〕 同上书,第 660 页。

〔11〕 同上书,第 660—661 页。

〔12〕〔13〕 同上书,第 662 页。

〔14〕 "不贰"语出《中庸》:"天地之道,可一言而尽也,其为物也不贰……。"不贰亦诚。

〔15〕 《读四书大全说》,第 662 页。

〔16〕〔17〕〔18〕 同上书,第 661 页。

〔19〕 同上书,第 662—663 页。

〔20〕 固然船山此处未说太极即是无变合,但以下文论人道之"无同异无攻取"参之,在天之太极自应无变合。

〔21〕 同上书,第 663 页。

〔22〕 "天地境界"一语本出自冯友兰《新原人》,这里借其意而用之。

〔23〕 按贵性贱气说,船山未明其所指,当即指《孟子集注大全》告子篇"告子曰生之谓性"章所载的朱注和朱学者的注释而言。

〔24〕 同上书,第 663 页。

〔25〕 同上书,第 664 页。

〔26〕 张岱年先生指出:"近年来有一个流行的见解,认为船山所谓诚即实有之义,也就是表示客观实在的范畴,实际上这是不够准确的。"《船山全书》十六册,第 1288 页。

〔27〕〔30〕 同上书,第 664 页。

〔28〕 同上书,第 667 页。

〔29〕 同上书,第 661 页。

〔31〕〔34〕 同上书,第 715 页。

〔32〕 同上书,第 674 页。

〔33〕 同上书,第 675 页。

〔35〕 同上书,第 721 页。

〔36〕〔37〕 同上书,第 718 页。

〔38〕 船山在下面也说:"天固非离乎气而得名者也,……舍气言理则不得以天为理矣。何也? 天固积气者也。"(第 719 页)

〔39〕〔40〕〔52〕 同上书,第 719 页。

〔41〕〔42〕〔43〕〔54〕 同上书,第 720 页。

〔44〕 同上书,第 666 页。

〔45〕 同上书,第 667 页。

〔46〕〔53〕 同上书,第 666—667 页。

〔47〕 同上书,第 681 页。

〔48〕〔49〕 同上书,第 727 页。

〔50〕〔51〕 同上书,第 660 页。

〔55〕 同上书,第 532 页。

〔56〕 同上书,第 537 页。

〔57〕 同上书,第 723 页。

〔58〕〔59〕 同上书,第 724 页。

〔60〕 《四书大全》,第 2472 页。

〔61〕 《读四书大全说》,第 599 页。

〔62〕 同上书,第 517 页。

〔63〕 同上书,第 600 页。

〔64〕 同上书,第 601 页。

〔65〕 同上书,第 602 页。

〔66〕 同上书,第 603 页。

〔67〕 参看陈来:《元明理学的去实体化转向及其理论后果》,《中国文化研究》2003 年第 2 期。

第七章

船山《孟子》诠释中的心性情论

心含性而效动

性为体,心为用

心未即理

尊气以尽心

继之者善,善成之性

形色即天性

后天之性

四端非情,恶根于情

　　《孟子》一书是宋明时代儒家心性学的主要资源,包含本体和工夫两个方面。当然,《大学》和《中庸》也是这一时代儒家心性学的主要资源,但似乎可以说,《大学》的偏重在工夫,如格物等八个工夫条目;而《中庸》在本体和工夫两方面虽然都有涉及,但就本体而言,如其中论已发未发,终究没有《孟子》讨论心性来得直接。也因此,《读孟子说》成为船山心性论表达的主要场所(《读四书大全说》的《孟子》部分简称为《读孟子说》)。

　　船山的《读孟子说》开始便说:"孟子说心处极详,学者正须于此求见吾心之全体大用。"[1]此"吾心之全体大用"的说法来自朱子,显示船山的心性学有取于朱子,但船山在心性情诸问题上,与朱子学的观点亦颇有同异。在心性论的基本问题上,船山受张载"合性与知觉有心之名"与"心统性情"的思想影响很大,体现出在《读书说》的时代张载已经对船山的整个思想有决定的影响。

一 心含性而效动

船山在《读孟子说》中首先说明,在他看来,《大学》的心性论与《孟子》的心性论是不同的。首先《大学》的"正心"的"心",是无不正的心,这个心是修身的基础。其次,正心的心"未介于动,尚无其意者也",[2]即这个心是未动的,尚未发为意念的。这样的心与一般人所说的心不同,在他看来,一般人所说的心,其实是意,他说:"若夫未知学者,除却身便是意,更不复能有其心矣"。[3]这也说明,《大学》所说正心的心,并不能自然地为人所具有,"唯学者向明德上做工夫,而后此心之体立,而此心之用现",可见没有为学工大的人不能感知此心,这个心是要在明德的工夫中建立起来,获得自觉。船山还指出,《大学》所说的这个"分主于静"的心(未发动为静),"较孟子所言统乎性情之心且不侔矣",就是说,与孟子所说的心不同,因为孟子的心是"心统性情"的心。当然,在后面的诠释至展开中,我们也会看到,船山认为《孟子》中不是每处所用的心都是心统性情的心。我们知道,"心统性情"最早出于张载,而为朱子所大力阐发,使之成为宋明儒学中一重要的心性论命题。

对比《大学》,船山认为孟子论心的特点是:

> 孟子云"存其心",又云"求其放心",则亦"道性善"之旨。其既言性而又言心,或言心而不言性,则以性继善而无为,天之德也;心含性而效动,人之德也。乃其云"存"云"养"云"求",则以心之

所有即性之善,而为仁义之心也。[4]

一般认为,孟子的特色是"道性善",主要论及"性"的问题。船山认为,
其实,孟子"既言性又言心",甚至"或言心而不言性",如《孟子》中所
说的"存其心""求放心"。但这些"存其心""求放心"的讨论与"道性
善"是一致的。那么,何以孟子在论性之外又要讲心呢?"则以性继善
而无为,天之德也;心含性而效动,人之德也。""效"在这里即表现的意
思。我们在气善论部分已经指出,船山把天和性相对应,认为天和性都
是变合之前的本然之体。船山在这里强调,性是天赋的本体,无所谓动
静,是无为的;心则有动有静,是有为的;心包含性于自身之中,性则通
过心之动表现出来(心之动即情和才)。至于孟子的修养工夫,则所谓
"存""养""求"都是相通的,都是"以心之所有即性之善,而为仁义之
心也"。"心之所有",应指心之所现有。这句话的意思是,孟子所说的
存、养的工夫就是把这些欲存欲养的心认定为本有的善性,也就是仁义
之心,所以这些心的工夫与性善论是一致的,是性善论的表达形式。可
见船山的这些说法,实际是说,孟子的特点是,在谈到心的时候,都没有
离开性,即心以言性,不离开性去谈心。

对于船山,"仁义"与"仁义之心"是不同的,二者的区别是"仁义,
善者也,性之德也。心含性而效动,故曰仁义之心也"[5]。仁义是性之
德,即构成本性的具体德目,是善的;仁义是"性",而仁义之心是"心",
二者的区别就是性与心的区别;心能动静,而性是不动的,性是内在于
心的,是通过心的动来表现的。"心含性"表示性在心中,心涵具性,这
和船山所谓"性藏于心"[6]的说法相同;"效动"表示与性的不动无为的
特点不同,心的特点是能动,性作为内在、不动的本质与可动的、表现着
的心的作用是不同的。船山这个观点似乎与宋代学者(如上蔡)的性
体心用说相接近。

接下来船山指出:

仁义者,心之实也,若天之有阴阳也。知觉运动,心之几也,若

阴阳之有变合也。若舍其实而但言其几，则此知觉运动之惺惺者，放之而固为放辟邪侈，即求之而亦但尽乎好恶攻取之用；浸令存之，亦不过如释氏之三唤主人而已。[7]

由于我们已经了解船山的宇宙论和理气论，所以我们可以比较容易地理解这里所说的实—几的提法，实是本然之体，几是现象的发动与变动。天是一个全体的观念，即自然全体的观念；与天相对应，心也是一个全体的观念，即意识全体的观念。就天而言，天之实为阴阳，即天是名，阴阳是实。天是一个词项，或者一个集合概念，它所指称的是一类存在的事物，这一类中包含若干个别事物。"实"就是词项所指示的实际存在事物，天在实际上是以阴阳二气来表现的，其几为阴阳之变合。就人而言，心之实为仁义，即心的实际表现是仁义之心，心之几为知觉运动。要了解心，必须从实与几两方面来把握，即从本体和现象综合地加以理解。如果不懂心之实，只了解心之几，把心之几当做整体的心，听任知觉运动，则必然流为放心，也就是放任感性好恶。在这种对心的了解下，即使"求"之，也不过是发挥此感性好恶而对物欲追求不已；即使在心之几上做"存"的工夫，也不过像佛教"常惺惺"一般而已。船山认为，佛教对心的认识就是只了解心之几，不认识心之实，所以不能把握心的全体大用。

因此，与朱子一样，船山反对不加分析地把"心"作为终极的实在，他强调性与心的相互依赖的意义：

学者须认得"心"字，勿被他伶俐精明的物事占据了，却忘其所含之实。邪说之"生于其心"与"君心之非"而待格谓之心者，乃名从主人之义。以彼本心既失，而但以变动无恒，见役于小体而效灵者为心也。若夫言存言养言求言尽，则皆赫然有仁义在其中，故抑直显之曰"仁，人心也"。而性为心之所统，心为性之所生，则心与性直不得分为二。故孟子言心与言性善无别，"尽其心者知其性也",唯一故也。[8]

这也是强调不能把心只理解为知觉灵明,只理解为感受和觉知的能动主体,而要认清心所含的性,心所含的仁义之实。佛教所谓"生其心"的心,以及孟子提到的"格君心之非"的心,都是指受役于感官小体而表现为灵明知觉的东西。这些受役于感觉欲望的心已经"失其本心",只是变化无常的知觉。而孟子所说的存心养心尽心的心,决不只是知觉而已,而是知觉中有仁义,或者说是仁义的知觉,故曰仁义之心。在一般的心性论上,性为心之所统,是指性不能离开心,心包含着性;心为性之所生,是指心不是离开性的独立知觉,是受性的支配而产生的。基于如此的原因,孟子有时甚至心性不分,直接把仁称为人心,其原因就是这种心表现了仁义之性。孟子讲的仁义之心是以仁义之性为直接根源的,所以性是心中所含所统,心是在性的作用下产生活动,故心与性虽然不同,但不能被分别成互无关系的两者,要看到心与性之间的一致性。可见,船山很重视心性之分,但也强调心性之"一",反对心性为"二",这里的"一"是指心与性的一致性,强调性对心的作用;这里的"二"是把心与性完全分开,以心为与性无关的独立知觉。[9]船山上述论述的主旨是通过强调性对于心的这种作用,以及心与性的交互关系来反对以心为知觉的看法。这种看法显然是"性宗"的立场。

不过,船山反对"体用两截"的思维方法。如《孟子》梁惠王"王何必曰利,亦有仁义而已矣"一句,朱注:"仁者,心之德,爱之理;义者,心之制,事之宜也。"《四书大全》载云峰胡氏曰:"心之德是体,爱之理是用。心之制是体,事之宜是用。《孟子》所言仁义是包体用而言,《论语》所谓为仁是以仁之用言。"[10]船山的看法则不同:

> 说性便是体,才说心已是用。说道便是体,才说德便已是用。说爱是用,说爱之理依旧是体。说制便是以心制事,如何不是用?说宜是用,说事之宜便是体。乃其大义,则总与他分析不得。若将

体用分作两截,即非性之德矣。[11]

针对云峰胡氏的"心之德是体",船山说"才说心已是用";针对胡氏说"爱之理是用",船山说"说爱是用,说爱之理是依旧是体";胡说"心之制是体",船山说"说制便是以心制事,如何不是用";胡说"事之实是用",船山说"说宜是用,说事之宜便是体"。船山的这些说法,有的可以成立,有的则未必成立,如胡说心之德是体,船山加以批评,认为才说心已是用,但胡氏并不是说心是体,而是说心之德是体。朱子论仁云"仁者心之德爱之理",仁是性不是心,亦不是情,此是胡氏所本,而船山自己也承认仁是性。再如胡氏说爱之理是用,船山指出爱之理是体,这是合于朱子观点的,在朱子,爱是情,而爱之理是仁,是性,自是体而不是用。不管船山的这些具体说法如何,在总体上表现出船山的倾向,即体用不可分离为二。所以问题并不是胡说是体者,船山执定以为用;而是胡说是体者,船山认为同时也是用;胡说是用者,船山认为未尝不也是体。船山这种即体即用的思想方法是贯穿在他的整个《读书说》中的。

他把这种思想概括为:

> 仁义,性之德也。性之德者,天德也,其有可析言之体用乎?当其有体,用已现;及其用之,无非体。盖用者用其体,而即以此体为用也。故曰"天地絪缊,万物化生",天地之絪缊,而万物之化生即于此也。[12]

分析地说,天地絪缊是体,万物化生是用,但就实存而言,万物化生即(此处的"即"不是"是")天地絪缊而为用。这个思想就是,体用结合不相分离,体必有用,用必由体;有体便现用,有用无非体;用者用其体,一切用都是即体而为用。可见船山的立场是就实存而论体用。用这个观点来看性之德(仁义爱宜等),就不能把他们强分为体用。船山在体用、理气问题上都表现出实存的立场,而拒绝分析的立场,这虽然可以避免把认识的分别当作实存的分别,但也压缩了理论和逻辑分析的空间,应当说这是船山哲学批评中的一个值得注意的问题。

二 性为体,心为用

上节可作为《孟子说》的心性论的概说,以下再来做进一步的讨论。

在《孟子·公孙丑上》论四端章,朱注曰:"恻隐、羞恶、辞让、是非,情也;仁义礼智,性也。心统性情者也。"船山赞成心统性情说,但具体理解与朱子有所不同。他说:

> 心统性情,统字只作兼字看。其不言兼而言统者,性情有先后之序而非并立者也。实则所云统者,自其函受而言。若说个主字,则是性情显而心藏矣,此又不成义理。性自是心之主,心但为情之主。[13]

我们知道,朱子对心统性情的解释主要有两种:一是心兼性情,一是心主性情。《四书大全》在朱注下列引朱子对心统性情的解说,其中涉及心主性情。船山以"兼"解释"统",合于朱子的思想,而他的具体解释有其特异之处,即认为统字的好处是可以显示性对于情的优先性,显示性与情不是并立的。同时,船山不赞成心主性情说,强调心只是主情,而不能主性,就是说,心是情之主,但不是性之主。这一点虽然与朱子不同,但其出发点在于强调性对心的导向作用,反对陆王的唯心说,与朱子又有相通之处。

关于张载和孟子的区别,可见于下面一段:

> 若张子所谓心统性情者,则又概言心,而非可用释此心字。此所言心,乃自性情相介之几上说。集注引此,则以明心统性情,故性之于情上见者,亦得谓之心也。心统性情,自其函受而言也。此

于性之发见,乘情而出之者言心,则谓性在心,而性为体、心为用也(仁义礼智体,四端用)。[14]

这里的"此"是指孟子论四端之心的讲法。在船山看来,心统性情这句话只是心的概说,并不是对孟子恻隐之心的心的定义;孟子所说的恻隐之心的"心",不是统性情的心,而是发见的心,是指从本性到发见之间的发几上说。但朱子《集注》在此章却用心统性情之说来解释,是因为朱子以恻隐四端为情(船山以四端不可谓之情,后详),意在说明正是由于心统性情,所以(仁性发见于恻隐之)情,也可以叫做心。在朱子的这种心统性情说中,心统性情的"统"字是指函受而言,即包括之义。而船山认为,孟子的"恻隐之心"等"心"的用法,则是把心作为性之发见、作为性理乘载于情的表现,在这个意义上强调性表现在心;而这种性在心的用法,也就是以性为体,以心为用(需要注意的是,在朱子,只讲性是体,情是用,而不能说性是体,心是用)。

至于"性情相介之几",应当是说,四端之心介于性和情之间。这又可见于以下的一段:

要此四者之心,是性上发生有力底。乃以与情相近,故介乎情而发(恻隐近哀,辞让近喜,羞恶、是非近怒)。性本于天而无为,心位于人而有权,是以谓之心而不谓之性。若以情言,则为情之贞而作喜怒哀乐之节者也(四端是情上半截,为性之尾。喜怒哀乐是情下半截,情纯用事)。[15]

恻隐等四端是心,但这四心是属于性的已发,所以与情相近;由于与情相近,所以四心往往借助于情而发见出来(介在此处当指借助)。性是天赋的本质,是不动、无为的,心是人的主动性,是有为的,四端都是有为法,所以四端谓之心而不谓之性。四端之心也不是情,而是作为情的标准和七情的节制规范。[16]不过,船山有时为了强调四端非情,往往也有主张四端为性的说法,与这里所说不能一致,详见第七节。

总之，船山认为孟子讲的四端之心的"心"与心统性情的"心"有所不同，孟子的用法中强调四端之心是性的表现，与情相近但不是情，孟子的用法可说是性为体，心为用。这些都是船山对于孟子思想的诠释。

三　心未即理

现在，我们来看船山论心与理的关系。陆象山曾提出"心即理"说，王阳明更提出"心外无理"说，船山都加以反对。他批评陆象山说：

> 新安"此心此理"之说，自象山来。象山于此见得疏浅，故其论入于佛。其云"东海、西海"云云，但在光影上取间架、捉线索，只是"三界唯心"一笔统道理，如算家之粗率。乃孟子之言"一揆"也，于东夷西夷，千岁前后，若论心理，则何有于时地！以时地言者，其必以事迹之因时而制地者审矣。[17]

船山批评象山"心即理"说是入于佛，是受了佛教三界唯心的影响。在他看来，论及心和理的关系，不需要涉及时间空间。其实，象山正是要用时间的普遍性和空间的普遍性来强调心中之理的普遍性和永恒性。在这一点上，船山的批评有些不太相应。

船山又批评真德秀说：

> 西山云"人物均有一心，人能存，物不能存"。此语鲁莽，害道不小。……心便是统性情底，人之性善，全在此心凝之。只庶民便去，禽兽却不会去，禽兽只一向蒙蒙昧昧。其或有精明处，则甘食悦色而已，此心存之，又将何用？……西山于此，似认取个昭昭灵灵、自然觉了能知底做心，而以唤醒著、不沉不掉为存。此正朱子所谓存禽兽之心者。[18]

船山认为，如果把心认定为昭灵知觉，如果把存心的工夫认定为警醒此知觉主体,那就是佛教的说法了。如果存心只是存饮食男女的知觉之心,那就与禽兽没有分别了。心不仅是虚明,也是性之所凝,所以:

> 存者存其理也,存学问思志所得之理也。若空立心体,泛言存之,既已偏遗仁之大用,而于鸢飞鱼跃,活泼泼地见得仁理昭著者,一概删抹,徒孤守其洞洞惺惺、觉了能知之主,则亦灵岩三唤主人之旨而已。[19]

因而,存心是指存其理之心,存其心之理,存其心中由学问思辨所得之理,而不是什么空空的心体,也不是泛泛地存心。具体说,存心主要是存"仁之大用",存"仁理昭著者",而不是灵岩法师让人提起精神的常惺惺法。

> 云"所存"者,即存仁也,存仁之事显诸事理者也。……盖心原以应事,而事必有其理。其事其理,则皆散见于文而可学也。博学而切问,则事之有其理者可得而见矣。笃志以必为,而又近思之以求体验之有得,则以理应心,而理之得皆心之得矣。[20]

存心就是存仁,心本来是应事的,而事必有理,理皆可学。船山这里所说的理是事理,不是在心之理。心与事理的关系是,心可以见事之理,可以应事之理。但须有正确的为学工夫,如博学切问,如笃志近思,则可见事之理,可使事之理化为心之理。

> 必须说个仁义之心,方是良心。盖但言心,则不过此灵明物事,必其仁义而后为良也。心之为德,只是虚灵不昧,所以具众理应万事者,大端只是无恶而能与善相应。然未能必其善也。须养其性以为心之所存,方使仁义之理不失。[21]

从孟子所说的良心的意义上,存心的心也就是存其良心,良心亦即是仁义之心。船山在这里的意思是说，如果仅仅说心的功能，那么心是指灵明知觉；心字前面加良，表示道德之心。心的一般功能就是虚灵不昧、能够具万理应万事。心的知觉的功能无善无恶，而能认识善；但其自身不能永远为善。只有通过养性的工夫，在性的主导作用下才能保持心为善。"圣贤言心，皆以其具众理而应万事者言之。"[22]这个说法本来自朱子，说明船山赞成朱子的心性论的基本观点，即心涵具理，但心不即是理。良心、仁义之心固然是理，但人之心的功能和内容不止于良心。

> 新安意，以心既是神明，则不当复能具夫众理；唯其虚而为舍，故可具理。此与老子"当其无有车器之用"一种臆测无实之说同。夫神明者岂实为一物，坚凝窒塞而不容理之得入者哉？以心与理相拟而言，则理又为实，心又为虚，故虽有体而自能涵理也。这个将作一物比拟不得。[23]

船山认为，对心的了解，一方面，要看到心是知觉神明，不能永远为善，一方面又要注意不要把心仅仅理解为虚灵知觉，忘记了心具众理。在心具众理的问题上，既不能把心理解成一密不通气的铁疙瘩，也不能用先秦道家的"唯道集虚"说来了解。由此可见，船山实际上是用张载的"合性与知觉有心之名"的说法来阐发自己对心的认识。

> 原心之所自生，则固为二气五行之精，自然有其良能（良能者，神也）。而性以托焉，知觉以著焉（性以托，故云具众理；知觉以著，故云应万事）。此气化之肇夫神明者，固亦理矣。而实则在天之气化自然必有之几，则但为天之神明以成其变化之妙，斯亦可云化理而已矣。[24]

心是二五之精结合而成，但一般所说的心，不是指二五之精构成心脏，而是指这一精气实体的自然功能，而性便涵具于此一精气实体及其功能之中。这一功能主要表现为人的知觉活动。由于心是二气五行的自然功能，所以心的产生是合乎气化之理的，也就是说，心的产生是气化过程自然而且必然的一个结果，在气化论上属于"几"。

> 以本言之，则天以化生，而理以生心，以末言之，则人以承天，而心以具理。理以生心，故不可谓即心即理，诬人而独任之天。心以具理，尤不可谓即心而即理，心苟非理，理亡而心尚寄于耳目口体之官以幸免于死也。[25]

从天道来说，心的产生是气化过程的必然产物，因而也可以说是气化之理所决定的，在这个意义上说"理以生心"，即气化之理导致了心的产生。而在气化中人与天是连续的，人生即有心，心涵具理，这涵具的理也就是所凝的气化之理。因此，心即理说的不能成立，一方面是由于心具理不等于心即理，另一方面，"理以生心"表示心是理的产物，在这里理是先在的，所以心不能即是理。船山还认为，天之气化的理先在于人心，所以如果把人心等同于理，意味着把人的心归结为大之理，这就抹杀了人的责任和作用。

> 如其云"心一理"矣，则是心外无理而理外无心也。以云"心外无理"，犹之可也，然而固与释氏唯心之说同矣。父慈子孝，理也；假令有人焉，未尝有子，则虽无以牯亡其慈之理，而慈之理终不生于心，其可据此心之未尝有慈，而遂谓天下无慈理乎？夫谓未尝有子而慈之理固存于性，则得矣；如其言未尝有子而慈之理具有于心，则岂可哉！故唯释氏之认理皆幻，而后可以其认心为空者言心外无理也。[26]

"心一理"就是心即理，主张这个观点就意味着承认心外无理，理外无心。心外无理的说法与释氏相同，但不能成立。一个人在还没有儿子的时候，其性中有慈之理，但不会有慈父之心。如果按心外无理说，没有心就没有理;但显然不能因为此人没有慈父之心,就认为天下没有慈之理,也不能因为天下有慈之理,就认为没有儿子的人也具有慈父之心。船山认为,只有认为理幻心空的人才会认为心外无理。

> 若其云"理外无心",则舜之言曰"道心惟微,人心惟危",人心者其能一于理哉? 随所知觉,随所思虑而莫非理,将不肖者之放辟邪侈与夫异端之蔽、陷、离、穷者尔莫非理乎?[27]

至于"理外无心"的说法,无异于说一切心都一于理,心莫非理。但是《尚书》早已提出,人既有道心,也有人心,道心合于理,人心则不尽合于理。理外无心的说法将导致心莫非理,以为一切知觉思虑皆莫非理,这是无法成立的。

> 张子曰:"合性与知觉,有心之名。"性者道心也,知觉者人心也。人心道心合而为心,其不得谓之"心一理也"又审矣。[28]

心既涵具"性",又表现为"知觉",这是心在结构上的两方面。在内容上,心包含着人心和道心两者,是两者的总和。所以无论从哪个方面说,都不能说心即是理。

最后,船山指出:

> 明夫心之未即理,而奉性以治心,心乃可尽其才以养性。弃性而任心,则愈求尽之,而愈将放荡无涯,以失其当尽之职矣。[29]

批评心即理说,强调心非即理,都是为了树立正确的修身工夫。船山认为,对心和理的关系的正确认识,是要使我们确立"奉性以治心"的正确原则,尊奉性为主导,用以治理心的所发,这样心才能尽其功能而涵养性。主张心即理说,则会导致"弃性而任心",放弃性的统率主导作用,听任心的活动,这必然会引向情欲的放荡。

四 尊气以尽心

在《公孙丑上篇》,有关于动心和不动心的问答,其中广泛涉及心性论的问题。船山在其评论中提出:

> 若吾心之虚灵不昧以有所发而善于所往者,志也,固性之所自含也。乃吾身之流动充满以应物而贞胜者,气也,亦何莫非天地之正气而为吾性之变焉合焉者乎? 性善,则不昧,而宰事者善矣。其流动充满以与物相接者,亦何不善也? 虚灵之宰,具夫众理,而理者原以理夫气者也(理治夫气,为气之条理)。则理以治气,而固托乎气以有其理。是故舍气以言理,而不得理,则君子之有志,固以取向于理,而志之所往,欲成其始终条理之大用,则舍气言志,志亦无所得而无所成矣。[30]

心具有虚灵不昧的知觉作用(此是朱子之说),心有所发而向于一定之方向,这就是志,志是本性所固有的。气是充满我们身体并且流动运行的质能,这一充满身体的气固然是变合(人道之变合,非天道之变合)的物质承担者,但其来源是天地之正气。在性善的作用下,吾心知觉不昧以应对处理事物,则所做之事也就善了。吾身之气与物接触,而吾身之气本来自天地正气,(在性善的作用之下)此气自然也无不善。船山的讲法中,以心有虚灵、是身之主宰,具众理而宰事应事,这些都是朱子的讲法,表明在这些问题上船山是吸收和赞同朱子的。但船山这一段话应是强调性对志的作用,性对心的作用,性对气的作用;同时又意在说明身体之气的来源是善的,气是善的。关于此心之理和此身之气的关系,船山认为,理是调节、控制气的,理是使气条理化的,这与船山在天道观所说的理气关系一致。船山很强调气的作用,由于在存在上理不是独立的,而是依托于气而存有,所以不能离开气去言理。气的重要性不仅在于它是承载理的实体,也在于它是志的表现的基础,因为志虽然在取向上受理的影响,但其现实展开则必须依赖于气。可见船山一面强调性善气善,一面强调不能离气言理。

船山然后指出:

> 大要须知,道是志上事,义是气上事。告子贵心而贱气,故内仁而外义。孟子尊气以尽心,故集义以扩充其志之所持。[31]

孟子说"配义与道",船山认为道与义都与气有关。船山通过自己对《孟子》的诠释,表达出他反对"贵心而贱气",主张"尊气以尽心"。这与他在气理论上反对"贵性贱气",反对贵理抑气,是一致的。正如我们曾指出的,船山出于两元平衡互动的思维方法,反对贵心贱气,但这并不是主张贵气贱心。"尊气"对于船山是没有问题的,但要问船山是否"贵心",则不易简单回答,这取决于心是什么心,如果心是《大学》正心之心,船山是肯定的。大体上可以这样说,面对程朱的理一元论,船山强调尊气;面对陆王的心一元论,船山主张贵性。

五 继之者善,善成之性

现在来看《孟子·滕文公上篇》中有关形色的讨论。因此篇开首即云"孟子道性善",故船山亦就此加以发明:

> 《易》曰"继之者善也,成之者性也",善在性先;孟子言性善,则善通性后。若论其理,则固然如此,故朱子曰"虽曰已生,然其本体初不相离也"。
>
> 乃易之为言,惟其继之者善,于是人成之而为性(成,犹凝也)。孟子却于性言善,而即以善为性,则未免以继之者为性矣。继之者,恐且唤作性不得。[32]

在朱子到船山的思想中,都认为《易传》的"继之者善也,成之者性也"

是指出了宇宙论发展的一个时间性过程，"继之者善"在前，"成之者性"在后，"继之者善也"指天道流行，"成之者性也"指人物生成。因此在船山的理解中，《易传》的说法是先有善，后有性；而《孟子》的说法中善是在性以后（此是简单的对比，准确地说，《孟子》中善通向成性以后）。船山又认为，在《易传》，善虽然属于"继之者"，但也是成之者性的基础（而不是说成之者性与善没有关系）。但在《孟子》，以善言性，就是用性去称呼那善者，从《易传》的角度看，这是把继之者叫做性（来按：同时这至少也是把继之者的规定用来说成之者，继之者的善是不能用来界定"成之者"的）。继之者只能叫做善，是不能叫做性的。其实船山这个讲法是不对的，孟子讲的性当然是指成之者，何曾用来指继之者。而且这相连的两段话不太一致，第一段说孟子讲的善是在性后，第二段说孟子把继之者叫做性，这样一来，两段合起来，似说孟子把继之者叫做性，把成之者叫做善，与《易传》的界定相反。不过船山自己的思想还是表达出来了，即善在性先，亦通性后。他引朱子的话也是这个意思。

我们记得，在《论语说》中，船山提出，善应当属于继之者，不应属于成之者，所以不能说作为成之者的性是善，只能说作为继之者的天、命、气是善。于是船山认为，比起孔子论性来说，《孟子》讲的其实是继之者善，不是性。至少《论语说》的讲法的侧重和《孟子说》的讲法的侧重是不一样的。在《孟子说》中船山要强调的是，善虽然是继之者的规定，但也是成之者的基础。

孟子的性善论在宋代受到一些修正，这就是气质之性的提出。在比较孟子和二程时，船山又认为孟子是讲天（命？）之性的，二程是讲气禀之性的。对此，船山是这样理解的：

> 程子将性分作两截说，只为人之有恶，岂无所自来？故举而归之于气禀。孟子说性是天性，程子说性是己性，故气禀亦得谓之性。乃抑云"性出于天，才出于气"，则又谓气禀为才，而不谓

之性矣。[33]

　　这是说，程子讲人有天命之性，又有气质之性，这是把性分成两截；前一截是天命之性，是天所命的，后一截是气质之性，是气禀自身的特殊规定。气质之性的提出是为了说明恶的根源。因此，比较起来，孟子讲的是天性，即天之性，而二程讲的气质之性是己性，即个体自身的特殊规定性。船山还认为，由于二程的人性概念包括了个体自身的特殊规定性，所以它们把气禀的规定也称为性；但二程有时也把气禀的规定称为才，可见他们也不总是把气禀的因素当作本性。

　　那么，天命与气禀，具体区别何在？

　　　　天唯其大，是以一阴一阳皆道，而无不善。气禀唯小，是以有偏。天之命人，与形俱始。人之有气禀，则是将此气禀凝著这性在内。孟子所言，与形始者也。程子所言，气禀之所凝也。[34]

　　天道一阴一阳皆是善，这是气禀成形以前事。[35]气禀是气化过程中一定气质的结聚，聚成具体的事物。具体的事物是有限的，所以其气禀比起天道，就有局限性，有善恶。天命是指气化生成过程中天的给予，船山称为"与形俱始"；气禀的直接意义是接受气化的散气而聚结成为固定形体，而在形体成形的同时，也将性凝在其中（把理凝为性）。船山认为，孟子讲的性实际是"与形俱始"的阶段，是气禀成形以前的阶段；而二程所讲的性则是指气禀成形所凝的性。这无异于说，孟子讲的性不是人的性，而是天的性。船山说孟子讲的是天性，包含有这个意思。但这样一来，应当说气质之性是成之者性，于是，二程讲的是成之者性，孟子讲的不是成之者性。正如船山在《论语说》中提出的观点，孟子既然讲善，而善是继之者，自然孟子属于讲继之者善的了（表面看来，在船山的论述里，《易传》和《孟子》比，《孟子》讲的是成之者性；这与他把《孟子》和二程比，以二程讲的是成之者性，似成矛盾。其实船山并未认为与易传相比孟子是讲成之者性。说见上）。

在《读孟子说》这里，船山又说：

> 易云"成之者性"，语极通贯包括，而其几则甚微。孟子重看"成之者"一"之"字，将以属天，然却没煞"继之者善"一层，则未免偏言其所括，而几有未析也。程子重看一"成"字，谓到成处方是性；则于易云"成之者"即道成之，即善成之，其始终一贯处，未得融浃。[36]

重看即看重。参照前面引述的话，这是说，成之者性的阶段其实是通贯于其前的继之者善，只是体现二者关联的几很精微，不易把握。与《易传》相比，孟子把继之者叫做性，而没有理会继之者是善，却只注重成之者的善，所以有偏。二程气质之性的观念，反映出他们认为到成处才是性，即个体形体形成了，才有性，才有善；个体形体形成以前，谈不到性、谈不到善。船山认为，"成之者"其实是和成形以前的"一阴一阳之谓道""继之者善"是联系着的，所谓成之，正是（"一阴一阳之谓道"的）道和（"继之者善"的）善去成之的，故二程的说法的毛病在于割断了一阴一阳、继之者善同成之者性的一贯联结，从而得出结论以为气禀是恶。

现在看船山对气禀之性的分析：

> 气禀之所凝者，在有其区量，有所忻合上生出不善来。有区量，有忻合，则小；小即或偏，偏即或恶。与形始之性，以未有区量而无所忻合；天只公共还他个生人之理，无心而成化，唯此则固莫有大焉者矣。[37]

这里所说的"与形始之性"就是气禀开始时的天所命与之理，"气禀所凝之性"即气质之性。气禀的结聚成形，有一定限定，有一定方向，于是就有偏倾，便生出不善，故气禀之性有不善。天道之流行运化，则无所局限，无特定倾向，只是普遍的生生不已，故"与形始之性"就体现了天的特性。船山还认为,气禀之性是形而有之性,即气聚成形才有的性,故特定形质带给它的限定性和特定倾向是不可避免的。但二程所说的这种气禀之性不必然全为不善,人的努力仍然可以使此形而有之性通于天之本性。

> 程子以气禀属之人,若谓此气禀者,一受成形而莫能或易。孟子以气禀归之天,故曰莫非命也。终身而莫非命,终身而莫非性也。时时在在,其成皆性;时时在在,其继皆善。盖时时在在,一阴一阳之莫非道也。[38]

这是说,二程把气禀理解为人之所受,而且是人出生时一次性的获受,以后再无改变。孟子把气禀理解为天之所命,而天之所命于人的,是终身不断所命予的。于是人的气禀,在一生中不断地受命成性,决不是一次性完成的。这一切是何以发生的? 这是来源于天道。用《易传》的话来说,这是因为,一阴一阳时时刻刻都是道,故继之者时时刻刻都是善,从而成之者时时刻刻都是性。换言之,一阴一阳的运行、继之者、成之者,都是时时刻刻在进行着的。

六　形色即天性

船山指出,在从继善成性的角度分析孟子思想之外,还可从天性的角度看孟子对人的理解:

> 孟子直将人之生理、人之生气、人之生形、人之生色,一切都归之于天。只是天生人,便唤作人,便唤作人之性,其实则莫非天也,故曰"形色,天性也"。说得直恁斩截。[39]

孟子把人生而具有的一切,如理、气、形都归于天,故说"莫非天也"。形色是指身体、感官及其功能需求,孟子认为这些也都是天性。说形色

是天性,就是说形色有自然的合理性与道德的合理性。船山又说:

> 盖孟子即于形而下处见形而上之理,则形色皆灵,全乎天道之诚,而不善者在形色之外。[40]

这也就是说,如果能在形而下的形色中见得天理,那么形色也体现天道,成为善者。于是,不善的产生就应在形色之外去寻找。

对此,船山更做了具体的讨论:

> 故孟子将此形形色色,都恁看得玲珑在。凡不善者,皆非固不善也。其为不善,则只是物交相引,不相值而不审于出耳。惟然,故好勇、好货、好色,即是天德、王道之见端;而恻隐、羞恶、辞让、是非,苟其但缘物动而不缘性动,则亦成其不善也。孟子此处极看得彻,盖从性动,则为仁义礼智之见端;但缘物动,则恻隐羞恶辞让是非,且但成乎喜怒哀乐,于是而不中节也亦不保矣。[41]

形色是与人的身体欲望相关的一切表现,包括好色、好勇、好利、好货等。"见端"是一个很好的概念,"见"是指现象地表现出来,端是指表现出来的是端绪而不是全部。船山认为,孟子是从积极的立场来看待这些情欲的表现的,人的这些需求和好恶本身并不就是不善,它们可以成为道德的见端。身体欲望变为不善,是由于与外物相交而受其引诱的结果。船山指出,事实上,恻隐等四端之发,也并非总是善的,如果四端因外物的吸引而发动,也会成为不善。因此,关键在于,无论是四端还是形色欲念,根于性自身的要求而发动便是善,受到外物吸引而发动则不善,这就是"缘性动"和"缘物动"的区别。性是仁义之性,身体欲望若顺从本性而发,便可成为道德本性(仁义礼智)的见端;而恻隐羞恶之心若顺遂外物的引动,便会转成喜怒哀乐之情,这些情是无法保证自己为中节的。船山这段话中"不相值而不审于出"较不易解,不相值是指"位"而言,这是易学的语言;不审于出,是指缺少察识审辨的工夫。不过船山这种说法也很令人怀疑,难道有不缘于物的好色好货吗?
船山后面接着说:

> 然天所成之人而为性者,则固但有元亨利贞,以为仁义礼智;
> 而见端于人者则唯有恻隐羞恶辞让是非之心而已矣。自形而上以
> 彻乎形而下,莫非性也,莫非命也,则亦莫非天也。但以其天者著
> 之,则无不善;以物之交者兴发其动,则不善。故物之不能蔽,不
> 能引,则气禀虽偏,偏亦何莫非正哉?[42]

天以元亨利贞赋予人,成为人的仁义礼智之性,本性的见端便是恻隐
之心等四心。从元亨利贞到仁义礼智到恻隐羞恶辞让是非之心,是
一以贯之的,既是性,也是命,又是天。人心把天赋予的本性彰显出
来,便是善。心若缘外物之交而动而发,则为不善。船山强调,即使
气禀有所偏,如果有所修养,外物不能引诱你蒙蔽你,气禀的偏也不
会影响你。

船山还指出:

> 虽极世之所指以为恶者(如好货好色),发之正则无不善;发
> 之不正,则无有善。发之正者,果发其所存也,性之情也。发之不
> 正,则非有存而发也,物之触也。[43]

发之正即缘性动,发之不正即缘物动,所以形色本身不是恶,关键在于
发动之正与不正。如果好货好色是从所存本性而发,那就是本性上发
出的情欲,便是善。如果好货好色不是从本性上发出,那就是由外物触
引而发的,则为不善。

这个思想,也表达在另一段话:

> 自内生者善,内生者,天也,天在己者也。君子所性也(唯君
> 子自知其所有之性而以之为性)。自外生者不善,外生者,物来取

而我不知也,天所无也,非己之所欲所为也。故好货、好色,不足以为不善;货色进前,目淫不审而欲猎之,斯不善也。物摇气而气乃摇志,则气不守中而志不持气。此非气之过也,气亦善也。其所以善者,气亦天也。孟子性善之旨,尽于此矣。[44]

自内生即缘性动,自外生即缘物动。从内在的本性所发生出来的意念是善的,因为性是"天之在己者"。君子自觉到心中内涵有仁义礼智,并认定仁义礼智为其本性。"天之在己"的意思是,天道在人的自我和本性中都有其体现。我们知道船山的宇宙论认为天以元亨利贞赋予人,成为人的仁义礼智之性。这种关系,在某一个意义上(从价值内涵上)如同天上的月亮在地上的湖中有其映现一样;或者更近似地说(从构成论上),如同滔滔长江之水和从中舀出的一碗水一样。无论如何,天在人中是有其体现的,天代表着最大的普遍性,人是此种普遍性的局部表现,因此人一方面必然体现着天的性质,另一方面人的这种体现也呈现出一定的特殊形式。这也正如新儒家喜欢的说法:天是超越的,又是内在的;即"天"是超越于"人"而外在的,但又体现在人的内在心性之中。这内在的便是天之在己者。

与上面所说的相反,意念若不是从本性发生出来,而是由于外物的吸引而产生,则为不善。"物来取"是指外物来引取人去追求它,"我不知"是指自我失去自觉,被外物牵着走。这种在失去自觉状态下产生的意念欲求,不是天道的体现,也不是自我本性的主动要求。自觉则是能审察辨识什么是真正的自我,如果面对美色贵货不能辨别什么是真正的自我之所欲,而去猎求之,这样的欲念便为不善。其具体机制是,一般而言,外物先动摇人身之气,由动摇了的气再动摇人心的志,于是气无法守中,志也无法持气。但是,这一切并不是气的过失,气是善的,气是本源于天道实体的。尤其值得注意的是,在船山看来,孟子性善说的宗旨乃是对形色之气的肯定以及持志养气的倡导。这完全显示出船山以孟子诠释表达其思想的特色。

那么,不善产生的过错何在呢?

才不任罪,性尤不任罪,物欲亦不任罪。其能使为不善者,罪不在情而何在哉![45]

有人把不善归因于"才",有人把不善归因于"气质之性",更多的人把不善归于"物欲",以及其他把不善归于"气"、归于"形色"等等说法,这些船山都不赞成。船山认为不善的发生根源不在别的地方,而在于"情"。其实,形色、才、物欲、气禀都可统属于"气",船山在根本上肯定气善论,使得他对于与气相关的其他各项都不抱否定的看法,从而也使得他到"气"外去追寻不善的根源。

七　后天之性

在追寻不善的发生根源方面,船山又把目光注意到"习"。问题的提出是这样的,前面说人心与外物交感,为物所牵引,于是有不善;然而,人有时在未有物感的时候也会出现不善之思虑,这又是如何呢?船山说:

然孔子固曰"习相远也"。人之无感而思不善者,亦必非其所未习者也(如从未食河豚人,终不思食河豚)。而习者,亦以外物为习也;习于外而生于中,故曰"习与性成"。此后天之性所以有不善,故言气禀不如言后天之得也(后天谓形生、神发之后,感于天化而得者)。[46]

人心未有外物来感时生出不善之思,其原因在以往之"习",而以往之习是和外物有关的。所以未感时的不善之思还是与外物有关的。

船山说:

后天之性,亦何得有不善?习与性成之谓也。先天之性天成之,后天之性习成之也。乃习之所以能成乎不善者,物也。夫物亦何不善之有哉?(如人不淫,美色不能令之淫)取物而后受其蔽,此程子之所以归咎于气禀也。虽然,气禀亦何不善之有哉?(如刘公好货,太王好色,亦是气禀之偏)然而不善之所从来,必有所自起,则在气禀与物相授受之交也。[47]

船山认为,不应把不善的根源归因于气禀,而应当归因于后天之习。他认为性有二,一为先天之性,一为后天之性。先天之性即人物生成时天所赋予的性,后天之性是人在后天的习染中所获得的,二者有天人之别。后天之性可以是不善的,这种不善来于习,所以说习可以造就性。习为什么能造就不善的后天之性呢?其由来还在物上,习是与物打交道的经验。但是物本身并无所谓善恶,如美色难道是不善吗?如果一个人是个正人君子,美色也不会使他产生淫意。所以问题在于对物的追取而使本我受到物的蒙蔽。既然物本身并非不善,那是不是应当把根源推到气禀呢?船山认为,气禀(船山此处指形色欲望)自身也不是不善,不善发生的真正的根源是在于气禀与外物相交接的地方。

船山接着说:

> 气禀能往,往非不善也。物能来,来非不善也。而一往一来之间,有其地焉,有其时焉。化之相与往来者,不能恒当其时与地,于是而有不当之物。物不当,而往来者发不及收,则不善生矣。[48]

这里的气禀应当是指欲望(好货好色之类),欲望有所求,求是往,这不是不善;外物与人相遇,这是来,这也不是不善。重要的是,物来欲往的相交,也就是人的欲求与外物相感应,本有"时""地"的规定,合于规定则无不善。但在实际造化的过程中,外物之来和人的欲望追求,两者相遇相感的时间和地点可能并不合于先天的"时""地"的规定,这便产生了不善。

这个说法很特别,照此说法,谁对不善负其责任?难道"大化"对不善负责而人无须对不善负责吗？船山常常不忘记从自然的必然性来看待人类社会的这一类问题，但也绝不能因此忽视了人的意义。照船山说，在大化流行中，气禀之往和外物之来，两者的相交不能总是"当其时与地"，这个时与地又是怎样被先天地决定的呢？从同情的了解看，可能船山认为，好色是气禀，色是物，两者恰当的相交应当在夜晚之"时"和闺房之"地"，违反了这种时和地的规定，便导致了不善的发生，诸如此类。这个说法进一步说明了前面提到的"物交兴发""不相值"的意义，不相值就是指时、地的当与不当而言。这样的时间地点之位，与事物的自然节律一样，成为自然本有的规定。这样的讲法似乎把当然的问题转成必然的问题了。

这个讲法其实隐含了易学的思维，事实上，船山也确用易学的语言来说明此理。船山说，乾卦六爻皆阳，都是善；坤卦六爻皆阴，都是善；有的卦只有孤阳，或者只有崎阴，甚至阴阳杂乱，但这些都不是不善。不善的产生在于"位"，位就是时、地的综合。所以：

> 其凶咎悔吝者，位也。乘乎不得已之动，而所值之位不能合符而相与于正，于是来者成蔽，往者成逆，而不善之习成矣。业已成乎习，则熏染以成固有，虽莫之感而私意私欲且发矣。夫阴阳之位有定，变合之几无定，岂非天哉？[49]

孤阴孤阳杂乱指的就是形色欲望，这些就是变合之几；凶咎悔吝象征不善。形色欲望之几本身并不是不善，关键是欲望发动所值的时间地点之位。如果位不合，就会造成不善的习，习之而久，便熏染成性（后天之性），于是即使未有外物来感时，也会心生私意私欲。船山的说法里仍能找到一点佛教的影子。

变合之几不可能总是值于位而得位的，这是变合的本来规定，这也是天道的必然性，换言之，有不善的存在是必然的。故他又说：

> 后天之动，有得位，有不得位，亦化之无心而莫齐也。得位则

> 物不害习而习不害性。不得位,则物以移习于恶而习以成性于不善矣。此非吾形吾色之咎也,亦非物形物色之咎也,咎在吾之形色与物之形色往来相遇之几也。[50]

吾心与物感之交得位,物就不会造成不善的习,习也就不会造成不善的性。船山强调,如果不得位而造成不善,这并不是人的形色造成的,也不是物的形色造成的,不得位的根源是在于人的形色和物的形色往来相遇之"几"。这个"几"应即船山所说的情。所以船山用易学的语言说:

> 六阴六阳,才也;阳健阴顺,性也;当位不当位之吉、凶、悔、吝,其上下来往者,情也。[51]

情的问题我们将在下节论述。

最后,船山总结说:

> 天地无不善之物,而物有不善之几(非相值之位则不善)。物亦非必有不善之几,吾之动几有不善于物之几。吾之动几亦非有不善之几,物之来几与吾之往几不相应以其正,而不善之几以成。故唯圣人为能知几,知几则审位,审位则内有以尽吾形吾色之才,而外有以正物形物色之命,因天地自然之化,无不可以得吾心顺受之正,如是而后知天命之性无不善,吾形色之性无不善,即吾取夫物而相习以成后天之性者亦无不善矣,故曰性善也。[52]

物本身不是不善,吾心动几本身也不是不善,二者相交不得位才有不善之几;圣人高于常人的地方,就在于圣人能知几,能审位,知道什么几是善几,知道什么位是正位,这样不仅不会禁抑形色欲望,反而会充分发挥自身的形色,正确地与外物的形色打交道。如果人们都能学习圣人,那么,不仅天命之性是善的性,人的形色之性是善的性,习所染成的后天之性也成为善的性,这才是"性善"说的意义。这样在船山思想中,不仅肯定天命之性,而且使形色之性得到肯定,也使后天习成之性在一定条件下得到了肯定。

八　四端非情,恶根于情

既然不善的根源不是气,不是形色,不是气禀,而是情,船山自然要反对四端为情说。在朱子,性是体,情是用,心统性情;仁义礼智是性,是体,恻隐羞恶辞让是非是情,是用。在朱子,四端是情,为善端;船山以情为不善的根源,但肯定四端为善,所以船山必须把四端和情加以分别。

在《公孙丑上篇》论心统性情时船山即指出:

> 抑此但可云从情上说心,却不可竟将四者为情。情自是喜怒哀乐,人心也;此四端者,道心也。道心终不离人心而别出,故可于情说心;而其体已异,则不可竟谓之情。[53]

针对朱子以四端为情的思想,船山提出,孟子四端之心的讲法,只能说是从情上说心,所以孟子还是以四者为心,不是把四者当做情。恻隐羞恶辞让是非不是情,那什么是情?船山说喜怒哀乐这些才是情,即人的情感。四端和喜怒哀乐的基本不同是,四端是道心,喜怒哀乐是人心,二者虽然往往一起出现,但体已不同。因此道心不能叫做情。事实上,这个思想船山在《尚书引义》已经申发过,这是与朱子学性情论有所不同的。[54]

其实我们在前面性体心用的一节已经涉及四端非情说,船山在那里说四者之心是性之尾,喜怒哀乐则纯是情,以强调说明四端近于性,而不是情。

在《滕文公上篇》,船山分析说:

　　　　若情固由性生,乃已生则一合而一离。如竹根生笋,笋之与竹终各为一物事,特其相通相成而已。又如父子,父实生子,而子之已长,则禁抑他举动教——肖吾不得。情之于性,亦若是也。则喜怒哀乐之与性,一合一离者是也。故恻隐羞恶辞让是非,但可以心言而不可谓之情,以其与未发时之所存者,只是一个物事也。性,道心也;情,人心也。[55]

四端是性上发生的,情也是由性所生,但情产生后就与性若离若合了。正像父母与子女,子女被生出后,父母就无法使子女的性情和行为与父母始终保持一致。情虽然是性所生,但性不能使情始终与自己保持一致。而四端始终与性一致,所以四端不是情。船山认为,情是"心之动几与物相往来者,虽统于心而与性无与",[56]"心之动几与物相往来"的意思已见于上节,"与"即一合一离的"合",无与就是离。

　　在把四端和喜怒哀乐加以分别的方面,船山提出一个理据,即孟子说"乃若其情,则可以为善矣",船山认为这个情就是情感,认为说情可以为善,这就意味着情也可以为不善,这是情的基本规定。而四端总是为善的,不能说只是"可以为善","若恻隐羞恶辞让是非等心,则即此一念便是善,不但可以为善也"。[57]不过,船山忘记了,恻隐等不总是为善,如照其在论形色的部分所说,四端若缘物而发动,就变成喜怒哀乐,就有不善。

　　船山的另一个理据是,二者的未发不同:

　　　　若存心养性者,一向此性不失,则万物皆备于我,即其未见孺子入井时,爱虽无寄,而爱之理充满不忘,那才是性用事的体撰。他寂然不动处,这怵惕恻隐、爱亲敬长之心,油然炯然,与见孺子入井时不异。非犹夫喜怒哀乐之情,当未发时,虽可以喜,可以怒,可以哀乐,而实无喜怒哀乐也。[58]

这是说,对于喜怒哀乐等情而言,未发时的确无喜无怒无哀无乐,一片空白，是"发而始有，未发则无者"。但四端之心不同，对于那些有修养工夫的人来说，四端未发时，也就是无任何对象引使恻隐之心的发动时，并不是一片空白，其寂然不动的内心状态是性理用事的状态，与见孺子入井时内心的状态没有不同。与朱子"四端理之发，七情气之发"的寻根方式不同，船山所着眼的未发，是指未发之心的状态，只是船山这种说法没有得到更深入的说明。

既然四端与喜怒哀乐不同，是不是二者就无关了呢？船山认为：

> 大抵不善之所自来，于情始有而性则无。……情以性为干，则亦无不善；离性而自为情，则可以为不善矣。恻隐羞恶辞让是非之心，固未尝不入于喜怒哀乐之中而相为用，而要非一也。[59]

性没有不善，不善是从情开始发生的。如果情能够以性为主导，则为善的情；情如果离开性的主导，而自己做主，则为不善之情。情虽然与四端不同，但四端常常结合在喜怒哀乐之中而发动；四端虽然常常结合于喜怒哀乐，但二者并不是一回事。

船山更认为，四端不仅是道心，四端甚至就是性：

> 今以怵惕恻隐为情，则又误以性为情，知发皆中节之和而不知未发之中也（言中节则有节而中之，非一物事矣。性者节也，中之者情也，情中性也）。曰由性善故情善，此一本万殊之理，顺也。若曰以情之善知性之善，则情固有或不善者，亦将以知性之不善与？此孟子所以于恻隐羞恶辞让是非之见端于心者言性，而不于喜怒哀乐之中节者征性也。有中节者，则有不中节者；若恻隐之心，人皆有之，固全乎善而无有不善矣。[60]

船山认为，以恻隐为情，而没有把恻隐当做性，等于误把性当做情，这是只重视已发的"中节"（情），而忽略了未发的"中"（性）。他在小注中说明，中节的意思是有一个标准叫做节，中是去符合节，性就是节（四端即节),情就是去符合性的要求。按朱子学的诠释主张,"乃若其情"一句的解释,是欲由情以证性。针对于此,船山提出,只能由性来决定情(这不是说情全是善),而不能由情来证明性;因为情有善有不善,难道要用不善的情证明性有不善吗? 所以孟子不用情(喜怒哀乐)来证明性,而用恻隐等见端于心者来证明性。

> 孟子言"恻隐之心仁也"云云,明是说性,不是说情。仁义礼智,性之四德也,虽其发也近于情以见端,然性是彻始彻终、与生俱有者,不成到情上便没有性? 性感于物而动,则缘于情而为四端;虽缘于情,其实止是性。如人自布衣而卿相,以位殊而作用殊,而不可谓一为卿相,则已非布衣之故吾也。[61]

船山认为,仁是性,孟子既然说恻隐之心仁也,当然是以恻隐为性,不是以恻隐为情。四端之心是性的见端,近于情,但不是情,而是性(之尾)。与性和情的那种一合一离终为二物的关系不同,性与四端之心总是一贯、一致的,虽然它们的地位作用有所不同。就性、物、四端、七情四者的关系而言,性受到物的"感"而发动为四端,而四端的发见又借助了七情才得以实现。不过船山此种讲法也有问题,四端之心如果即是性,那前面所说的心性体用还有什么分别? 他还用花果比喻性和四端,使两者变成同一事物的不同发展阶段,把本质和见端混同,体用的关系也无法表达出来了。

其实这是"情"的概念的问题,在朱子学以四端为情,就可以说孟子是以情证性。船山仅仅以喜怒哀乐一类感情为情。他说:

> "生之谓性",知觉者同异之情,运动者攻取之才而已矣。又曰"食色性也",甘食悦色亦情而已。其曰"仁,内也"则固以爱之情为内也。爱者七情之一,与喜怒哀乐而同发者也。[62]

这说明,在船山的理解中,情不仅仅只有喜怒哀乐四种,还包括爱,包括欲(甘食悦色),可见船山所说的情实际是古人所谓七情"喜怒哀乐爱恶欲"。

所以在《告子上篇》,船山又就四端与七情提出分别:

> 若夫情,则特可以为善者尔。可以为善者,非即善也,若杞柳之可以为杯棬,非杞柳之即为杯棬也。性不可戕贼,而情待裁削也。故以知恻隐羞恶恭敬是非之心,性也,而非情也。夫情,则喜怒哀乐爱恶欲是已。[63]

这就明确说明船山所谓情是指喜怒哀乐爱恶欲,即传统所说的"七情"。而船山所说的恻隐羞恶辞让是非之心与喜怒哀乐爱恶欲的区分,也就是船山哲学中的四端七情之辨。

船山又说:

> 情元是变合之几,性只是一阴一阳之实。情之始有者,则甘食悦色,到后来蕃变流转,则有喜怒哀乐爱恶欲之种种者。性自行于情之中,而非性之生情,亦非性之感物而动则化而为情也。[64]

这是说,情的现象学展开,最初是欲,后来变化合成为其他各种情感。在这个说法中,全部情以欲为最原初的基础,而后才发展出各种情感形式。性和情的关系,不是母生子以后各成两体,也不是性感应于外物便自身全部化为情而不再有性;真实的情况是,在情的呈现中仍然贯穿着性,这就叫性行于情。从宇宙论来说,情属于变合之几,而非本然实体。船山还说:

> 故知阴阳之撰,唯仁义礼智之德而为性;变合之几,成喜怒哀乐之发而为情。性一于善,而情可以为善,可以为不善也。[65]

情虽不生于性,而亦两间自有之几,发于不容已者。[66]

这都说明,天地阴阳实体只是体现在人之性,天地的变合之几体现为七情,性是实体,情是变合之几。这里说的情不生于性,与前面说情由性生的说法不同,可能与在离合两者间强调的侧重不同有关。

船山论四端七情之辨:

> 孟子言情,只是说喜怒哀乐,不是说四端。今试体验而细分之,乍见孺子入井之心属之哀乎,亦仅属之爱乎?无欲穿窬之心,属之怒乎,亦仅属之恶乎?若恭敬、是非之心,其不与七情相互混者,尤明矣。学者切忌将恻隐之心属之于爱,则与告子将爱弟之心与食色同为性一例,在儿女之情上言仁。"汉以来儒者不识仁字",只在此处差谬。恻隐是仁,爱只是爱,情自情,性自性也。[67]

船山认为四端和七情是可以区分得明白的,如恻隐之心既不是爱,也不是哀;羞恶之心既不是怒,也不是恶,可见四端和七情是有明白区分的。在朱子学中,继承了古代儒学的说法,以爱论仁;认为仁是性,爱是情,爱之情是仁之性所发;恻隐属爱之情,为仁之发。船山针对朱子学中的仁说,强调恻隐决不是爱,不是情;恻隐是性,爱是情;以爱为仁会把儿女私情混同于道德心。这意味着,爱不是仁之所发,情不是性之发见。性之发是心,不是情。在这个意义上,船山真的回归到宋代的湖南学派了。

前面曾提到,船山承认,四端之发往往须缘于情,在这个意义上说,情不总是消极的(此外还有善的情,也不是消极的),而是四端发见所凭借的助推器或载体。他在《告子上篇》也再次说明:

> 盖恻隐羞恶恭敬是非之心,其体微而其力亦微,故必乘之于喜怒哀乐以导其所发,然后能鼓舞其才以成大用。喜怒哀乐之情虽无自质,而其几甚速亦甚盛。故非性授以节,则才本形而下之器,

蠢不敌灵,静不胜动,且听命于情以为作为辍、为攻为取,而大爽乎气受型于性之良能。[68]

在船山看来,四端之心很精微,其发作力度也偏于微小,因此四端之心只有借助七情来发作,才能鼓舞起整个身心的力量来实现出它的作用。七情是情感的形式,不必有固定的内容,但它的发动之"几"很快很有力。所以如果没有性给予一定的节制,性不能节情,身体力量便完全受情的引导,"情乘权以役用才",力量都发作于对物欲对象的攻取,这就违背了气和性本来的良能。

因此,船山并不是灭情论者。他说:"不善虽情之罪,而为善则非情不为功。盖道心惟微,须借此以流行充畅也,如行仁时必以喜心助之。""功罪一归之情,则见性后亦须在情上用功,大学诚意章言好恶,正是此理。既存养以尽性,亦必省察以治情,使之为功而免于罪。"[69]不善固然归因于情,但不是所有的情都为不善;不善是情之"罪",但是没有情,为善就不能实现;情是人心,而道心需要借助人心得以运作。从这几个方面来说,情也就有"功"的方面。人对情的调治主要采用"省察"的方法,目的就是使之为功而避免于罪。船山认为,情是人的行为得以客观化的主观力量,"人苟无情,则不能为恶,亦且不能为善"。所以对待情绝不是要去除它,而是要善于利用它、引导它。

船山甚至说:

孟子言"情可以为善,乃所谓善也",专就尽性者言之。愚所云为不善者情之罪,专就不善者言之也。孟子道其常,愚尽其变也。若论情之本体,则如杞柳,如湍水,居于为功为罪之间,而无固善固恶,以待人之修为而决导之,而其本则在于尽性。是以非静而存养者,不能与于省察之事,《大学》之所以必正其心者乃可与言诚意也。[70]

情有善有不善,孟子从善的情出发强调情可以为善,船山则从不善的情出发强调情是恶的根源。船山认为,其实善的情和不善的情都不是情的本体,情的本体如同流水和木材,无善无恶,可以为善可以为不善,关键在于人如何修养自己而引导情。而人的修养工夫的根本在见性尽性的工夫,也就是静中存养的工夫,有此为基础,才能开展对情的省察,从而把情调控、引导到正确的方向。故又说:"君子慎独以节其情也,若不于存养上有以致其中,则更无和之可致矣。"[71]

以上论述清楚表明,追寻和确定"善恶的根源",是船山哲学探讨的根本性问题意识,他的气体论是如此,其心性论也是如此。

船山最后阐明其立场和立意:

> 夫情苟善,而人之有不善者又何从而生?乃以归之于物欲,则亦老氏"五色令人目盲,五音令人耳聋"之绪谈。抑以归之于气,则诬一阴一阳之道以为不善之具,是将贱二殊、厌五实,其不流于释氏"海沤""阳焰"之说者几何哉!
>
> 愚于此尽破先儒之说,不贱气以孤性,而使性托于虚;不宠情以配性,而使性失其节。窃自意可不倍于圣贤,虽或加以好异之罪,不敢辞也。[72]

船山坦承自己在理论上的"好异"倾向,但认为自己决没有背离圣贤之学。船山声明,在气与性(理)的关系和性与情的关系上,他与程朱陆王都不同,在气与性的关系上,他反对尊性贱气,认为程朱贬抑气,把人的不善归于气,这使得性和气的平衡关系遭到破坏,结果将使性脱离其所依托的载体(性托于虚)。在性与情的关系上,他也反对朱子学性体情用、性发为情的思想,认为这把情抬高了,这使得性失去了对情的调控地位(其实,在后一点,船山似乎把晚明的重情思潮归罪于朱子学而不是阳明学,这显然并不是公允的)。这样一来,就使得船山心性情论在总体上突出地表现为"尊气贬情"的特点,即主张"气"是善的根源,而"情"是不善的根源。由此可见,与中国哲学史上以往的情恶论不同的是,船山对情的否定的看法是和他的对气、欲、形色的不否定相联系的,加上船山的辩证思维使他在宣称情为不善之源的同时,也肯定情在行为动力学上的不可缺少的作用与地位,这些都使得他对情的主张,有着由其体系所决定的自己的特色。

注　释

〔1〕《读四书大全说》,中华书局,1975 年,第 501 页。

〔2〕〔3〕〔4〕〔5〕〔7〕　同上书,第 502 页。

〔6〕　同上书,第 639 页。

〔8〕〔11〕　同上书,第 503 页。

〔9〕　船山在此段后论及龟山,认为龟山言心性之病确如朱子所讥,虽有功斯道,但岐心性为二。见同上书,第 503 页。

〔10〕《四书大全》(三),第 2051 页。

〔12〕《读四书大全说》,第 504 页。

〔13〕〔14〕　同上书,第 554 页。

〔15〕　同上书,第 555 页。

〔16〕　按"性本于天而无为"与前引"性继善而无为,天之德也"同意,其中包含有宇宙论的特殊意义,但在此章中不能详细说明,可参看论气体气善章。

〔17〕《读四书大全说》,第 618 页。

〔18〕　同上书,第 631 页。

〔19〕　同上书,第 490 页。

〔20〕　同上书,第 491 页。

〔21〕　同上书,第 686 页。

〔22〕　同上书,第 689 页。

〔23〕　同上书,第 713 页。

〔24〕〔25〕〔26〕〔27〕　同上书,第 721 页。

〔28〕〔29〕　同上书,第 722 页。

〔30〕　同上书,第 532 页。

〔31〕　同上书,第 538 页。

〔32〕〔33〕　同上书,第 567 页。

〔34〕　同上书,第 567—568 页。此段中"这"字原作"者",船山书中此例甚多,本书引

用时往往径改,以免误为错字,然不一一注明也。

〔35〕　当然,气禀成形为一具体存在物以后,天道一阴一阳仍在,气之本体对于气化是先在的,但并非气化出现后,本体已全变为气化。这个关系张载所说最明。

〔36〕〔37〕〔38〕　《读四书大全说》,第 568 页。

〔39〕　同上书,第 567 页。

〔40〕〔46〕　同上书,第 570 页。

〔41〕〔42〕〔43〕　同上书,第 569 页。

〔44〕　同上书,第 569—570 页。

〔45〕　同上书,第 675 页。

〔47〕　同上书,第 570—571 页。

〔48〕〔49〕〔50〕　同上书,第 571 页。

〔51〕　同上书,第 680 页。

〔52〕　同上书,第 572 页。

〔53〕　同上书,第 554 页。

〔54〕　船山《尚书引义》有云:"今夫情,则迥有人心道心之别也。喜怒哀乐,人心也;恻隐羞恶恭敬是非,道心也。斯二者,互藏其宅而交发其用。"(《尚书引义》,中华书局,1976 年,第 26 页)

〔55〕　同上书,第 572—573 页。但船山又有"情不生于性"之说,与此处所说"情固由性生"的说法不同,此盖因船山随处提点,未照顾前后,此等处还有不少。

〔56〕〔57〕〔58〕　同上书,第 573 页。

〔59〕　同上书,第 573—574 页。

〔60〕　同上书,第 574 页。

〔61〕〔63〕　同上书,第 673 页。

〔62〕　同上书,第 661 页。

〔64〕〔67〕　同上书,第 674 页。

〔65〕〔66〕　同上书,第 677 页。

〔68〕〔72〕　同上书,第 676 页。

〔69〕　同上书,第 677—678 页。

〔70〕〔71〕　同上书,第 678 页。

第八章

船山《孟子说》的工夫论

《孟子》书中提出了许多修养节目,如知言养气、存心养性、尽心知性、持志集义、配义与道,以及夜气、操存等等。这些节目在宋明道学中受到充分关注,成为道学工夫论的主要条目,并与《四书》中的其他工夫条目一起,共同构成了宋明道学的重要内容和实践特色。

船山在其有关《四书》的诠解中,也非常重视这些实践的范畴,并本着存养为体、省察为用的基本立场,对于《四书》的诸工夫进行了细致的讨论。这既体现了他在对于道学的"接着讲"的过程中受到的道学的影响,也体现出他作为儒家思想家的基本特色。以下我们专就其《读孟子说》(即其《读四书大全说》中读《孟子》的部分)加以讨论。

一 养　气

《孟子·公孙丑上》从"孟子曰:否,我四十不动心"以下,详细论述了孟子时代的心气工夫。如不动心之道,孟施舍用"守气"的方法,曾子用"守约"(自反而缩)的方法,告子用"不得于言,勿求于心,不得于心,勿求于气"的方法。孟子自己则实践"持其志,无暴其气"和"我知言,我善养吾浩然之气",其养吾浩然之气的方法又是"配义与道","集义所生",而且注意"勿正勿忘勿助长"。

朱子《集注》释守气云:"孟施舍虽似曾子,然其所守乃一身之气,又不如曾子之反身循理所守为得其要也。"[1]意思是说,孟施舍守的不是天地浩然之气,只是自己一身之气,而且这种方法也不如曾子反身守理能掌握其要领。船山说:

> 孟子吃紧工夫在气上。集注云"一身之气",意与下言塞两间之气分大小。然后云"气,体之充也",则塞乎两间者,又安在非一身之气耶?气是个不恐惧的本领。……特其所以守之者有约不约之分耳。内里有个义作骨子(义即缩也,故曰义以直内)。以听气之自生,则守之功约,而其用大。若其不然,则守之气之末流,其功不约,而其用反有所诎尔。约以言其守气者,而非与气为对。[2]

船山认为,其实守约和守气不是对立的,守约是指守气的真正要法。守气有约和不约的分别,而约与不约的分别,不在于要不要落实到身体之气,而在于能不能用集义和自反而缩的方法来守气养气。由于孟子自己强调集义生浩然之气,所以宋明学者在工夫论上都承认集义对于气的本源作用。

不过,船山明确强调"养气"不是调息:

孟子说养气，元不曾说调息遣魔，又不曾说降伏这气、教他纯纯善善、不与人争闹、露圭角。乃以当大任而无恐惧者，其工夫只在集义。[3]

这是说，孟子讲的养气，不是道教讲的调息，不是对人身之气的驯服。孟子的养气是指以集义达到不动心，不动心就是担当大任而无所恐惧。《四书大全》载云峰胡氏语"孟子养气之功在集义"，船山对养气和集义关系的看法的表达应受到《四书大全》的一定影响。

诸儒之失，在错看一"养"字，将作驯服调御说，故其下流遂有如黄四如伏火之诞者。孟子之所谓养，乃长养之谓也。……此言养气，只是以义生发此不馁不慑之气，盛大流行，塞乎天地之间而无所屈。[4]

船山认为，养气的养不是驯服，而是长养，即培养使之生长。所谓养气，就是用"义"来培养起无所恐惧的气，使之盛大流行，塞乎两间。"盛大流行"来自于朱子《集注》"浩然，盛大流行之貌"。

儒家的养气工夫不仅不是驯服气，也不是静中养气的工夫，船山说：

后人不察，夹杂佛老，遂有静养气之说，极为害事。圣贤静而存养，乃存养此仁义之心于静中，虽静不息。[5]

这是说，先儒的静中工夫都是在静中存养仁义之心，而不是静中炼养此身之气，静中养气的说法都是受佛老影响而来的。

那么，如何长养塞乎天地之间的浩然之气？船山主张："塞乎天地，须穷时索与他穷，须困时索与他困，乃至须死时亦索与他死，方培壅此羞恶之心，与气配成其浩然，……无不从羞恶之心上打过，乃以长养此气而成其浩然。"[6]"唯一倍精严,规恢广大,于其羞恶之本心,扩而充之,欲火始燃,愈昌愈炽,更无回互,更无贬损,方得无任不胜,无难可畏,而以成其气盛大流行之用。"[7]这都是强调要以羞恶之心为基础来培养浩然之气,而这个看法是和船山对集义的理解联系在一起的。

二 知 言

关于"知言",船山也强调应当以"集义"为之统率,他说:

> 今且看知言是如何用功,养气是如何用功。若人将集义事且置下不料理,且一味求为知言之学,有不流而为小人儒者哉?知言是孟子极顶处,唯灼然见义于内而精义入神,方得知言。苟不集义,如何见得义在内?既不灼然精义之在吾心,而以求知天下是非得失之论,非屑屑然但从事于记诵词章,则逆诈亿不信,为揣摩钩距之术而已矣。[8]

这表明,船山认为,知言是"知"的学问,是属于知性的活动,但知言不是记诵辞章的工夫,而是知晓天下言论的是非得失。船山这种对于知言的理解也受到朱子的影响,盖朱子《集注》释知言曰:"知言者尽心知性,于凡天下之言,无不有以究极其理,而识其是非得失之所以然也。"[9]但船山主张,知言的前提和基础是集义,集义就是要做到"精义入神"(《系辞》语),精义入神就是了解"义"是内在于吾心的。如果丢弃了集义作为前提和指导,这样的知言只能是小人儒之学。小人儒之学这里是指单纯的知性活动。

船山似把"知言"当做境界和结果,而不是把知言当做工夫。而且比较起来,船山认为知言工夫最终达到的境界似比养气来得高,他说:

> 集注于"知言"下个"尽心知性",是何等语!此岂漫未集义者初学之始事?知言至处,是"大而化之"之境,养气至处,只得"充

实而有光辉"。若以为学之序言之,养气以徙义为初功,知言以穷理为始事,内外主辅虽并进,而自有别。此与《大学》格致诚正之序同。[10]

这说明,船山认为"知言"最终所达到的境界,要高于"养气"最终所达到的境界。然而从为学工夫的特性来说,知言重外,养气重内;从为学的次序来说,知言与养气则要并进。知言的入手处是穷理,而养气的入手处在徙义。这个说法也自朱子而来,《四书大全》知言下集注载朱子语:"知言便是穷理。……孟子论浩然之气一段,紧要全在知言上,所以大学许多工夫全在格物致知。格物则能知言,诚意则能养气。"[11]但是,与朱子强调知言的重要性不同,船山始终强调集义的重要性。

三　持　志

孟子在批评告子的方法时指出,"志,气之帅也;气,体之充也。夫志至焉,气次焉,故曰持其志,无暴其气。"朱子解释说,志是心之所之,志是气之将帅,气为志之卒徒,故人应当敬守其志、致养其气。[12]"心之所之"是指心发向于一定的方向,而这里的"敬守其志",就是朱子《集注》对"持志"的解释。船山也同意朱子对志的解释,故说"无定志则但名为心",又说:

> 若吾心之虚灵不昧以有所发而善于所往者,志也,固性之所自含也。乃吾身之流动充满以应物而贞胜者,气也,亦何莫非天地之正气而为吾性之变焉合焉者乎?……虚灵之宰具夫众理,而理者原以理夫气者也。则理以治气,而固托乎气以有其理,是故舍气以言理而不得理。则君子有志,固以取向于理,而志之所往,欲成其始终条理之大用,则舍气言志,志亦无所得而无所成矣。[13]

心之虚灵不昧即心的知觉,志是心有所往,而且是往于善者,这个志就是"志于道"的志,所以志是性理的表现;而气也不是消极的,气来源于天地正气。理是心之所具,而理的规定就是以气为载体而治理气,所以理气不离。从这个观点出发,船山认为志不能离气,离开了气,志就不能成立了。船山在这里显然是要对志帅气卒说、志至气次说做一修正,更强调"气"的积极地位和意义。

船山说:

> 志是大纲趣向底主宰,虽亦以义为归,乃孟子之言义也,曰集,则不但其心之专向者一于义,而所志之外,事物瞥尔当前,不论小大常变,一切都与他一个义,以为之处分。乃使吾气得以自反无不缩之故,恒充而不馁,则于其所志者,优有余地,坦然行之而无惧也。若夫所志之义,以事物未当前,则但谓之道,而不名为义。义散见而日新,道居静而体一也。固孔子言"志于道",而孟子以"集义"为养气之功,志主道、而气主义,明矣。[14]

船山又指出,一方面,志以义为归,即这里的志是以义为内容的,而不是一般的心志。另一方面,孟子不仅重视作为心之专向的志,而且强调在专志之外的一切事物上集义。所以,义既要体现在专志上,更要遍及于一切事物上作为其原则。有了集义为基础,人于一切事物都能自反而缩,理直气壮,持志也就从容了。船山也指出,如果严格地说,在未接事物时,持志只是内心的操守,未关涉于事物,此时心中所守之志叫做"道",不叫做"义",因为义是心所赋予、体现在事物上的;道则可以只是心志之所向,所以孔子说"志于道"。故船山又说"守志只是道做骨子","志则有可持,故知其所持在道"。[15]又说:"故道者,所以正吾志者也。志于道而以道正其志,则志有所持也。"[16]船山认为,就这个意义说,道是志的标准,用来正吾心之志,人能志向于道这个标准,用这个道来端正自己的志,这就是持志。

四　集　义

由以上已可明显看出,在《孟子说》中,船山最重视的工夫是"集义",知言、养气、持志都必须以集义为其统率和基础。

船山说:

> 天下固有之理谓之道,吾心所以宰制乎天下者谓之义。道自在天地之间,人且合将去,义则正所以合者也。均自人而言之,则现成之理,因事物而著于心者道也;事之至前,其道隐而不可见,乃以吾心之制,裁度以求道之中者义也。故道者,所以正吾志者也。志于道而以道正其志,则志有所持也。[17]

朱子本言:"义者人心之裁制,道者天理之自然。"[18]船山继承了此种说法,并加以申发。从天人关系说,道就物理而言,义就吾心而言。道是天地之间自在的理,是客观的,义是人心的规范原则,是我们的心用来处理事物的原则,是主观的。作为心之原则的义虽然是主观形态,但不是主观任意的;道是天之理,人应当使己之心合于天之理,而义就是使我们的心能合乎天理的东西。在这个意义上义使主观客观达到合一。如果仅就人道而言,心应万事时,物理呈现在意识中,这是道,也就是说,这个意义上的道是人所认识到的理。义是人心的规范原则,人心之义使事物和实践合于原则规范,这里的义不仅有主观性,而且具有能动性,即能动地赋予事物以合理规则。

> 义,日生者也。日生,则一事之义止了一事之用。必须积集,而后所行之无非义。气亦日生者也,一段气止担当得一事,无以继之则又馁。集义以养之,则义日充,而气因以无衰王之间隙,然后成其浩然者以无往而不浩然也。[19]

照"一事之义止了一事之用"的说法,义不是抽象的,而是具体的,义是对应于某一具体的事物而产生的一个具体的断制意念,事物过去了,这个义之念也就过去了。船山这里似乎认为,义念完全是对具体事物的具体反应,该事物过去当然此义念也就随之过去。不过,在船山这种说法中,作为人性的义,或人的稳定的仁义之心,就没有地位了,这与后面所说的见义于内的讲法便不同。并且,如果义念只是对外物的反应,外物未至之时,又如何积集义呢?所积的义又从何处而来呢?义的积集必须成为一备用的道德心理状态,集义才有意义,这里船山显然没有说清楚。船山只是强调,义的道德意识必须日生日集,这样才能保证行为的道德性;义的道德意识必须日集日充,养气才能成功,才能长养起浩然之气。

> 义唯在吾心之内,气亦在吾身之内,故义与气互相为配,气配义,义即生气。[20]
> 大要须知:道是志上事,义是气上事。告子贵心而贱气,故内仁而外义。孟子尊气以尽心,故集义以扩充其志之所持。[21]

孟子说配义与道可保持浩然之气,而船山强调,道用以持志,义用以养气,道和义的作用是不同的。但二者并非无关,集义虽然能够生起浩然之气,集义也能扩充持志的作用。

船山强调,义是吾心内在自有的,不是取于外的:

> 孟子唯能见义于内,故于天下之言,无所求而不得,而浩然之气日生。夫其见义于内者,岂斤斤之明足以察之哉?以无私之仁体藏密之知,故自喻其性之善,而灼然见义之至足于吾心,乃其所由以致此者,则唯不厌不倦以为学教,而即物穷理,以豁然贯通于吾心之全体大用者也。此即大学之格物致知以知至善而止者也。由其知之大明则为知言,由其行之造极则为养气。[22]

体见到义是内在本有的,所以能知言,能养气。这种对于义的体见不是一时一事的明察,而是对性善全体的证见。而达到这种对性善的证见,是以孔子所说的学而不厌为基本方法,也就是以即物穷理为基本工夫去达到豁然贯通的境界。

船山特别指出,义的内在性,表现为羞恶之心,他说:"孟子唯在羞恶之心上见义,故云义内。""亦唯此羞恶之心,最与气相为体用,气柔者,大抵羞恶之心失也。""培壅此羞恶之心,与气配成其浩然。"[23]

不过,在船山思想中,集义还不是全体工夫,他说:"集义是养气一段功夫,存仁是复性全功。"[24]说明集义比起存仁来说,毕竟是局部的工夫,主要是解决养气的工夫;而真正具有全体性的工夫是存仁,即存养其仁义之心。

五 夜 气

在《公孙丑上篇》之外,孟子又在《告子上篇》提出"夜气"的问题:"其日夜之所息,平旦之气,其好恶与人相近也者几希,则其旦昼之所为,有梏亡之矣。梏之反复,则其夜气不足以存;夜气不足以存,则其违禽兽不远矣。"照朱子的解释,平旦之气与夜气都是未与物交时的心气状态,夜气是人在夜里已睡时体内生长出来的,夜气的功能是恢复、长养起白天被销蚀的仁义之心。平旦之气是人早上初醒时,未与物接触、心气清明的状态,其功能是使良心无遮蔽地发见。如果人在白天的所作所为都是伤害本心,久而久之,夜气也不足以存养其良心,平旦之气也不能清明无蔽。

可见夜气和平旦之气都是自然的,不是人为的,人的工夫要用在平时白天的存养,即存养气仁义良心上面,这样夜气和平旦之气的气象也才能发挥出来。船山指出夜气的这种自然性质,他说:"心者人之德也,气者天之事也。"[25]如果依赖夜气的自然生长,就放弃了存心的努力。所以,他对夜气之说不太以为然,在他看来,"孟子言夜气,原为放失其心者说"。[26]意思是夜气的说法只限于针对放心的人,不是具有普遍性的工夫。他还认为:"气之足以存其仁义之心者,通乎昼夜而若一也。"意思是,就气对仁义之心的存养作用来说,不仅是夜气,昼、夜之气都能够存其仁义之心,圣人就是这样的人。因此不能依赖于与物不接的夜息。

基于这样的立场,他主张:

> 人之昼作而夜息者,岂人之欲尔哉?天使之然,不得不然。以象,则昼明而夜暗;以气,则昼行于阳而夜行于阴。行于阴而息,非人自息,天息之也。故迫至于夜,而非人可用功之时;则言及于气,而亦非人可用力之地。所以朱子斥谓气有存亡而欲致养于气者为误。异端之病正在于此:舍人事之当修,而向天地虚无之气捉搦卖弄。一部参同契,只在气上用力,乃不知天地自然之气行于人物之中,其昌大清虚,过而不可留,生而不可遏者,仅他作弄,何曾奈得他丝毫动?则人之所可存可养者,心而已矣。故孟子之言养气,于义有事,而于气无功也。[27]

这是说,白天做事,夜间休息,是天的自然安排,所以夜间是人的休息之时,而非用功之时。人的存养工夫,是就心而言,不是对气而言,存是存心,养是养心。所以孟子虽然讲"养气",但工夫不在气上,而在义上,在集义上。又说:"故朱子专以气功归之养心,而不归之气,其旨定矣。"[28]可见船山在工夫论上对夜气的说法是不大认同的。

朱子的老师李延平主张静中体验的工夫,故很重视夜气,船山不赞同李延平说,他认为:

> 旦昼不梏亡者,其以存此心而帅其气以清明者,即此应事接物、穷理致知孜孜不倦之际,无往不受天之命,以体健顺之理。若逮其夜,则犹为息机,气象之不及夫昼也多矣。……君子之昼气,丽乎动静云为而顺受其清刚正大者,则非梏亡者之所可与,而气象

固已远矣。……达于朱子之旨,则延平之说可废矣。[29]

这是说,人的仁义之心在白天不梏不放,完全是因为人能做存心帅气的工夫;人存养仁义之心,便能使心气清明;此时应事接物,格物穷理,便能有得。而夜气则远不如白天,因为当此入睡之时,心不存气不帅,夜气不能受恶,也不能受善,且夜气与白昼之气一样,其自身都不能使气加清变明。因而,船山强调只需讲昼气,不必讲夜气,而昼气就是在平日的道德行为中顺受天地清刚正大之气。可见船山可以说基本上是反对作为修养方法的夜气说的。

不过,另一方面,船山又认为,夜气说中有关夜气日生、平旦之气日清的说法,与他自己一贯的"命日受,性日成"的说法相合。他认为,"天之有阴阳五行,而人受之为健顺五常之性","在天命之为健顺之气,在人受之为仁义之心","若此者,岂非天之日命,而人之日生气性乎?"[30]他认为,天之命人,正如天降雨露,今天的雨露不是昨天的雨露,天命予人的健顺之气,不是一次性的,而是每日命予,而所命者也是今日不同于昨日;从而,人日日不断地从天之所命接受下来转成为自己的性,故人的性也就是日生的了。

也许有人反对船山此说,认为日生的是气,不是性,性是在初生时一定而不变的。船山就此阐发说:

夫性即理也,理者理乎气而为气之理也,是岂于气之外别有一理以游行于气中者乎?……气自生心,清明之气自生仁义之心。[31]

船山认为,每日生气,气中便有理,故气日生,则理同样日生。船山甚至认为,气日生,仁义之心亦日生。这个说法似与前面所说有所不同,照前面所说,气对仁义之心的"存"的作用只是存在的,而非工夫的,即气的作用只是消极的。而照清明之气生仁义之心的说法,则人便无须做存心的工夫,只求保养清明之气即可。

最后船山指出:

> 若云"唯有生之初,天一命人以为性;有生以后,唯食天之气
> 而无复命焉",则良心既放之后,如家世所藏之宝已为盗窃,苟不
> 寻求,终不自获。乃胡为梏亡之人非有困心衡虑反求故物之功,而
> 但一夜之顷物欲不接,即此天气之为生理者,能以存夫仁义之心
> 哉?故离理于气而二之,则以生归气而性归理,因以谓生初有命,
> 既生而命息,初生受性,既生则但受气而不复受性,其亦胶固而不
> 达于天人之际矣。[32]

这是说,一些本心有所梏亡的人,并没有做困心衡虑的工夫,只是夜里
不接事物,不生物欲,其夜气便能存其仁义之心。这说明人的每夜所生
的夜气,都同时带来了性理的生长,可见不能说人在出生以后就不再从
天命接受性,而只从天命接受气。这样一来,为了"命日受性日成"的
观点,船山复援引其理气说,以证成之,而在这种说法里,虽然合于孟
子、朱子之说,在宇宙论上也与前面所说未有矛盾,但却使得夜气生性
的自然性,在一定程度上,掩盖了存心工夫的必要性。这当是船山所料
不及的。他在另一个地方也说:"且其复也,非有省察克念之功以寻绎
其故,但因物欲稍间,而夜气之清明不知气所自生。若此者,岂非天之
日命而人之日生其性乎?"[33]除了人性论的意义外,从工夫论上看,这
都是说,夜气的产生不需要修养的工夫,只要人在夜间不接外物,物欲
不生,夜气便能在夜间自然生长。

六　知性尽心

船山对于"尽心知性"有两种用法,一是以尽心知性为工夫,如说:
"尽心、知性是知言本领,非知言后功效。盖又尽心知性以知言。"在这
种讲法中,知言是修养者所达到的一种理想境界,而尽心知性则是由以
达到知言境界的手段。

另一是以尽心知性为达到的一种境界,如果说尽心知性相对于知言是本领工夫,那么知性相对于穷理便是境界。如说:"知言与穷理自别。知字是现成字,穷字是工夫字。穷理则唯知性者入德之门,知言乃知性后全体大用之发。"这是说穷理是知性的门径工夫。

但无论如何,知言是知性后的功效,所以,把这三者放在一起,可以说形成一个穷理—知性—知言的连接关系:穷理是知性的工夫,知言是知性后的功效。知言是体现了知性以后所达到的全体大用,全体大用是指心而言,众所周知,这个说法来于朱子。

穷理也就是格物,故船山说:"盖格物者知性之功,而非即能知其性。物格者则于既格之后,性无不知也。"[34]所以,知性其实不是工夫,而是指人的修养所达到的一种程度和境界,相当于物格的阶段。故船山说:"朱子以'物格'言知性,语甚奇特。非实有得于中而洞然见性,不能作此语也。"[35]

知性的问题涉及格物穷理的目的和性质,船山提出:

> 穷理格物只是工夫,理穷物格亦格物穷理之效。乃至于表里精粗无不豁然贯通之日,则岂特于物见理哉?吾心之皆备夫万物者固现前矣。到此方识得喜怒哀乐未发之中。盖吾之性,本天之理也,而天下之物理,亦同此理也。天下之理无不穷,则吾心之理无不现矣。吾心之理无不现,则虽喜怒哀乐之未发,而中自立焉。万物之皆备于我者,诚有之而无妄也。……物理虽未尝不在物,而于吾心自实。吾心之神明虽己所固有,而本变动不居,若不穷理以知性,则变动不居者不能极其神明之用也固矣。[36]

格物穷理是工夫,理穷物格是效验,这个说法是朱子学本有的分别。"表里精粗""豁然贯通"也是朱子《大学章句》的提法。船山强调,在物格理穷的境界上,人不仅对于事物的"理"能够表里精粗豁然贯通之,而且《孟子》所说的"万物皆备于我",《中庸》所说的"喜怒哀乐未发之中",也都全体彰现于此心。船山解释道,这是因为,性之理本来就是天之理,性之理和天下的物理相同,所以如果物格指的是天下之理已无不穷,那么自然地,吾心之理也就无所不显现了。这一"吾心之理无不现"的境界也就是万物皆备于我的境界;此时若喜怒哀乐未发,则即此便是"中"。船山这一解释发挥了朱子学穷理说的"穷物之理即明心之理"的意义。

正如朱子学所主张的,穷物之理可以同时得到穷心之理的结果,但穷心之理却不能即此便穷得物之理。所以工夫全在格物穷理,而不能把工夫限定在发明本心。船山也强调,根本的工夫是下学:

> 学不厌,诲不倦,下学之功也,乃即此以学而即此以达则唯尽吾性之善,充吾心之义,而无不达矣。故其为学,始于格物致知,而要于明德之明。孟子曰"万物皆备于我矣",则物之所自格者,即吾德之本明者也。[37]

这也是强调,为学的基本工夫是孔子所说的"学而不厌,诲人不倦",这也就是《大学》所说的格物致知,由格物致知以求达到尽性和明心,其所以可能者,则在于物之理和心之理(明)本来是一贯的。

七　存心养性

"存养"与"省察"是船山主张的两大基本工夫。"存养"即脱胎于《孟子》的"存其心养其性",也是宋明道学具有标志性的词汇。

船山指出,存心是指存其仁义之心,养性是养其仁义之理:

> 且言仁义之心,则以"存之"为工夫,孔子曰"操则存",孟子曰"存其心"者是也。[38]

这是指出,孔子的"操则存"、孟子的"君子存之",都是要人们存其仁义之心。船山还说:"集义是养气一段工夫,存仁是复性全功。"[39]可见他把存仁义之心的工夫看做是比集义更全面的工夫。

船山又指出:

> 孔子曰"操则存",言操此仁义之心而仁义存也;"舍则亡",言舍此仁义之心而仁义亡也;"出入无时",言仁义之心虽吾性之固有,而不能必其恒在也;"莫知其乡",言仁义之心不倚于事,不可执一定体以为之方所也;"其心之谓与",即言此仁义之心也。[40]

这更明显地说明,《孟子》所引的孔子四句"操则存,舍则亡,出入无时,莫之其乡"都是指仁义之心而言。存是存自己的仁义之心,放失而亡也是指本有的仁义之心。

> 心之为德,只是虚灵不昧,所以具众理而应万事者,大端只是无恶而能与善相应。然未能必其善也。须养其性以为心之所存,方使仁义之理不失。[41]

心的主要功能是知觉,同时心具众理;因此人心能为善,但不能保证其自身必然为善。人必须把养性作为心的修养工夫的内涵,才能使仁义之心不会放失(船山这里说的仁义之理似不严格,失者只能是仁义之心,而仁义之性应当是不会失去的)。

相比起来,船山对何为养性的解说甚少,按朱子对此亦解说不多,但朱门后人则有所说明,《四书大全》载潜室陈氏云:"知性即穷理,格物之学是工夫最先者,尽心即《大学》知至境界。存心即诚意正心之谓,养性在其中矣,非存心之外别有所谓养性工夫。"[42]船山说:

> 存其心即以养其性,而非以养性为存,则心亦莫有适存焉。存心为养性之资,养性则存心之实。故遏欲、存理,偏废则两皆非据。欲不遏而欲存理,则其于理也,虽得复失。非存理而以遏

欲,或强禁之,将如隔日虐之未发,抑空守之,必入于异端之三唤
主人,认空空洞洞地作无位真人也。但云"存其心以养其性",则
存心为作用,而养性为实绩,亦可见矣。此潜室之说虽当,而犹
遗本领也。[43]

照船山的思想,性是理,而参照张载的说法,性是理,所以性不能检心,
但心能检性,即,性上不能做工夫来存心,但心上可以做工夫来养性。
所以他赞成潜室的说法,存心就是养性的本领工夫,存心之外非别有养
性工夫。但船山强调存心是以养性为内容,而不是空空的存心。以养
性为目的、内容的存心在工夫类别上属于"存理",动而省察,则是属于
"遏欲"。两者相辅相成,不可偏废。

孟子曰"尽其心者知其性也",正以言心之不易尽,由有非理
以干之,而舍其所当效之能以逐于妄。则以明夫心之未即理,而奉
性以治心,心乃可尽其才以养性。[44]

这是说,心具理,而心不即是理,所以心往往被非理的欲念所影响,也正
是此原因,心自身是不容易"尽"的,也就是心无法充分发挥其功能。
基于此,要尽心,必须奉性为准则以治理心,这样心才能充分发挥其能
力并以养性。

八　求放心

孟子说:"学问之道无他,求其放心而已矣。"朱子《集注》的解释是
"盖能如是,则志气清明,义理昭著,而可以上达,不然昏昧放逸。"朱子
还继承程颐的思想,特别提倡收敛精神,不令昏放。这就把求放心的工
夫变成独立于道德修养的一般主体修养。不过朱门后学在这一点上有
所修正,如双峰饶氏解释求放心说:"不过求吾所失之仁而已","今读
者不以仁言心,非矣"。新安陈氏也说"此章归宿在求放心上,是归宿

在求仁上也"[45]。船山同意饶氏、陈氏的这些说法,认为,所谓"求放心",所放所求都是指仁,而不是指知觉。他说:

> 心则只是心,仁者心之德也。径以心为仁,则未免守此知觉运动之灵明以为性,此程朱所以必于孟子之言为之分别也。[46]

仁者心之德,是朱子的主张,船山同意此说,认为心和仁不能等同,心是知觉意识的总体,而仁是心的道德本性,如果把心和仁等同,就会把一切心的知觉活动都当成仁,当成性。

船山很注意反对把修养工夫引向空洞的内心收敛,认为程子、朱子的主敬说在这方面都受到了佛教的影响:

> 彼以知觉为心而以收摄不昏为求放心者,不特于文理有碍,而早已侵入异端之域矣。[47]
>
> 程子云"才昏睡便放了",朱子云"收敛此心,不容一物",看来都有疵病。求放心者,求仁耳。……乃昏而放失其仁,固也;然一不昏而即可谓之仁乎? 既不昏,亦须有所存。先儒谓"随处体认天理",故亦必学问以为之津涘。克己复礼,主敬行恕,居处恭,执事敬,与人忠,能行恭宽信敏惠于天下,皆求放心之道也。若但提醒此灵明,教不昏著睡著,则异端之彻夜达旦、死参死究者,莫有仁焉者矣。[48]

以知觉为心,以收放心为收摄不昏,在船山看来既不合于《孟子》本文的义理,而且流于佛教异学而不自知。放心是指放失了仁义之心,求放心就是求此放失之仁。固然人在昏惰时容易放失其仁义之心,但不能说清醒便是仁;清醒还要存心,这才是仁。求放心的具体方法有很多,如孔子讲的克己复礼、主敬行恕,《中庸》讲的学问思辨,湛若水讲的随处体认天理等,总之求放心的工夫必具有其道德修身的内容,而不是空洞的收摄精神。

> 唯知此,则知所放所求之心,仁也。而求放心者,则以此灵明
> 之心而求之也。仁为人心,故即与灵明之心为体;而既放以后,则
> 仁去而灵明之心固存,则以此灵明之心而求吾所性之仁心。[49]

心可以说是仁心与灵明知觉的合体,放心是放失了仁心,而灵明知觉的
能力仍在,求放心是用自己的灵明知觉去求此仁心。仁心是性的表现,
故说"吾所性之仁心"。

九　总论为学之道

宋明道学的为学工夫论可有狭义和广义两说,以船山为例,狭义的
工夫论就是存养省察,广义的工夫论则加上格物致知。当然也可以把
狭义的工夫论称为"工夫论",而把格物致知称之为"为学论"。这里专
就其狭义的即纯粹道德修身的工夫而言。总起来看,船山工夫论的基
本框架是存养、省察。这一基本框架可以有不同的表达方式和变形,如
船山也常用"静存动察",显然静存即存养,动察即省察。又如船山也
习用存理、遏欲,存理即存养,遏欲则与省察有关。

以下略举《孟子说》中的几例,以了解船山工夫论的大要:

> 养心之功则在遏欲存理、静存动察之学。广术之功则在学问
> 思辨、格物穷理之事。[50]

可见船山把工夫分成两大类,一类是心性工夫,一类是学问工夫,他据
朱子《孟子集注》中"远庖厨者,亦以预养是心,而广为仁之术也"[51]的
说法,把前一类叫做养心之功,把后一类叫做广术之功。心性工夫即存
养省察、遏欲存理,学问工夫即学问思辨、格物致知。船山认为两种工
夫都需要。船山的这种分别甚好。他又说:

在人微者,在天则显,故圣人知天以尽性。在天微者,在人则显,故君子知性以知天。孟子就四端言之,亦就人之显以徵天之微耳。……而欲知其诚然之实,则非存养省察功深候到者不知。[52]

这是说虽然天人合一,但天人之间有别,如有的特点在天的方面表现得很明显,但在人的方面表现得则很微细;也有的方面在人表现得很明显,而在天却表现得很微细。因此,对于在"天"的表现很明显的方面,圣人力求以"知天"为基础,在"人"的方面表现得明显的方面,圣人力求以"知性"为基础。比如,四端在人的表现很明显,而在天的表现就很微细,故在这个方面,圣人强调由尽性来达到知天,而要达到知天,则必须要在存养省察的工夫上下深厚的工夫。

存养和省察是船山工夫说的一般表达,在针对特殊问题和方面时,船山也表达出他对存养省察工夫的侧重:

奉性以著其当尽之职,则非思而不与性相应;穷理以复性于所知,则又非思而不与理相应;然后心之才一尽于思,而心之思自足以尽无穷之理。故曰"尽其心者,知其性也"[53]。

这里是就孟子提到的"思"而强调其重要性,其中提到"奉性以著其当尽之职","穷理以复性于所知",前者是心性工夫,后者是学问工夫。而船山对于心性存养的工夫,很强调"奉性"以尽心之职能,奉性应指尊奉性作为养心工夫的标准。

船山在《孟子·尽心下》的最后部分指出:

奉性以正情,则谓之"性焉",……朱子谓喜怒哀乐未发之中为性之德,已自分明。于不睹不闻之中,存养其仁义礼智之德;迨其发也,则若决江河,莫之能御,而天下之和自致焉。此以性正情,以本生道,奉道心以御人心,而人心自听命焉,是"尧舜性之"也。……

若夫君子之行法也,固非无静存养性之功;而当其情之未发,天理未能充浃,待其由静向动之几亦未有以畅其性之大用,以贯通于情而皆中,则必于动几审之:有其欲而以义胜之,有其怠而以敬胜之,于情治性,于人心存道心,于末反本,以义制事,以礼制心,守义礼为法,裁而行之,乃以咸正而无缺,是"汤武"之反身自治者也。

大正于存养而省察自利者,圣人之圣功;力用其省察以熟其存养,君子之圣学。要其不舍修为者,则一而已矣。[54]

孟子说"尧舜性者也,汤武反之也",宋儒以"性之""反之"作为一对范畴,"性之"表示完全因顺于本性而无须努力的工夫,"反之"表示一种努力的工夫。但船山的用法与宋儒不完全相同,他认为"奉性以正情"是"性之",或者说"性之"是指"奉性以正情"的工夫,也就是以"性"为标准、为主导来纠正"情",使情有所范导,把"情"保持在正确的方向。这种工夫主要体现在喜怒哀乐未发时的存养;未发时存养工夫深厚,已发时人心自然听命于道心,情自然导于性。船山指出,这种只用未发工夫,而不用已发的省察,只适合于圣人。

而对于为学的君子们来说,既要有未发时的静中存养本性的工夫,更要有已发时的省察工夫,船山强调,特别要注意在由静发而为动的最初时机,即所谓"动几",要在此时努力省察;察觉到有欲,便用义心去克服它;察觉到有怠,便用敬心去战胜它,这就是"反之"的工夫。

圣人与君子的分别在于,圣人之学主要用存养,而省察的效果自然而显;君子之学主要用省察,以慢慢使存养工夫熟化。但不论反之还是性之,都不是自然无为的,都是"不舍修为"的。船山在这里既区分了存养和省察的地位,又反对了宋明道学工夫论中自然主义的一派,强调修养工夫的重要性。

总之,船山在《孟子说》中表达的工夫论,强调与佛老工夫的分别,既重视集义工夫的统率,又重视养气的作用;既重视存养,又重视省察;既重视遏欲存理,又重视思辨格物,其工夫论在总体上与朱子学的工夫论较为接近,受到《四书大全》中朱子学工夫论的较大影响。

注　释

〔1〕《四书大全》,山东友谊书社,1989 年,第 2196 页。

〔2〕《读四书大全说》,中华书局,1975 年,第 528—529 页。

〔3〕 同上书,第 541 页。

〔4〕〔5〕 同上书,第 545 页。

〔6〕 同上书,第 542 页。

〔7〕 同上书,第 543 页。

〔8〕 同上书,第 527 页。

〔9〕《四书大全》,第 2204 页。

〔10〕《读四书大全说》,第 527—528 页。

〔11〕《四书大全》,第 2204 页。

〔12〕 同上书,第 2200 页。

〔13〕《读四书大全说》,第 531—532 页。

〔14〕〔15〕 同上书,第 534 页。

〔16〕〔17〕 同上书,第 537 页。

〔18〕《四书大全》,第 2212 页。

〔19〕〔21〕 同上书,第 538 页。

〔20〕 同上书,第 539 页。

〔22〕 同上书,第 546—547 页。

〔23〕 同上书,第 538、539、542 页。

〔24〕〔39〕 同上书,第 730 页。

〔25〕〔27〕 同上书,第 682 页。

〔26〕 同上书,第 681 页。

〔28〕〔29〕 同上书,第 683 页。

〔30〕〔33〕 同上书,第 684 页。

〔31〕〔32〕 同上书,第 685 页。

〔34〕〔35〕 同上书,第 714 页。

〔36〕 同上书,第 714—715 页。

〔37〕 同上书,第 547 页。

〔38〕 同上书,第 635 页。

〔40〕 同上书,第 686 页。

〔41〕 同上书,第 686 页。

〔42〕 《四书大全》,第 2861 页。

〔43〕 《读四书大全说》,第 718 页。

〔44〕 同上书,第 722 页。

〔45〕 朱子说、饶氏说及陈氏说,皆见《四书大全》,第 2782 页。

〔46〕 《读四书大全说》,第 689 页。

〔47〕〔48〕 同上书,第 690 页。

〔49〕 同上书,第 691 页。

〔50〕 同上书,第 512 页。

〔51〕 《四书大全》,第 2053 页。

〔52〕 《读四书大全说》,第 665 页。

〔53〕 同上书,第 716 页。

〔54〕 同上书,第 753—754 页。

《思问录》

第九章

船山《思问录》内篇思想研究

论理气、动静、神化

论心、性、情

论善恶工夫

论有无、体用

批判虚论，回归张周

　　《思问录》是船山晚年的作品，而且与《正蒙注》《周易内传》等晚年的注释体著作不同，在此书中，义理的阐发不必像《正蒙注》那样顺就所注释的原文的概念和说法，而可以自主地加以正面论述。《思问录》的重要性亦在于此。

　　关于《思问录》，船山的儿子王敔曾明确指出："作《思问录》内、外篇，明人道以为实学，欲尽废古今虚妙之说而返之实。"[1]这说明《思问录》之作，是针对于古今"虚妙之说"的。根据宋明时代用语的习惯，我们知道所谓"虚妙之说"主要就是指道释两家的学说，以及儒家内部受到二氏影响或吸收了二氏思想的部分，特别是离开人道实学的内容。这些内容虽涉及天道论，但多集中在心性论、工夫论。由于船山对于二氏之学抱极其严厉的态度，故其在晚年，除了正面阐发《正蒙》的思想外，又以

《思问录》批判地检讨了古今背离人道实学的"虚无""妙悟"之说,以正俗蔽之蒙。不过本章的主旨不是追随船山的具体批评,我们的重点仍试图在《思问录》中提炼出其晚年思想的正面主张。也是由于这个原因,我们的主要关注在内篇。[2]

一 论理气、动静、神化

先来看《思问录》中表达的宇宙论思想。船山说:

> 宇宙者,积而成乎久大者也。二气絪缊,知能不舍,故成乎久大。二气絪缊而健顺章,诚也。知能不舍而变合禅,诚之者也。谓之空洞而以虚室触物之影为良知,可乎?(第112条,以下只标明数字)

《周易·系辞上》"日月运行,一寒一暑;乾道成男,坤道成女;乾知大始,坤作成物;乾以易知,坤以简能",船山所谓"知能"当出于此。船山认为,宇宙即积气而既久且大,久是时间性,大是空间性。宇宙之所以成其久大,是因为二气絪缊和知能不舍。二气絪缊即阴阳二气本体和合的状态,知能不舍即变合的神化功能不息,所以说二气絪缊是"诚者",知能不舍是"诚之者",前者是本然实体,后者是变合功能。船山认为,如果不讲气本论和变合论,把二气絪缊和知能不舍当做空洞的理论,反而把知觉当成良知加以鼓吹,这是不对的。可见船山反对虚妙之说,但坚持建立正当的宇宙论。

船山谈到太极:

> 太极虽虚而理气充凝,亦无内外虚实之异。从来说者竟作一圆圈,围二殊五行于中,悖矣。此理遇方则方,遇圆则圆,或大或小,絪缊变化,初无定质;无已而以圆写之者,取其不滞而已。(外1)

太极即二气缊缊的和合状态,船山此说认为太极是无限的,无边界、无内外,太极缊缊变化,包含理气。

船山又论及天和太虚:

> 邵子之言先天,亦倚气以言天耳。气,有质者也,有质则有未有质者。淮南子云"有夫未始有无者",所谓先天者此也。乃天不可以质求,而并未有气,则强欲先之,将谁先乎?张子云清虚一大,立诚之辞也,无有先于清虚一大者也。……天地之化,以其气生我;我之生,以魄凝气而生其魂神,意始发焉。若幸天地之生我而有意,乃窃之以背天而自用,虽善盗天地以自养,生也有涯,而恶亦大矣。(外48)

天是气,所以应当以气言天。但是,一般的气是有清有浊的,是后天之气,而天是先天的气,是清虚一大的本然之气。按船山此处本是对"玄家"(道教)"顺之则生人生物""逆之则成佛成仙"说法的批评,他认为道教所说的魄气魂神意,都是后天之气,道教以为天地有意生人生物,逆天以自用自养,其结果是既不能长生,也犯了自然之恶的过错。

清虚一大是张载对"太虚"之气的解说,船山又说:

> 太虚,一实者也。故曰"诚者天之道也"。(5)

这是说太虚并不是虚无,太虚其实是本然的真实。由于宋代以来把《中庸》的"诚"解释为"真实",所以船山又认为太虚就是《中庸》所谓代表天道的"诚"。

至于"无极"和"太极"的意义,他指出:

> 无极,无有一极也,无有不极也。有一极,则有不极矣。无极而太极也,无有不极,乃谓太极,故君子无所不用其极。行而后知有道,道犹路也。得而后见有德,德犹得也。储天下之用,给天下之得

者,举无能名言之。天曰无极,人曰至善,通天人曰诚,合体用曰中,皆赞辞也。知者喻之耳,喻之而后可与知道,可与见德。(6)

《太极图说》首句说"无极而太极",船山解释说,这不是说有一个极点,如果有一个极点,那就意味着这一极点之外有不极的地方。因此,"无极"是说没有一个地方不是极,处处是极,这就叫做"太极"。君子就是处处都用极的标准来衡量自己的行为。他提出,无极实际上是一种"赞辞",即赞叹的表达,这种表达是一种"喻"的方法,目的是达到"知道""见德",而"知道"是行以后事,"见德"是得以后的结果。因此,"行而有得"才是儒者最重要的任务。这个思想就是"明人道以为实学"。

可见船山是通过自己以气为本的思想诠释,来申发其反对虚无之说的,他还说:

五行之神不相悖害,充塞乎天地之间,人心其尤著者也。故太虚无虚,人心无无。(145)

方术家认为五行相克,船山认为五行是金木水火土,五行之神是仁义礼智信,五行既不相克,五行之神也不相害;五行之气充塞天地之间,所以太虚不虚,人心无无。这应当是针对道教以太虚为虚,佛教以心为无的说法。船山坚持太虚为"实",人心为"有",这也反映了其实学的立场。

以下来看船山的理气思想:

气者,理之依也。气盛则理达。天积其健盛之气,故秩序条理精密,变化而日新。故天子之大齐,日膳大牢,以充气而达诚也。天地之产,皆精微茂美之气所成。人取精以养生,莫非天也。气之所自盛,诚之所自凝,理之所自给,推其所自来,皆天地精微茂美之化,其酝酿变化,初不丧其至善之用。释氏斥之为鼓粥饭气,道家斥之为后天之阴,悍而愚矣!(108)

这是说，气是理所依凭的载体、实体和基础，气的健盛才能导致理的通达。天地间积存的气刚健茂盛，一方面使得气的秩序条理细密，一方面使得气的变化日新不断。天地间一切产物都是精微茂美的气构成的，所以，推原气、诚、理的根源，无不来自天地之气的精微茂美。船山强调，精微茂美之气的缊缊，就具有至善的作用，就是至善的根源。因此道家把气斥为后天之阴，佛教把气贬低为鼓粥饭气，都没有了解气作为实体的本源意义和气作为至善根源的意义。

至于有形事物和气的关系，以及事物的"理"与"性"之间的关联，船山提出：

> 天气入乎地气之中而无不浃，犹火之暖气如水中也。性，阳之静也；气，阴阳之动也。形，阴之静也，气浃形中，性浃气中，气入形则性亦入形矣。形之撰，气也；形之理则亦性也。形无非气之凝，形亦无非性之合也。(35)

这是说，天是气，地则是通气的实体，天气可以通入于地之中。不仅地是如此，气可以通透周遍一切有形体的事物，而性则涵具在气之中。性涵具在气中，不是像一个宝珠存在于水中，而是周遍涵化在气之中。因此一切有形事物的实体是气，是气聚合而成的，而有形事物的"理"就是原来在未成形的气中所涵化的"性"。所以一切有形之物都是气的凝聚，都有性合在其中。

船山还提出对"几"这一特别的观念的发挥：

> "默而成之，存乎德行"，故"德不孤，必有邻"。灼然有其几而不可以臆测，无他，理气相涵，理入气则气从理也。理气者，皆公也，未尝有封畛也。知此则亦知生知死之说，存事没宁之道也。(66)

"默而成之，不言而信，存乎德行"出于《系辞》，指变化神明之事。船山这里引用此句和《论语》的"德不孤，必有邻"，是指德行的感应能力和参赞自然的效应,这种效应他称之为几。有德就能化成变化,就能自然有邻。德行何以能有这样的效应呢?船山的哲学解释是,德行属理,成之、有邻属气,理气相互包涵,而不分立。从这里可以看出船山的理气观,是主张在存在论上理气相涵,这种相涵不仅是结构意义上的,也是相互作用意义上的。这种关于几的讲法,对其中年思想是有所增添的。

船山自然也谈到"神化"的作用:

> 神化之所不行,非无理也,所谓清虚一大也。神化之所行,非无虚也,清虚一大者未丧也。清受浊,虚受实,大受小,一受颐。清虚一大者不为之碍,亦理存焉耳。函此以为量,澄此以为安,浊而不滞,实而不塞,小而不烦,颐而不乱,动静各得其理而量不为诎,则与天同体矣。若必欲舍其神化之迹而欲如倒景以上之天,奚能哉,抑亦非其类矣!神化者,天地之和也;天不引地之升气而与同神化,则否矣。仁智者,貌言视听思之和也;思不竭貌言视听思之材而发生其仁智,则殆矣。(29)

这里的神化应指变合。船山此段本是为"天地不交,否"和"思而不学,则殆"作论证,在这里也表达了他的宇宙论,他说,太虚(清虚一大)的先天之气中是没有"神化"的,但太虚中并非没有理。变合阶段开始有神化,但变合之中并非没有"清虚一大",清虚一大并没有消亡,只是改变了存在的形式。正是有了清、虚、一、大,才有了浊、实、小、颐,也正是因为有了清虚一大,浊、实、小、颐才能各得其理,与天同体。

最后来看船山论动静的思想:

> 故曰"明则有礼乐,幽则有鬼神",鬼神,阴阳之几也,礼乐之蕴也。幽者明之藏,明者幽之显也。知此则太极动而生阳,静而生阴。阳有条理,阴有秩序;非有以生之,则条理不成,秩序亦无自而设矣。静生秩序,非幽谧阒寂之为静可知。(22)

鬼神是阴阳变化之几,是幽。但幽与明不是全然两截,幽是明的隐藏,明是幽的显化。动静也是如此,静不是与动全然无关的状态,静也是动的一种形式。了解了这一点,才能理解为什么说动而生阳,静而生阴;静而生阴即静而生秩序,这表示静也是生成原则,既然静能生秩序,可见静不是死的寂静。

所以船山明确说:

> 太极动而生阳,动之动也;静而生阴,动之静也。废然无动而静,阴恶从生哉?一动一静,阖辟之谓也。由阖而辟,由辟而阖,皆动也。废然之静,则是息矣。"至诚无息",况天地乎?"维天之命,于穆不已",何静之有!(8)

太极"动而生阳",是一种动,"静而生阴",也是一种动,既然两者都有"生"的作用,就都是"动"。两者比较起来,"动而生阳"是显,"静而生阴"是微,前者是显著变动,后者是相对静止。相对静止只是相对于显著变动而言,变动不显,并不是绝对静止。如果静而生阴是"废然无动"的绝对静止,那么"阴"从何而"生成"?"一动一静,互为其根",如门的一关一开,开是动,关也是动,绝对的静止就是生成的停止,就是"息"。《中庸》说"至诚无息",天地间的运动永远不会停息;《诗经》上说"于穆不已",绝对的静止是没有的。所以他也说:"静者静动,非不动也。"(59)

由上可见,船山在《思问录》中坚持了气体论和气善论,阐发了主动论,这与其中年思想是一致的。

二 论心、性、情

船山在《思问录》中谈到心性情欲的地方不少,先来看他谈心:

> 目所不见之有色,耳所不闻之有声,言所不及之有义,小体之

小也。至于心而无不得矣,思之所不至而犹理未思焉耳。故曰尽其心者知其性。心者天之具体也。(3)

人的耳目口的功能都是有限的,有的颜色眼睛看不到,有的声音耳朵听不见,有的意思语言表达不出来。我们所看不到的色、听不到的声、言不及的义,并不因为我们没有看到听到它们,便不存在。我们要承认知觉的有限,承认有不知未知的东西,而去努力"尽"其知觉,发挥其知觉的能力,这才是致知。不过,分析起来,我们所看不到的色、听不到的声、言不及的义,还是属于"小体"即感觉的能力。心是"大体",心没有什么限制,心思的能力是无所不至的,心如果不能充分发挥,则思有所不至,于是理有所未见,所以重要的是"尽心",充分发挥出心的无限的能力。船山的这个说法继承了宋儒"心无限量"的思想。

感而后应者,心得之余也。无所感而应者,性之发也。无所感而兴,若火之始然,泉之始达;然后感而动焉,其动必中,不立私以求感于天下矣。"寂然不动,感而遂通天下之故",鬼谋也,天化也,非人道也。诚不必豫,待感而通,惟天则然。(74)

船山认为,就人的意识活动和状态而言,寻过去、豫未来,这是正常的,不寻不豫只是"天"所独有的特性。"人"与天不同,人决不能"舍其过去未来之心",这个说法是针对于佛道二教和受二氏影响的儒家学者。在船山看来,宋儒津津乐道的《系辞》之语"寂然不动,感而遂通",也是天道之事,而非人心之事。那种主张人心不思过去、不念未来、静而等待外物来感通的观点,船山是反对的。他认为人性本来是无所感而应的,可以自己发出其意识。由这种无感而兴起的意识做主,此后再受感而气动,动的气就一定是中而无私的。

静无而不昧其有,则明远(远疑为达字之误)。动有者,有其静之所涵,感而通,而不缘感以生,则至正,乃以为五常之本,百行

之原也。(38)

这是解释周敦颐通书"静无而动有,至正而明达",用道学的话来说,心在静而未发时仍要知觉不昧地清醒,故"静无"不是真正的无;"动有"是指其志心所本有,因感而起,但并非依赖外感、反映外物,这样的动才是至正的。

船山明确反对二氏的"无心"说:

> 为"因物无心"之教者,亦以天下而试吾心之技俩者也。(107)
> 无心而待用者,器而已矣。镜与衡皆器也,君子不器,而谓圣人之心如镜空衡平,可乎? 镜能显妍媸而不能藏往,衡能测轻重而随物以轻重,本无故也。(116)

这是针对朱子论心的"鉴空衡平"的说法,船山认为,镜与衡都是无心而待用的器物,本身没有意识,由人来使用,这与君子之心是不同的。镜子虽然可以反映出被照物的形象,但镜子不能知来藏往,既没有记忆,也不能预知。衡器可以称轻重,但一定要通过称物才能测出轻重,其自身没有轻重,而心自身就有标准,不待于接物。这些都说明心与镜衡不同。不过应当指出,朱子并不是全然以镜衡来比喻心,也不是用镜空衡平来主张要无心,朱子只是用镜空衡平来说明心作为认识主体在接物以前应当保持的修养状态。

船山又反对"自然"说,主张尽心说:

> 吉凶成败皆有自然之数,而非可以人力安排。淡于利欲者,廓其心于俯仰倚伏之间而几矣。乃见仅及此,而以臆天理之皆然,遂以谓莫非自然,而学问、思辨、笃行皆为增益,而与天理不相应,是以利之心而测义也,陋矣! 故人心不可以测天道,道心乃能知人道。言自然者虽极观物知化之能,亦尽人心之用而已。尽其心者,

　　尽道心也。(126)

自然与人为相对,船山认为,自然界变化吉凶都是自然的,不是人为的。有的人内心很虚静,利欲心很淡薄,用这样的心观察宇宙事物的变化,就能发现事物变化发展是受一定的客观规律(自然之数)所支配的,这是可取的。但因此而在一切问题上都否定人为,鼓吹自然,甚至认为《中庸》所说的学问思辨笃行也是在自然之上添加了人为,而加以否定,这就是不对的了。另一方面,这种以虚静观察自然的心是人心,不是道心,而道心才能了解人道。所以船山强调人道贵在人为,不能任自然;《孟子》讲的尽心是尽其道心,"尽"就是人为地努力以发挥。

　　下面来看船山对"欲"的看法,固然,船山不否定欲:

　　　　"形色,天性也",故身体发肤不敢毁伤,毁则灭性以戕天矣。……(135)

坚持形色天性统一,这是他一贯的立场。但他决不崇欲,在本体、工夫、价值上,他对于欲都是有所贬抑的:

　　　　人欲,鬼神之糟粕也。好学、力行、知耻则二气之良能也。(24)

按照张载的说法,鬼神为二气的良能,万物为太虚的糟粕,船山化用"良能"与"糟粕",良在这里不只是指其本有,而且是指其优良的特性。船山的这个说法认为,人欲是二气的粗劣部分或体现;好学力行知耻才是二气的良能,即二气最优良的特性和体现。

　　船山进一步提出:

　　　　甘食悦色,天地之化机也,老子所谓犹橐籥动而愈出者也。所谓天地以万物为刍狗者也,非天地之以此刍狗万物,万物自效其刍狗尔。有气而后有几,气有变合而攻取生焉,此在气之后也明甚。

告子以为性,不亦愚乎!(25)

几是气的变合变化之动几,这是就天道而言。就人道而言,变合的动几即是情欲。所以船山说有气而后有几,气有变合,变合表现为攻取,攻取在人即指情欲。气是本体和本源,攻取是变合后后起的,所以几、攻取、欲望不是具有本源意义的性,只是气化过程中变动的现象。他又说:

> 天之使人甘食悦色,天之仁也。天之仁,非人之仁也。天有以仁人,人亦有以仁天仁万物。恃天之仁而违其仁,去禽兽不远矣。(26)

这是说,人的物质欲望,是天生的,在这个意义上可以看做是天对人的"仁"即一种关照。但这种关照之仁和人道之"仁"是不同的,如果想倚恃天生的本能,而违背了人道之仁的原则,那就离禽兽不远了。

船山在《读四书大全说》中对"公欲"是肯定的,公欲的说法本出自孟子对梁惠王的"大欲"说,船山当时的解说是:"于此声色臭味,廓然见万物之公欲,而即为万物之公理;大公廓然,物来顺应,则视之听之,以言以动,率循斯而无所外求。"[3]所谓公欲,即孟子所劝告梁惠王的"与百姓同之"之欲,就是说,我有好色之心,我也要让天下人民好色之心得到满足,从而,公欲的实现也就是公理的体现。但是,在《思问录》,船山明确否定"公欲"说:

> 有公理,无公欲。私欲净尽,天理流行,则公矣。天下之理得,则可以给天下之欲矣。以其欲尔公诸人,未有能公者也。即或能之,所谓违道以干百姓之誉也,无所往而不称愿人也。(27)

我们早已指出,"私欲净尽,天理流行"出自朱子《论语集注》,照船山这里的说法,"公"只是对理而言,换言之,只有理才是"公",欲无所谓公,欲只是私。只有去除了私欲,才能达到公。只有天下实现了理,天下人的欲才能被满足。如果从自己的欲出发,假定他人都有同样的欲,以求满足大家的欲,是不可能的。[4]这样做的人往往都是以牺牲原则来求得到百姓的称赞,这是不可取的。[5]

他又说:

> 所欲与聚,所恶勿施。然匹夫匹妇,欲速见小,习气之所流,类于公好公恶而非其实,正于君子而裁成之。非王者起,必世而仁,习气所扇,天下贸贸然胥欲而胥恶之,如暴潦之横集,不待其归壑而与俱泛滥,迷复之凶,其可长乎?是故有公理,无公欲;公欲者习气之妄也。不择于此,则胡广、谯周、冯道亦顺一时之人情,将有谓其因时顺民如李贽者矣,酷矣哉!(157)

这是说,一般人都是"欲速"的心,见识狭小,受习气所影响,所以一般人的欲心习气看起来像是公好公恶,其实不然,一般人的欲心习气必须由君子加以引导规范。他再一次坚称"有公理,无公欲",认为所谓公欲实际上不过是社会流行的坏习气。现在的天下都是茫然盲目地跟着流行的习气走,如果强调顺从社会的习气,顺从民人的人情,那就流于李贽一类的纵欲主义了。从这里可以看到船山对习气、人情的贬抑,对流俗大众的排斥,这有可能是有感而发,但也表现出他的强烈的精英主义立场。船山这里对流俗的失望和抗拒,对习气的批评和指责,应是他改变公欲说的基本原因。这种精英立场在其同样为晚年著作的《俟解》中也有明确表达。[6]

但船山并不认为欲是恶的根源,可以说,他认为恶是无根的:

> "苟志于仁矣,无恶也",物之感,己之欲,各归其所,则皆见其顺而不逾矩,奚恶之有?灼然见其无恶,则推之好勇好货好色而皆可善,无有所谓恶也。疑恶之所自生以疑性者,从恶而测之尔。志于仁而无恶,安有恶之所从生而别为一本哉!(139)

在宋明道学中程朱派一般把恶的产生归于物感和己欲,船山则认为,物与欲都不必然为恶。如果能真正认识到物和欲本身不是恶,那么正如孟子劝梁惠王的,好勇好货好色之欲都可以为善。那种以为恶的根源在性的猜想就更是无稽之谈了。《论语》说"苟志于仁,无恶也",这就说明了,只要我们的心志于仁,就没有恶了,可见恶不是以性为其根源的。

再来看船山的人性论,船山的人性论集中在性与善恶的关系问题上。他说:

> 言性之善,言其无恶也。既无有恶,则粹然一善而已矣。(140)

所谓性善,是指人性无恶;人性既然没有恶,那么就可以说是完全的善了。但他又说:

> 有善者性之体也,无恶者性之用也。(141)

这是说,所谓性中无恶,其实是指性之用而言;如果就性之体而言,那么应当说性中有善。为什么要把有善和无恶分别归为性之体和性之用呢?船山解释说:

> 从善而视之,见性之无恶,则充实而不杂者显矣。从无恶而视之,则将见性之无善,而充实之体堕矣。故必志于仁,而后无恶。诚,无恶也,皆善也。(142)

这应当是指性之体而言,船山的意思是说,从善的角度看性之体,就会认识到性中没有恶,性体的充实粹然便彰显出来了。但如果从无恶的角度去看性之体,就看不到性体有善,性体的充实粹然就坎陷不见了。可见,应当从有善的方面去看性之体。至于心志的工夫,要像孔子所说的"苟有志于仁,无恶矣",志向于仁,自然不会有恶产生。诚的内心状态就是无恶的,是善的。船山这里的分辨可以说包含着积极的善与消极的善两种视角。这种从有善无恶的角度进行的讨论,应当是和明中后期"无善无恶"说的流行有关,是针对"钱王罗李"批评的表现。[7]

船山又讨论了性和气的关系:

> 故人之性虽随习迁,而好恶静躁多如其父母,则精气之与性不相离矣。由此念之,耳目口体发肤皆为性之所藏,日用而不知者,不能显耳。鸢飞戾天,鱼跃于渊,道之察上下,于吾身求之自见矣。(35)

这是说人的性会随社会环境和活动(习)而变化,但其禀性的好恶动静往往像父母,这说明禀性和精气是有关的。由此又可见,人的感觉和活动器官都是精气构成,也都应当与性有关,包含或体现着性的因素,这一点只是常人日用而不自知觉罢了。不过,船山这里所说的性,实际上有不同的内容,随习而迁的性是一种性,好恶静躁又是一种性,后者正是张载所谓的气禀之性。因此可以说船山在这里强调了气的因素对于性的关联性。

他指出:

> 得五行之和气,则能备美而力差弱。得五行之专气,则不能备美而力较健。伯夷、伊尹、柳下惠不能备美而亦圣。五行各太极,虽专而犹相为备,故致曲而能有诚。气质之偏,奚足以为性病哉! (146)

人之生若得五行的和气,则五行均匀,五行的优点都能具备,但力量的方面较弱。人之生如果得到的是五行的偏气,如金、火较多,土、木较少之类,则人就不能全面获得五行之德,但力量方面则比较强健。但气质之偏者并不妨碍其可成为圣贤,如历史上的伯夷、伊尹、柳下惠都未得五行的和气,却也都成了圣贤。可见,即使气质有偏,只要致力修养就能达到诚的境界,所以气质本身不会成为性的妨碍。船山此说与其《读书说》一样,是针对于贵理抑气说,而主张气不是恶的原因。而比起《读书说》来,船山在《思问录》中对气禀的作用的看法更单一、更明确了。

当然,他也承认气质对善恶有一定的影响:

> 气质之偏,则善隐而不易发,微而不克昌者有之矣,未有杂恶于其中者也。何也? 天下固无恶也,志于仁则知之。(144)

气质的偏重并不是恶,也不是杂有恶。气质之偏对人的影响在于,人生而气质有偏,则他的内在的善往往由于某些气质的偏重而不容易明显表现出来。这并不等于说气质偏重就带来了恶,恶是没有根源性的。

> 性者善之藏,才者善之用。用皆因体而得,而用不足以尽(体),故穷。才有或穷,而诚无不察。于才之穷,不废其诚,则性尽矣。"多闻阙疑,多见阙殆","有马者借人乘之",皆不诎诚以就才也。充其类,则知尽性者之不穷于诚矣。(158)[8]

这是说,性是善的根源,才是善的发用,用是从体来的,根据体而有的,用本身并不能"尽体",所以在尽性的问题上,作为用的才难免是有限的,做不到尽的。不过才有穷并不要紧,关键要用诚的工夫,有了诚的工夫,就能尽性了。所以尽性的妨碍,其关键在于穷于诚的工夫,而不是穷于才的限制。我们知道,在船山思想中,才与气有关,所以这段话也是论气和性、尽性的关系。

在《思问录》内篇的第一段,船山说了这么一段话:

> "学而时习之,不亦说乎? 有朋自远方来,不亦乐乎? 人不知而不愠,不亦君子乎?"人性之善徵矣。故以言徵性善者,(知性,乃知善不易以言徵也。)必及乎此而后得之。诚及乎此,则若火之始然,泉之始达,道义之门启而常存。若乍见孺子入井而怵惕恻隐,乃梏亡之余仅见于情耳,其存不常,其门不启,或用不逮乎体,

或体随用而流,乃孟子之权辞,非所以徵性善也。(1)

这是说,"言"不能证明性善,"恻隐"等四端也不能证明性善,四端只是孟子论述性善论时假借的说法,不是证明。他认为只有《论语》的第一章"学而时习之"几句话,才是性善的证明。这里船山对"学习"的强调,和对"四端"的某种贬抑,是与程朱陆王都不同的。在他看来,四端只是残见于情的东西,不能常存;如果只注意情,则作为用的情往往并不是体的表现,而且就会追逐于用,忘记了体。所以说孟子只是把四端的说法作为"权辞",而不是根本的证明。船山的这个说法,与他在《读书说》中的贬情论是一致的,反对以情证性。这说明船山的哲学思想在中年以来基本未变。所不同的是,他在晚年对于朱子似已有了更多的同情了解,所以《思问录》中已看不到《读书说》中那种对朱子学经典解释的批评,朱子成为他"参伍"的资源,以批判陆王。

最后来看船山的性日成说:

> 命日降,性日受。性者生之理,未死以前皆生也,皆降命受性之日也。初生而受性之量,日生而受性之真。为胎元之说者,其人如陶器乎?(72)

> "成性存存",存之又存,相仍不舍,故曰"维天之命,于穆不已"。命不已,性不息矣。谓生初之仅有者,方术家所谓胎元而已。(73)

天的降命,人的受性,不是初生时一次性完成了的,而是在生命整个过程中不断地进行着的。所以人的性是日受日成的,也是不息不已的,这就是《周易·系辞》所说的"成性存存",也体现了《诗经·周颂》所说的"于穆不已"。这个思想自船山的哲学活动开始以来是一贯的。值得注意的是,照船山这里所说,道教的胎元说认为人的"性"是在初生时一次性受成的,他的性日成说主要是针对于道教的"胎元"说而建立的。这对我们了解他的思想的缘由有所帮助。

三　论善恶工夫

船山对善恶的问题最为注意,他的所有思想,归根到底,是为了说明善恶分别所由起,阐明为善去恶的恰当工夫。他说:

> "五性感动而善恶分",故天下之恶无不可善也,天下之恶无不因乎善也。静而不睹若睹其善,不闻若闻其善,动而审其善之或流,则恒善矣。静而不见有善,动而不审善流于恶之微芒,举而委之无善无恶,善恶皆外而外无所与,介然返静而遽信为不染,身心为二而判然无主,末流之荡为无忌惮之小人而不辞,悲夫!(30)

这是说,善恶的分别,是五性感动以后才有的,也就是说,恶是五性感动以后才有的,而善则是气化以前本体所有的。因此,善是先在的,恶是后起的,故恶都可以回归为善,而恶也是凭借善才有的(恶是善的缺失)。在工夫上,《中庸》说不睹不闻,人应当在静而不睹不闻时仍要保持着"睹其善闻其善"的意向,在动而已发的时候,则要审看心中的善是否有流向于恶的苗头,这样就可以做到永久的善了。如果静的时候完全忘记了善,动的时候也不注意审察从善流向恶的苗头,满脑子无善无恶,认为善恶都和自己无关,孤立地去追求某种空无所染的虚静,这样的人最后没有不流于无忌惮的小人的。这显然是从本体和工夫两方面对无善无恶说加以批判。

> 善恶,人之所知也,自善而恶,几微之介,人之所不知也,斯须移易而已,故曰独。(31)

明白表现的善或恶,是很容易辨别的。人心从善流向恶的苗头,也就是"几",几是很微幽的,不容易被察识。所以人要在几的时候或状态用功,这就是"慎独",独就是一种几的状态。

> 不学而能,必有良能;不虑而知,必有良知;喜怒哀乐之未发,
> 必有大本。敛精存理,翕气存敬,庶几遇之。堕气黜精以丧我而息
> 肩者,不知有也。(32)

不学而能的良能是有的,不学而知的良知是有的,喜怒哀乐未发的大本
也是有的,但这些都不是人在生活中随便能遇上的,必须通过一定的工
夫。船山主张的工夫是敛精翕气、存理存敬,前者是养气的工夫,后者
是存理的工夫。船山用这样的工夫来反对阳明学和庄子的修养主张。
在这种看法中,良知不是人依据的出发点,而是在存理养气的工夫中才
呈现的。这显然是对阳明学良知说的批评,也是对阳明后学主张"不
学不虑"的批评。他还说:"不学不虑,因意欲而行,则下流同归也。"
(111)认为主张以不学不虑为工夫,随意欲而行,这是古今小人共同的
归宿。

> "主一之谓敬",非执一也。"无适之谓一",非绝物也。肝魂、
> 肺魄、脾意、肾志、心神不分而各营。心气交辅,帅气充体,尽形神
> 而恭端,以致于有所事,敬一之实也。(36)

二程说"主一之谓敬,无适之谓一",船山解释说,主一不是执定一个东
西,无适不是与外物隔绝,敬一是身心综合的工夫:心和气要相互辅助,
以志心统帅气,使气充满于身体而不馁,使心神和形体都充分发挥出它
们的能力,还要有恭敬端正的态度,有所事事。船山的这个主张是用孟
子来补充和解释二程的主敬说。他又说:

> 主静,以言乎其时也。主敬,以言乎其气象也。主一,以言乎
> 其量也。摄耳目之官以听于心,盈气以充志,旁行于理之所昭著而
> 不流,雷雨之动满盈而不先时以发,三者之同功也。(91)

动静是时态的分别,主静指静时的工夫。主敬则是指人的一种态度和气象。主一是指注意力的集中。主敬、主静、主一三者都是为了使心宰主耳目,从而使气盈满于身,而充实于志。

> 大匠能与人以规矩,不能使人巧。巧者,圣功也。博求之事物以会通其得失,以有形象无形而尽其条理,巧之道也。格物穷理而不期旦暮之效者遇之。(45)

船山赞成格物穷理,他指出,一般人能执守规范,但不能成为圣人。成圣的方法是博求于事物,以会通得失,从具体事物中了解事物的规律,这就是格物穷理的方法。但格物穷理成圣成贤是一个长久的过程,不能企图在短时间内见效,这些说法应当说也是针对"象山阳明""钱王罗李"的。所以他提倡忠信和好学,认为:"绝学而游心于虚,吾不知之矣。导天下以弃其忠信,陆子静倡之也。"(77)

现在来看船山关于诚意的讨论:

> 恃一端之意知以天下尝试之,强通其所不通,则私,故圣人毋意。即天下而尽其意知以确然于一,则公,故君子诚意。诚意者,实其意也,实体之之谓也。(63)

船山诚意的意不是私意,把自己一个人的意当成天下大多数人的意,这种私意圣人是反对的。诚意就要真正体会天下的公意,公意是普遍的统一的,所以是一。船山对于诚意的主张是意要公,不要私;意要实,不要虚。他又说:

> 意虚则受邪。忽然与物感通,物投于未始有之中,斯受之矣。诚其意者,意实则邪无所容也。意受诚于心知,意皆心知之素而无孤行之意,故曰无意。慎独者,君子加谨之功,善后以保其诚尔。

后之学者于心知无功(以无善无恶为心知,不加正致之功),始专恃慎独为至要,遏之而不胜遏,危矣。即遏之已密,但还其虚,虚又受邪之壑,前者扑而后者熹矣。泰州之徒无能期月守者,不亦宜乎!(64)

诚意要使意充实于内,如果意虚于中,就容易接受邪恶事物的影响。正如把空碗放在屋外,雨水就会注满碗中;如果碗中本来有水,雨水就进入不了。这是二程"有主则实"的思想。意如何得以诚呢?船山认为是心知把诚灌注给意,而"慎独"实际上是意诚以后加以保养的工夫,并不是使意得以诚的工夫。阳明后学没有正心致知上的工夫,只讲慎其独,只讲遏私欲,而意始终是虚而未实的;意的虚就不可避免地受邪,所以泰州学派的工夫都坚持不了一个月,便旧态复萌了。只是,与《读书说》不同,这里没有正面阐明他所主张的正心、致知工夫的具体内容,这也可以理解为,在正心和致知的工夫上,船山保持着他在《读书说》中的主张未变。我们知道,船山是以正心为豫正其志心,以致知为致其是非之辨之知。船山这里对"专恃慎独"的批评对象可能针对于泰州学派(王栋等),也可能包括刘宗周,刘宗周正是以诚意、慎独为宗旨。

"欲修其身先正其心",圣学提纲之要也。"勿求于心",告子迷惑之本也。不求之心,但求之意,后世学者之通病。盖释氏之说暗中之,以七识为生死妄本。七识者,心也,此本一废,则无君无父,皆所不忌。呜呼!舍心不讲,以诚意而为玉钥匙,危矣哉!(65)

船山强调正心应当是最首要的工夫,认为邪说异端都是对于正心工夫的背离。如告子主张不求于心,就是不能理解正心的意义。孟子以后汉唐宋明的许多学者都不在心上下工夫,只求在意上下工夫,这成为一种通病。佛教把七识看成虚妄之本,这等于把心当做"妄"的根源。把心这个根本废弃了,就必然成为禽兽小人。所以,舍弃心的工夫,专讲诚意,这是船山所反对的。

关于未发已发,船山认为喜怒哀乐未发而有节,喜怒哀乐不是单纯的寂静,如果说未发时无节,那么已发的中节又是何者给予的呢？所以他主张:"虽喜怒哀乐之未发,而参前倚衡莫非节也。充气以从志,凝志以居德,庶几遇之。"(60)认为那种主张未发是空寂的看法是"失之远矣"。

在克己复礼的问题上,船山认为复礼比克己更重要,他说:"礼已复而己未克,其以省察克治自易。克己而不复礼,其害终身不瘳。玄家有炼己之术,释氏为空诸所有之说,皆不知复礼而欲克己也。"[9]这是说,如果已经复礼但还未克己,那就加以省察克治,这是比较容易的。但是如果只注意克己,而不去复礼,那就会造成遗害终身。他认为道教的炼养和佛教的空心,都是只讲克己不讲复礼。可见船山所说的复礼是儒家的社会规范。

由上可见,船山对良知说、慎独说、主敬说、格物穷理说、诚意说都有所分析,对良知说、慎独说、诚意说批评较多,对无心、无我说更是严厉批判。他自己主张以正心致知为关键工夫,由正心以诚意,以慎独保守意诚,同时存理养气,格物穷理,逐步达到成圣成贤的目标。

四 论有无、体用

为了批驳"虚无高妙"之说,《思问录》在不少地方讨论"有无"及与"有无"相关的问题,与船山其他著作相比,这些讨论成为此书突出的一个特点。

> 言幽明不言有无(张子),至矣。谓有生于无,无生于有(皆戏论)。不得谓幽生于明,明生于幽也。论至则戏论绝。幽明者,阖辟之影也。故曰是故知幽明之故,原始反终,故知生死之说。(52)

张载认为太虚即是气,故宇宙之中充满实在,没有虚无,故其《正蒙》云:"故圣人仰观俯察,但云'知幽明之故',不云'知有无之故'。"船山继承张载之说,认为圣人不讲有无,只论幽明,道佛才讲有无。他认为有与无之间,幽与明之间,都不存在生成的关系,那些有生于无,无生于有,幽生于明,明生于幽的说法都是错误的。在他看来,幽明就是聚散阖辟的一种形式。像张载一样,他强调:"不略于明,不昧于幽,善学思者也。"(57)

船山之反对谈有无,主要是反对"无",而不是反对"有",对于主张"无"之说的理由,他做了这样的分析:

> 言无者激于言有者而破除之也。就言幽者之所谓有而谓无其有也。天下果何者而可谓之无哉?言龟无毛,言犬也,非言龟也;言兔无角,言麋也,非言兔也。言者必有所立,而后其说成。今使言者立一无于前,博求之上下四维古今存亡而不可得,穷矣。(55)
> 寻求而不得,则将应之曰无,姚江之徒以之。天下寻求而不得者众矣,宜其乐从之也。(56)

这是说,一般人所说的"无"其实都是针对于特定的"有"而言的,从而这些"无"都是一些特定的、有规定的"无"。如说龟无毛,是相对于犬的有毛而言;说兔无角,是相对于鹿的有角而言,这些"无"都不是抽象的普遍的"无",都是针对一些特定的"有"而加以解构和破除。船山认为,如果提出一种无规定的无,那在宇宙之间根本无可寻求,是没有意义的。船山此说也不全面,古代道家所讲的无往往不是宇宙论中的某个存在,而是抽象的一般的、无规定的无,而这种无只是形而上学的实体,当然在宇宙结构中没有其对应物。阳明学的无善无恶说其实与这种思维没有直接关联。但船山的批判的锋芒所向是明确的。他又说:

> 至于不可谓之为无而后果无矣,既可曰无矣,则是有而无之

也。因耳目不可得而见闻,遂躁言之曰无,从其小体而蔽也。善恶可得而见闻也,善恶之所自生不可得而见闻也,是以躁言之曰无善无恶也。(82)

有者变化为无,才是无,无不是自本自根的。有者变为无以后,耳目不可得而见闻,于是人称之为无,以为实无所有,其实这只是感官能力的界限,由于看不到、听不到,就以为真是无。善恶是大家所能见闻的,而善恶的根源人们往往无所知,于是以为善恶的根源是无善无恶。可见,船山对虚无说的批判始终是和对王学中无善无恶说的批判联系在一起。

与对无善无恶说的批判相关联的,还有对无我、无心说的批评:

> 言无我者,亦于我而言无我尔。如非有我,更孰从而无我乎?于我而言无我,其为淫遁之辞可知。大抵非能无我,特欲释性流情,恣轻安以出入尔。否则惰归之气,老未至而耄及之者也。公者,命也,理也,成之性也。我者,大公之理所凝也。吾为之子,故事父,父子且然,况其他乎? 故曰万物皆备于我,有我之非私,审矣。……无我者,为功名势位而言也,圣人处物之大用也。于居德之体而言无我,则义不立而道迷。(97)

“我”是承受天命、性理的主体,天命、性理是公,在这个意义上,有我不是私,这也是孟子所说万物皆备于我的意思。无我本来是对于名利而言,指忘情于名利场的得失,这是圣人处世的大用;但是如果无我是对有我之公即德性主体的否定,则其实质是私,无非是放肆情欲。

> 有性之理,有性之德。性之理者,吾性之理即天地万物之理;论其所自受,因天因物而仁义礼知浑然大公,不容以我私之也。性之德者,吾既得之于天而人道立,斯以统天而首出万物;论其所既受,既在我矣,惟当体知能为不妄,而知仁勇之性情功效效乎志以

为撰,必实有我矣受天地万物之归,无我则无所凝矣。言无我者,
酌于此而后不徇辞以贼道。(98)

船山认为性可从两个方面了解,一是性之理,一是性之德。性之理即来源于天命所赋予,其根源即天地之理,人受凝此天地之理成为自己的仁义礼智之性,所以性理的根源(所自受)是公而无私的。性之德是指自己禀受得来的性(所既受),使我们具有知能、性情、心志、德性,成为道德的主体,这个道德主体就是"我";没有这个道德的主体,就无法受凝天之所赋,否定了这个道德主体的无我,便是对道的伤害。

> 禹之治水,行其所无事,循乎地中,相其所归,即以泛滥之水为我用,以效浚涤之功。若欲别凿一空洞之壑以置水,而冀中国之长无水患,则势必不能,徒妄而已,所谓凿也。言性者舍固有之节文条理,凿一无善无恶之区以为此心之归,讵不谓之凿乎? 凿者必不能成,迫其狂决怒发,舍善而趋恶如崩,自然之势也。(127)

船山把无善无恶说称为"凿",指立此说者要人的心离开了本性固有的理,而进入一个本性之外的无善无恶的空间。他特别指出,这不仅不能使人心在本性上得以安顿,而势必离善趋恶,造成情欲的横流。这体现了船山对晚明社会思潮的观察和分析。这种分析与大多数明末清初的儒家知识分子是一致的。

在有无说之外,船山还讨论了体用、道器的问题:

> 佛老之初,皆立体而废用。用既废,则体亦无实。故其既也,体不立而一因乎用,庄生所谓"寓诸庸",释氏所谓"行起解灭"是也。君子不废用以立体,则致曲有诚,诚立而用自行。逮其用也,左右逢原而皆其真体。故知先行后之说,非所敢信也。(94)

这里的"立体"是指佛老在开始时都是注重修心养性,"废用"是指佛老

后来都忽略了实践的完善。由于用的空缺,体也就不能实在挺立,所以最终体也没有建立起来,而一切都听任于行为之用。

> 统此一物,形而上则谓之道,形而下则谓之器,无非一阴一阳之和而成,尽器则道在其中矣。(149)
> 尽道所以审器,知至于尽器,能至于践形,德盛矣哉!(150)

船山的哲学观是实存主义,他往往不喜欢把事物分析、分别开来,强调事物是统一的存在物,认为虽然我们可以对事物进行形上学分析,如事物的形而上的方面是道,形而下的方面是器,但这两方面是统一地存在于事物整体中的。同时船山惯于进行宇宙构成论的分析,主张一切事物都是阴阳二气和合而成。但值得注意的是,船山在这里很强调道器的分别,并从这种道器分别的哲学思想突显他的"重器论"的实践主张,即重视尽器,认为尽道是为了尽器,而尽器才能得到对道的一贯性理解,尽器是最高的目标,尽器就是孟子说的践形。船山的这种重器论是与传统道学不同的。

五 批判虚论,回归张周

在前面的讨论中我们已经提及船山对陆王或二氏的一些批评,这里我们再综合地叙述一下船山在此书中对二氏和陆王的批判。

船山的这些批判范围较广,涉及的问题也较多。对于庄老,他特别批评了"自然"之说(7,33)、"废然之静"说(8,9)和"无心"说、"无我"说。对于佛教道教,他特别批评了佛老的神秘体验的工夫:"引之于无据之地,以其空微,则必有慧以报之。释氏之悟止此矣,核其实功,老氏所谓专气也。"(18)批评了佛老的不尽人道、忘废饮食的禁欲主义(20),批判了佛老的贬气论(108),批判二氏"待物感之不交而后欲不妄,待闻见之不杂而后意不私"(105)的摒除物感闻见的修养方法,批判了释氏"言语道断""心行路绝"的直观方法(120)。

对于陆王和钱王罗李,他分析了良知良能说(112),着重批判了王学的无善无恶说(55,56,127),反对泰州学派的舍心求意的主张(65,121),批评陆学是"绝学游心于虚"(77),批评阳明学"速期一悟"(119)的顿悟说,等等。

与对二氏和陆王的批判相对照,《思问录》中大量引用了周敦颐、张载的话作为论据,或加以诠释。如解释无极太极(6)、太极阴阳(8,22),发明"诚无为""几善恶"(13)、"五性感动而善恶分"(30),评论"静无而动有"(38),解说"志伊尹之所志,学颜子之所学"(39),论"无思,本也""思通,用也"(44),发明"铢视轩冕"(49),引证"中也者和也",论未发(60),论"主静"(91),这些都是对周敦颐思想的发挥。如论"太虚"(5),解释《西铭》"乾称父,坤称母"(16)的思想,引用"心能检性,性不知自检其心"(13),活用"二气之良能"(24),发挥《正蒙》清虚一大的神化论(29),论"天地之塞成吾其体""天地之帅成吾之性"(34),发扬"言幽明不言有无"(52),引用"两端也虚实也,动静也,聚散也,清浊也,其究一也"(59),"太和所谓道"(60),这些都是对张载的发明。[10]在《思问录》中除了引用《论语》《周易》外,很少引用二程,更罕见引用朱子,所以相比之下对周张的大量引用,是颇具意义的。应当说,这明确表现出船山晚年对道学发展源头的周敦颐、张载的回归的意识,当然这种回归不是对于周敦颐、张载思想和命题的重复,而是对之进一步的诠释和发展。

由以上所述可见,所谓"尽废古今虚妙之说",兼指天道和人道,但主要是指人道。船山在《思问录》中仍然对太虚、太极、神化有不少讨论,所以他并没有把天道论中的这些关注看成是应当否定的"虚妙"之说,相反,他却认为这些哲学宇宙论的问题讨论清楚之后才能使人道问题有更为清楚的贞定。这一点在《正蒙注》中表达得更明白。所谓古今虚妙之说,"虚"是虚无说,"妙"指脱离下学工夫的境界和妙悟的直觉方法。具体来说,除了"有生于无"说而外,主要指的就是在人道论上的主无、主虚、主静、主空的各种主张,直指明代心学的"无善无恶"说、无心无我说、主静自然说、绝学外物说、舍言求悟说,集中在工夫论和境界论的方面。而在这些方面,他与明代朱学对心学的批评是完全一致的,也和明代朱学之外受张载影响的理学家对王学的批评是一致的。

总的来看,船山《思问录》的思想与《读书说》和《四书训义》基本一致,所不同者,主要是批驳陆王更严,而对朱子同情了解更多,其对濂溪、横渠的回归亦甚明显。

注 释

〔1〕 此段话前有一句:"至于守正道以屏邪说,则参伍于濂洛关闽,以辟象山阳明之谬,斥钱王罗李之妄。"

〔2〕 本文所用文本为《思问录·俟解》,中华书局,1983 年。为方便计,以下只随文注出其条目数。

〔3〕 同上书,第 520 页。

〔4〕 船山在《俟解》中也说,利不可推,"私之于己则自贼,推之于人则贼人。善推恩者,止推老老幼幼而已,非己有佽佽之屋、薿薿之粟而推之人使有之也"(第 7 条)。

〔5〕 船山对公欲的否定,可能与晚年注意周敦颐《通书》的说法也有一定关系,《通书》公明章:"公于己者公于人,未有不公于己而能公于人也。"

〔6〕 船山以庶民流俗之祸烈于小人,乃云:"不言'小人'而言'庶民',害不在小人而在庶民也。小人之为禽兽,人得而诛之。庶民之为禽兽,不但不可胜诛,且无能知其为恶者;不但不知其为恶,且乐得而称之,相与崇尚而不敢逾越。学者但取十姓百家之言行而勘之,气异于禽兽者,百不得一页。营营终日,生与死俱者何事?一人倡之,千百人和之,若将不及者何心?……乃其所以然者,求食、求匹偶、求安居;不则相斗已耳,不则畏死而震摄已耳。庶民之终日营营,有不如此者乎?……庶民者,流俗也;流俗者,禽兽也。明伦、察物、居仁、由义,四者禽兽之所不得与。"(《俟解》第 3 条)"鸡鸣而起,孳孳为利,谓之勤俭传家,庶民之所以为庶民者,此也,此之谓禽兽。"(同上,第 4 条)船山此说与罗近溪对庶民生活伦理的态度全然不同。

〔7〕 《俟解》乃云:"王龙溪、钱绪山天泉传道一事,乃摹仿慧能、神秀而谓之,其'无善无恶'四句,即'身是菩提树'四句转语。附耳相师,天下繁有其徒,学者当远

之。"(第 22 条)又,船山对龙溪、李贽的严厉批评还可见其《搔首问》。

〔8〕 此段新校订《船山全书》本作"性者善之藏,才者善之用。用皆因体而得,而用不足以尽体,故才有或穷,而诚无不察"(《船山全书》第十二册,第 428 页)。

〔9〕 《俟解》第 1 条。

〔10〕 当然,船山对周、张的说法也非绝对无异议,如对张载的"沤冰之喻"不以为然(81),对周敦颐"静无而动有"说有所修正(38)等,但毕竟为个别。

《正 蒙 注》

第十章

"存神尽性，全而归之"
——船山《正蒙注》的思想宗旨

贞生死以尽人道
明人道以为实学
安身立命的基点
圣学正统的重建
小结

　　船山的《张子正蒙注》（以下简称《正蒙注》），作于其67岁，而修定于72岁，足以代表他的晚年思想。在《正蒙注》中，他自中年以来通过各种著述所表达的思想，在这里得到了一种综合和熔铸，并得到了新的发展。自然，《正蒙注》所采取的话语形态是"横渠学"的，但这种横渠学的话语不能仅仅被看做船山晚年所借用的一种由文本的制约所带来的表达方式，应当说，这是船山思想归宗返本的自觉选择。换言之，横渠学的话语之于船山，并不是一种外在的、偶然的形式，而是他经历一生思考选择后所确定的学术形态，这从他自撰墓铭的"希张横渠之正学"可以得到完全的证明。

张载的《正蒙》一书,是其晚年所编集,其中有不少来自中年时的《易说》;而取自《易说》的部分,在收入《正蒙》的时候,也有一些地方做了修改。在他死后,门人苏昞等将此书区分而为 17 篇,在南宋前期已成定本。朱子虽然没有为《正蒙》一书作注,但为其中的《西铭》作过注释,而且朱子一生中讨论《正蒙》的言语亦复不少。《正蒙》在明清时代有不少学者为之作过注释,一般来说,明清学者为《正蒙》作注者多是朱子学者。[1]

船山一生对横渠最为尊崇,他对横渠的了解也主要来自《正蒙》,他在晚年作《张子正蒙注》,而且明确宣明"希张横渠之正学",表明这既是他在学术思想上的自我定位,也是他的学术宗旨和归宿。

一　贞生死以尽人道

今人阅读《正蒙》,尤其是第一篇《太和篇》(下引篇名皆省去"篇"字),多视之为一种论天道的宇宙论,也就是主要从自然哲学来了解张载的思想。

船山的理解则大不然,也因此,我们在看他的《正蒙注》的时候,会看到他明显地注重其人道论的意义,这成为他的《正蒙注》思想的重要特点,很值得注意。

《正蒙注·太和篇》绪言:[2]

> 此篇明道之所自出,物之所自生,性之所自受,而作圣之功、下学之事,必达于此,而后不为异端所惑。盖即太极图说之旨而发其所函之蕴也。[3]

首先,船山指出,《太和》一篇力在揭示道、物、性的宇宙论根源(即道何所出,物何所生,性何所受)。其次,他表明,对道、物、性所从产生的根源的揭示,并不是一种独立的哲学理论的建构,而是与儒家的下学上达、成圣成贤之学具有密切而内在的关联,它是作圣之功的基础、是下学之事的前提,因此它是作为"圣学"的一部分而获得其意义的。复次,这里强调,只有明了了道物性的真实根源,才能不受佛老二氏的迷惑,而"正蒙"正是要去除佛教道教的蒙蔽。最后,船山也说明,在他的理解中,横渠的《正蒙》是对濂溪《太极图说》的发明,所以张、周共同成为他理论上思想上追溯的源头。

在《太和篇》的前二章(即"太和所谓道"一章和"太虚无形,气之本体"一章)之后,船山说:

> 此上二章,兼动静、生死而言。动静之几,尽性之事;死生之故,立命之事;而一动一静,一屈一伸,理所必有而通于一,则一也。[4]

这再次表明,动静不能仅仅被看做纯粹自然哲学的运动范畴,对动静的把握是属于"尽性之事"(尽性一词来源于《易·说卦》"穷理尽性以至于命",和《中庸》"惟天下至诚为能尽其性"),对死生的了解也不仅仅是一种对自然过程的说明,而是服务于"立命之事"(立命之说来自孟子"修身以俟之,所以立命也"),也就是说,在船山看来,《太和》开篇的这两章都是要落脚在人的安身立命的人道来理解。

在第三章"天地之气,聚散攻取百涂"后尾,船山有一篇长文字,与其《正蒙注》序论同其重要,他说:

> 此章乃一篇大指,贞生死以尽人道,乃张子之绝学,发前圣之蕴,以辟佛老而正人心者也。……且以人事言之,君子修身以俟命,所以事天;全而生之,全而归之,所以事亲。使一死而消散无余,则谍所谓伯夷、盗跖同一丘者,又何恤而不逞志纵欲、不亡以待尽乎?惟存神以尽性,则与太虚通为一体,生不失其常,死可适得其体……[5]

《太和篇》可谓《正蒙》一书的概要,船山认为《太和篇》的大旨,就是

"贞生死以尽人道",这意味着,在船山的理解中,"贞生死以尽人道"也是《正蒙》全书的大指,甚至是整个横渠学的主题;而横渠的思想,既是对圣学的发明,也是批佛老、正人心的武器,可见,船山所关注的,决不是某种抽象的哲学,而是尽人道的儒家圣学。所以,发明儒家的圣学,解除佛老的蒙蔽,是船山思想一体两面的主题,也是横渠思想的核心主题。尤其重要的是,船山的思想比起横渠更进一步,在他的理解中,《太和》《参两》诸篇,以及整部《正蒙》书之成为圣学的一部分,不仅仅因为它们肯定宇宙实有,反对佛老虚无之说,而且因为它们以"贞生死以尽人道"为其内容。这几句话也显示出,船山的生死—人道论有着实体的含义,这就是,一个人的行为的善和恶不会随其死亡而消散无余,否则善恶的分别就没有意义了,一个人的善恶将影响到他死后的归宿,所以他主张要以"存神尽性"的修养,来保证死后"全而归之"于太虚。因此,"存神尽性"和"全而归之"就成了《正蒙注》的最主要的结论和落脚点。这在以前的船山研究中是完全被忽视了的。

所以在《太和篇》的"昼夜者,天之一息乎"一章后,他又再申明:

> 此篇之旨,以存神而全归其所生之本体。[6]

这再次强调,《正蒙·太和篇》的宗旨,乃在于"存神而全归其所生之本体"。实际上这也就是《正蒙注》的宗旨。"存神"是君子的工夫,"所从生的本体"就是人的身体和生命的来源,在船山就是指太和絪缊。换言之,《太和篇》的宗旨是要人以存神的工夫以达到死后全部地归返于太和本体。这样一来,船山《正蒙注》的重点就转到了"工夫—本体"[7],而"生死—善恶"的问题便构成为船山思想的核心问题。我们在后面还会看到,"存神尽性""全而归之"在船山晚年已经成为其思想体系中的"终极关怀"。

"存神"是船山《正蒙注》中的重要观念,如果不是最重要的观念的话。"存神"一词的经典渊源可见于《孟子·尽心上》"君子所过者化,所存者神,上下与天地同流";存神的说法,除了《孟子》外,也化用了

《周易·系辞》中的"精义入神""穷神知化""神而明之存乎其人"等用法的意义。船山的存神观念直接来源于《正蒙》本身,《正蒙》云"圣人尽道其间,兼体而不累者,存神其至矣","性性为能存神,物物为能过化","存神然后妙应物之感","既不能存夫神,又不能知夫化矣"。船山把存神和尽性连用,成为一对基本的心性工夫观念。

在《太和》以下的各篇中,船山也都尽量扣紧人道点醒读者。如《参两篇》注中说:"体无形有象之性以达天,而存其清虚一大之神,故存心养性,保合太和。"提示读者要把清虚一大和存心养性结合在一起。[8]又说:"此上二章,因天化以推心德之主宰。"[9]《天道篇》绪言:"前二篇具明天道,此篇因天道以推圣德,而见圣人之学……"[10]都处处提醒读者,《正蒙》的论及天地神化与圣学心德紧密关联。在《神化篇》绪言中,他认为"此篇备言神化,而归其存神敦化之本于义,上达无穷而下学有实",[11]即其中虽然极论天地阴阳之化,但仍归结到"存神敦化",上达和下学始终密切联结。

《动物篇》《诚明篇》,则更是如此,《诚明》绪言曰:

> 前篇统人物而言,原天所降之命也。此篇专就人而发,性之蕴于人所受而切言之也……。张子推本神化,统动植于人而谓万物之一源;切指人性,而谓尽性者不以天能为能;同归殊涂,两尽其义,乃此篇要旨。[12]

这是强调人不能仿照天的自然无为,而必须在人道上做尽性的努力,了解人性的天道来源,正是为了使人自觉到尽性的必须。《诚明》注的最后又云:

> 此章绎易传之旨而决于义利之分,为天道物理之恒、人禽存去之防,其言深切。学者近取而验吾心应感之端,决之于几微,善恶得失判为两涂,当无所疑矣。[13]

《大心篇》绪言云：

> 自此以下三篇，乃言学者穷理精义之功，明乎道之所自出，则功不妄；反诸学之所必务，则理不差。君子之道所以大而有实也。此篇乃致知之要，下二篇乃笃行之实。[14]

这些都说明，船山对《正蒙》的解说，其重要特点便是强调人道论的意义，防止人们在读《正蒙》的时候只关注其天道论部分，而忽视了其中人道论的意义。自然，《正蒙注》包含了一套天道论的说法，但这一套天道论对于船山来说不是独立自存的一套知识，而是密切联系其人道论、为其人道论服务的。

二　明人道以为实学

《正蒙》后半部的数篇，多是对《论》《孟》《诗》《书》《易》、三礼的具体解释，船山按语不多，也就不必叙述了，现在我们越过这些部分而直至《正蒙》书的最后一篇《乾称篇》。船山把此篇分为二篇，前一部分即《西铭》，称之为《乾称篇》，后一部分则称之为《可状篇》。[15]在《乾称篇》的绪言的前半部，船山着重说明张载与周敦颐在理论上的继补关系：

> 抑考君子之道，自汉以后，皆涉猎故迹，而不知圣学为人道之本。然濂溪周子首为太极图说以究天人合一之原，所以明夫人之生也，皆天命流行之实，而以其神化之粹精为性；乃以为日用事物当然之理，无非阴阳变化自然之秩序而不可违。然所疑者，自太极分为两仪、运为五行、而乾道成男、坤道成女，皆乾坤之大德资生资始；则人皆天地之生，而父母特其所禅之几。则人可以不父其父而父天，不母其母而母地，与六经、语孟之言相为蹠盭，而与释氏真如缘起之说虽异而且同矣。则濂溪之旨，必有为推本天亲合一者，而

后可以合乎人心,顺乎天理而无敝。故张子此篇不容不作,而程子一本之说诚得其立言之奥而释学者之疑。[16]

这是说,汉代以后的考证儒学,完全不了解人道有其天道的来源,所以周子《太极图说》从宇宙本源上揭示天人合一,使人明白人的生命和本性来自天命流行,日用事物的道理来自阴阳变化的秩序。但是,如果只讲天人合一,未讲天亲合一,即如果只说明人的生命和本性来自天地,而不说明父母对个人的意义,就会导致人们仅仅以天地为父母,忘记了孝顺亲生父母的意义,结果就会以事天代替了事亲。《西铭》的意义正在于弥补了《太极图说》的缺略,把"天亲合一"的道理讲明,使得天道和孝道得以统一。

于是,在绪言的后半部,船山从"天亲合一"的立场全面阐释了孝道在理解《西铭》中的意义:

> 窃尝沉潜体玩而见其立义之精,其曰"乾称父,坤称母",初不曰"天吾父,地吾母"也。从其大者而言之,则乾坤为父母,人物之胥生,生于天地之德也固然矣。从其切者而言之,则别无所谓乾,父即生我之乾;别无所谓坤,母即生我之坤。惟生我者其德统天以流行,故称之曰父;惟成我者其德顺天而厚载,故称之曰母。……尽敬以事父,则可以事天者在是;尽爱以事母,则可以事地者在是。……若舍父母而亲天地,虽极其心以扩大而企及之,而非有恻怛不容已之心动于所不可昧。……谁继天而善吾生?谁成我而使有性?则父母之谓矣。继之成之,即一阴一阳之道,则父母之外,天地之高明博厚,非可躐等而与之亲;而父之为乾,母之为坤,不能离此以求天地之德,亦昭然矣。[17]

船山指出,在哲学认识上,人是天地的产物,故可以说"乾称父,坤称母"。而在"生"我"养"我的问题上,父母才真正地、直接地体现了天地的功德(功、德皆指用言)。所以就乾坤的生生功德而言,在这一点上,父即是乾,此外更无别的天,母即是坤,此外更无别的地。可见,天地可称父母,是在认知和境界的意义上说的,但这并不等于说可以在实践上把天地与亲生父母等同,或以天地代替亲生父母。道德实践上的"孝"是必对于亲生父母而言,它是基于我们对父母的不可掩抑的恻怛情感。人对于天是无法具有这种情感的。同时也要看到,孝道不仅仅是人道,父直接体现的是天之德,母直接体现的是地之德,孝敬亲生的父母就是人事天事地的最根本的表现。

"事天"之说可见于《礼记·哀公问》的子曰"仁人之事亲也如事天,事天如事亲"。《大戴礼记》中也有相同的说法。《孝经》的"子曰"云"昔者明王事父孝,事天明"。《孟子·尽心上》说:"存其心养其性,所以事天也。"孟子以尽心知性所以知天,以存心养性所以事天。宋儒杨龟山说:"西铭只是发明一个事天的道理。"朱子论张载《西铭》说:"他不是说孝,是将这孝来形容这仁。事亲底道理,便是事天底样子。"[18]

船山的思想与朱子的说法不同,朱子认为《西铭》是以孝来形容仁,其目的要落在仁,而不是说孝。船山的说法则认为《西铭》的意义还是强调孝,是以孝道的实践来体现对天地的义务。在这个意义上,《西铭》的意义应该不是要建立一个天地境界,[19]而是在一个新的高度上更深刻地认识人世孝道的意义。所以他在绪言的最后说:"张子此篇,补周子天人相继之理,以孝道尽穷神知化之致,使学者不舍闺庭之爱敬,而尽致中和以位天地之大用。"[20]这种解释正是船山言天不忘人,始终重视人道的思想的表现。

在古代宗教观念里面,天是神性的存在,事天的主要方式是祭祀。在古代宗教的时代,"事天"的观念表示在天与人的关系中,人对天有义务,同时人对人也有义务,事天和事亲是分开的。儒家的产生则注重事天和事亲在内心态度上的一致性。但在后来儒家的观念中,天的神性逐渐消减,尤其是在理学体系中,"天即理也",使得古代经典的理解受到理性化的洗礼。但宋代以来,道学以《西铭》为基础,仍坚持认为人对天地负有义务或责任。在这样的体系中如何建立或以何种方式重新建立人对天的义务,以及如何实现此种义务,便是一新的问题。在道学,按船山的理解,没有什么另外的事天的事务要做,人是自觉地以尽其对人的义务来同时实现其对天的义务。船山的这种态度,用《思问录》的表达,即是"明人道以为实学"。

三　安身立命的基点

现在,让我们返回船山的《正蒙注》序,《正蒙注》的序他称为序论,序论的中间一段,与以上所说有极大关系,反映了船山对《正蒙》大旨的理解和他自己的思想宗旨。他说:

> 人之生也,君子而极乎圣,小人而极乎禽兽;然而吉凶穷达之数,于此于彼,未有定焉。不知所以生,不知所以死,则为善为恶皆非性分之所固有、职分之所当为,下焉者何弗荡弃彝伦以遂其苟且私利之欲?其稍有耻之心而厌焉者,则见为寄生两间,去来无准,恶为赘疣,善亦弁髦,生无所从,而名义皆属沤瀑,两灭无余,以求异于逐而不返之顽鄙。乃其究也不可以终日,则又必佚出猖狂,为无缚无碍之邪说,终归于无忌惮。自非究吾之所始与其所终,神之所化,鬼之所归,效天地之正而不容不惧以终始,恶能释其惑而使信于学!
>
> 故正蒙特揭阴阳之固有,屈伸之必然,以立中道,而至当百顺之大经皆率此以成,故曰"率性之谓道"。天之外无道,气之外无神,神之外无化,死不足忧而生不可罔,一瞬一息,一宵一昼,一言一动,赫然在出王游衍之中,善吾伸者以善吾屈。然后知圣人之存神尽性、反经精义,皆性所必有之良能,而为职分之所当修。……[21]

这里的"性分之所固有、职分之所当为"出自朱子《大学序》"其学焉者,无不有以知其性分之所固有,职分之所当为"。船山强调,如果不能知生知死,不能对生命的根源与死亡的归宿有完整了解,那就不能了解善恶的意义,不能理解为善去恶是人性固有的当然,从而会认为善恶的分别是没有意义的。[22] 如果以为为善去恶不是人性固有之当然,善恶分别是没有意义的,那就会导出三种不良的发展:一是纵欲主义,抛弃一切伦理规范以追求个人的私利;二是虚无主义,认为善恶对于人的生命是多余的,人生的一切在死后都消灭无余,所以生命和善恶都没有意义;三是自由主义,追求生活的无规范无拘束,随心所欲,而最终变成为一种猖狂的人格形态。[23] 第一种人即世俗小人,第二种人即佛老之徒,第三种人指王门末流。所以,对宇宙和生命的"原始反终",其根本目的是使我们能够确认"善"是本性所固有,"为善"是我们天生的责任,认识到生命为真实,死亡不可怕。

船山指出,《正蒙》解决这一问题的进路是,确认阴阳变化宇宙的实体基础,屈伸生死是自然的普遍法则;阴阳和屈伸是人道大经的本源,人道是从阴阳屈伸中得以引申出来;从而,人的言行及人生的一切都在气化聚散之中而不会消灭,也都在天道皇皇的流行之中而受其往复,对生时的善待便是对死后的善待,生时的善对于死后有影响、有作用;如果明白这些道理,就能真正了解"存神尽性"是人性的良能,人生的当然。[24]

《正蒙注》序论的这一段,清楚扼要地阐明了船山所理解的《正蒙》的宗旨和意义,实际上是阐明了他自己的思想关怀和主张。在这段阐述中可以清楚地看到,船山所强调的核心问题是生死与善恶的问题,即"贞生死以尽人道"。在船山看来,如果不能认清正蒙的道理,生命就没有价值目标,一切价值如同大海的泡沫,人就不能"安身立命"。可见,船山的思想的要旨是要立基于儒家的生死观和善恶观来解决人的"安身立命"的问题。

船山的思想,在一定的意义上看,具有自然主义的特点,因为他要把善恶的问题追溯到自然的生死,追溯到阴阳的屈伸,试图以阴阳屈伸的自然来说明价值的根源。但是,在基本出发点上看,其基本关怀是人道的、价值的,所以尽管他对善恶根源的哲学论证诉之以气学的形态,但船山思想在总体上又不能简单归结为自然主义,更不能归结为一种与人文价值无关的自然辩证法。

四 圣学正统的重建

同样值得重视的,是船山的《正蒙注》序论中,比较全面地阐述了他对于道学传统和宋明理学发展的看法,从中可以看出他如何看待自己与这一传统的关系。

《周易》蒙卦之"蒙",《正义》的解释是:"蒙者,微昧暗弱之名。"可见蒙与明相对。《彖传》云:"蒙以养正,乃圣功也。"旧注以为指隐默自修,其实是不大说得通的。张载所用的"正蒙"本出于《彖辞》"蒙以养正",对此,船山的训释说:"谓正蒙者,养蒙以圣功之正也。"也就是以圣功正学来教养童蒙。而在船山,蒙是指知识的开始,意味正童蒙之志于始。其实,无论船山在训诂上如何解释"正蒙"两字,他的重点应当是在"正";而这一"正"字是与他的"正学"观念同其意义的。正若作为动词,则应该是指正其蒙昧之蔽。此蒙昧之蔽指的是佛老二氏的学说。我们知道,船山晚年自题墓铭中的"希张横渠之正学"表达了他学术的归宗和归宿,这"正学"的意义包含有二,一是儒家圣学的中道正统(圣学是船山自己反复使用的观念),二是毫不沾染异端影响的纯正儒学。这两点并不是分离的,而是互相说明的。所以船山在序论中说明,他所理解的"正",是反对"狂思陋测、荡天理、蔑彝伦,而自矜独悟,如老聃浮屠之说"的"正"。他回顾了儒学史而指出,文武以前是尤"正",至于东周而"邪"出,故孔子阐明易道而推明仁学,经过《孟子》和《大学》的继承发挥,中正的人道由此完备地建立起来。孟子的时代虽然有杨墨为异端,但儒家当时不屑于论证其"邪",故采取引而不发的态度。但汉、唐之间,儒者出入异端之学,受其影响太大,所以宋代儒学必须有"正蒙"出现,以正学术。把回应异端之学的挑战看做宋代道学兴起的主要背景,在这一点上船山与宋代以来道学的说法是一致的。

以下船山对宋明儒学的发展做了"贞邪相竞"的叙述:

宋自周子出,而始发明圣道之所由,一出于太极阴阳人道化生之终始。二程子引而申之,而实之以静一诚敬之功。然游、谢之徒,且歧出以趋于浮屠之蹊径,故朱子以格物穷理为始教,而檠括学者于显道之中。乃其一再传而后,流为双峰、勿轩诸儒,逐迹蹑影,沉溺于训诂,故白沙起而厌弃之。然而遂启姚江王氏阳儒阴释诬圣之邪说,其究也,为刑戮之民、为闯贼之党皆争附焉,而以充其无善无恶、圆融理事之狂妄,流害相激而相成,则中道不立,矫枉过正有以启之也。[25]

船山的论述一般并不严密,前后往往不能一致。[26]此段的叙述和结论便颇费疏解。在他的整个叙述,应当这样加以理解,即,周子发明太极人极,二程落实于诚敬工夫,这都没有问题。二程的弟子离开周程的正途而歧出,所以朱子出来纠正他们的差失,提出格物穷理,朱子也应是没有问题的。但朱门后学沉溺训诂,于是引起陈白沙的反对,加以批评,陈白沙本人应当是没有问题的。但王阳明继白沙反对格物之路却引入佛禅邪说,于是导致明代后期的文化混乱和败坏。在这个意义上,周程朱陈并无不正,其矫枉亦无不是,惟程门后学、朱门后学、白沙之后的阳明学,才是沿着矫枉的路子而走向过正。[27]

不过,如果从历史叙述来看,上面的说法有所缺漏,这就是他没有提到陆象山。但在后面的一段里他说道:

学之兴于宋也,周子得二程子而道著。程子之道广,而一时英才辐辏于其门;张子教学于关中,其门人未有殆庶者。……贞邪相竞而互为畸胜,是以不百年而陆子静之异说兴,又二百年王伯安之邪说熺,其以朱子格物道问学之教争贞胜者,犹水之胜火,一盈一虚而莫适有定。使张子之学晓然大明,以正童蒙之志于始,则浮屠生死之狂惑不折而自摧,陆子静、王伯安之蕞然者,亦恶能傲君子以所独知而为浮屠作率兽食人之怅乎?[28]

"贞邪相竞而互为畸胜",贞即是正,指正学与邪说彼此斗争,互为消长,同时也指明,只要有正学,就会有邪说出来与之相争。他在"贞邪相竞而互为畸胜"后面紧跟着,用陆王与朱子之教争胜作为说明,这表示他以朱子为"贞",陆王为"邪",这也证明了我们在上面的推断。

由此可见,船山对佛老极力诋斥,对陆王严厉批判,对二程、朱子基本肯定,对周子全无异辞,对横渠最为推崇。他认为横渠是接着濂溪讲的,而他自己是接着横渠讲的,这表现出,他的立场是回归横渠濂溪,以重建儒学正统,这也就意味着重建道学正统。这种重建也是以某种道统的观念为之基础,所以他在序论最后说:

> 立天立地立人,反经研几,精义存神,以纲维三才,贞生而安死,则往圣之传非张子其孰与归![29]

"反经"出自《孟子·尽心下》:"君子反经而已矣,经正则庶民兴,庶民兴斯无邪慝矣。""经正"与"无邪慝"都与他的正学思想密切关联。他认为张子是继"往圣之传",这种说法正是宋代道学的核心观念,这也就是所谓"为往圣继绝学";立天立地立人和纲维三才,亦即"为天地立心,为生民立命";"贞生而安死"则是船山所理解的正学的核心。所以,就此而言,船山并非自外于道学传统,而是以横渠学为往圣之传、正学之宗,回归张周,以此来吸收程朱。这是他对于当时思想文化的救治之方,也是他对重建儒学—道学正统的明确选择。所以,他对于道学的立场可说是"源头的回归,反思的重建"。

五　小　结

船山对《正蒙》大义的解说,当然都是根据他自己的观点所做的诠释,从而也以此种方式显现出他自己的思想主张。换言之,《正蒙注》

对《正蒙》大义的说明即是船山对自己思想的说明。而由以上论述可知,船山思想的主题可归结为:

> 原始终以立中道
> 贞生死以明善恶
> 存神尽性以全归本体

这些思想主题的具体展开和意义解析,详见后文。船山在具体解释、阐发时,往往观念多而且杂,叙述未必清晰,徒然为读者增加了理解上的曲折。我们今天也未必能够把他的所有概念论述一一解说清楚,但我们必须抓住其立言大旨,则在思想的重点、方向和意义上就不会迷失了。船山思想的主导意识,仍是如何克除佛老的影响,建立正确的儒家的人生价值观,这正是道学的主题,在此意义上,船山不仅是宋明道学运动的继承者、参与者,也经他之手的发展,使得自张载以下到船山这样一个宋明道学内部的发展形态,清晰起来。这个形态,从宋明思想的实际历史来看,是道学主题之下的一个非主流的发展;但从思想的特质而言,就清代而言,却未必不是一重要的流向。而无论如何,船山是一个一心寻找儒学正统以排佛老而正人心的儒学思想家,这个面目是清晰的。

最后,再引《正蒙注》的《神化篇》中解"知几其神,由经正以贯之"的一段话,作为结束:

> 张子之言,神化尽矣,要归于一;而奉义为大正之经以贯乎事物,则又至严而至简。盖义之所自立,即健顺、动止、阴阳必然之则,正其义则协乎神之理。凝神专气以守吾心之义,动存静养一于此,则存神以顺化,皆有实之可守,而知几合神,化无不顺。此正蒙要归之旨,所以与往圣合辙,而非贤智之过也。[30]

义即是大正的人道原则,人道原则来源于天道的阴阳健顺。而人以大正的原则贯穿事事物物,不仅可使社会得以有序,同时也是对天道的一种协助参赞。义虽然来自大道,但亦存在于人心,人的修养应当凝聚神智,来守护心之义,动则存心,静则养性,这些工夫就是存神的真切工夫,也是顺应天地之化的实在工夫。换言之,存神、顺化才是《正蒙》一书的要旨,也是《正蒙》继承往圣而与之一致的地方。

注 释

〔1〕 亦有主张气学的学者为之作过注,如韩邦奇曾作《正蒙解结》,但韩氏见到刘近山《正蒙会稿》后,便将他自己的注解付之于火而不传。见韩氏《正蒙会稿序》。

〔2〕 船山《正蒙注》每篇之前皆有一段文字,以说明此篇的宗旨,姑称之为绪言。

〔3〕 《张子正蒙注》,《船山全书》第十二册,岳麓书社,第15页。

〔4〕 同上书,第19页。

〔5〕 同上书,第21—22页。

〔6〕 同上书,第40页。

〔7〕 "本体—工夫"的对待,在明代哲学中,"本体"主要是指心之本体;而作为船山哲学思想核心结构的"工夫—本体",这里的本体是指气之本体,宇宙的根源性本体。

〔8〕 至于这里所说的存心养性与保合太和的关系,我们要在生死善恶的一章才能清楚了解。

〔9〕 《张子正蒙注》,《船山全书》第十二册,第46、60页。

〔10〕 同上书,第65页。

〔11〕 同上书,第76页。

〔12〕 同上书,第112页。

〔13〕 同上书,第141页。

〔14〕 同上书,第143页。

〔15〕 按《正蒙》书第十七篇为《乾称》,而明清以来《正蒙》各本,大抵分为两类,一种把《乾称》中的《西铭》提出另行,不在《正蒙》之内,一种则维持将《西铭》作为《乾称》篇的开首部分。船山则以《西铭》为第十七《乾称》篇,而以"凡可状"以下文字为第十八《可状》篇。

〔16〕 《张子正蒙注》,《船山全书》十二册,第351—352页。

〔17〕 同上书,第352—353页。

〔18〕 朱子语见《朱子语类》,卷 98,第 33 页。

〔19〕 "天地境界"一语出自冯友兰的《新原人》,指一种仁者与天地万物一体的精神境界。

〔20〕 《张子正蒙注》,《船山全书》十二册,第 353 页。

〔21〕 同上书,第 11 页。

〔22〕 船山原文"为善为恶"似当改作"为善去恶",因为我们总不能说"为恶"是职分之所当为。

〔23〕 这里的自由主义一词是代用概念,与现代政治理论和道德哲学的自由主义概念并不相同。

〔24〕 "一瞬一息,一宵一昼,一言一动,赫然在出王游衍之中",按后句出于《诗经》之《大雅·生民》,曰:"昊天曰明,及尔出王;昊天曰旦,及尔游衍。"船山引此以说明一切都在天道往复之中。故《正蒙注·可状篇》云:"明夫聚散生死皆在道之中,而非灭尽无余"(《张子正蒙注》,《船山全书》十二册,第 376 页),正可为之注脚。

〔25〕 《张子正蒙注》,《船山全书》十二册,第 10—11 页。

〔26〕 劳思光亦有类似看法,见其《中国哲学史》第三卷下册,第 733、737、742、744页等。

〔27〕 此段文字似只能如此解释,否则,若以周矫汉儒、程补周说、朱正程门、陈矫朱门皆为矫枉过正,则应非船山本意。不过,船山虽然认为周程朱陈并非不正,但以张载为最醇正,则亦属显然。

〔28〕 《张子正蒙注》,《船山全书》十二册,第 11—12 页。

〔29〕 同上书,第 12 页。

〔30〕 同上书,第 93 页。

第十一章

船山《正蒙注》的善恶生死论

安生安死

全生全归

不留不挠

理学渊源

余论

　　根据船山的看法,宇宙的本源是太虚中的絪缊之气,气聚而生成人物,人物死而散为气而归于太虚。聚散、生死是自然变化的必有之几。气聚为人而可见,这是"明";人物死散而归于太虚,不可见,这是"幽"。所以从生到死,是从"明"转变为"幽",而不是从"有"消灭为"无"。

　　如果船山仅仅停留在这种看法上面,那么他与张载的思想就完全相同,仍然是一种不同于佛教和道教的自然主义的生死聚散说。就反驳佛道教、坚持自然变化的辩证观念而言,此说相当有力;同时,作为一种宇宙人生观,视生死变化为自然,不惧不畏不留,也有其重要的人生指导意义。

　　然而,若进一步问,在这种生死观下,人的善恶对"生"有何意义,对"死"有何意义,那么仅仅停留在以聚散释生死的观念上,就无法回答了。当然,如前所说,船山认为从自然的健顺之性而继之为仁义之性,以说明人的道德本性根源于天地之性,以确证善的根源,这也在一个方向上把他的气体—气化的宇宙论与善恶问题连接起来。但船山在实际上未止于此,与张载区别的是,他的宇宙论的特色和思想特质最终要在善恶对于生死的意义上表达出来,善恶对宇宙的意义亦成为船山思想的终点。这就是"存神尽性,全而归之"。我们虽然在前面已经指出这是船山思想的宗旨,而未加具体揭示,本章将对这一点做一全面的讨论。

一　安生安死

船山继承了张载的思想,以气的聚散来说明生死的本质:

> 气之聚散,物之死生,出而来,入而往,皆理势之自然,不能已止者也。不可据之以为常,不可挥之而使散,不可挽之而使留。是以君子安生安死,于气之屈伸,无所施其作为,俟命而已矣(《太和》)。[1]

气聚合而成人成物,这是"出而来";人与物生命结束,气散归入于太虚,这是"入而往"。气有聚散,人有死生,这是自然变化的法则,也是永恒的势运,决无停止之时。因此,人不能以为个体的生命身体是能够永久不死的。生死聚散有自己的规则,君子的态度是顺应它,安于生,安于死,平静而自然地接受生死变化。人对于气化聚散生死的过程是无所作为的,人所能够做的,就是以"俟命"的态度顺其自然,而无所恐惧留恋。"俟命"可见于《中庸》"故君子居易以俟命,小人行险以徼幸",《孟子·尽心下》亦说"君子行法,以俟命而已矣"。当然,船山在这里并没有表达全面,人对于生死,不仅应以俟命的态度对待,还要尽力于心性的修养,这一点船山在其他地方多次加以强调。

船山解释正蒙"是生纲缊相荡、胜负屈伸之始"时又说:

胜则伸,负则屈,胜负屈伸,衰王死生之成象,其始则动之几也。此言天地人物消长死生、自然之数,皆太和必有之几(《太和》)。[2]

他以气的屈伸解释《正蒙》的"胜负",这是合理的。成象与动几相对,成象指既成的固定形象,动几则是指这些形象朝向形成的初始苗头。船山的意思是,有盛有衰,有生有死,有聚有散,这些变化终始的运动根于太和实体所内涵的动几,所以是必然的。他又说:

日月之发敛,四时之推迁,百物之生死,与风雨露雷乘时而兴、乘时而息,一也,皆客形也。有去有来谓之客(《太和》)。[3]

气聚成形,形散还气,所以形是暂时的,故称为客形。一切有形体的事物都有兴有息,有兴无息是不可能的。所以"有生必有死",不仅仅对于人类是如此,这是宇宙万事万物的普遍法则。

往来屈伸是循环不止的,"伸之感而屈,生而死也,屈之感而伸,非既屈者因感而复伸乎!"(《太和》)[4]伸是生,屈是死,由伸到屈,即由生而死;死是屈,屈又可以变为伸,在感的条件下,已死而屈者又可因感而伸,重新组成新的生命形态。换言之,一个生命体之死,气散入太虚,合于絪缊之中;这些既散的气在一定的条件下又会重组结聚为新的生命形体。当然,一个新的生命体不是另一个旧的生命体的全部气所构成,"死生流转,无蕝然之形以限之,安得即一人之神识还为一人?"(《可状》)[5]

船山也继承了张载关于鬼神的说法,张载说"鬼神者二气之良能也",船山说:

鬼神者,气之往来屈伸者也(《乾称》)。[6]

阴阳相感,聚而生人物者为神,合于人物之身;用久则神随形

散,散而不足以存,复散而合于绌缊者为鬼。神自幽而之明,成乎
人之能,而固与天相通,鬼自明而返乎幽,然历乎人之能,抑可与人
相感(《太和》)。[7]

古代宗教以人死后的存在为鬼,船山认为人物之死,即消散为气,还归
于太虚细缊之中,所以死散之气可名为鬼。反过来说,宇宙中并没有别
的鬼,鬼就是死散而归向太虚的气。他又认为,太虚之中的神是一种变
化的内在动力,它使得阴阳聚合为人物;而人物生成的时候,太虚之神
就合于人物之身而成为人物的神智之神。至于最后一句,说人死气散
为鬼,但经历过做人的这些鬼气,仍然可以与活的人相互感应,这应当
是指祭祀的感格而言,我们就不在这里讨论。

　　船山也指出,神是无所谓"聚",也无所谓"散"的。聚散是气,屈伸
是指形气,神则无所谓屈伸,神也无所谓幽明:

　　　　日月、雷风、水火、山泽,固神化之所为,而亦气聚之客形,或久
　　或暂,皆已用之余也,而况人之耳目官骸乎! 故形有屈伸,而神无
　　幽明之异(《太和》)。[8]

前面一段说"用久则神随形散,敝而不足以存",这里也说"或久或暂,
皆已用之余",都是说客形用久就要消散。神本来是形而上的,太虚之
神和人物之神,都是不可象的,所以无论形象如何聚散,神是无所谓幽
明之分的。当然,神随着气之散,也会返于太虚。

　　对此,船山也从理气的角度加以说明:

　　　　未生则此理气在太虚为天之体性,已生则此理聚于形中为人
　　之性,死则此理气仍返于太虚。形有凝释,气不损益,理亦不杂,此
　　所谓通极于道也(《诚明》)。[9]

这是说,事物的理,在事物未聚合成形以前,是作为太虚的体性,天的体

性。当气聚结为人为物时，原来天的体性就转而成为人物形体中的性理。人物死而化气弥散，理也就重新回复为气的理，而随气返归于太虚。

二　全生全归

但是，船山与张载的一大不同是，在张载，"散入无形，适得吾体；聚为有象，不失吾常"（《正蒙·太和语》）是自然的，与人为无关的，描写的是自然生死聚散的循环过程。但在船山，则强调"适得吾体"和"不失吾常"都有人为的因素参与其中，这也是船山思想的要妙之处。如船山说：

> 至诚体太虚至和之实理，与缊缊未分之道通一不二，是得天之所以为天也。其所存之神，不行而至，与太虚妙应以生人物之良能一矣。如此，则生而不失吾常，死而适得吾体。迹有屈伸，而神无损益也。[10]

很明显，在这里，"生而不失吾常，死而适得吾体"，都是"至诚""存神"的结果，以至诚的修养使自己与太虚缊缊保持一致，以存神的修养使自己与太虚神化的良能一致，如此，才能"生而不失吾常，死而适得吾体"。如果比照上面引用过的"形有凝释，气无损益"，则这里的"迹有屈伸，而神无损益"的神应指气之神。

这一"死而适得无体"，在船山更表达为"全而归之"。上面这段话的意思，也就是我们在前面引过的"存神而全归其所从生之本体"。正如我们在前文所指出的，船山最特别的地方，是他指出《正蒙·太和篇》的宗旨是"存神尽性，全而归之"。全而归之的归之，当然是归于其本体，这本体就是太和缊缊，所以船山说："鬼者归也，归于太虚之缊缊也。"（《可状》）[11] 与张载不同，船山所说的"全归"很有讲究，体味他的话，人并不是在死后便可自然地"全归"其所从生的本体，"全归"实是

"存神"修养的结果,这就是说,有存神的工夫才能全归本体,没有存神的工夫则不能全归本体。也就是说,有存神的工夫才能生时"不失吾常",有存神的工夫才能死后"适得吾体"。

现在来看船山的这段话:

> 性尽则生死屈伸一贞乎道,而不挠太虚之本体;动静语默一贞乎仁,而不丧健顺之良能。……盖其生也异于禽兽之生,则其死也异于禽兽之死,全健顺太和之理以还造化,存顺而没亦宁(《太和》)。[12]

人在生时若能尽性行道,则其生异于禽兽之生,因为他的生命活动"不挠"太虚之本体,不丧健顺之良能。不挠即不扰乱,意思是能使其生命状态与太虚本体一致。不丧健顺之良能,是说他的个体生命没有丧失从天地健顺之性得来的本性。一句话,他的生命保持着与太和之体用的一致。由于他在生时能尽性行道,所以其死也异于禽兽之死,这种异于禽兽之处乃在于他能"全健顺太和之理以还造化"。"还"就是"归",这就是"全而归之"的意思。当然,这里只说全健顺之理而归之,没有谈到气,我们在后面还会说明。在船山这段话里,我们应当注意,按照他的说法,如果我们不能尽性存仁,就会影响(挠)太虚的本体,就不能全健顺之理还归造化。

于是,船山说:

> 使与太和细缊之本体相合无间,则生以尽人道而无歉,死以返太虚而无累。全而生之,全而归之,斯圣人之至德矣(《太和》)。[13]

这里的"与太和细缊之本体相合无间"是指人为的修养和努力,这种"无间",就是前面说的"性尽则生死屈伸一贞乎道,而不挠太虚之本体;动静语默一贞乎仁,而不丧健顺之良能",也就是前面说的至诚存神而"体太虚至和之理,与纲缊未分之道通一不二,与太虚妙应以生人物之良能一"。而这里所说的"死以返太虚而无累"也与前所谓"不挠太虚之本体"相通。只有我们在德行上做到"与太和纲缊本体相合无间",我们才能够"全而生之,全而归之"。而"全而生之,全而归之"就成为我们的目标和目的。

如果细分的话,则"全归"还可分为"全形"和"全性",他说:

> 全形以归父母,全性以归天地,而形色天性初不相离,全性乃可以全形(《乾称》)。[14]

事实上,对于船山而言,自认为其"全归"之说本于《正蒙》。船山《张子正蒙注》的《乾称》本文有:"体其受而全归者,参乎!"这是指曾子死前启手足的故事。不过,船山注本用的《正蒙》本文"全归",在其他诸本皆作"归全",自然,全归和归全在意义上没有分别,但这显然是船山有意无意地改动了本文(盖归全二字,在他看上去即全归二字)。我们将会看到,如果不就字义而就话语的历史来看,归全和全归就有很大分别了。这段话中对全形和全性的分别,就使得前面的那个问题清楚了,即"全健顺太和之理以还造化"是重就"全性"而言的,所以没有提到形气。

现在,让我们回到船山论《正蒙》与《太和》宗旨的那段话。这一段所解释的《正蒙》原文是:

> 昼夜者,天之一息乎?寒暑者,天之昼夜乎?天道春秋分而气易,犹一寤寐而魂交。[15]

"魂交"出于《庄子》齐物论"其寐也魂交"。船山的解释是:"气之屈伸往来,一也。寤则魂交于明,寐则魂交于幽,神固未尝亡也。"是说人虽然有梦有醒,但心神始终而在。

《正蒙》接着说:

> 魂交成梦,百感纷纭,对寤而言,一身之昼夜也;气交为春,万
> 物揉错,对秋而言,天之昼夜也。[16]

船山的解释是:

> 魂交者,专指寐而魂交于幽而言。身内为幽,身外为明。生物
> 者客形尔,暂而不常,还原而忘其故,故如梦。秋冬敛物之精,适得
> 太虚絪缊之体,故如寤之返于真也。昼为生,夜为死,气通乎昼夜
> 者,合寤寐而如一,故君子无不正之梦而与寤通理。
> 此篇(太和)之旨,以存神而全归其所从生之本体,故以秋配
> 昼寤,以春配夜梦。而下章推物欲之所自出,唯不能通夜于昼,而
> 任魂交之纷纭,故有发无敛,流于浊而丧其清,皆随气迁流,神不存
> 而成贞淫交感之势也(《太和》)。[17]

如果把人在白天清醒时的意识、生活作为本体,则夜半做梦便为客形。
太虚絪缊是本体,人物之生则为客形。两相比照,就可以白天的清醒比
喻为死后归还于本体,而以夜半做梦比喻为人生的暂时状态。生死的
交替,则如昼夜之交替,但不同的是,昼夜交替是自然的,人无所与于其
中。但人的生死虽然是自然的,但能否完全地回归到本体,则有赖于人
的道德努力,所以船山要强调"此篇之旨,以存神而全归其所从生之本
体",存神在这里有着重要的作用,它决定着一个人死后如何回归,能
否"全归"。我们在下节再来更清楚地说明船山的思想所在。

三　不留不挠

要了解究竟什么叫"全而归之",这和人的善恶有何关系,我们要
进一步揭示出来。
船山说:

聚而成形,散而归于太虚,气犹是气也。神者,气之灵,不离于气而相与为体,则神犹是神也。聚而可见,散而不可见尔,其体岂有不顺而妄者乎?故尧舜之神,桀纣之气,存于缊缊之中,至今而不易(《太和》)。[18]

这是说,气聚成形,形散为气而还归太虚,气仍然回复为其自身。神与气不相离,气回复为自身,神也依旧还是气之神(从形之神回复为气之神)。换言之,聚结为人物的气,在人物死亡而消散之后,并非消散为无,而是复归于本然的缊缊。形体的神本来来自气的神,形体散为气以后,形体的神也没有变为无(本无聚散),也只是回复到作为气之神。神者气之灵,是指形体的神,即神是气的虚灵作用和功能。这些都是强调气、神在散归后并没有消尽为无,气仍然作为气存在着,神仍然作为神存在着。船山说这就是《正蒙》讲的顺而不妄。然后船山指出,尧舜的神、桀纣的气,散归于太虚之中,至今不变。这句话是什么意思呢?

在另一段,船山说:

聚则见有,散则疑无,既聚而成形象,则才质性情各依其类。……故善气恒于善,恶气恒于恶,治气恒于治,乱气恒于乱,屈伸往来,顺其故而不妄。不妄者,气之清通,天之诚也(《太和》)。[19]

照前面所说,所谓"不易"应当是指善气永远是善气,恶气永远是恶气,治气永远是治气,乱气永远是乱气,尽管这些气都处在屈伸往来之中,但它们之间永远不会混淆(因为它们不在同一世界)?

船山在解释"气之为物,散入无形,适得吾体"时指出:

散而归于太虚,复其缊缊之本体,非消灭也。……散而仍得吾体,故有生之善恶治乱,至形亡之后,清浊犹依其类(《太和》)。[20]

那就是说,人生在世时的善或恶、治或乱,在人死之后,依其类而归散为气。善气和恶气各依其类而散,善气散归入善气类中,恶气散归入恶气类中,互不混淆。这是一种很奇特的思想,这既不是纯粹的自然主义,更不是纯粹的人文主义,而是带有某种宗教或神秘色彩的气学世界观,这很可能与明代后期、明末的善恶报应论和民间宗教的死后观念的影响有一定的关系。

人生善恶对宇宙的影响,不仅在于死后的归类,而且在其生前。所以,不仅要"全归",也要"全生"。船山在《动物篇》又有一段话:

> 日生者神,而性亦日生;反归者鬼,而未死之前为鬼者亦多矣。所行之清浊善恶,与气俱而游散于两间,为祥为善,为眚为孽,皆人物之气所结,不待死而始为鬼以灭尽无余也。[21]

这是说,不仅人在死后散为气对宇宙有影响,即使人在活着的时候,他的行为的善恶都会随时成为一种气或者与气一起而游散于天地之间。这些言行的善恶与气一起,结为一定的天象气候,影响人的社会生活,如所行之善在天地之间结为祥瑞,所行之恶则结为灾害。这些也属于鬼,是未死前的鬼。

在这样的宇宙观下,人在生时的言行善恶,并不仅仅是一种名声,一种社会评价,也决不会像大海的泡沫消散灭尽,反而,在他的生前和死后,都会变成为宇宙当中的一种实体性的存在,影响天地两间的气象,影响宇宙的构成。就本质而言,这类思想在历史上至少可以追溯到汉代的灾异感应说,[22]甚至有佛教"业"的影子。

现在,我们再回到论"张子之绝学"的那段重要资料:

> 此章乃一篇大指。贞生死以尽人道,乃张子之绝学,发前圣之蕴,以辟佛老而正人心者也。朱子以其言既聚而散,散而复聚,讥其为大轮回;而愚以为朱子之说正近于释氏灭尽之言,而与圣人之言异。孔子曰:"未知生,焉知死。"则生之散而为死,死之可复聚为生,

其理一辙,明矣。易曰:"精气为物,游魂为变。"……形而上即所谓清通而不可象者也,器有成毁,而不可象者寓于器以起用,未尝成,亦不可毁,器散而道未尝息也。……有形者且然,况其絪缊不可象者乎!未尝有辛勤岁月之积一旦悉化为乌有,明矣。……且以人事言之,君子修身俟命,所以事天;全而生之,全而归之,所以事亲。使一死而消散无余,则谚所谓伯夷盗跖同归一丘者,又何恤而不逞志纵欲,不亡以待尽乎? 惟存神以尽性,则与太虚通为一体,生不失其常,死可适得其体,而妖孽、灾眚、奸回、浊乱之气不留滞于两间,斯尧舜周孔之所以万年,而诗云"文王在上,于昭于天"为圣人与天合德之极致(《太和》)。[23]

这一段全面阐述了船山所理解的《正蒙·太和篇》的宗旨,充分表达了船山自己思想的终极关怀。他批评程朱的过分自然主义的生生说,[24]认为气之生生说不仅不能恰当说明人物的所从来、所以往,而且会导致善恶的意义的减失。他始终不能接受程朱对张载的异议,正是因为这一点对他具有根本性。他主张絪缊之气即在器物之中,絪缊是不可毁灭的,故形器解体而不可象的气之神则未尝消灭。而人的一生中的积善积恶也绝不会随生命的死亡而一旦化为乌有。在他看来,从理论的功能上说,如果主张人们的善恶行为随一死而消散无余,那么人们就会认为,圣贤和盗贼、大善与大恶,归宿完全相同,他们的分别没有意义,从而就会使人无所畏惧、无所顾忌地走向纵欲主义。君子知道人们的善恶行为不会随一死而消散无余,因此修身俟命,存神尽性,这样生时全面行善,与太虚通为一体,不会留下任何浊气灾眚于两间之中,这就是"全而生之"。这样的君子死后合于太虚,以全清之气回归到絪缊太和,这就是"全而归之"。他认为,所谓周孔万年,所谓文王在上,都应该从这个方面来理解。

现在,船山的思想我们已经基本明了了,以下再举出一些材料来进一步帮助说明:

顺而言之,则惟天有道,以道成性,性发知通。逆而推之,则以心尽性,以性合道,以道事天。惟其理本一原,故人心即天,而尽心知性,则存顺没宁;死而全归于太虚之本体,不以客感杂滞遗造化以疵颣。圣学所以天人合一,而非异端之所可溷也(《太和》)。[25]

这也是说,人若能尽心知性,就能做到张载所说的存顺没宁,死后便能够全归于太虚本体,不留下任何不善溷浊的杂滞之气影响两间的造化,这也就是前面说的"浊乱之气不留滞于两间"。这样的归宿才是真正的天人合一,才是保合太和,这样的人生才是"立命"。换言之,如果不能尽心知性修养自己,就有可能造成恶浊之气而影响两间,自己也就不能全归本体。这里涉及的心性工夫论问题留待后文讨论。

他又说:

人能存神尽性以保合太和,而使二气之得其理,人为功于天而气因志治也。不然,天生万殊,质偏而性隐,而因任糟粕之嗜恶攻取以交相竞,则浊恶之气日充塞于两间,聚散相仍,灾眚凶顽之所由弥长也(《太和》)。[26]

如果人能存神尽性,就能全而生之、全而归之,用《周易》的话来说,这也叫做保合太和,意即保证了太和的清通与和谐。如果不能存神尽性,人顺其气质之偏而不加修养,本性便隐而不彰,言行动止都听任欲望的鼓动,这样浊恶之气就会弥漫天地之间,凶灾就会不断增长,宇宙和人类社会就可能陷于灾乱和苦难。

在上述解说明白之后,在这样的背景下,我们才能理解《正蒙注》中的以下说法:

乾乾自强,以成其德,以共天职,而归健顺之理气于天地,则生事毕而无累于太虚。……(《至当》)[27]

有了前面的论述,我们才能顺理成章地知道,"归健顺之理气于天地"就是前面所说"全健顺太和之理以还造化";这"生事毕而无累于太虚"就是"不以客感杂滞遗造化以疵颣",就是"浊乱之气不留滞于两间","不挠太虚之本体","死以返太虚而无累"。

行文至此,我们可以说,王船山思想的落脚之处,现在已明白无遗。这个生死—善恶的问题是船山晚年思想的核心和要义,其他的复杂的理论辨析和概念组织都是围绕此一核心的外围建构和展开,或为这一落脚点所铺排的理论前件。他的所谓"气论"也不可能离开这一基点来理解。这种观念不仅受到宋明理学的明确影响,也可能受到明末善书和民间宗教等流行的善恶报应论的刺激,而他的奸回、灾眚的说法也应当饱含了他所亲历的明末的社会动乱与天崩地解的经验。

就船山的说法来看,他的表达不是完全周全的。照船山的宇宙论的逻辑来说,人死后,不论其生前行为如何,其气应当不会挠太虚本体而为之累。因为,如果桀纣之气留在太和氤氲之中,则太和之中便有浊恶之气,这是不合其宇宙论的。因此,人死形亡之后,清浊犹依其类,应当是指"两间"而言,这从船山所说的"奸回浊乱之气留滞两间""浊恶之气充塞于两间"的说法亦可得到支持。而既然人从太和带来的气有一部分变为"客感杂滞遗留两间",人当然就无法"全而归之"于太虚本体了。

从这点来看,"全生全归"虽然说的是个体,但其善恶似乎更多地落脚在社会的治乱上,善恶之气在两间,所影响的主要是社会。在这个意义上船山此说并不是着眼在个体的报应,而是对社会治乱的一种解释。这显然是由明末社会大动乱所引起的思考和哲学解释。在这种解释中,人的善恶行为可以变为具有实体的意义的气,对社会、历史造成影响。

四　理学渊源

船山的"全而生之""全而归之"的思想是从哪里来的? 回答是:其基本观念从古典儒学和宋明理学而来。

前面已经提及,张载的《正蒙·乾称篇》中有"体其受而归全"的讲法,船山注本的"归全"作"全归",根据以上的论述,我们相信船山本作"全归"并没有版本上的依据,这多半是他的思想影响了他的视觉。

其实,这一思想在儒学中有久远的渊源。

《大戴礼记》曾子大孝篇:

> 乐正子春曰:"吾闻之曾子,曾子闻诸夫子曰:'天之所生,地之所养,人为大矣。父母全而生之,子全而归之,可谓孝矣。不亏其体,可谓全矣。'故君子顷步之不敢忘也。……"

《礼记》祭义篇亦有:

> 乐正子春曰:"善如尔之问也!吾闻诸曾子,曾子闻诸夫子曰:'天之所生,地之所养,无人为大。父母全而生之,子全而归之,可谓孝矣。不亏其体,不辱其身,可谓全矣。故君子顷步之弗敢忘孝也。'"

《吕氏春秋》孝行览:

> 乐正子春下堂而伤足,瘳而数月不出,犹有忧色。门人问之曰:"夫子下堂而伤足,瘳而数月不出,犹有忧色,敢问其故?"乐正子春曰:"善乎而问之。吾闻之曾子,曾子闻之仲尼:父母全而生之,子全而为之,不亏其身,不损其形,可谓孝矣。君子无行咫步而忘之。余忘孝道,是以忧。"

这是"全而生之""全而归之"的最早出处,照大小戴记的说法,这种提法甚至可追溯到孔子,至少可追溯到七十子时代。

《论语·泰伯》"曾子有疾,召门人弟子曰……"章,朱子《论语集注》载:

> 程子曰:"君子曰终,小人曰死。君子保其身以没,为终其事

也,故曾子以全归为免矣。"尹子曰:"父母全而生之,子全而归之。曾子临终而启手足,为是故也。非有得于道,能如是乎?"

由于《大戴礼记》不在《十三经》之中,后世传讲此书的人亦少,所以,宋明的士人应是由《礼记》而熟悉这套论说。我推测,这一套论说的后世影响也应当与程门对《论语》的解释有关。二程高弟子尹和靖对二程的"全归"观念,明确用大小戴《礼记》的说法做了阐释,经过朱子《四书集注》的表彰,也由此影响了此后宋明思想的发展。船山对于儒家典籍研读甚广,对朱子的《四书集注》,阅读更为用力,其《四书训义》就是以朱注为本,加以发明。所以《大小戴礼记》、二程和尹氏的这些思想必然是他所熟悉的。

事实上,朱子早在其《西铭解义》中就已提及乎此:

> 父母全而生之,子全而归之,若曾子之启手足,则体其所受乎亲者而归其全也。况天之所以与我者,无一善之不备,亦全而生之也;故事天者能体其所受于天者而全归之,则亦天之曾子矣。……[28]

受于父母的要全而归之,受于天的也要全而归之。但是朱子在这里并没有具体说明如何全而归之。

朱子的意见,我们留待后面再说,先来看二程、尹氏之后。南宋程学者早就注意及此:

张横浦云:

> 曾子得正而毙,吾能处其正,顺受而全归于天地,是有曾参之孝也。[29]

这是继承了二程的说法。

张南轩云:

　　　　天地其父母乎？父母其天地乎？不以事天之道事亲者，不得
　　　　为孝子；不以事亲之道事天者，不得为仁人。全而生之，全而归之，
　　　　事亲之道，所以事天。[30]

很明显，张南轩在程门的影响下，把《礼义》祭义篇、《大戴礼记》曾子大
孝篇的"全生""全归"观念和《礼记》哀公问篇的"事天""事亲"观念结
合在一起。横浦和南轩都没有见过《四书集注》，所以他们的思想并不
是受朱熹的影响得来的。[31]
　　明代心学亦很重视此说，如：
　　湛甘泉云：

　　　　中立而和发焉，万事万化自此焉，达而位育不外是矣。故位育
　　　　非有加也，全而归之者耳。[32]
　　　　天之生物，使之一本，父母全而生之，子全而归之，继善成性，
　　　　不以生存，不以死亡，生生化化，通乎死生昼夜而知者，归根复命之
　　　　谓也，谓之不死可也。[33]

这"不以生存，不以死亡，谓之不死可也"的说法，和后来王船山的说法
已经接近，但从甘泉所用的"继善成性"来看，他所强调的全生全归，当
指性而言。
　　阳明学论此更多，如王阳明《答顾东桥书》：

　　　　盖"知天"之知，如知州、知县之知。知州则一州之事皆己事
　　　　也；知县则一县之事皆己事也。是与天为一者也。"事天"则如子
　　　　之事父，臣之事君，犹与天为二也。天之所以命于我者，心也，性
　　　　也，吾但存之而不敢失，养之而不敢害，如父母全而生之，子全而归
　　　　之者也。[34]

可见阳明对这一套传统的论述不仅熟悉，而且深受影响。但阳明认为，全生和全归者，不是气，而是心和性。阳明弟子后学也多有论述，如：

邹东廓《语录》云：

> 念虑事为，一以贯之，是为全生全归，仁孝之极。[35]

罗近溪云：

> 盖吾心之德原与天地同量，与万物一体。故欲明明德于天下，而一是以修身为本者，正恐自贼之耳。故曰："谓其身不能者，贼其身也。"夫父母全而生之，子全而归之，孔子东西南北于封墓之后，孟子反齐止赢于敦匠之余，固为天下生民，亦为父母此身。……[36]

泰州学派最讲安身，所以"全而生之""全而归之"的思想很适合他们论述。

王塘南《语录》载：

> 问："人之死也，形既朽灭，神亦飘散，故舜、跖同归于必朽。所仅存者，惟留善恶之名于后世耳。"予曰："不然。"又问："君子之修身力学，义当然也，非为生死而为也。倘为生死而为善，则是有所为而为矣。"予亦曰："不然。夫学以全生全归为准的，既云全归，安得谓与形而俱朽乎？全归者，天地合德，日月合明，至诚之所以悠久而无疆也。孰谓舜跖之同朽乎？以全归为学，安得谓有为而为乎？"曰："天地合德，日月合明，悠久无疆，特言其理耳。岂真有精神灵爽长存而不泯乎？是反为沉滞不化之物矣。"予曰："理果有乎？有即沉滞矣。理果无乎？无即断灭矣。沉滞则非德非明非至诚也，断灭则无合无悠久也。此等见解，一切透过，乃可语生知之学。"[37]

这一段对话非常重要。王塘南弱冠时曾学于刘两峰,高攀龙后来很推崇他。[38]船山《正蒙注》论"贞生死以尽人道"的那一段话,其中关于"全而生之""全而归之"的论述,与王塘南的主张及其与门人的对话完全相应,如出一辙,如果说船山没有读过王塘南的上述语录,反而是不可想象的。这决不是说船山受江右王学影响更大,如上所说,这是宋明道学的根于古代经典的共有论述,理学、心学皆不能外。

问者沿承自汉晋南北朝以来的神灭论,认为人死形朽神灭,圣人与大盗同其归宿。人死之后,精神即散灭,不可能长存不泯。因此,善恶与生死(及死后世界)无关,只是在人类后来历史上留下声名与影响。儒家以"为善去恶"的道德为无功利的绝对命令,如果认定善恶与生死有关,为了生死而行善去恶,那就成为"有所为而为"了,也就是说道德就有了功利的目的,这是不合儒家传统的。

王塘南不赞成问者的看法,这意味着他不认为人死后精神便即散灭。他认为"全归"是为学的目的,全归的意思就是悠久不朽,这意味着,至少对于全归的人而言,其精神与行为的善恶都不会随形朽而朽灭。他认为,从以"全归"为目的来说,就不能算做功利性的"有所为而为",因为这不是为了个人的功利,而是为了尽其对宇宙的责任。王塘南的说法表现出一种努力,即发展古代的"三不朽"说,把"不朽"的问题与"形神"的问题以及"全归"的问题联系在一起。

宋儒程、尹的"全归"说,本来并不包含船山所赋予的那种宇宙论意义。事实上,塘南所面对的问者的论点,乃是比较近于儒学主流(如朱子学,见下)的见解,而塘南的全归说显然是船山的先导。船山进一步发展了塘南的主张,而他的阐释中所借用的媒介(即把善恶和生死关联起来的神秘自然主义),已经颇受明末世俗思想的刺激和影响,但比之塘南那种尚觉模糊的说法更加清楚实在。

我们说船山此种思想可能受到明末民间宗教的影响,并不是说这种说法一定直接来自某一民间宗教或善书,在我看来更为可能的是,船山受到此种思想的刺激,及"生死事大"的影响,意识到善恶报应论的意义;但他又不想采取民间宗教的地狱报应说、子孙报应说等庸俗的形式,故而采取了一种把善恶报应或感应附加于气论的形态,使之仍然保持为精英士人的哲学性话语。[39]

在船山,这一问题意识的自觉,并不是一开始就建立了的,虽然他早在《周易外传》中略及此意,但《四书笺解》泰伯篇根本未及曾子有疾这一章,《读四书大全》及于此章,而全未提及全生全归之义。《礼记章句》祭义篇完全没有理会及此。《四书训义》列朱子集注,但船山在此章的训义中对程氏尹氏的全归思想却全无发明。[40]

现在让我们回过头来,看朱子对此问题的立场。朱子早已指出:

> 夫性者,理而已矣。乾坤变化,万物受命,虽所禀之在我,然其理则非有我之所得私也。……且乾坤造化,如大洪炉,人物生生,无有休息,是乃所谓实然之理,不忧其断灭也。今乃以一片大虚寂目之,而反认人物已死之知觉,谓之实然之理,岂不误哉!又圣贤所谓归全安死者,亦曰无失其所受乎天之理,则可以无忧而死尔;非以为实有一物,可奉持而归之,然后吾之不断灭者,得以晏然安处乎冥漠之中也。夭寿不贰,修身以俟之,是乃无所为而然者,与异端为生死大事、无常迅速,然后学者,正不可同日而语。[41]

朱子认为,那种主张只有讲气的循环才能避免"断灭"论的思想,是不对的,宇宙的变易过程就是生生不已的过程,气是生生不息的;"生生不息"的观念本身就是反断灭论的,它表示不需要以旧的气来循环造作,旧气不断消尽,新气不断生生。朱子特别指出,古典儒学所谓"归全安死",从未预设人的神识在死后可归于天,晏然处于冥漠之中,更不是以此作为修身的目的。修身是"无所为"的,并不是为了死后的晏然安处。可见,朱子的立场是与塘南、船山对立的,船山始终认为,"新气"是无从产生的,宇宙只是旧气的循环。二人的哲学的根本分歧在此。朱子批评廖德明的话,与向塘南发问者的思想,在立场上是相同的,也证明这个发问者的主张正是朱子学者的主张。

五　余　论

以上所论船山思想中的全生全归问题,指出在善恶报应的具体建构上,船山使用了一种气不灭、神不灭、善恶影响亦不灭的说法。我写完以上文字后,遍寻前辈论述相印证,乃知前人研究船山,多不及此。惟见唐君毅、嵇文甫曾略及之。唐君毅论王船山思想说:"由其学上承横渠之学之精神,而又特有得于易教之故,其言易道之别于先儒者,要在以太极只为一阴阳之浑合,力主乾坤并建,以言宇宙人生历史之日新而富有之变。缘是而其命日降性日生之说乃得以立,而更有其人之精神死而不亡之义。"[42]他又说:船山所谓人亡之后,其气或精神,非一逝而不还,恒能出幽以入明,而感格其子孙。圣贤英烈之逝,即以其精神,公之来世于群生。[43]惟唐君毅《原性篇》在此二处皆未引船山原文,观其意,他所说的精神死而不亡,似主要指船山对于古代祭祀的感格问题的解释,而未注意"全而生之、全而归之"之义。

唐君毅在《原教篇》也谈及此:"而圣贤虽殁,其精神亦常往来于宇宙间,圣贤养其清明之气,以显仁义,则贤圣虽逝,而此仁义清明之气,自往来于宇宙之间,而延于后起之人,为后起之人之清明之气。而贤圣之德亦即长存天地。"[44]不过,《原教篇》论此,其所引资料,惟《周易外传》和《庄子解》各一条,亦未及乎《正蒙注》的根本思想。

嵇文甫在论王船山思想中的"唯心主义杂质"时指出,"我们必须认清,过去学者使用这个'气'字,并不完全像我们现在使用'物质'这个概念一样,它里面往往夹杂些非物质的因素,带有神秘气味。就如船山,在《张子正蒙注》里边,论气无生灭,以反对佛老的虚无思想,本来已讲出些物质不灭的道理。可是说着说着,就离开'有形者'说到'絪缊不可象'的地方。不仅物质不灭,连人们'辛勤岁月之积',为善为恶,也都要在那廓然'太虚'之中留下不可磨灭的印记,这就很难理解了"。[45]他引了船山"尧舜之神,桀纣之气"和"善气恒于善,恶气恒于恶"等几段话,作为依据。不过,嵇文甫只是觉察到"气"论之复杂,而尚未认识到这些说法都是船山"全而归之"说的部分。[46]

船山思想的主题,以其晚年的《正蒙注》为代表,通过"全而归之"体现了他的终极性的关怀,这一点,从他的自题墓铭"幸全归于兹丘"中的"全归"二字也可得到证明。船山的所有努力,是以强烈排击佛老的姿态,谋求全面树立儒家圣学的世界观,这与道学兴起的主题是一致的,故船山的思想主题可说仍然延续着道学的主题。所不同的是,船山对佛老影响的忧虑是历经了明末社会和思想的变化而深有感而发。但不论其所发之外缘如何,在思想和理论上与道学的主题仍为一致。船山的思想要排除佛老的影响,破除二氏的虚无主义宇宙观与人生观,试图建立一宇宙论的通贯解释以安立儒家的人性论、实践论,并以此以为儒学正统的重建,彻底破除佛老的迷蒙。在此意义上,我们说船山实可谓一"后理学"的儒学思想家。

这里所谓"后理学"或"后道学"的用法是用于王船山,或者更广地用于清代王、颜、戴的发展。正如很多学者把"后现代"看成"现代"本身的一种发展,王船山等虽然对于理学有全面反思,但未尝不是道学的一种发展。在这个意义下,这里的"后"字,在彰示一种不同形态的同时,还能显示出一种连续性的意思,比只讲典范的转换要好,正如余英时在讨论南宋政治文化时所用的"后王安石时代"概念一样。这种看法与把船山作为继承横渠的宋明道学的另一系的看法可并行不悖。

"全而归之"的论述,显示出船山思想中的一种根深蒂固的意识,即人对于宇宙的责任意识,而所有的意义都是建构在这一责任意识上的:即人对于宇宙的原生生态的保持和净化,是一件具有根本意义的事情;人要以善生善死来承担起他对宇宙的这种责任。船山把这样一种意识作为其整个思想的基础和目标,这不能不说是相当独特的。

注　释

〔1〕《张子正蒙注》,《船山全书》第十二册,第20页。
〔2〕同上书,第16页。此处"王"字似指旺盛。
〔3〕同上书,第18页。

〔4〕 同上书,第 21 页。

〔5〕 同上书,第 370 页。

〔6〕 同上书,第 359 页。

〔7〕 同上书,第 33—34 页。

〔8〕〔10〕 同上书,第 34 页。

〔9〕 同上书,第 120 页。

〔11〕 同上书,第 369 页。

〔12〕 同上书,第 18—19 页。

〔13〕 同上书,第 20 页。

〔14〕 同上书,第 356 页。

〔15〕〔16〕 同上书,第 39 页。

〔17〕 同上书,第 40 页。

〔18〕 同上书,第 23 页。

〔19〕 同上书,第 19 页。

〔20〕 同上书,第 19—20 页。

〔21〕 同上书,第 102 页。

〔22〕 此种感应论在明末理学中亦可见,特别是在民间讲会,如高攀龙的同善会讲语云:"人人良善,这一县一团和气,使感召得天地一团和气,当雨便雨,当晴便晴。……极不好的风俗,这一团恶气便感召得天地一团恶气,雨旸不时,五谷不登,人们疾病疠疫交作。"(《高子遗书》卷十二,《四库全书》第 1292 册,上海古籍出版社,第 720 页)

〔23〕 《张子正蒙注》,《船山全书》十二,第 22—23 页。

〔24〕 归于程朱的气之生生说与横渠的聚散轮回说的分别,可参看拙著《宋明理学》(辽宁教育出版社,1992 年)程颐的部分。

〔25〕 《张子正蒙注》,《船山全书》十二,第 33 页。

〔26〕 同上书,第 44 页。

〔27〕 同上书,第 207 页。

〔28〕 《性理大全》(一),山东友谊书社,1989 年,第 344 页。

〔29〕 见《宋元学案》十七《横渠学案》上,横渠文集《西铭》下所引张九成语。

〔30〕 《洁白堂记》,《宋元学案》卷五十引《南轩文集》。

〔31〕 南轩死时朱子的论、孟集注已有成稿,但其后仍修改不断,而《四书》合而为一时则南轩已死十年矣。南轩当看过朱子的《西铭解》。不过,以南轩出于名门

与名师来看,他不必经过朱子便可了解儒家此一传统的讨论。

〔32〕《明儒学案》卷三十七《甘泉学案》一引心性图说。

〔33〕《明儒学案·甘泉学案》二论学语引答祝介卿。

〔34〕《传习录》卷中,《阳明全书》卷二。

〔35〕《明儒学案·江右王门学案》一,第343页。

〔36〕罗近溪《明道录》卷之七,会语(招牌非可耻,乡愿则可耻也)。

〔37〕《明儒学案·江右王门学案》五,第488—489页。

〔38〕同上书,第468—469页。有关王塘南的心性思想,可参看吴震《聂豹 罗洪先评传》,南京大学出版社,2001年,第256—295页。

〔39〕事实上,黄宗羲也论及此,《宋元学案·明道学案》上有黄氏按语:"父母全而生之,原不仅在形体,闻道,则可以全归矣。"

〔40〕《四书训义》曾子有疾章虽未提全归之说,而其中的思想与《正蒙注》中的《西铭》思想的解释倒有关:"人尽而归之天,所以赞天而善其化也。人之生也,父母生之,父母皆吾之天也。以大化言之,则父母在天之中,以生我言之,则天在父母之中。"(《船山全书》七,第530页)

〔41〕《答廖子晦》,《朱子文集》四十五。

〔42〕《中国哲学原论·原性篇》,《唐君毅全集》十三卷,学生书局,1989年,第503页。

〔43〕同上书,第513页。

〔44〕《中国哲学原论·原教篇》,《唐君毅全集》十七卷,学生书局,1990年,第620页。

〔45〕《王船山学术论丛》,中华书局,1962年,第53页。

〔46〕此外,徐荪铭曾引述船山《读通鉴论》中评论范缜等材料,说明船山对范缜神灭论的批评,但船山在《读通鉴论》中的评论多未深入。可参看吴立民、徐荪铭著《船山佛道思想研究》(湖南出版社,1992年),第94—96页。最近惟见严寿澂《船山思问录导读》文略涉及于此,他说:"船山思想的一大特点,是主张以一己清醇的神气为功于天地。其理据是:人的神气与天地交通,与天下治乱息息相关。其前提则是:必须变化气质,使自己的神气臻于清醇。""船山更认为,人的一生所作所为,绝非'一死而消灭无余',而是全都融入于其神气之内;这份死后重返于天的神气,因此而有了清浊之分。"(《船山思问录》,第18、22页)只是《思问录》本身未论及此,故学者往往忽略。

第十二章

船山《正蒙注》的存神尽性论

性以健顺为体

性善人之独

心函纲缊

肖太和之本体

存神尽性

余论

本章来讨论"存神尽性"的问题。这个问题在船山《正蒙注》中有重要意义,我们在《正蒙注》的宗旨和善恶生死论两章有明确说明,本章则重点讨论"存神尽性"论中的心性和工夫问题。我们在前面已经说过,存神尽性的"神"是心神,"性"是人性,"存"和"尽"是工夫。因此要理解船山的存神尽性说,先应理解其心性说,然后完整讨论其《正蒙注》的存神工夫论。

一 性以健顺为体

"健顺之性"既是太和缊缊的一个规定,也是船山哲学中天道论通向和连接人道论的一个重要概念。他曾经说明健与顺的分别,"健而动,其发浩然,阳之体性也。顺而止,其情湛然,阴之体性也"。可见,健是气的运动原则,顺是气的静止原则,但他更多以健顺连用。以下来看他的论述:

> 太和本然之体,未有知也,未有能也,易简而已。而其所涵之性,有健有顺,故知于此起,法于此效,而大用行矣(《太和》)。[1]

太和之气是本体,清虚一大,但其中已涵有健顺之性,而一切知能作用都是以健顺之性为依据而发生发起的。这也就是说,太和本体含有健顺之性,而健顺之性是从体起用的根据。当然,如前所指出,船山认为太和之中,健与顺和,故说"健顺合而太和"[2]、"天地之性,太和纲缊之神,健顺合而无倚者也"[3]。所谓健顺合应当是指健、顺两种本性调和在一起,而没有发为两种对立的运动。

船山又说:

> 屈伸往来于太虚之中者,实有纲缊太和之元气,函健顺五常之体性(《大心》)。[4]

照这个说法,太和纲缊之中不仅涵有健顺之性,也同时涵有五常之性,但船山没有对五常之性及其与健顺之性的关系做进一步的说明,这里说的五常应当是指金木水火土的特性。

船山不仅用"健顺"说太和的本性,也用"健顺"说气化的条理:

> 天惟健顺之理充足于太虚而气无妄动。[5]

这是说,天不仅有健顺之性,也有健顺之理。健顺之理是气化运动的条理和秩序。

> 神化者,气之聚散不测之妙,然而有迹可见;性命者,气之健顺
> 有常之理,主持神化而寓于神化之中,无迹可见(《太和》)。[6]

可见,健顺之性是就太和缊缊元气的本体而言,就气化神化的大用而言,则本体的健顺之性已转变为主持神化的健顺之理。

> 下言性心,则专言人矣。太虚者,阴阳之藏,健顺之德存焉。
> 气化者,一阴一阳动静之几,品汇之节具焉。乘太虚和气健顺相函
> 之实,而合五行之秀以成乎人之秉夷,此人之所以有性也。……顺
> 而言之,则惟天有道,以道成性,性发知通。逆而推之,则以心尽
> 性,以性合道,以道事天。惟其理本一原,固人心即天,而尽心知
> 性,则存事没宁……(《太和》)。[7]

太和之气涵有健顺之性,在气化的过程之中,健顺之性即转变为人的性。所以健顺之性是人性的根源。所以,就天道的宇宙论说,其次序是,天道流行,而后有人性,有了性的作用才有心的知觉。就人道而言,其次序是,应当以心充分实现性,而后率性以成道,依据人道行事以事天。

> 穷仁义中正之所自出,皆浑沦太和之固有,而人得之以为性。
> 故率循其性而道即在是(《中正》)。[8]

健顺之性在气化之中为人所得,成为人的仁义中正之性,因此,人性从根源上说是来自太和固有的健顺之性。人能率循自己的性而实现之,便是人道。

> 若其在天而未成乎形者,但有其象。缊缊浑合,太极之本体,
> 中函阴阳自然必有之实。则于太极之中,不昧阴阳之象;而阴阳未
> 判,固即太极之象。合而言之则一,拟而议之则三,象之固然也。

性以理言,有其象必有其理,惟其具太和之诚,故太极有两仪,两仪合而为太极。而分阴分阳,生万物之形,皆秉此以为性。象者未聚而清,形者已聚而浊,清者为性为神,浊者为形为法(《参两》)。[9]

阴阳未判的清虚一大,就是太极元气的象,有象便有理。气化分阴分阳之后,万物的产生,则都秉受太极的理作为自己的性。

未生则此理气在太虚为天之体性,已生则此理气聚于形中为人之性,死则此理气仍返于太虚(《诚明》)。[10]

这也明确说明,在本体的阶段,理气是太虚的体性,气化的阶段,太虚的理气聚合为人,气聚为形,理具于其中为性。人死后聚合为人的理气仍然散返于太虚。总之,人性来于太虚的理。这说明,健顺之性从另一个方面说,也就是理。

性以健顺为体,本太虚和同而化之理也,由是而仁义立焉。随形质而发其灵明之知,则彼此不相知而各为一体(《诚明》)。[11]

这也是说,太虚的体性是健顺,这也是太虚本体和气化过程的理,人的仁义之性就是来自健顺之性、健顺之理。人的灵明知觉则发自人的形体,受到形体的限制,难以与其他个体的形体相通,难于与他人的心知互相了解。

性则纯乎神理,凡理之所有,皆性之所函,寂然不动之中,万化赅存……(《诚明》)。[12]

这里所说的,也就是性即理。可见,船山既讲人性来于天性,又讲人性来于天理。

他解释“性通极于无,气其一物尔”说:

> 无,谓气未聚,形未成,在天之神理。此所言气,谓成形以后形
> 中之气,足以有为者也。气亦受之于天,而神为之御,理为之宰,非
> 气之即为性也(《可状》)。[13]

气未聚、形未成,此种状态即太虚缊缊,所谓性通极于无,即万物的性乃根源于太虚缊缊之中的神理(由于神的一个意义是理,故这里的神理亦即是理。"神理"之用在明代哲学中已有,如罗近溪等)。所谓气其一物,这里的气不是指人物成形前的气(太和之气),而是指成形以后形体中的气。形体中的气禀受于天,但形体的气在人之身,是受精神的指挥,受性理的主宰,所以形体的气自身不是性。神御气的说法在明代中期的哲学中已有,如何柏斋的"神能御气,气能御形"等。[14]

> 张子此论,究极物理,与周子吻合。……盖尝论之,天以神御
> 气,地以气成形,形成而后五行各著其体用。……人生于天地之
> 际,资地以成形,而得天以为性;性丽于形而仁义礼智著焉,斯尽人
> 道之所必察也。[15]

这就是说,人在获得生命之际,禀受了天的健顺之性作为这一个体的性,而这一个体的性的存在是依赖于此个体的形体的;而当天地的健顺之性成为人的形体的性时,就呈现出仁义礼智的特性。

船山也谈到性和神:

> 性者,神之凝于人;天道,神之化也。蔽固者为习气利欲所蔽
> (《有德》)。[16]
> 理原于天化之神而为吾性之所固有(《三十》)。[17]
> 性命乎神,天地万物函之于虚灵而皆备。[18]

所谓神凝于人而为性,这里的神即理。所谓理原于天化之神而为性,这

里的神也是指理,都是说人的性来于天化之理。至于所谓性命乎神的神,应是指人的虚灵的心神,主张万物皆备于吾心。

由以上所说可见,船山的性论结构,不论在论性的来源上,还是论性的内容上,实际上和朱子学的"性即理"说是一致的。

二　性善人之独

船山也论及于性善:

> 性者天理流行,气聚则凝于人,气散则合于太虚,昼夜异而天之运行不息,无所谓生灭也。如告子之说,则性随形而生灭,是性因形发,形不自性成矣。曰性善者,专言人也,故曰"人无有不善"(《诚明》)。[19]

在气的聚合过程中,流行的天理凝于人身而为性;形体的生命结束而气散,人身的性便随气之散而回归为气的理,与气一起返于太虚。所以,气和性都是无所谓生灭的。他同时指出,性善的说法是专指人而言,物的性是不能说善的。

> 得,谓得之于天也。凡物皆太和絪缊之气所成,有质则有性,有性则有德,草木鸟兽非无性无德,而质与人殊,则性亦殊、德亦殊尔。若均是人也,所得者皆一阴一阳继善之理气,才虽或偏而德必同,故曰人无有不善(《至当》)。[20]

太和絪缊之气聚合而为形质,形质便有其本性,本性便有其表现出的德性。人与草木鸟兽的根本区别是形质基础的不同,人与草木鸟兽用以聚合的气不同,所以形质不同,从而性和德也都不相同。概括说来,人与物相比,人的气善故性善。物之气有不善,故性不能善。

> 性无不善,有纤芥之恶,则性即为蔽,故德之已盛,犹加察于几
> 微……(《诚明》)[21]

人性本无不善,但人往往不能无恶,恶的产生便成为对人性的蒙蔽。这
里船山并没有说明恶是如何产生的。

> 乾道变化,各正性命,理气一源而各有所合于天,无非善也。
> 而就一物言之,则不善者多矣。唯人则全具健顺五常之理。善者,
> 人之独也。[22]

天之理气本无不善,但气化的产物里,只有人全具健顺五常之理,物则
不能全具健顺五常之理。所以善是人所独有的。在这种讲法中,性善
是相对于物而言的。

> 盖性者,生之理也。均是人也,则此与生俱有之理,未尝或异;
> 故仁义礼智之理,下愚所不能灭;而声色臭味之欲,上智所不能废,
> 俱可谓之为性(《诚明》)。[23]

凡是人,生来便有仁义礼智之性;凡是人,生来便具有声色臭味之欲,这
两者都可以说是人的性。不过船山也明确说明,仁义礼智之性是根源
于太和的健顺之理,而声色欲望并不是根源于太和,乃是气化变合中所
产生的。

这也就涉及张载所说的天地之性和气质之性的问题了:

> 气质者,气成质而质还生气也。气成质,则气凝滞而局于形,
> 取资于物以滋其质;质生气,则同异攻取各从其类。故耳目口鼻之
> 气与声色臭味相取,亦自然而不可拂违,此有形而始然,非太和细
> 缊之气、健顺五常所固有也(《诚明》)。[24]

气质之性是有生以后所有的,不是根源于太和缊缊所本有的健顺之性。这是因为,气结聚成为一定的形质以后,此一定的形质就有了它的形体的限定性,它需要向外物取得所需要的东西来滋养自己;而它作为一定的形质的存在,也就必然取同攻异。所以,耳目声色等气质之性是自然的,但不是太和本有的。这就是说,气成质之后始有气质之性,此性主于资外物有攻取。

有攻取就妨碍了与他人和万物相通:

> 浊而碍者,耳目口体之各成其形也。碍而不能相通,故嗜欲止于其所便利,而人己不相为谋;官骸不相易,而目不取声,耳不取色,物我不相知,则利其所利,私其所私;聪明不相及,则执其所见,疑其所罔。……(《太和》)[25]

心神是清通的,耳目形体是碍而不通的,碍而不通,则只从自己的需要出发,限于狭小的器官本位,不能理解他人,不能为他人着想,也就难与他人相通。

船山又说:

> 天地之性,太和缊缊之神,健顺合而无倚者也。即此气质之性,如其受命之则而不过,勿放其心以徇小体之攻取,而仁义之良能自不可掩。……天地之性原存而未去,气质之性亦初不相悖害,屈伸之间,理欲分驰,君子察此而已……。(此章与孟子之言相为发明,而深切显著,乃张子探本穷归之要旨,与程子之言自别,读者审之)(《诚明》)[26]

这是认为,天地之性即太和健顺合和之性,这个性在气化过程中亦转变为我们人的形质的性。然而,我们人的形质之中的性,包含两个方面,既有从太和健顺之性来的性即天命之性,又有气化过程带来的欲望之性即所谓气质之性。如果我们能按天命之性的法则行事而无过失,气质之性也不会妨碍我们成为君子,我们只要在理欲之间辨察清楚即可。

> 身者道之用,性者道之体。合气质攻取之性,一为道用,则以道体身而身成;大其心以尽性,熟而安焉,则性成(《中正》)。[27]

率性之谓道,这个性是天地之性;身体则是行道的运用,身体的气质之性如果完全为道所支配而运用,道就能体现于身,而性也就能不断地得以成就。

> 程子谓天命之性与气质之性为二,其所谓气质之性,才也,非性也。张子以耳目口体之必资物而安者为气质之性,合于孟子;而别刚柔缓急之殊质者为才,性之为性乃独立而不为人为所乱。盖命于天之谓性,成于人之谓才,静而无为之谓性,动而有为之谓才。性不易见而才则著,是以言性者但言其才而性隐。张子辨性之功大哉!(《诚明》)[28]

这进一步说明,船山所理解的张载思想,认为耳目声色之欲为气质之性,刚柔缓急的资质则为才,故刚柔缓急是才不是性。人在天的气化过程中所得到的是性,在人的生命成长过程中养成的是才。

船山这里所说的关于天命之性和气质之性的论点与其在《读书说》中的观点有所不同,这应当是出于尊重张载自己对两种性加以区分的原因。

三 心函细缊

最后来看船山在《正蒙注》中关于心的说法,他解释"心御见闻,不弘于性":

> 心无象而有觉,故一举念而千里之境事现于俄顷,速于风雷

矣。心之情才虽无形无象,而必依所尝见闻者以为影质。见闻所不习者,心不能现其象。性则纯乎神理,凡理之所有,皆性之所函,寂然不动之中,万化赅存,无能御也。……盖心者翕辟之几,无定者也;性者合一之诚,皆备者也(《诚明》)。[29]

心与性相比,心对于见闻是有所依赖的,所以是有限制的,而性中万理皆备,无所依赖于见闻,所以性比心更广大。性的特点是诚有而皆备,心的特点是有觉而不定。这里讲的心无象,是指心之所思所想,不是可以感知的物理现象。另一方面,心中亦可有象,这些象是对曾有见闻的物象的心理再现,所以对外物直接的感性经验是在内心再现其象的根源。

> 其在于人,太虚者,心函神也;浊而碍者,耳目口体之各成其形也,……圣人知气之聚散无恒而神通于一,故存神以尽性,复健顺之本体,同于太虚(《太和》)。[30]

第一句是就太虚的清通而言,船山的这个讲法意味着"太虚"有天、人两种意义。太虚的天的意义,我们在太和絪缊论中已经说明。船山认为,太虚在天是指虚函气,太虚在人是指心函神。在这个意义上说,二者的区别在于,在天之太虚主要是强调太虚的实体意义,在人之太虚主要是强调太虚的状态意义。也就是说,如果把天道论的模式简化为"太虚本体清通无碍"到"气化变合浊而不通",那么,在天之太虚的那种状态,在人则体现为心神的清通不滞;在天的浊而有碍的情形,在人便体现为耳目口体。所以,就人的形—神结构而言,神体现了天的清通的太虚状态,形体现了天的浊碍的状态。实际上,船山认为这种天—人对应的同构关系,并不仅仅是状态的比拟,而且有其实在的意义,也正是因为天与人之间有这种实在的意义,所以人才能存神尽性,回复健顺的本性,达到同于太虚的境界。

> 不为形碍,则有形者昭明宁静以听心之用而清极矣。神则合
> 物我于一原,达生死于一致,缊缊合德,死而不亡(《太和》)。[31]

人能以清通的心神驾御形气,不为形体的局限所阻碍,就能达到物我合
一、生死一致的境界,而且达到这种修养境界的人的心神,能够死而不
亡,与缊缊合德,这里的死而不亡,应当是指回归于本体。

船山说:

> 间,形中之虚也。心之神居形之间。惟存养其清通而不为物
> 欲所塞,则物我死生旷然达一,形不能碍,如风之有牖即入……。
> 心之神彻于六合,周于百世,所存在此,则……无所碍而风行
> 声达矣(《太和》)。[32]

船山把横渠讲的气的"清极则神",解释为心之神,认为人能存养心之
神的清通,而不受物欲所阻塞,就能突破形体的局限,贯通一切事物,从
而达到物我合一、死生一致的境界。这是对张载有关"通"的说法的
发挥。

> 物之有象,理即在焉。心有其理,取象而证之,无不通矣(《大
> 心》)。[33]

物皆表现为一定的形象,理即具于象之中。心亦有理,心如用物象来印
证心所具之理,物我就相通了。这个讲法和朱子的讲法是一致的。

> 象者心所设,法者事所著……有其心乃有其事……凡人未有
> 事而心先有其始终规画之成象,此阴阳之序,善恶之几,君子所必
> 审察也(《有德》)。[34]

此处的象与法相对,特指心中的象,指主体在进行有计划的实践之前内

心所设计和想象的图像。这与前面所说心无象并无矛盾。

> 由其法象,推其神化,达之于万物一源之本,则所以知明处当
> 者,条理无不见矣。天下之物皆用也,吾心之理其体也,尽心以循
> 之而不违,则体立而用自无穷(《大心》)。[35]

这里的法象是指世界的各种客观的现象,神化是指气化过程的神妙机
制。船山在这里以心之理为体,以事物为用,这种说法虽然是解释《大
心篇》的"大其心则能体天下之物",但主要表达的是一种实践论的立
场,而不是认识论的主张。

> 尽性者,极吾心虚灵不昧之良能,举而与天地万物所从出之理
> 合,而知其大始,则天下之物与我同源,而待我以应而成(《大
> 心》)。[36]

尽性并不是与心无关,尽性就是充分发挥人心的良能,而所谓良能这里
指的是人的与生俱来的虚灵不昧的知觉能力。其具体所指是,充分发
挥这种知觉能力,通过了解人的良能与万物的根源的相合,而认识到万
物与我共同产生于同一根源。不仅如此,万物与我的关系,还包括我回
应万物的感,以参赞宇宙而促使万物的完成。

> 心者,湛一之气所舍。湛一之气,统气体而合于一,故大。耳
> 目口体成形而分有司,故小。是以鼻不知味,口不闻香,非其所取
> 则攻之(《诚明》)。[37]

心之所以与太虚相似,是因为心函湛一之气;心统湛一之气合于一体,
没有器官本位的局限,所以说心是大体。耳目五官各有特殊形体,而有
其特殊功能,受到特殊形体的局限,凡不属于自己需要的,便加以排斥,
所以说五官是小体。

　　　　天理之自然,为太和之气所体物不遗者为性;凝之于人而函于
　　形中,因形发用以起知能者为心。[38]

太和之气的体性、条理凝于人的形体而为人之性,心是形体发生的知觉
功能和能动作用。

　　　　心函缊缊之全体而特微尔,其虚灵本一,而情识意见成乎万殊
　　者,物之相感有同异,有攻取,时位异而知觉殊……(《太和》)[39]

这是说,心是具体而微的太虚,换言之,心是一个小太虚。就心之本体
而言,心函缊缊全体,心就是一个小的太和缊缊实体,其本然状态为清
通虚灵湛一;人有各种不同的情识意见产生,则是由于与物相感所引起
的,正如天之太虚本来清通湛一,但在气化变合中产生出各种事物。这
种太虚的理解,增多一种对"在人之心"的意义,是张载所没有的。

　　　　缊缊之中,阴阳具足,而变易以出。万物不相肖而各成形色,
　　并育其中。……人心万殊,操纵取舍爱恶慈忍,一唯此阴阳之翕
　　辟,顺其理则为圣,从其妄则为狂。圣狂之分,在心几变易之间,非
　　形色之有善恶也。[40]

气化变合之几,产生各种不同的事物,人心之几变易不居,产生万殊的
取舍爱恶。船山也强调,阴阳是气化变易发育的质料基础,人心的变化
也是阴阳翕辟变易的表现,故阴阳本身不是恶,作圣之功重要的是辨察
变易之几,顺循变易之理。

　　　　物不可谓无性,而不可谓有道。道者人物之辨,所谓人之所以
　　异于禽兽也。故孟子曰"人无有不善",专乎人而言之,善而后谓
　　之道。……张子推本神化,统动植于人而谓万物之一源,切指人

性,而谓尽性者不以天能为能,同归殊途,两尽其义,乃此篇之要旨(《诚明》篇首)。[41]

最后来看性与道的分别。船山认为,物不能说没有性,但不能说物有道,这里的物与人相对,指人以外的其他万物。在这个意义上,船山认为道是专属于人的,也是人与禽兽的区别所在。他引用孟子的话,强调善是专属于人的,有善而后有道,动植物没有善,也没有道。有道与无道是人物之辨的关键。

总结起来,船山在《正蒙注》认为,以仁义礼智为内涵的人性来源于太和的健顺之性,来源于气化的天地之理,人性中的这些内容即是天地之性。在这一点上,其思想和理学中程朱派是一致的,尽管他不以理为宇宙的根源性实体。他认为,人性之中除了天地之性以外,还有由气化变合带来的气质之性,其内涵是指声色臭味等。这种天命—气质二元论的人性论也是与理学传统一致的(这一点与《读书说》时的一元论不同)。船山认为人的心相当于小的宇宙,天之太虚在人心体现为心神的清虚能通,这是人心的本然之体;天之气化在人表现为心与物的相感,而发自耳目口体等形体的知觉,受到形体的限制,难以与其他个体的形体相通,其攻取体现了天化中的浊碍不通。这样,船山就把"天"的"本体清虚而通—客形碍而不通"的模式复制到对"人"的说明来了。[42]他还认为,天以神御气,形体中的气禀受于天,故形体的气在人之身,也是受神的指挥,受理的主宰。所以天以神御气,人也应当以清通的心神,突破形体耳目的局限和阻碍,这样就能统御形气,达到物我合一、死生一致的境界,死而不亡,全归太虚。

四 肖太和之本体

船山在对《正蒙》的《太和篇》的解释中,在许多横渠论天道的地方都转向人道的解释,如他在对《正蒙》"不如野马氤氲,不足谓之太和"的解释中,便特别提出,人生的理想境界是"肖太和之本体":

> 此言体道者不于物感未交、喜怒哀乐未倚之中,合气于神,合神于性,以健顺五常之理融会于清通,生气变化而有滞有息,则不足以肖太和之本体,而用亦不足以行矣(《太和》)。[43]

这一段语句曲折,采用的是双重否定以表达其肯定,我们把这一段的两个否定去掉,使其观点正面地表达出来:

> 此言体道者于物感未交、喜怒哀乐未倚之中,合气于神,合神于性,以健顺五常之理融会于清通,生其变化而有滞有息,则可以肖太和之本体,而用亦足以行矣。

船山把横渠的"不如野马絪缊"解释为心性工夫的状态,意思是说,一个体道的人,在没有与外物相交互感,而且喜怒哀乐未发的时候,如果能做到合气于神、合神于性,使本性的健顺五常之理与清通的心神融会为絪缊的状态,便可以"肖"太和的本体,这不仅使人达到了理想的境界,也必然会使得这种境界发用为实践。这里所谓"合气于神,合神于性"都是指一种"肖"絪缊太和的身心状态。可见,他是把"肖太和之本体"作为最高的人生境界。"肖"即是模拟于、相似于。所以他在解释"至静无感,性之渊源"时也说:

> 于物感未交、至静之中,健顺之性承于天者,固有不失,有本而无穷(《太和》)。[44]

横渠所说的至静无感本指太虚而言,船山则把它解释为未发的心性状态。人性来源于天的健顺之性,人要在未发的状态把握人性,这样便可使无穷的发用都从根本而发。

这种合气于神、合神于性的工夫和效验,船山更多地表达为"存神尽性"。他说:

圣人之存神,本合乎至一之太虚;而立教之本,必因阴阳已分、刚柔成象之体,盖以由两而见一也。……圣人成天下之盛德大业于感通之后,而以合絪缊一气和合之体,修人事即以肖天德,知生即以知死,存神即以养气,惟于二气之实,兼体而以时用之尔(《太和》)。[45]

这是说,存神是存其本体之"一",立教则是用其分化之"两",而圣人能合于絪缊一气,故能即体即用。在这段话中与我们这里的讨论有关的,是船山主张肖天德、肖太和之本体,这种肖就是要达到"合乎至一""合絪缊一气和合之体",一即是浑沦合一,即类似于太和本体的状态。所以他在另一个地方也说:"当其而太和,初未尝分而为两,尽性合天者,得其合一、两在之神……"(《至当》)[46]由于圣人已达到肖太和之本体的境界,所以"圣不可知,则从心所欲,皆合阴阳健顺之理气,……斯其运化之妙与太虚之神一矣"。[47]与太虚之神一,也就是肖太和之本体。

所以,存神的状态是一种浑然合一的状态,这种状态船山亦称为诚:

若圣人存神以合天,则浑然一诚,仁义礼智初无分用,又岂有恻隐羞恶恭敬是非之因感而随应者(《参两》)。[48]

外物来感,心神以应之。有孺子将入井之感,心便有恻隐应出之;有乡老在座之感,心便有恭敬应出之。一个时刻只可能有一种外感,所以四端同时出现是不可能的。而存神的状态是外感未接的状态,所以此时四端都无应出,此时是浑然合一的一种状态,船山称此种状态为诚。

在《太和篇》的最后一段,船山说:

人物之生,皆絪缊一气之伸聚,虽圣人不能有所损益于太和。而二气既分,吉凶善不善以时位而不齐。圣人贞其大常,存神以御气,则为功于变化屈伸之际,物无不感而天亦不能违之(《太和》)。[49]

"大常"可见于《庄子》田子方"行小变而不失其大常",船山此处所用的大常即指《正蒙》序所说的"大经"。"物无不感而天亦不能违之"与本文上篇所引"以应以成"的意思相同。在这里,船山对善恶的产生也做了清楚的说明,他认为太和缊缊无所谓不善,而在二气分化以后,由于气化聚散的"时位"不同才出现了善与恶的分别。圣人确立大道的原则,存其心神而驾驭身气,这不仅表现了圣人的境界,而且参赞于宇宙的变化屈伸。照船山这里所说,圣人的存神御气可以感物,而得到一种净化宇宙的功效。[50]船山这里所说的圣人存神以御气,气当指人身之气,故简称身气,以与心神对应。

五　存神尽性

以下来看船山论述存神尽性的具体方法。

> 心思之贞明贞观,即神之动几也,存之则神存矣(《神化》)。[51]

"贞明""贞观"出于《系辞》,贞者正也。这里是说心思的明睿观照,就是心神的动几,所谓存神就是存其心神的贞明贞观的动几。

> 澄心摄气,庄敬以养之,则意欲不生,虚而自启其明;以涵泳义理而熟之,不使间断,心得恒存而久矣。此二者,所以存神也(《神化》)。[52]

这是解释《正蒙》"存虚明,久至德"的,所谓"此二者",就是指存虚明和久至德。"所以存神"即存神的方法,照船山的解释,存神有两种基本方法,一种是澄心摄气,一种是涵养义理,前者是启发知识能力,后者是存其道德本心。前者通过气的存养而凝聚心知的能量,后者通过对义理的不间断的熟习而形成恒久稳定的道德心理。

> 阴阳之糟粕,聚而成形,故内而为耳目口体,外而为声色臭味,虽皆神之所为,而神不存焉矣。两相攻取而喜怒生焉。心本神之舍也,驰神外徇,以从小体而趋合于外物,则神去心而心丧其主。知道者凝心之灵以存神,不溢喜,不迁怒,外物之顺逆,如其分以应之,乃不留滞以为心累;则物过吾前而吾已化之,性命之理不失而神恒为主。舜之饭糗茹草与为天子无以异,存神之至也(《神化》)。[53]

这里的"糟粕"是现象的描述,不一定有很强的贬义,它的意思相当于物质的材料。气之清轻者上升于天,浊重者聚而为地上之物形,故称聚为形质者为阴阳之糟粕。阴阳之糟粕既聚为人的耳目口体,又聚而为声色臭味之象,而耳目与声色中都已经没有神存在其中了。神不存在于耳目口体之官,而存在于心之官,心是神的存用之所;但如果神不能安处于心,而向外追求外物,神就离开心,而使得心失去了主宰。所以修养的方法是凝聚心之虚灵以存神,可见"存"的意思是指凝聚而安住,不要向外逐物。[54]舜之饭糗茹草之说,见于《孟子·尽心上》。照船山这里所说,存神的最高境界是"外物之顺逆,如其分以应之,乃不留滞以为心累;则物过吾前而吾已化之"。这是用化物来解释存神的境界,解释为心不留滞的境界。

存神与穷理也有关:

> 盖太虚之中,无极而太极,充满两间,皆一实之府,特视不可见,听不可闻尔。存神以穷之,则其富有而非无者自见,缘小体视听之知,则但见声色俱泯之谓无极,而不知无极之为太极(《大心》)。[55]

可见存神的重要功效之一是理解太虚即气,船山多次强调,常人了解事物完全依凭于感官,感官所不能见闻者便以为无,于是以为太虚是空无。存神就是使人突破感官的局限,以心神穷理,以了解富有广大的宇宙。所以存神作为存其心神,当然包含了注重理性推理的意义。

《正蒙·神化篇》说:

> 敦厚而不化,有体而无用也。化而自失焉,徇物而丧己也。大德敦化,然后仁智一,而圣人之事备。性性为能存神,物物为能过化。无我然后得正己之尽,存神然后妙应物之感。

船山的"存神"观念主要受张载的影响而来,[56]船山对这几句话的解释是:

> 敦厚,敬持以凝其神也。……性性,则全体天德而神自存;物物……则感通自顺而无不化矣。……役于形而不以神用,则物有所不通,而应之失其理……,存神则贯通万理而曲尽其过化之用。过化之用即用存神之体,而存神者即所以善过化之用,非存神,未有能过化者也(《神化》)。[57]

"敬持"与"持敬"略同,可见船山认为持敬是凝神存神的一种方式,而持敬在理学中一般就是指收敛主一。前面已经说过,船山发展了张载的通的思想,认为形质的局限就是追求自己的需要,不能与他物相通,而神的主要特质就是能通,能突破形体和感官的限制。所以,心受形体的支配而不去运用神的能力,则不能通物,也不能通物理,这叫做不能尽过化之用。存神就是超越形体对感官和心灵的限制,这样就能贯通万物之理,同时物来得其理,物过无不化。所以,神既能感通,又能贯通。关于存神和过化相为体用的观点,船山是强调,存神不能离开过化,不能离开事物,所以他又说:"范围天地者,神也,必存之以尽其诚,而不可舍二气健顺之实以却物,而遁于物理之外"(《神化》)。[58]

存神和道德修养亦密切联系:

仁熟而神无不存,则与时偕行,万物自正其性命。[59]

天以太虚为体,而太和之絪缊充满焉,故无物不体之以为性命。仁以无欲为体,而视听言动之节文生焉,故无事不体之以为心理之安。[60]

学者用神而以忘形之累,日习于理而欲自遏,此道问学之所以尊德性也(《诚明》)。[61]

这几段都是说,存神需要仁德的反复实践,仁的实践最主要的内容是无欲,而无欲又是通过在日常生活之中不断的"习于理"而达成。值得注意的是,他认为道问学与尊德性不是对反的,通过道问学才可以达到尊德性。[62]

船山解释《正蒙》"兼体而不累者,存神其至矣":

气无可容吾作为,圣人所存者神尔。兼体,谓存顺没宁也。神清通而不可象,而健顺五常之理以顺,天地之经以贯,万事之治以达,万物之志皆其所函。存者,不为物欲所迁,而学以聚之,问以辨之,宽以居之,仁以守之,使与太和絪缊之本体相合无间,则生以尽人道而无歉,死以返太虚而无累,全而生之,全而归之(《太和》)。[63]

太虚之神清通不可象,太虚之神在人则居于心而为心神,人之存神即存此心之神,存神即存心,使心神不要外求物欲,而要达到这一点,就要用《周易》乾卦文言所说的学问和仁行的工夫。这样就能使吾心之神与太和絪缊本体相合而"肖"。这样才能生尽人道,死后全归于太虚。

至诚体太虚至和之实理,与絪缊未分之道通一不二,是得天之所以为天也。其所存之神,不行而至,与太虚妙应以生人物之良能一矣。如此,则生而不失吾常,死而适得吾体,迹有屈伸,而神无损

益也(《太和》)。^[64]

这是说,至诚的境界是肖太和本体的境界,与太和絪缊的状态一致,这个境界也就是存神的境界,此种状态中的神,清通虚灵,和太虚之神运化生生的神妙作用一致。能达到此种境界,生不失其健顺本性,死而全归于太和本体。最后一句的"迹"应当是指形;迹有屈伸,即形有生死聚散的意思。而以迹指形,则神应当指心神,这无异于说,达至这样的境界,其人的心神,在人死之后亦可无所损益地返回太虚。当然,我们知道,这并不是指神作为精神返回太虚,而是恢复作为气之神,合于气而返回太虚。

以上所述多为存神之说,这是因为船山虽然以存神尽性连用并举,但其论述,讲存神者多,论尽性者少。除了上篇引过的一条外,以下再略引几条船山对尽性的说明:

> 体天之神化,存诚尽性,则可备万物于我。有我者,以心从小体,而执功利声色为己得,则迷而丧之尔。孟子言良知良能,而张子重言良能,盖天地以神化运行为德,非但特其空晶之体;圣人以尽伦成物为道,抑非但特其虚灵之悟(《诚明》)。^[65]

尽性就是心从大体,体认天道有无虚实的神化变易,达到万物皆备于我的自觉。

横渠说:"自明诚,由穷理而尽性也;自诚明,由尽性而穷理也。"船山解释说:

> 存养以尽性,学思以穷理(《诚明》)。^[66]

可见,如果以朱子学派中庸学的讲法,即把工夫分为存养和省察,那么,船山是以"尽性"主要归于存养一边的工夫,而他所说的"存神"则显然包含了穷理一边的工夫。

> 静而万理皆备,心无不正;动而本体不失,意无不诚;尽性者
> 也。性尽则生死屈伸一贞乎道(《太和》)。[67]

如果用《大学》的工夫来看,船山在这里无异于以正心和诚意都属于尽
性的工夫,如此,则存神应当包含穷理的工夫。用理学式的分疏,尽性
是工夫,性尽是效验,正如格物致知是工夫,物格知至是效验和境界一
样,"心无不正,意无不诚",是性尽的效验和境界。

> 仁义礼智之体具于性,而其为用必资于才以为小大偏全。唯
> 存神尽性以至于命,则命自我立,才可扩充以副其性,天之降才不
> 足以限之(《作者》)。[68]

关于性命与才的关系,船山认为才是人性实现的条件,才有大小,命有
厚薄,人只有存神尽性,才能立命,才能突破才质的限制。

其实,"尽性"的意义在张载那里不限于存养,包括充分发挥知性
和理性的能力,如说:"客感客形与无感无形,惟尽性者能一之","尽性
然后知生无所得而死无所丧","尽性穷理而不可变","圣人尽性,不以
见闻梏其心","有无虚实通为一物者,性也。不能为一,非尽性者也"。
张载认为,见闻之知只能知觉耳目可见的客感客形的存在,不能知觉无
感无形的存在,只能知有(形),不能知无(形),不能了解有和无、虚和
实、客感客形和无感无形,都统一于太虚之气。而尽性之知高于见闻之
知的地方就在于,对事物的认识能够不受耳目见闻的限制。可见张载
所说的尽性之知,船山也作为存神的作用来理解。

总之,船山所论存神尽性的工夫,并非十分清楚。大体上,我们可
以说,存神的工夫有本有用。在本的方面,存神最主要的观念是存养其
清通虚湛的心神以合于太和本体。在用的方面,存神一方面是要凝聚
收敛虚灵明觉,另一方面就是充分发挥人心的良能,即人的与生俱来的
虚灵不昧的知觉能力。存神尽性的为学意义是既要穷理,也要涵养;存

神尽性的伦理意义是破除物欲的阻碍；存神尽性的工夫极致就能达到化物不滞、万物皆备、物我为一、死生为一的境界。而存神尽性的宇宙论意义，便是形死而神不亡，使神无所损益，全归太虚；这已经是一种超道德的、带有准宗教意义的宇宙意识了。

六 余 论

在《正蒙注》中，船山也论及于其他的工夫，从中也可以看到在工夫问题上他与朱学和王学的不同。他说：

> 庸人有意而无志，中人志立而意乱之，君子持其志而慎其意，圣人纯乎志以成德而无意。盖志一而已，意则无定而不可纪，善教人者，示以至善以亟正其志。志正，则意虽不定，可因事以裁成之。不然，待意之已发，或趋于善而过奖之，或趋于不善而亟绝之，贤无所就而不肖者莫知所惩，教之所以不行也(《有德》)。[69]

他以志和意的消长来作为从庸人到圣人的心理标尺，套用人心惟危、道心惟微的说法，可以说船山以志为微，以意为危。志是善良意志，是纯一的，是人最重要的内在道德根源，意则是干扰志的不稳定的流动心念，小人有意无志，圣人有志无意，一般人的志常常被意所扰乱，君子则能保持其志而慎动其意。所以人的修养最重要的是正其志，志正则意听命于志的主导。他又说：

> 意之所发或善或恶，因一时之感动而成乎私。志则未有事而豫定者也。意发必见诸事，则非政刑不能正之。豫养于先，使其志驯习乎正，悦而安焉，则志定，而意虽不纯，亦自觉而思改矣(《中正》)。[70]

志是心没有动意而预先已定于内心的，意是因感而动的意念，所以正其志是未有事时的工夫,在未有事的时候使志渐渐习熟于正且安,则心中的志就会保持稳定,即使产生了不善的意,也会在志的主导作用下自觉去改变这些意念。可见,船山这里所说,和他对《大学》的"正心"的讲法是一致的。豫定之志,即《读大学说》的素正之心,"素,犹豫也"(《至当》)。[71]

在以正志为首要工夫方面,在重视志的根本地位和作用的方面,《正蒙注》与《读大学说》是一致的,所以他又说:

> 六者以正志为入德之门,以存心立诚为所学之实……,故学者以大心正志为本(《中正》)。[72]

六者指善、信、美、大、圣、神,船山发挥了横渠注重"志仁则无恶也"(本出《论语·里仁》)的思想,强调以正志为入德的门径。此外:

> 抑张子以博文之功在能立之后,与朱子以格物为始教之说有异;而大学之序,以知止为始,修身为本。朱子谓本始所先,则"志道""强礼"为学之始基,而非志未大、立未定,徒恃博文以几明善,亦明矣(《中正》)。[73]

由于张载说:"志学然后可与适道,强理然后可与立,不惑然后可与权;博文以集义,集义以正经,正经然后一以贯天下之道。"(《中正》)船山认为张载主张能立为始,博文在后,并认为朱子的格物论实际是以博文为始。船山赞同先立志、先强礼,然后博文,认为如果志不与立,博文是不能够达到明善的。

以上都表明船山晚年仍然坚持其在《大学说》中重视志心的立场,也显示出他与朱子的差别,这就是他要在朱子的格物工夫前面加一截未发的正志的工夫。

船山进一步比较了张载和朱子的学问工夫:

　　　　盖循物穷理,待一旦豁然,贤者之学,得失不能自保;而以天德为志,所学皆要归焉,则一学一习皆上达之资。则作圣之功当其始而已异。此张朱学诲之不同,学者辨之(《三十》)。[74]

这个说法是认为,朱子提倡即物穷理,然后一旦豁然贯通,这种方法没有确定的保证去成就作圣之功;张载以天德立志,然后所学所习,才能成为作圣之资。所以他认为张朱教人的方法在起始处便有所不同,朱子所教,是贤人之学,张载所教,是作圣之学。这里所说的格物穷理得失不能自保,指的就是没有志心的保证。

　　在尽心、知性的问题上,他认为张朱也有不同:

　　　　朱子谓知性乃能尽心,而张子以尽心为知性之功,其说小异。然性处于静而未成法象,非尽其心以体认之,则偶有见闻遂据为性之实然,此天下之言性者所以凿也(《大心》)。[75]

他认为张载是以尽心为方法达到知性,而朱子是知性然后才能尽心。他自己主张,性是无象的,如果不充分发挥心的能力去体认,仅仅凭着有限见闻去论性,这是不能认识性的,所以应当是尽心而后知性。

　　以上的几种讲法,可以说是船山针对朱子而发的。以下的讲法则是针对王学而发。如,张载说:“言有教,动有法,昼有为,宵有得,息有养,瞬有存。”对此船山说:

　　　　此张子自得之实修,特著之以自考而示学者,其言严切,先儒或议其太迫。然苟息心以静,而不加操持严密之功,则且放逸轻安,流入于释老之虚寂;逮其下流,则有如近世王畿之徒,汩没诞纵,成乎无忌惮之小人(《有德》)。[76]

心学自陈白沙起,批评宋代道学的修养工夫太严,内心得不到解放和愉悦,从而主张静的工夫。船山坚决认为,如果仅仅用静心的工夫,而没

有严密的自我规范工夫,必然导向追求安逸轻闲,流入佛老,其末流便
会成为无所忌惮的小人。这是由他们在明末所亲历新见的乱象所做出
的论断。

> 纵欲而习放诞,以为不系不留,理事皆无碍,而是非不立,与不
> 肖之偷污等矣(《中正》)。[77]

他认为,那种受到佛教影响,提倡不系不留、理事无碍的主张,最终必然
导致放荡纵欲,船山的这种看法,也是他从其明末的文化经验中得出来
的,他与许多明末的知识人一样,认为明末的文化与社会乱象,都是由
阳明后学的这种主张所引致的。

> 张子之学所为壁立千仞,而不假人以游侠之便,先儒或病其已
> 迫,乃诚伪之分,善恶之介,必如此谨严而后可与立。彼托于春风
> 沂水之狂而陶然自遂者,未足以开来学、立人道也(《中正》)。[78]

由对明末社会文化的反思,船山明确反对心学以曾点浴风舞雩标榜的
狂者气象,而坚持严肃主义的道德修养。在这一点上,船山与明代的朱
子学是一致的。

注 释

〔1〕 《张子正蒙注》,《船山全书》十二,第 16 页。
〔2〕 同上书,第 17 页。
〔3〕 同上书,第 128 页。
〔4〕 同上书,第 153 页。
〔5〕 同上书,第 68 页。
〔6〕 同上书,第 23 页。
〔7〕 同上书,第 33 页。
〔8〕 同上书,第 182 页。
〔9〕 同上书,第 46 页。

〔10〕 同上书,第 120 页。

〔11〕 同上书,第 116 页。

〔12〕 同上书,第 134 页。

〔13〕 同上书,第 368 页。

〔14〕 《明儒学案》《诸儒学案中》四,第 1190 页。

〔15〕 《张子正蒙注》,《船山全书》十二,第 63 页。

〔16〕 同上书,第 255 页。

〔17〕 同上书,第 231 页。

〔18〕 同上书,第 119 页。

〔19〕 同上书,第 126 页。

〔20〕 同上书,第 195 页。

〔21〕 同上书,第 135 页。

〔22〕 同上书,第 126 页。

〔23〕〔26〕 同上书,第 128 页。

〔24〕 同上书,第 127 页。

〔25〕〔30〕〔31〕 同上书,第 31 页。

〔27〕 同上书,第 161 页。

〔28〕 同上书,第 130 页。

〔29〕 同上书,第 134 页。

〔32〕 同上书,第 32 页。

〔33〕 同上书,第 145 页。

〔34〕 同上书,第 256 页。

〔35〕 同上书,第 143 页。

〔36〕 同上书,第 144 页。

〔37〕〔38〕 同上书,第 124 页。

〔39〕〔40〕 同上书,第 43 页。

〔41〕 同上书,第 112 页。

〔42〕 船山此种思想方式,似为一种模拟的系统论观念,其意为,一个系统若在状态上与另一系统相似和一致,则此系统的功能和结构亦与之相同;只要使乙系统和甲系统之间具有某种模拟相似关系,便可认为乙系统已经在结构和功能上达到了甲系统的状态水平。

〔43〕 《张子正蒙注》,《船山全书》十二,第 17 页。

〔44〕 同上书,第 18 页。

〔45〕 同上书,第 37 页。肖天德的说法,在古代少见,似为道家的观念,而船山改造之。

〔46〕 同上书,第 205 页。

〔47〕 同上书,第 88 页。

〔48〕 同上书,第 63 页。

〔49〕 同上书,第 44 页。

〔50〕 船山且云:"恻然有动之心,发于太和之气,故苟有诸己,人必欲之。合天下之公欲,不违二气之正,乖戾之所以化也。"(《中正》,第 157 页)又,此处净化宇宙的解释读者需参看善恶生死一章,但本文亦须在此点出。

〔51〕 《张子正蒙注》,《船山全书》十二,第 90 页。

〔52〕 同上书,第 91 页。

〔53〕 同上书,第 95 页。

〔54〕 《庄子》达生篇:"孔子谓弟子曰:'用志不分,乃凝于神。'"孔子所说之凝乃指专一,船山所说之凝则指专内,二者仍有不同。

〔55〕 《张子正蒙注》,《船山全书》十二,第 153 页。

〔56〕 虽然道教中也有"存神"之说,但船山对存神的重视应是受张载的影响。

〔57〕 同上书,第 96—97 页。

〔58〕 同上书,第 97 页。

〔59〕 同上书,第 87 页。

〔60〕 同上书,第 66 页。

〔61〕 同上书,第 138 页。

〔62〕 此种说法在晚明已有,如焦竑解释中庸:"言君子尊德性而由问学,问学所以尊德性也,非问学之外别有尊德性之功。"(《焦氏笔乘》卷四,"尊德性而道问学"条)

〔63〕 《张子正蒙注》,《船山全书》十二,第 20 页。

〔64〕 同上书,第 34 页。

〔65〕 同上书,第 121 页。

〔66〕 同上书,第 116 页。

〔67〕 同上书,第 18 页。

〔68〕 同上书,第 227 页。

〔69〕 同上书,第 258 页。

〔70〕 同上书,第 189 页。

〔71〕 同上书,第 199 页。

〔72〕 同上书,第 160 页。

〔73〕 同上书,第 172 页。

〔74〕 同上书,第 233 页。

〔75〕〔76〕 同上书,第 144 页。

〔77〕 同上书,第 158 页。

〔78〕 同上书,第 177 页。

第十三章

船山《正蒙注》的绵缊神化论

太和本体

阴阳气化

神、气、理、诚

小结

王船山的《张子正蒙注》是对张载《正蒙》的诠释与发展。《正蒙》一书和船山的《正蒙注》，其中的自然哲学都是历来最受重视的部分。就理论渊源来说，《正蒙》中的自然哲学的基本概念大都来自《周易》，主要是《易传》，所以船山《正蒙注》的"序论"中特别强调："周易者，天道之显也，性之藏也，圣功之牖也。阴阳、动静、幽明、屈伸，诚有之而神行焉，礼乐之精微存焉，鬼神之化裁出焉，仁义之大用兴焉，治乱、吉凶、生死之数准焉，故夫子曰'弥纶天下之道以崇德广业'者也。张子之学，无非易也……"[1]其基本思想是认为从天地自然的阴阳、屈伸、动静之中可以引出礼乐、仁义的原则，生死、吉凶的规律。不过，在一些重要概念的使用上，船山与张载一样，往往并没有清楚地界定区别，这既影响了他们的哲学的表达，也妨碍了对他们的哲学的理解。

以下，我们就本体、气化、神理等几个主要方面来讨论《正蒙注》的宇宙论思想。

一　太和本体

1. 太虚即气

太虚有二义,一是指广大的太空空间,二是指此广大的空间与其中所涵充的绸缊之气。前者近乎物理的抽象,因为一般自然生活中没有真空的空间,空间总是容纳充满着某种介质。后者则是实存的天空,此天空古人亦称为太虚或虚空,但此太虚并非虚无,至少从汉代以来,不少中国哲学家都认为太虚是充满气的。

船山也是如此,他说:

> 虚者,太虚之量;实者,气之充周也(《太和》)。[2]
>
> 人之所见为太虚者,气也,非虚也。虚涵气,气充虚,无有所谓"无"者(《太和》)。[3]
>
> 太虚,至清之郛郭,固无体而不动。而块然太虚之中,虚空即气……(《参两》)[4]

郛郭、量,都是强调太虚的空间特性。太虚本来是指上天,一般人以为人顶之上的天空是一无所有的空间,故称为虚空。船山继承张载的思想,从虚和实两方面说明太虚,一方面,从虚的意义上说,太虚提供了元气存在、运动的空间条件,故说是太虚之"量",是玉清的"郛郭",又说"虚涵气",这些都是以虚空为涵气充气的空间场所。另一方面,从实的意义上说,太虚从来就是充满着气的,太虚从来不是虚无,在这个意义上,张载和船山主张"虚空即气"。

"太虚即气""虚空即气"都是针对佛老主张"虚""无"而提出来的:

> 盖太虚之中,无极而太极,充满两间,皆一实之府。特视不可

见,听不可闻尔(《大心》)。[5]

释氏之实际,大率以耳目之穷,疑其无有者也(《可状》)。[6]

故闻太虚之名,则以为空无所有而已。明则谓之有,幽则谓之无……(《可状》)。[7]

太虚之为体,气也。气未成象,人见其虚。充周无间者,皆气也(《可状》)。[8]

象未著,形未成,人但见太虚之同于一色,而不知其有阴阳自有无穷之应(《可状》)。[9]

船山始终强调,把太虚当做纯粹空无,是狭隘经验主义不能大心存神而做出的结论。他认为佛老理论错误的主要认识论根源在于,对一切事物的判断都取决于耳目的直接经验,故凡是耳目不能觉知的,则认为是空无。[10]他指出,这也是一般人的习惯,看得见者以为"有",看不见者则认定"无",由于太虚之中充满了气,但人们看不见,所以把太虚当做空无。因此,在船山看来,"无"只是对某一具体事物的否定而言,若就宇宙的本源、实体、根本状态而言,是不存在什么"无"的。

不过船山在这里并没有说明,太虚的气,视不可见、听不可闻,这是不是因为人的感觉器官的功能有限,而如果人飞上天空就可以闻见呢?还是说太虚之气太清太虚,正像现代物理学的"场",即使我们的感觉器官延长,我们也无法闻见呢?此外,太虚的根源性究竟是空间性的还是时间性的?就是说,如果太虚只是宇宙开始的阶段,则其为本源是时间性的;如果太虚是指自宇宙以来一直存在的一处空间,如距离地面5000米以上的高空,则太虚之为本源为空间性的(即看得见有云的天空为天,更高而看不见的云的天为太虚)。太虚和太和两个概念的同异如何,这些是我们要进一步研究的问题。

2. 太和絪缊

船山说:

太和,和之至也。道者,天地万物之通理,即所谓太极也。阴阳异撰,而其絪缊于太虚之中合同而不相悖害,浑沦无间,和之至矣。未有形器之先,本无不和,既有形器之后,其和不失(《太和》)。[11]

这是解说《正蒙·太和篇》的开首"太和所谓道"一句。这一段涉及太极、太虚、太和三个概念。照船山这里所说,就三者的区别而言,太极就是天地万物的通理,即普遍的法则。太和是指絪缊于太虚之中的浑沦之气,因其浑沦故称为"和"。而这里的太虚即指可供和气絪缊其中的太空空间,即前面所说太虚的第一种意义。这里的"浑沦无间"是指阴阳的浑沦,浑沦就是混合得很均匀,就是说,阴阳本是对反的,但在这里浑沦无间,互不相害,这就是"和"。由于这里所说的"絪缊于太虚之中而不相害,浑沦无间"是指宇宙本源而言,故这种浑沦而不相害的和气也就是一种本源的和谐状态,所以这种和谐可谓最根本的和谐,所以叫做太和。[12]最后一句,其意思是说,太和是本源,万物是后于太和而为太和所派生的;因此太和之气的和谐是存在于一切有形事物产生之前,而万物产生之后,这种和谐并没有丧失。这似乎是指:一部分絪缊之气分化后聚成人和物,降落于两间;而大部分的絪缊之气仍然存在于太虚而保持为太和。另一方面,结聚成形的事物,其内部维持着阴阳的平衡。

比起张载自己,船山更喜欢用"絪缊"一词表达太和之气的流动洋溢:

阴阳未分,二气合一,絪缊太和之真体,非目力所及,不可得而见也(《太和》)。[13]

絪缊,太和未分之本然(《太和》)。[14]

太和之气,阴阳浑合,……(《参两》)[15]

当其絪缊而太和,初未尝分而为两(《至当》)。[16]

可见,"絪缊"与"太和"的所指是相同的,都是指本源的浑沦之气,"絪缊"是强调其弥漫升降,"太和"是强调其浑沦和谐。而船山更常常以太和与缊缊连用,如"太和缊缊之实体""缊缊太和之本体"等。此外,船山有时也把太虚与缊缊连用,如"归于太虚之缊缊"等,有时则是在缊缊本体的意义上使用太极。所以,虽然船山对于太极、太和、太虚有可以区别的定义,但在其体系中,有时也在太和缊缊的意义上使用太虚和太极。

3. 资始与本体

船山提出:

> 太虚即气,缊缊之本体。阴阳合于太和,虽其实气也,而未可名之为气、其升降飞扬,莫之为而为万物之资始者,于此言之则谓之天(《太和》)。[17]

"为万物之资始者",这说明,太和缊缊是万物产生的初始本源。这是太和缊缊的观念所蕴涵的。因为在船山的宇宙论里,太和代表最原始的存在和状态,阴阳的分化和万物的产生,都是后于太和才有的。不过,太和并不是只存在于万物产生之先并仅仅作为宇宙的初始本源,实际上,万物产生之后太和依然存在。这是由于船山所说的太和并非一下子全部分化聚成万物,所以在天的最高空始终是太和缊缊,从它之中不断流出凝聚的形象,又有凝聚物散化而不断回归它之中。船山强调,太和缊缊是气,但太和缊缊之气不可象,故不名之为气。

不过,正像这里所说的"太虚即气,缊缊之本体",船山更多地用"本体"来说明太和缊缊的特质,这当然是源于张载自己"太虚无形,气之本体"的说法。在张载,本体的说法与客形相对,是和聚散的观念关联在一起的,船山也是如此。他说:

> 于太虚中具有而未成乎形,气自足也,聚散变化,而其本体不为之损益(《太和》)。[18]

> 所动所静,所聚所散,为虚为实,为清为浊,皆取给于太和缊缊

之实体。一之体立,而两之用行,如水唯一体,则寒可为冰,热可为汤,于冰汤之异,足知水之常体(《太和》)。[19]

……言太和纲缊为太虚,以有体无形为性,可以资广生大生而无所倚,道之本体也。二气之动,交感而生,凝滞而成物我之万象,虽即太和不容已之大用,而与本体之虚湛异矣(《太和》)。[20]

这都是说,太和纲缊是无形的,也是自足的。自足是说它的存在不依赖任何其他事物,而它自己则可产生其他一切事物。一切有形体的事物都是由无形的太和纲缊之气聚合而成的,一切有形事物又都会在经历了一定的生存过程之后,再散为气而回归到太和纲缊之中。因此,太和纲缊是"本体",是一切事物最本源和本然的存在,正如水是冰和汤的本然存在一样。本体就是由它产生的一切形态,最终又要回复到它自身的东西。

4. 太极本有阴阳

船山说太和纲缊是阴阳未分,二气浑沦,这里便有一个问题:既然说"阴阳未分,二气合一","纲缊太和,未尝分而为两",那么太和之中到底有没有阴、阳,有没有阴阳两种气呢? 如果太和只是"一气浑沦",其中就应当没有阴阳二气;如果说其中有阴阳,而阴阳就是二气,那么为什么又说是一气浑沦? 究竟什么是二气未分,阴阳浑合? 又为什么说"太虚之气无同无异,妙合而为一"呢? 另一方面,如没有阴阳二气两体,又怎么谈得到"互不相害"呢?

船山说:

至虚之中,阴阳之撰具焉(《可状》)。[21]

阴阳具于太虚纲缊之中,其一阴一阳,或动或静,相与摩荡,乘其时位以著其功能。……(《太和》)[22]

在船山,"撰"即"实"。这是说,太虚纲缊本体中已经具有阴阳之实,但这里的"阴阳"是否即阴阳之气,船山并未说明,不过这里所说的阴阳,肯定不是一阴一阳分化对立的两部分气。阴阳分化对立为二气的互相往来,是气化"一阴一阳之谓道"阶段的事,不是气之本体阶段的事。

他在解释"一物两体,气也。一故神,两故化"时说:

> 缊缊太和,合于一气,而阴阳之体具于中矣。神者,不可测也,不滞则虚,善变则灵。太和之气,于阴而在,于阳而在。其于人也,含于虚而行于耳目口体肤发之中,皆触之而灵,不能测其所在。自太和一气而推之,阴阳之化自此而分,阴中有阳,阳中有阴,原本于太极之一,非阴阳判离,各自孳生其类(《参两》)。[23]

这也就是说,太和缊缊虽然是"一气",但其中已具有"阴阳之体"。又说阴阳是从太和一气分化开来的。什么是阴阳之体?这是指阴阳之性呢,还是指阴阳之气?(最后一句所说"阴中有阳"等,应指气化而言,这里先不讨论)这里依然没有说清。

在下面一段,他把这个问题提得更明白了一些,他的关注在于,阴阳必须是太极所本有的,如果阴阳是太极动静而后始有的,宇宙内在的动几就没有了:

> 误解《太极图说》者,谓太极本未有阴阳,因动而始生阳,静而始生阴。不知动静所生之阴阳,乃固有之蕴,为寒暑润燥男女之情质,其缊缊充满在动静之先,动静者即此阴阳之动静,动则阴变于阳,静则阳凝于阴……,非动而后有阳,静而后有阴,本无二气,由动静而生,如老氏之说也(《太和》)。[24]

这里的太极即是太和缊缊。他强调太极本有阴阳,阴阳是太极固有之蕴,即太极本来就包含着的。阴阳在动静之先,所以不能说动静以后才有阴阳。他强调,如果认为本无二气,动静之后才有阴阳,那就是对濂溪《太极图说》的误解,而变成了老子的思想。照这个说法,既然不能说本无二气,就应当说本有二气了。不过,据其这里所强调的,阴阳作为太极的固有之蕴,主要似指"情质",即情状与性质,即绲缊太和之中充满了许多对立的属性。这里仍然没有从实体的气来肯定阴阳二气的存在。

他又说:

> 阴阳合于太和,而性情不能不异,惟异生感,故交相近合于既感之后,而法象以著。藉令本无阴阳两体、虚实清浊之实,则无所容其感通,而谓未感之先初无太和亦可矣。今既两体各立,则溯其所从来,太和之有一实,显矣;非有一,则无两也(《太和》)。[25]

这里的"性情"即是上面说的"情质",这似是说,阴阳浑合和于太和,所以分不出阳气和阴气,也就是说,阴阳的分别在太和中不是表现为两种不同的气,而是表现为两种不同的性情,也就是具有对立倾向的不同的属性。正是由于有这阴阳相异的性情,所以才能发生相感,引起分化,进而产生各种法象。这里所说的"阴阳两体、虚实清浊之实"是既感之后的阴阳,不是绲缊本体之中的阴阳。

> 升降飞扬,乃二气和合之动几,虽阴阳未形,而已全具殊质矣。"生物以息相吹"之说,非也,此乃太虚之流动洋溢,非仅生物之息也(《太和》)。[26]

这里的殊质亦即是前面说的情质,照这里所说,在太和的形态中,阴阳虽然不是以二气的形式出现,但太和之中阴与阳两者的性质是区别地存在的。

他在《神化篇》中进一步说:

> 故直言气有阴阳,以明太虚之中虽无形之可执,而温肃、生杀、清浊之体性俱有于一气之中,同为固有之实也。[27]

可见,所谓太虚中具有阴阳,正是指一气之中有温肃、清浊的体性,这就是所谓阴阳之实。

他在《可状篇》也谈道:

> 健顺,性也;动静,感也。阴阳合于太和而相容,为物不贰。然而阴阳已成乎其体性,待感而后合以起用。天之生物,人之成能,非有阴阳之体,感无从生,非乘乎感以动静,则体中槁而不能起无穷之体。体生神,神复立体。由神之复立体,说者遂谓初无阴阳,静乃生阴,动乃生阳。是徒知感后之体,而不知性在动静之先本有其体也(《可状》)。[28]

这也是说,阴阳在太和中已经成其体性,有了体性才能在相感之后起用,所以体性是相感和起用的根据与前提。起用即起化,即引起气化的过程。体性是相感和起用的根据与前提,但气化生人生物,必须借助动静相感,否则体性是不能起作用的。由阴阳体性而发生神化,而神化过程自身确立了阴阳的实体(阴气和阳气、天和地),作为体性的阴阳在动静相感之先,作为实体的阴阳才在动静相感之后。这里所用的"体性"一词船山并无解释,顾其名义,指作为体的性,从此段第一句话"健顺,性也"和最后一句"性在动静之先"来看,也可以得到证明。[29]性在动静之先,这里的动静是指相感所引起的动静。体生神,这里的神即指感动而言。

可见,仅仅看上面的资料,其中所用的阴阳,并不能直接解释为阴阳二气。可是,既然阴阳未形,为什么又说二气和合呢?如果太和之中阴阳只是体性,根本无所谓二气,又何来"浑沦""浑合"之说呢?浑沦必是不同的实体的混合。回过头来看其解释《太和篇》第一句所说"阴阳异撰,而其絪缊于太虚之中而不相害,浑沦无间",应当说这只能是指阴阳二气絪缊于太虚之中不相冲突。因此,合理的解释应当是,在他的理解里面,太和中的阴阳二气不是分成为两部分,也不是两部分气贴合在一起,而是完全、均匀地浑合在一起,用一个不完全准确的比喻来说,就好像厨房里,熬药锅产生的药汤气,和炖肉锅产生的肉汤气,二者在厨房完全混合,在任何一个局部上都无法分开。船山理解的阴阳缊缊于太和,他所理解的二气合一,似乎就是如此。

不过他始终对此未加清楚说明。如他说:

> 阴阳二气充满太虚,此外更无他物,亦无间隙,天之象,地之形,皆其所范围也(《太和》)。[30]

如果太虚包括天象、地形,这个太虚就应当不是指缊缊本体的太虚,而是指天地之间、两间的空间范围了,从而这里的阴阳二气就应当是指二气分化以后。

再看一段:

> 成而为象则有阴有阳,效而为法则有刚有柔,立而为性则有仁有义,皆太极本所并有,合同而化之实体也。故谓"太极静而生阴,动而生阳",自其动几已后之化言之,则阴阳因动静而著。若其本有为所动所静者,则阴阳各有其体,而动静者乃阴阳之动静也。静则阴气聚以函阳,动则阳气伸以荡阴,阴阳之非因动静而始有,明矣(《大易》)。[31]

这是说,一切对立的两端体性都在太极本体和气之中所具有,因此太极之中本有阴阳,并不是动几以后才有阴阳。周敦颐之所以说太极动而生阳生阴,乃是指"动几"以后的气化过程而言,因为阴阳的明确分化的确是在动几以后才出现。"为所动所静"指动静的主体,阴阳各有其体,可以理解为阴阳各有其实体,也就是阴气和阳气。因此,从这点来看,不是动静以后才有阴阳,而是动静本身就是阴气阳气的动静。这是仅有的一条与阴阳体性说法不同的材料。

就这里所说的合同而化的太极实体而言,还可看另一段话:

> 一物者,太和絪缊合同之体,含德而化光。其在气则为阴阳,其在质则为刚柔,在生人之心载其神理以善用则为仁义,皆太极所有之才也(《大易》)。[32]

这个说法很像理一分殊的说法,但确实是一种化生论的表达。

这里就不能不借用其他一些材料来说明了,与《正蒙注》同时前后所作的《思问录》,其中说:

> 二气絪缊而健顺章,诚也;知能不舍而变合禅,诚之者也。[33]

另一晚年著作《周易内传》云:

> 其实阴阳之浑合者而已,而不可名之为阴阳,则但赞其极至而无以加,故太极。
>
> 阴阳之本体,絪缊相得,合同而化,充塞于两间,此所谓太极也,张子谓之"太和"。[34]

可见,絪缊的确是阴阳二气的絪缊相得、合同而化。但絪缊的阴阳二气不是一般的阴阳二气,是阴阳二气的本体。在这方面,船山的表达并非处处清楚。

5. 气本清通

关于气的可象不可象的问题,"清通无感,性之渊源",这本来是《正蒙》的观点,而且《正蒙》即认为太虚是清通而不可象的。清通既不可象,则清通便不属于象了。所谓象就是可以由感觉把握的现象。在船山思想当中,太和絪缊之气是无形的,不可闻见的,但太和有没有象?算不算做形而上?

前面曾引船山所说"二气之动,交感而生,凝滞而成物我之万象,虽即太和不容已之用,而与本体之虚湛异矣",照这个说法,本体和万象相对,本体是"虚""湛"的。他还说过太虚是"气未成象"的,是"象未著"的,则"虚""湛"也应当不算做有象。

> 太虚之气,无同无异,妙合而为一。人之所受即此气也。故其
> 为体,湛定而合一。"湛"则物无可挠,"一"则无不可受。学者苟
> 能凝然静存,则湛一之气象自见(《诚明》)。[35]

这也是说太虚之气是本体,此本体是"湛""一"的。

> 健而动,其发浩然,阳之体性也。顺而止,其情湛然,阴之体性
> 也。清虚中自有此分致之条理……(《神化》)[36]

浩然、湛然是阴阳之体性的表现,湛然、浩然应当与上述"清""通"
"一"一样,都是描述太和纲缊的透明性状的。这来源于张载自己所用
来描述太虚本体的"清虚一大"。在张载看来,浩然、湛然在一定意义上
都是象,船山对此亦表同意,故说"健顺、动止、浩、湛之象"。[37]但这些
象又是不可表象的。

船山还说:

> "纲缊相揉",气本虚清,可以互入……。二气所生,风雷雨
> 雪,飞潜动植灵蠢善恶,皆其所必有。故万象万物虽不得太和之
> 妙,而必兼有阴阳以相宰制(《参两》)。[38]

这里"万象"的象是指聚后之象,与健顺浩湛之象不同。这说明船山的
"象"有两种意义:

> 皆气之为也,其本体之清微者,无往而不通,不疾而速。及其
> 聚而成象,又聚而成形,则凝滞而难于推致矣(《诚明》)。[39]

虚清、清微都是纲缊本体的特点,由于气之本体是虚清、清微的,所以他

们的另一特性是可以互入,无往不通,也就是说它们可以穿透一切、渗透一切、进入一切。这里说"及其聚而成象,又聚而成形",说明本体是清湛虚微的,本体之气聚而为象,再聚而为形,象和形则不再是清湛虚微的了,而是凝滞浊重的。这也说明,在气化过程之中,第一阶段先聚成象,第二阶段然后再聚成形。从本体到成物,有气、象、形三个层次,这里的象也是指聚后之象。

不过,船山又有一种说法:

> 若其在天而未成乎形者,但有其象;缊缊浑合,太极之本体,中函阴阳自然必有之实。则于太极之中,不昧阴阳之象,而阴阳未判,固即太极之象。合而言之则一,拟而议之则三,象之固然也。……象者未聚而清,形者已聚而浊,清者为性为神,浊者为形为法(《神化》)。[40]

可见,象也有二义,一是法象之象,即聚后之象;一是太虚之象,即聚前之象。按这里的说法,气化的过程,没有什么第一阶段先聚成象的象;象就是形气凝聚之前的清通之气,已聚而浊的都是形。所以从本体到成物只有象和形两个层次,这里的象就是指聚前之象。从这里也可以看出船山概念的用法的不严格。

所以无论如何,太虚之气是清通虚湛的,是没有聚而成象的。

二 阴阳气化

如果说上节相当于《孟子说》的气体论,则本节便相当于《孟子说》的气化论。其实,由上节我们已经知道,按照船山的思想,太和是原始性根源,而其中内在地具有运动分化之"几",故太和自身的运动引起阴阳二气的分化,二气分化之后互相感合,于是凝聚成万象万物。这一过程就是气化的过程。上节中已有不少地方涉及气化及其机制,以下我们来看《正蒙注》中的正面表述。

1. 含神起化

船山指出：

> 释氏以真空为如来藏,谓太虚之中本无一物,而气从幻起以成诸恶。……而仁义无质,忠信无本,于天以太和一气含神起化之显道,固非其所及知也(《神化》)。[41]
>
> 二气之动,交感而生,凝滞而成物我之万象,虽即太和不容已之用,而与本体之虚湛异矣(《太和》)。[42]

太和一气是本体,有体则有用,太和一气的用就是"含神起化",即发起气化的作用。神是起化的内在动因。阴阳分化以后,二气动静,相互交感,凝聚成物。

> 太虚即气,絪缊之本体,阴阳合于太和,虽其实气也,而未可名之为气。……气化者,气之化也,阴阳具于太虚絪缊之中,其一阴一阳,或动或静,相与摩荡,乘其时位以著其功能(《太和》)。[43]

阴阳具于太虚,这是指太虚本体,一阴一阳、或动或静、相与摩荡,这是指气化的过程。阴阳分化以后,动静摩荡,并借助一定的时空具体条件而产生人和物。

2. 必动之几

船山认为：

> 至虚之中,阴阳之撰具焉。絪缊不息,必无止机,故一物去而一物生,一事已而一事兴,一念息而一念起,以生生无穷,而尽天下之理,皆太虚之和气必动之几也。阴阳合而后仁义行,伦物正,感之效也(《可状》)。[44]

太和絪缊内部是运动的,絪缊本身就表示太和之气内部的交错流动,所以说絪缊不息,必无止息。只是,絪缊不息的运动,船山一般不用"动"的概念来说,"动静"一般是被他用来当做气化阶段阴阳分化感合的概念。所以一般他只强调,太和有必动之几,从动几到动静则是气体到气化的过程。必动之几表示这是启动气化过程的关键,它提供了气化的原初动力。

3. 阴阳聚散

船山主张:

> 天地之化,人物之生,皆具阴阳二气。其中阳之性散,阴之性聚,阴抱阳而聚,阳不能安于聚必散。其散也,阴亦与之均散而返于太虚(《参两》)。[45]

这是对《正蒙》"阴性凝聚,阳性发散"的解说,近代熊十力的乾坤翕辟说,即根源于此。这表示,聚散往复的根源在于阴阳的体性不同。

> 精者,阴阳有兆而相合,始聚而为清微和粹,含神以为气母者也,苟非此,则天地之间一皆游气而无实矣。……太和之气,阴阳浑合,互相容保其精,得太和之纯粹。故阳非孤阳,阴非寡阴,相函而成质,乃不失其和而久安(《参两》)。[46]
>
> ……太和未分之前,初得其精者,日月也。阴阳成质以后,而能全其精者,人也。人之所以继天立极,与日月之贞明同其诚而不息,能无丧焉,斯圣矣。
>
> 阴阳合而各有良能,神气凝而为精,此日月之所自而能久照者,与太虚保合太和于无声无臭之中同其理,故日得天(《参两》)。[47]

太和分化,感合相聚,最先聚为日月,日月是阴阳聚合的最原初的精粹,而人则是全面体现阴阳聚合之精粹的产物。船山认为,气所聚合的任何实体,都不是孤阴或孤阳,而是阴中有阳,阳中有阴;一个事物有阴有阳,才能不失其平衡和谐。这种平衡和谐在根源上来自太和本身,在前面我们曾引用的一段中说有形器之后不失其和,亦包含了这个意思。

> 一气之中,两端既肇,摩之荡之而变化无穷(《太和》)。[48]
>
> 合者,阴阳之始本一也,而因动静分而为两,迨其成又合阴阳于一也。……时位相得,则为人,为上知;不相得,则为禽兽,为下愚。要其受气之游,合两端于一体,则无有不兼体者也(《太和》)。[49]

阴阳本来浑合为一体而为太和,由于动静而分化为阴气和阳气两部分,而聚成人物的时候阴阳又合在一体,所以任何一个人或物,都不是纯阴或纯阳,而是有阴又有阳,这叫做兼体。孤阴或孤阳的事物是没有的。

> 阴阳行乎万物之中,乘时以各效,全具一纲缊之体而特微尔(《太和》)。[50]

每一物皆全具纲缊之体,应当是说每一事物皆合两端于一体,有阴又有阳,而能平衡和谐。

4. 阴阳相感

关于相感,船山认为:

> 感者交相感,阴感于阳而形乃成,阳感于阴而象乃著。遇者,类相遇,阴与阴遇,形乃滋;阳与阳遇,象乃明。感遇则聚,聚已必散,皆升降飞扬自然之理势(《太和》)。[51]
>
> 阴阳相感,聚而生人物者为神。含于人物之身,用久则神随形散,散而不足以存,复散而合于纲缊者为鬼(《太和》)。[52]

气化的过程,从动几到分化,然后是相感。相感是源于《周易》的古老的宇宙论观念,阴阳间的相感,形式不同,结果也不一样,阳主动感阴,则聚而为象;阴主导感阳,则聚而为形。

> 盖阴阳者气之二体,动静者气之二几;体同而用异则相感而动,动而成象则静。动静之几,聚散、出入、形不形之从来也(《太和》)。[53]

这里的阴阳指阴阳二气,二气相感就有了动,动而成象便是静。动和静则是引起聚散出入的始由。

最后,关于"几"的问题,再多举几个材料:

> "中涵"者其体,"是生"者其用也。轻者浮,重者沉,亲上者升,亲下者降,动而趋行者动,动而赴止者静,皆阴阳和合之气所必有之几,而成乎情之固然,犹人之有性也。絪缊,太和未分之本然,相荡,其必然之理势,胜负,固其分数之多寡,……其始则动之几也。此言天地人物消长死生自然之数,皆太和必有之几(《太和》)。[54]

> 阴阳异用,恶不容已;阴得阳,阳得阴,乃遂其化,爱不容已。太虚一实之气所必有之几也。而感于物乃发为欲,情之所自生也(《太和》)。[55]

> 一屈一伸,交相为感,人以之生,天地以之生人物而不息,此阴阳之动几也。动而成乎一动一静,然必先有乾坤刚柔之体,而后阖辟相摩,犹有气而后有呼吸(《动物》)。[56]

> 一嘘一吸,一舒一敛,升降离合于太虚之中,乃阴阳必有之几。则鬼神者,天之所显而即人之藏也。……屈伸因乎时,而尽性以存神,则天命立于在我,与鬼神合其吉凶矣(《太和》)。[57]

这些材料说明,首先,所谓太和絪缊的"必有之几",是指太和内在的一种运动分化的本性;其次,"动之几"则是指聚散、屈伸、变化的初始变动之妙。前者是气体,后者是气化,从必有之几到屈伸相感之动几,是有所先后的。阴和阳的互相攻取恶爱,是阴阳本性的表现,故说是太虚实体的必有之几。屈伸相感,生生不息,则是阴阳之动几。还可看出,有时船山所说的动几就是指变化的表现。在这些地方都可以看出船山对于概念使用的多义性。

不过,总的来看,在关于一气如何分化为二气这个关节点上,船山的说明很少,而这又关联到神的问题,我们会在下节再继续讨论。需要提起的是,船山的这些气体—气化论的表达,是宇宙论过程的历时性叙述,还是宇宙论结构的逻辑性陈述,倒是一个值得分析的问题。因为,在船山的哲学中,从气体到气化,并不是宇宙起源时期的一次性过程,从气体到气化,气化产生各种形态的存在物,而一切所产生的存在物又不断反向地回归于气体,这两种方向的运动是宇宙中始终不断地进行着的。从这个角度说,从气体到气化更多地是一种结构的分析。

三 神、气、理、诚

"神"的概念既是张载哲学也是船山哲学中的一个非常重要的概念,如何理解船山哲学中的神,是其哲学中比较复杂的一个问题。我们在这里把《正蒙注》中的神和气、理的概念一起讨论。

船山在《太和篇》指出:

> 太和之中,有气有神。神者非他,二气清通之理也。不可象者即在象中。阴与阳和,神与气和,是谓太和。人生而物感交,气逐于物,役气而遗神,神为气使而迷其健顺之性,非其生生之本然也(《太和》)。[58]

这一段中所用的"神"字,有两个不同的意义。前一句中的神指理。太和中有气,这是我们清楚地知道的,太和本来就是气;船山在这里则强调,太和中不仅有气,而且有神,这个神就是指清通之理。所谓清通之理,意思是理是清通不可象的,而不可象的理就在可象的气之中。这是提醒人们,不要以为太和只是气,气中是有理的。后一句中的"神"则是指人的精神理智,我们简称神知,气是指人的生理的构造。意思是,人在生命活动中往往听任气而去追逐物欲,忘记了神知而全受生理欲望的支配,这样,由于"神"被"气"所支配,精神就被物质所支配,本有的健顺之性就迷而不显了。这一段话里,前后使用的神的概念就不相同。

另外,值得注意的是,太和的意义除了前面屡次提到的"阴与阳和"外,这里也提到"神与气和",他在另一处也说过:

> 气之与神合者,固湛一也,因形而发,则有攻取。[59]

这里说的也是在太和之中,气与神合。气化后而聚为有形,不同形体的个体之间有攻有取,取就是吸引,攻就是排斥。而且他还提到"健顺和而太和",就神与气和而言,他的意思是指,在太和中神气统一,不会像人生当中"神为气使"或"役气遗神"。

所以他说:

> 天用者,升降之恒,屈伸之化,皆太虚一实之理气成乎大用也(《大心》)。[60]

船山还说:

> 神者天地生物之心理,父母所生气中之理,亦即此也(《乾称》)。[61]

这是说,"神"就是所谓天地生物之心,天地生物之心也就是天地生物之理。我们从父母得来的气之中也有理,此理即是天地生物之理,我们得之以为自己的"性"。

自然,神也常常与鬼相对:

> 天之气伸于人物而行其化者曰神,人之生理尽而气屈反归日鬼。[62]

这是把气之伸,聚成人物,称为神;把气之屈,散而归返太虚,称为鬼。这个意义上的神,是指气的屈伸的一种状态。

以上的说法比较清楚,但船山也有许多不太清楚的说法,如他说:

> 健而动,其发浩然,阳之体性也。顺而止,其情湛然,阴之体性也。清虚之中自有此分致之条理,此仁义礼知之神也。皆可名之为气而著其象。盖气之未分而能变合者即神,自其合一不测而谓之神尔,非气之外有神也。[63]

第一句,以健顺为阴阳的体性,以浩然、湛然为阴阳体性的表现。第二句的意思是清虚之气的条理便是"神",表示这里所用的"神"在意义上也是和"条理"捆绑在一起的。第三句所说的"神",其意义指"能变合者",就是使得气之未分的太和能改变为分化变合的运动的内在支配者,这是易学本身很重要的概念。船山认为这种把"使动者"叫做"神"的讲法,和《系辞》里面讲的"阴阳不测之谓神"也相同,并强调,无论如何,神是气的神,气外则无神。[64]

他解释《正蒙·神化篇》的"推行有渐为化,合一不测为神"说:

> 其发而为阴阳,各以序为主辅,而时行物生,不穷于生,化也。其推行之本体,则固合为一气,和而不相悖害。阴阳实有之性,名不能施,象不能别,则所谓神也(《神化》)。[65]

这里把神说成是阴阳之性。

他也说:

气,其所有之实也。其细缊而含健顺之性,以升降屈伸条理必信者,神也。神之所为聚而成象成形以生万变者,化也。故神,气之神;化,气之化也(《神化》)。[66]

这是说,细缊之气是实体,其中含有健顺之性;气的升降屈伸的条理,则为"神"。在神的支配下气的凝聚变化过程,则是"化"。

他还说:

自其变化不测则谓之神,自其化之各成而有其条理、以定志趣而效功能者则谓之性。气既神矣,神成理而成乎性矣,则气之所至,神必行焉,性必凝焉;故物莫不含神而具性,人得其秀而最灵者尔。耳目官骸亦可状之象、凝滞之质,而良知良能之灵无不贯彻,盖气在而神与性偕也(《可状》)。[67]

变化不测的"神",即神妙不测的意思,这是《易传》中的"神"字的基本用法。在这个脉络下,"气既神矣"应当指气的神妙不测,神是气的一种变化不测的灵动功能;则下句说神成就了理,也成就了性,应指神妙不测的气化过程使"理"显现了,使"性"生成了。所以,气的运行所至,也一定有"神"(神知)有"性",故万物产生都有神有性,人所得之气最秀且灵,所以既有气质器官,又有神知和本性。当然,在这里我们遇到了解释的复杂性:如果不照上面的解释,而认为"神成理而成乎性矣"这句话的神是指理,则与前句"气既神矣"全无连贯。如果这句话解释为神变为理而被禀受为性,而句首又说变化不测谓之神,则神如何从不测之神转化为理,亦有困难。

再来看另一段:

天命,太和细缊之气,屈伸而成万化。气至而神至,神至而理存者也(《大心》)。[68]

这种把气、神、理连贯起来套着说的做法,表现了在船山的理解之中,三者的密切关联,即气是第一性的,神是依赖于气的,而理又是依赖于神的。由于这一段是对张载批评释氏以心法起灭天地的解释,所以船山在这里的意思应当是指有气则有形,有形则有神,理具于心神之中。

> 健顺合而太和,其几必动,气以成形,神以居理,性固具足于神气之中。天地之生人物,人之肖德于天地者,唯此而已矣(《太和》)。[69]

健顺实际上也就是阴阳的体性,在太和之中阴阳浑合,所以说健顺合。气以成形指气构成了人的形体;神以居理,则指人的神知为性理提供了存在与活动的条件。而整体上说,人的性可说是具于人的形体和精神(气神)之中。

由以上可见,船山所使用的神的概念往往变易不一,不容易把握。这当然和《正蒙》本身大量使用神的概念,而意义复杂有关。在上面所举的例子之中,神的意义主要有四个:一是指"理",与气相对;二是指"神",与形相对;三是指"使动者",与动者相对;四是指气之伸、气之聚的形态,与作为气之屈、气之散的"鬼"相对。[70]

以下再举出一些用例,来看看船山对这个概念的使用。

> 其聚其散,推荡之者,神为之也。……荡之则屈而退,而变化生焉,此神之所为,非存神者不能知其必然之理。[71]

神是事物聚散屈伸的推动者,这个推动者不在事物之外,而在事物之中。这个意义的神就是使动者。值得注意的是,如果我们在总体上分析,可以说,神是虚灵的能动者,这个意义可以通贯于天和人。事实上,船山对天化之神的规定折射着他对人的心神的理解。理解这一点很重要。所以船山又强调,只有存神的人才能了解作为使动者的神。这里存神的神是指心神之神,与心同义。

> 盖由万物之生成，俱神为之变易，而各含缊缊太和之一气。是以圣狂异趣，灵蠢异情，而感之自通，有不测之化焉。万物之妙，神也，其形色，糟粕也。糟粕异而神同，感之以神而神应矣。[72]

一切变化生成，都是神所"为之"的，就是说，神是一切变化生成的所以推动者。这个观念是源于《易传》"神也者妙万物而为言者也"，"妙"就是古人对变化所以产生的根源的一种表达和赞词。各含太和一气是互感而通的基础，万物形体是清气结出的糟粕，万物的灵妙能动是神的体现，相感是神的相感，在这个意义上神是感通的力量。

> 凡天下之物，一皆阴阳往来之神所变化。物物有阴阳，事亦如之。……以俟命而利修身之用，存乎神之感而已。神者，不滞于物而善用物者也(《动物》)。[73]

所谓"一皆阴阳往来之神所变化"也是说一切事物的变化都是由神所推动而使然。所以，在使动者的意义上，船山指出：

> 神非变幻不测之谓，实得其鼓动万物之理也。[74]

神在这里的意义就不是变化不测，而是变化得以实现的鼓动者。这是《易传》古老的观念，也是《正蒙》"天下之动，神鼓之也"的发挥。

> 昼夜分两端，而天之运行一。生死分两端，而神之恒存一。气有屈伸，神无生灭，通乎其道，两立而一见，存事没宁之道在矣。[75]

物有生有死，气有聚有散，但无论气如何聚散，气之中的神，不管作为理还是作为使动者，是恒久不变而长存的。换言之，在人死后，形体化散为气，而人的形体的神亦即随之回复成为气之神，而无所谓生灭。

> 天以神御气,而时行物生;人以神感物,而移风易俗。神者,所
> 以感物之神而类应者也(《神化》)。[76]

就天而言,神和气的关系,是神御气,这个意义的神应当指导引变化的
一种能动力。就人而言,神就是精神,感物之神是指感通的能力。

> 天以神为道,性者神之撰。性与天道,神而已矣。[77]

这个讲法应当是以神为理的结果,是说天理即是天道,性来自理,所以
性与天道都是理(神)。

> 神之有其理,在天为道,凝于人为性。易,变易也,阴阳摩荡,
> 八卦兴,六十四象成,各有时位错综,而阴阳刚柔仁义之体立,皆神
> 之变易也。[78]

这里的神,其意义近于气,气化之理,在天为天道,在人则为人性。万物
万事的变化也都是气的变化。

> 天无特立之体,即其神化以为体。民之视听明威,皆天之神
> 也,故民心之大同者,理在是,天即在是,而吉凶应之。[79]

这里所用的神,实是神化的简称。

现在让我们转到理、诚的概念。

> 若天神也者,含仁义中正之理而不倚于迹,为道之所从生,不
> 能以一德名之。而成乎德者亦不著其象,不得已而谓之曰诚。诚,

以言其实有尔,非有一象可名之为诚也。[80]

这是说,诚不是指某一特定的"象",诚的意思是实有,即存有的客观实在性。但实有并不一定特指气的实有,亦以指理的实有。如他说:

诚者天者道也,阴阳有实之谓诚。[81]

这里的诚就是指阴阳之气的实有。而下一段:

诚者,天之实理。[82]

这就是以诚指理的实有。

他解释《诚明篇》"天所以长久不已之道,乃所谓诚":

气化有序而亘古不息,惟其实有此理也。[83]

这也是把《正蒙》此处的"诚"解释为"实有此理"。由此可见,以往把船山哲学的诚概念解释为物质一般的概念抽象,是不全面的。

诚者神之实体,气之实用,在天为道,命于人为性。知其合之谓明,体其合之谓诚。[84]

这是说,神之实体、气之实用、天道、人性,都是诚,因为它们都是实有。至于诚明相对的诚,则是指人对于太和纲缊二气浑"合"的体验境界。这个境界也叫做至诚:

至诚,实有天道之谓。大者,充实于内,化之本也。惟其健顺之德,凝五常而无间,合二气之阖辟,备之无遗,存之不失,故因天地之时,与之同流。有实体则有实用,化之所以咸通也。阴阳合为一德,不测之神也。存神以御气,则诚至而圣德成矣。[85]

"阴阳合为一德"指的就是太和绸缊之德,存神就是存此阴阳合一,这就是至诚,也是圣德的完成。

> 至诚体太虚至和之实理,与绸缊未分之道通一不二,是得天之所以为天也。其所存之神,不行而至,与太虚妙应以生人物之良能一矣。如此,则生而不失吾常,死而适得吾体,迹有屈伸,而神无损益也(《太和》)。[86]

这更加明确地指出,所谓至诚的境界,就是体验太和绸缊通一不二的境界,发挥自己的本性与太虚妙应的良能通一不二,这就是《正蒙》说的"得天",这就是存神尽性,也只有这样,才能生不失吾常,死而得吾体,从而尽管形体从聚到散,神气没有任何改变。这也是船山最高的理想。

最后,再来看理的概念。船山说:

> 神化者,气之聚散不测之妙,然而有迹可见。性命者,气之健顺有常之理,主持神化而寓于神化之中,无迹可见。若其实,则理在气中,气无非理,气在空中,空无非气,通一而无二者也。其聚而出为人物之形,散而入于太虚则不形,抑必有所从来。盖阴阳者气之二体,动静者气者二几;体同而用异则相感而动,动而成象则静。动静之几,聚散、出入、形不形之从来也(《太和》)。[87]

理是主持神化而寓于神化之中的,无形迹,理在气中,气外无理,这些说法和船山对理的一贯看法完全一致。神化与神不同,神化就是指气化的过程,因为气化过程中聚散动静是神妙不测的,故称为神化。神化运行之中的理,其作用在于"主持"神化,即主导、调节的作用。

> 理者,天之所昭著之秩序也(《诚明》)。[88]

秩序也就是条理,这是指理是气化运行的条理和秩序。这里用秩序解理和上条以主持说理,两种并无冲突,船山也往往把两者结合在一起来解说理:

> 塞者,流行充周;帅,所以主持而行乎秩序也。塞者气也,气以成形;帅者志也,所谓天地之心也。天地之心,性所自出也(《乾称》)。[89]

天地之心即天地之理,这里对理的解说就是"所以主持而行乎秩序者也",主持是对理的一种内在主导性的说明,而秩序则是理表现出来的作用。

> 理者,物之固然,事之所以然也。显著于天下,循而得之,非若异端孤守一己之微明,离理气以为道德(《至当》)。[90]

神化过程中产生了事物,事和物的理,在定义和说明上有所不同。船山说,所谓物之理,是指物的固然之理,即物的本质。所谓事之理,是指事的所以然之理,即事的根据。合而言之,我们可以说,理是事物的本质和根据。

总的说来,船山在《正蒙注》中表达的对于"理"的理解与《读书说》是一致的。

四 小 结

船山《正蒙注》的体系,就哲学形态而言,可以说是一"宇宙论中心取向"的体系,此种论述体系明显是回归于张载、周敦颐思想的形态,与程朱陆王不同。现在把船山的这一套自然哲学简单地归纳一下。

太虚之中充满气,所以太虚即气,虚空不虚。太虚之中缊缊不息,是万物资始的本源,也是万物起聚散归的本体。太和缊缊之气不可象,清通湛一。但其中有阴阳,而阴阳在太和之中浑沦无间,故称太和。太和的存在形态既是最原始的,也是最本然的,又是最完美的。太和之中有气,气则有理,气则有神,故太和中有理有神。

太和有阴阳两端之体性,含分化变动之几,这是太和含神起化的根据。阴阳二气从太和分化而出,动静摩荡交感,阴阳二气凝聚为物,每一物皆具阴阳。阳性不安于聚而必散,故形谢气散而归返于太虚。万物在一个或长或短的存在时期之后,都要归返于太虚。

在万物凝聚的过程中,影响万物生成的差别的,主要是凝聚所乘的时位不同会影响人物的形性,时位相得为人为上智,时位不相得则为禽兽为下愚。人的形体在死后消散为气,而人的性和神也都将随形散之气复归于太虚。

除了形神观而外,这些思想基本上都是继承了张载的思想,没有明显的不同。而《正蒙注》对张载的发展在于,进一步提出和强调了"缊缊""动几",并结合了周敦颐的"诚"的观念。值得注意的是,《正蒙注》虽在船山晚年做成,但其中年《读书说》中的宇宙论与其晚年《正蒙注》的宇宙论基本相同。

注　释

〔1〕　《张子正蒙注》,《船山全书》十二,第 12 页。

〔2〕　同上书,第 27 页。本文所引用的原文,其所在《正蒙注》的篇名,皆随引文注明。

〔3〕　同上书,第 30 页。

〔4〕　同上书,第 50 页。

〔5〕　同上书,第 153 页。

〔6〕　同上书,第 372 页。

〔7〕　同上书,第 374 页。

〔8〕　同上书,第 377 页。

〔9〕　同上书,第 378 页。

〔10〕　这一点他在《思问录》中也再三强调,如该书第 2 节。其实至少佛教的思想并

非如此。

〔11〕《张子正蒙注》,《船山全书》十二,第 15 页。

〔12〕张立文认为太虚、太和"即阴阳二气冲突融和而和合",见氏著《正学与开新》(人民出版社,2001 年)第 105 页。这种讲法似以太和为阴阳二者既冲突又融和。

〔13〕同上书,第 35 页。

〔14〕同上书,第 16 页。

〔15〕同上书,第 54 页。

〔16〕同上书,第 205 页。

〔17〕同上书,第 32 页。

〔18〕同上书,第 17 页。

〔19〕同上书,第 36 页。在这段话中,动静、虚实、清浊都是取给于太虚实体的"用",而非太虚实体所本有。

〔20〕同上书,第 40 页。又船山云:"养生家用此气,非太和绸缊、有体性无成形之气也"(第 82 页)。可为此段之"以有体无形之性"作注脚。

〔21〕同上书,第 364 页。

〔22〕同上书,第 33 页。

〔23〕同上书,第 46—47 页。此段中的"太和之气"四字似多余,无此四字解之甚通,有此四字则不可解。故我以括号扩之,读者可自判断也。

〔24〕同上书,第 24 页。

〔25〕同上书,第 36 页。

〔26〕同上书,第 27 页。

〔27〕同上书,第 80 页。

〔28〕同上书,第 366 页。

〔29〕船山另一处也说过,"太和绸缊,有体性无成形之气也"(《神化篇》注,第 82 页)。

〔30〕同上书,第 26 页。

〔31〕同上书,第 276 页。

〔32〕同上书,第 274 页。明代儒学中如罗近溪已用"神理"概念。

〔33〕《船山全书》十二册,第 420 页。

〔34〕《周易内传》卷五下,《系辞上》十一章。其《周易内传》思想可看汪学群:《王夫之易学》,社科文献出版社,2002 年。

〔35〕 同上书,第 123 页。

〔36〕〔37〕 同上书,第 82 页。

〔38〕 同上书,第 55 页。

〔39〕 同上书,第 134 页。

〔40〕 同上书,第 46 页。

〔41〕 同上书,第 83 页。

〔42〕 同上书,第 40 页。

〔43〕 同上书,第 33 页。

〔44〕 同上书,第 364 页。

〔45〕 同上书,第 57 页。

〔46〕 同上书,第 54 页。

〔47〕 同上书,第 55 页。

〔48〕 同上书,第 42 页。

〔49〕 同上书,第 37 页。

〔50〕 同上书,第 42 页。

〔51〕 同上书,第 28 页。

〔52〕 同上书,第 34 页。

〔53〕 同上书,第 23 页。

〔54〕 同上书,第 16 页。

〔55〕 同上书,第 41 页。

〔56〕 同上书,第 108 页。

〔57〕 同上书,第 35 页。

〔58〕 同上书,第 16 页。

〔59〕 同上书,第 123 页。

〔60〕 同上书,第 154 页。

〔61〕 同上书,第 355 页。

〔62〕 同上书,第 79 页。

〔63〕 同上书,第 82 页。

〔64〕 严寿澂亦言:"气指宇宙构成的质料,神指其能动性,理则指其潜能与所以然。"
（《船山思问录》,第 12 页）

〔65〕 同上书,第 80 页。

〔66〕 同上书,第 76 页。

〔67〕　同上书,第 359 页。

〔68〕　同上书,第 153 页。

〔69〕　同上书,第 17 页。

〔70〕　船山云:"自明而之幽为屈,自幽而之明为伸;运于两间者恒伸,而成乎形色者有屈。"(同上书,第 272 页)

〔71〕　同上书,第 312—313 页。

〔72〕　同上书,第 44 页。

〔73〕　同上书,第 107 页。

〔74〕　同上书,第 68 页。

〔75〕　同上书,第 39 页。

〔76〕　同上书,第 78 页。

〔77〕　同上书,第 95 页。

〔78〕　同上书,第 42 页。

〔79〕　同上书,第 71 页。

〔80〕　同上书,第 74 页。

〔81〕　同上书,第 25 页。

〔82〕　《周易内传》卷六下,《说卦》第二章。

〔83〕　《张子正蒙注》,第 115 页。

〔84〕　同上书,第 114 页。

〔85〕　同上书,第 82 页。

〔86〕　同上书,第 34 页。

〔87〕　同上书,第 23 页。

〔88〕　同上书,第 136 页。

〔89〕　同上书,第 354 页。

〔90〕　同上书,第 194 页。

附 录

元明理学的"去实体化"转向及其理论后果

——重回"哲学史"诠释的一个例子

吴澄的理"非别有一物"说
罗钦顺的"理气一物"说
王廷相的"性出乎气"说
刘宗周的"气质之性"说
王夫之的"气质中之性"说

至少在明代中期以后，主张"气质之性"的学者越来越多，这已是众所公认的历史事实。在过去几十年的学术界，不少学者常常把这一气质之性的突显与理欲之辨相联系，主张这一现象反映了资本主义的萌芽从而具有启蒙思想的意义。这在中国和日本的中国思想研究中已成为具有主导地位的思想史解释。

然而，晚近以来，开始有学者注意到明代的气质人性论不一定与"情欲解放"有必然联系，相反，强调只有气质之性而无义理之性的学者，却可能通过继续坚持"存理遏欲"而导向更严格的道德主义。[1]这一事实的被关注，暴露出以往的主流的思想史解释的局限性和片面性，以及以往思想史研究方法中在确定思想和社会间关联时常常具有的推测性质和思辨倾向。这使我们不得不回到文本的哲学史解释，以了解这一思想实际发展的源流。

我在《朱子哲学研究》曾指出："从哲学上说，在理气同异的问题上，有些理论上的矛盾朱子并未解决，其中主要是气质蒙蔽说与气异理异说的矛盾。如果按照气异理异说，人禀得何种气即禀得何种理，禀得何种气多，即禀得何种理多，这个说法必然导致只能承认有气质之性，而不能承认本然之性。本然之性说是与气质蒙蔽说联结在一起的，气质的清浊虽然可以蒙蔽性理，但并不影响到性理的完具或欠缺。而照气异理异说，不善的原因并不是因为气质蒙蔽了作为性之本体的理，而是由于所受的气质的偏驳本身决定了所禀得的理的偏少。

这两种不同的思想涉及了本体论上理气观的两种不同立场：如果说宇宙之间，理是作为气之中的一种实体存在的，那么就自然地导出在人性论上的性之本体说和气质蒙蔽说。如果坚持气异理异说，那么推而上之，必然得出结论，即理并不是气之中的某种本体、实体，而只是气的属性、条理。而后一种论点就不是理学的本体论了，而近于气学的气本观点了。朱子虽然也强调气异理异之说，但他没有意识到，这一观点坚持到底，就要求在本体论上确立气本论，而他自己始终是一个理学的理本论者。同时，从构成论上究竟如何阐述本然之理到气质之理的转化，也是一个未被解决的问题。"（143页）

从理论的次序说，这里是强调人性论的气异理异说必然要求一种理的条理说为其基础。其实，反过来也是同样，存在论上的理的条理说也必然引导到只能承认气质之性说，而否定本然之性说。事实上，朱子以后，元明理学的理气论正是循着这样一条内在的理路走过来的。本文把这条道路称为理学思维去实体化的路向，但本文采取现象学描述的立场，对此种路向并不含有任何褒贬之义。而且，这里的"理学思维"专指对于"理气论"中的"理"的思考，与一般学术研究使用的广义或狭义的理学概念都不同。本文以下将叙述并分析元明理学的这一发展。

一 吴澄的理"非别有一物"说

在我看来,由于元代的吴澄(草庐)因其与陆象山同乡而不得不有时替陆氏分解,习惯上被误认为倾向于陆学。其实,从整个学术、思想的体系来看,吴澄毋宁说是朱子学术及道学传统的真正承继者。正是在这个意义上,我一贯主张,"象山之后,还是阳明;晦翁之后,终是草庐"。

吴澄的理气论是接着朱熹学派的理气论讲的,并开始在理论上做出调整。他说:"自未有天地之前,至既有天地之后,只是阴阳二气而已。本只是一气,分而言之则曰阴阳;又就阴阳中细分之,则为五行。五行即二气,二气即一气。"[2] 这是说,天地是有成毁的,没有天地之前,气已存在;天地销毁之后,气仍存在。宇宙间唯一永恒的存在物是气。一气可分为阴阳二气,阴阳二气可再分为五行,而二气五行本质上都是一气。

气是唯一的永恒的存在物,那么,理的地位又如何呢? 吴澄接着说:

> 气之所以能如此者,何也? 以理为之主宰也。理者,非别有一物在气中,只是为气之主宰者即是。无理外之气,亦无气外之理。[3]

这里有两点值得注意:第一,朱熹认为理气在实际上没有先后,但在逻辑上理先气后。吴澄则不再重视朱熹讨论的理气先后的问题,他强调的是,宇宙中实际存在的只是气,而所谓理,是气的活动的主宰,即规律。第二,朱熹虽然讲在实际运行上理气不相分离,但说"理与气,此决是二物",把理看成是某种实体化的东西。而吴澄强调,理在气中,但理不是作为一物在气之中,强调理不是实体,理只是气之条理和规律。这是朱子学内,在理的问题上"去实体化"转向的开始。而且,这"理非是一物"的思想与"理在气中"的思想密切联系,吴澄说:"理在气中,元不相离"(语见《答田副使第三书》,《吴文正集》卷三)[4],所以清人黄百家解释吴澄的理在气中说云:"百家谨案,理在气中一语,亦须善看。一气流行,往来过复,有条不紊;从其流行之体谓之气,从其有条不紊谓之理,非别有一理在气中也。"[5]这个说明是很恰当的。《理学与元代社会》指出:"'理在气中'命题的提出,在理学发展史上具有重大意义,它开启了明代理气一元论的先河。"[6]另一方面,吴澄仍然用"主宰"一词界定理,这一方面是由于理气论与人性论的牵连,另一方面也是理学形上学词汇的误用。无论如何,这种主宰说只是功能意义上的,而已经没有任何实体的意义了。

这一点也表现在"太极"的问题上。与朱熹一样,吴澄也是以太极为"道"、为"至极之理"。他说:"太极与此气非有两物,只是主宰此气者便是,非别有一物在气中而主宰之也。"[7]可见,他主张的主宰并不是承认理为实体。他又说:"太极阴阳五行,同时而有者也,非渐次生出。"[8]"开物之前,混沌太始,混元之如此者,太极为之也。开物之后,有天地人物,如此者,太极为之也。闭物之后,人物销尽,天地又合为混沌者,亦太极为之也。"[9]这是说,宇宙由混沌变为开物,最后天地销尽又归于混沌,都是太极的作用使然。这个思想,接近于程朱所说的"所以然",指太极是宇宙万物存在、变化的所以然,即根据和规律。所以他也说:"气之循序而运行者为四时,气之往来屈伸而生成万物者为鬼神,命名虽殊,其实一也。其所以明、所以序、所以能吉凶,皆天地之理主宰之。"这说明,虽然他反对理的实体说,主张非实体的主宰说,但他仍保留了以"所以"论"理"的思维。这要到罗钦顺才提出进一步的修正。

吴澄的人性论是从其理气论直接推下来的,但与朱子似无甚区别。他说:"人得天地之气而成形,有此气即有此理;所有之理谓之性。此理在天地,则元亨利贞是也。其在人而为性,则仁义礼智是也。性即天理,岂有不善!但人之生也,受气有或清或浊之不同,成质有或美或恶

之不同，……惟其气浊而质恶，则理在其中者，被其拘碍沦染而非复其本然矣。此性之所以不能皆善，而有万不同矣。"〔10〕

这段话是说，天地间一气运行，理在气中，理是气之所以能运行者。人之生，禀受天地间的气而成为自己的形体，所禀受来的气之中就有理，气中所具有的理就是性。所以性本来就是天理，是没有不善的。但是由于每个人都是具体的，所禀受得来的气是不同的，有清有浊的，这就使得处于形气中的理要受到形气的影响，如果气浊质恶，性就会"被其拘碍沦染"，即受到污染。从而，人的现实的人性，便不能皆善，而有了各个不同的差别。对圣人来说"此理在清气美质中，本然之真，无所污坏，此尧舜之性所以为至善"。对一般人来说，气质总是有不清不美之处，性也就不是全善的了。这种人性论还是属于气质蒙蔽说，而不是气异理异说。

二　罗钦顺的"理气一物"说

明代朱子学从一开始就试图修正朱子的理先气后论，如薛瑄主张"理气不可分先后"，"理涵乎气之中"，但他仍然还不能摆脱把"理"理解为气之中的一种实体的倾向，无论他的理气无缝隙说还是理如日光说，都是如此。到了胡居仁，则在气对理的存在的优先性上，做了进一步的肯定，主张："'有此理则有此气，气乃理之所为'，是反说了。有此气则有此理，理乃气之所为。"〔11〕主张气是第一性的，气是本源，理由气所决定。这表明胡居仁是从薛瑄到罗钦顺之间的一个发展环节。

罗钦顺思想的特色体现在他的理气观。理学从二程开始，在哲学的宇宙论上，把"理"作为宇宙的普遍原理，同时又认为这个"理"是气的存在、运动的"所以然"。朱熹继承并发展了这一思想，他虽然有时也说理是条理秩序，但在总体上，强调"理"作为气之所以然，是不杂于气又不离于气的形上实体。这个思想在后来理学的发展中受到不少怀疑，罗钦顺就是对朱熹理气观提出异议的学者的代表之一。

罗钦顺指出朱熹理气观有严重失误，断言理并不是形而上的实体，

而是气之运动的条理,他说:

> 理只是气之理,当于气之转折处观之,往而来,来而往,便是转折处也。夫往而不能不来,来而不能不往,有莫知其所以然而然,若有一物主宰乎其间,而使之然者,此理之所以名也。[12]

罗钦顺认为,气是不断变化运动的,气之所以往复变易,有其内在的根据,正如一个物体,在阻力为零的情况下,只要给它一个力,它就会做直线运动不断向前;如果该物体运行到某一点上又向相反的方向运动,那么一定另有外力或内部装置操纵它。从程颐到朱熹都认为,理对于气的作用正像一个做往复运动物体的操纵者,支配着气的往而复、复而往的变化运行。罗钦顺提出,从功能上看,理虽然支配着气的运动,但理并不是神,也不是气之中的另一实体。更重要的是,他提出"若有一物主宰乎其间",即程朱在这一点上,总是不能摆脱以实体化的观点看待理的倾向,是有其原因的,因为理的这种作用确实容易被理解为一物;而其实,这只是"若有一物",并非真的有一物。在他的这种说法里,他对以往的"主宰"说也有所不满。

在罗钦顺看来,程朱一方面承认理具有气之运动的规律的意义,另一方面又宣称"理与气决是二物",这样一来,作为事物规律的理就被实体化了。罗钦顺十分明确地反对这一点,他不仅反对理的实体说、主宰说,也反对理的"所以"说。他说:

> 自夫子赞《易》,始以"穷理"为言,理果何物也哉?盖通天地、亘古今,无非一气而已。气本一也,而一动一静,一往一来,一阖一辟,一升一降,循环无已。积微而著,由著复微,为四时之温凉寒暑,为万物之生长收藏,为斯民之日用彝伦,为人事之成败得失。千条万绪,纷纭胶葛,而卒不可乱,有莫知其所以然而然,是即所谓理也。初非别有一物,依于气而立,附于气以行也。或者因"易有太极"一言,乃疑阴阳之变易,类有一物主宰乎其间,是不然。夫

《易》乃两仪四象八卦之总名,太极则众理之总名也。云"易有太极",明万殊之原于一本也;因而推其生生之序,明一本之散为万殊也。斯固自然之机,不宰之宰,夫岂可以形迹求哉?斯文也,惟程伯子言之最精,叔子与朱子似乎小有未合。……所谓叔子小有未合者,刘元承记其语有云"所以阴阳者道",又云"所以阖辟者道",窃详"所以"二字固指言形而上者,然未免微有二物之嫌。以伯子"元来只是此道"之语观之,自见浑然之妙,似不须更着"所以"字也。所谓朱子小有未合者,盖其官有云"理与气决是二物",又云"气强理弱",又云"若无此气,则此理如何顿放",似此类颇多。[13]

罗钦顺不赞成宋元理学的"所以"说,认为"所以"二字往往意味着理气为二物。他指出,理作为气之理,作为气之运动的根据和内在法则,并不像朱熹所说的是依附于气的另一实体(物),理与气并不是"二物",理只是气的运动变化的规律。他提出"仆从来认理气为一物"[14],就是说,理与气不是两个实体,实体只是气,理只是这一实体自身的规定,是这一实体固有的属性与条理。理与气不是二元的对待。

根据"理气一物"不可分的观点,他还批评了朱熹关于理气合凝的说法,他说:

周子《太极图说》,……"无极之真、二五之精,妙合而凝"三语,愚则不能无疑。凡物必两而后可以言合,太极与阴阳果二物乎?其为物也呆二,则方其未合之先,各安在耶?朱子终身认理气为二物,其源盖出于此。[15]

如果理和气的关系像朱熹所解释的,是"妙合而凝",那就意味着,具体事物产生之前,理与气是各自独立流行于宇宙之中的;理只是在一定的形气结聚时才"搭附""安顿"到气之中。罗钦顺认为这是不可能的,因为不可能有没有理的纯粹的气,也不可能有离开气而独立的理。根据这一点他还批评了朱熹的"堕入"说,朱子曾认为"气质之性"是太极全体堕入气质之中而成,罗钦顺指出:"夫既以堕言,理气不容无罅缝矣。"[16]因为,"堕入"意味着两者在"堕入"之前是分离的。

理学的理气分离及实体化的问题还总是与理气聚散的问题纠结在一起,而这一问题一直未得到解决。明代理学中如薛瑄曾对此提出过一些与朱熹不完全相同的提法,但薛瑄一方面主张理气无缝隙,另一方面却又用理如日光,气如飞鸟的比喻说明气有聚散的运动,理无聚散的运动,于是最终还是把理与气看成有"缝隙"的。罗钦顺批评他:

> 薛文清《读书录》甚有体认工夫……,然亦有未能尽合处。……录中有云"理气无缝隙,故曰器亦道、道亦器",其言当矣。至于反复证明气有聚散、理无聚散之说。愚则不能无疑。夫一有一无之间,其为缝隙也大矣,安得谓之器亦道、道亦器邪?盖文清之于理气亦始终认为二物,故其言未免有窒碍也。[17]

罗钦顺明确地指出,薛瑄思想中的这种矛盾根源于他把理气看成两个实体。在理气聚散的问题上罗钦顺认为,对于人与物而言,"气聚而生,形而为有,有此物即有此理,气散而死,终归于无,无此物即无此理,安得所谓死而不亡者耶?"[18]就是说,理只是气和事物的规定,一个事物或一类事物消散之后,这个事物的理或此类事物的理也就不再存在,不能说这些理是永恒的。对于"天地"来说,由于"天地之运,万古如一,又何生死存亡之有"[19],所以天地之理与天地一样,都是永恒的。在这里,罗钦顺显然区分了特殊规律与普遍规律。事物的特殊属性和规律不是永恒的,是与这些事物的存在相始终的,而宇宙的普遍本性与规律则是没有生灭的,罗钦顺的这些看法以及他敏锐地把理的聚散问题归结为理是否有生灭的问题,是有见地的。

罗钦顺还指出:

> 窃尝以为气之聚便是聚之理,气之散便是散之理,惟其有聚有

散,是乃所谓理也。[20]

　　"若论一,则不惟理一,而气亦一也。若论万,则不徒气万,而理亦万也",此言甚当,但"亦"字稍觉未安。[21]

既然理只是气的规律,如果气是单一的,理也必然是单一的;气若是多样的,理也必然是复杂的。说"理一而气亦一""气万而理亦万",是强调气是第一性的,理是第二性的;但要说明,这里的"亦"字仍有视理气为"二物"之嫌,必须警惕。罗钦顺的这个思想也表明,他认为气一则理一,气万则理万,理并不是气之中某种不变的抽象实体,理是作为实体的气自身所决定的某种条理和规定,这就超越了薛瑄等人未能摆脱理学本体论的局限的思想,同时的王廷相显然进一步发展了这一思想。

　　从哲学的本体论上说,罗钦顺的理气观对于朱子学的挑战在于,一方面,理气一物说逻辑上包含了对理在气先说的批判。另一方面,强调理气一物,反对以理气为二物,是反对本体论的二元论,主张一元论,而这种一元论是转向以气为第一性实体的一元论。

　　"理一分殊"始提出于程颐答杨时书,后来杨时、朱熹加以大力发展,成为理学传统中的一个重要论题,也为理学提供了一种方法,处理各种一和多、一般和个别的关系。罗钦顺特别重视"理一分殊",而且强调以"理一分殊"为方法处理人物之性的问题,在这方面他提出了与朱熹不同的思想。他说:

　　　　窃以性命之妙,无出理一分殊四字。……盖人物之生,受气之初,其理惟一;成形之后,其分则殊。其分之殊莫非自然之理,其理之一常在分殊之中,此所以为性命之妙也。语其一,故人皆可以为尧舜,语其殊,故上智与下愚下移。[22]

在这一段话里,"理一"是指人物具有的共同本性,"分殊"是人物各自具有的不同特性。罗钦顺认为,万物受气初生之际,它们的理都是相同的,这表现了"理一",而万物各自具有了自己特定形体之后,它们的性就有了差别,这表现了"分殊"。因而,在构成论的意义上,可以说,气所构成的形质在理一到分殊的演化中起了决定作用,即特定的形质有其特定的理、性。

罗钦顺又说:

> "性善",理之一也,而其言未及乎分殊,"有性善有性不善",分之殊也,而其言未及乎理一。程张本思孟以言性,既专主乎理,复推气质之说,则分之殊者,诚亦尽之。但曰"天命之性",固已就气质而言之矣,曰"气质之性",性非天命之谓乎? 一性而两名,且以气质与天命对言,语终未莹。朱子犹恐人之视为二物也,乃曰"气质之性即太极全体堕在气质之中",夫既以堕言,理气不容无罅缝矣。惟以理一分殊喻之,则无往而不通。[23]

罗钦顺从一般与特殊的角度来理解古典人性问题的争论。他认为,天、地、人都是物,因而他们的理有统一性。类的属性与个体的属性是一般与个别的关系,也就是理一与分殊的关系。正如一切马都是"马",但个体的马有黄有白,有牡有牝。万物之性都是"性",但个别表现有仁有智、有贤有愚,就是说,没有什么独立的堕在形体中的实体式的一般本性,天命之性并不是这样的东西。每个人或物的性可以说都是宇宙自然赋予的,都是天命之性(天所命与的性),但其表现差别不同。理一即寓于分殊之中。那种认为人物中既有一个一般的天命之性,又有一个具体的气质之性的看法,罗钦顺是不赞成的,他不主张把一般实体化,主张辩证地理解一般与特殊的关系。他认为,孟子讲性善,只看到了人性的普遍的一面,即都有成圣成贤的根据和可能性,但并没有看到人性的具体的特殊性、差别性。告子等主张"有性善有性不善",看到了人性的个体表现的差异,但却忽视了差异中也有普遍性。张载、程颐想把普遍性和差别性结合起来,但走了一条错误的实体化的道路。在罗钦顺看来,普遍即寓于特殊之中,普遍表现为特殊。天命是理,气质是气。天命是气质的天命,没有离开气质而孤立存在的天命。气质之性既然是性，表明它就是气质的理，也就是气质的天命，因而天命之性、气质之性只能是一个。根据他的理气观，理只是气之理，气流行于天地之间，其理为普遍之理，这是"气一则理一"，万物既生之后，形气获得了各自的规定，其理也各自不同，这属于"气万则理万"。气万则理万的说法表明，人性完全是属于特定气质自身的属性。根据理一分殊的原则论性，"自不须言天命、气质之两名"，人物只有一个性，不需要用天命之性、气质之性两个名称去指称它，更不能认为人或物中有两个不同的性。

朱熹也曾应用理一分殊的模式说明人性问题，但朱熹是用理一分殊论证宇宙本体与万物之性的同一性，如"统体一太极""各具一太极"。但在这种关系中，如果说各具一太极是分殊，则这个"殊"只是"多"，殊与殊之间并无差异，这与朱熹用以处理万物分理的差异所赋予的"理一分殊"的意义不同。罗钦顺则从理是气自身的规定这一立场出发，坚持用一般和特殊的关系来处理性理与分理。

从罗钦顺这种富于辩证意义的思想出发，人性的统一性并不排斥个体表现的差异，反而是以之为前提的，一般的单一规定并不排斥个别的现象差异，因为个别比一般更丰富、更具体。根据这个思想，那种把人性善理解为每个个体的人都表现为相同程度的纯粹善，只是一种形而上学的理解。

三　王廷相的"性出乎气"说

王廷相哲学的一个显著特征是，具有强烈的批判性。他对程朱理学的理气观做了前所未有的深入批判，他的理气关系论就是在这种批判中发展起来的。

王廷相认为，气分为元气和生气，元气无形，生气有形。元气相当于张载说的太虚之气，生气相当于张载说的游气。不论元气、生气，其中都具有理。他说："理载于气，非能始气也。世儒谓理能生气，即老氏道生天地也。"[24]"气也者,道之体也。道也者,气之具也。"[25]他指出,宋儒以为理能生气,是完全错误的,理不能离气,气是宇宙的唯一实体,理是气所固有的秩序、规律、条理,"载"表明理不是独立存在的实体,理以气为受载的实体。理本身只是"虚而无著"的,既无形体迹象,又无动静运动,这样的理是不可能产生气的。理不能悬空独立存在,理必须以气为本。气则自然具有条理,元气中有元理,不能说元气之上、之先还有虚无而象的理。如果以为理在气先,那就与老庄没有区别了。王廷相认为,既然理不是实体,没有运动,气才是有运动的实体,所以气是第一性的,理是第二性的。他甚至提出,气与理的这种关系,有如有耳目才有聪明一样。王廷相的这些思想表现出鲜明的气本论立场。

程朱学派的理本论哲学中有一个重要的论点,即认为气有变化,理无变化;气有生灭,理无生灭,因而理是一种永恒、不变的绝对。在王廷相看来,气是宇宙间唯一的实体,理只是气的规律、条理、秩序。因而:"气有变化,是道有变化。……气有常有不常,则道有变有不变。一而不变,不足以该之也。"[26]王廷相认为,如果说气不断变化,道却永远不变,那么气与道就割裂开来了。自然界和人类社会的一切现象都处在永恒的变化运动之中,道和理也是有变化的。王廷相特别指出,人类社会的理是随着时代的发展而变化的:

> 儒者曰:天地间万形皆有敝,惟理独不朽,此殆类痴言也。理无形质,安得而朽? 以其情实论之,揖让之后为放伐,放伐之后为篡夺,井田坏而阡陌成,封建罢而郡县设。行于前者不能行于后,定于古者不能定于今,理因时致宜,逝者皆刍狗矣,不亦朽敝乎哉。[27]

王廷相这个思想是说,事物的规律决定于事物本身的物质存在条件,规律是物质过程的规律,物质过程及其条件变化了,相应地,它的规律的内容也要发生改变。因而,不能认为世界上一切规律都是永恒不变的,对于规律和法则应采取一种变化的辩证理解。他把这一思想应用于人类社会,直接显示出对程朱理学的批判锋芒。因为程朱理学正是把人类社会某一发展阶段的某些原则说成是宇宙永恒规律的表现。王廷相认为,人类社会的各种原则(理)不是固定不变的,而是变化的、有消灭的。从形式上看,事物的法则并不像一个具体事物那样从生到死,从新颖变为腐朽,但是,不同时代有着很不相同的规范和原则,过去的东西一去不返,如同弃物,这表明理是"因时而宜"的,而不是绝对的。

王廷相认为,由于气的变化,理不但也有变化,而且表现出具体的差别,他说:

> 天地之间,一气生生,而常,而变,万有不齐。故气一则理一,气万则理万。世儒专言理一而遗理万,偏矣。天有天之理,地有地之理,人有人之理,物有物之理,幽有幽之理,明有明之理,各个差别。统而言之,皆气之化,大德敦厚,本始一源也。分而言之,气有百昌,小德川流,务正性命也。[28]

这是说,天地万物都是一气所化,气既是统一的,又是差别的。由于气化的具体过程不同而形成了众多的不同事物,这些事物虽都是气所构成,但每个事物都有自己的构成方式,自己的条理秩序。天、人、物各自有自己特殊的规律。这就批判了程朱理学在强调统一性、普遍性的形式下把宇宙的自然法则同社会的道德规范比附起来的观点。他主张,气的变化既然是万殊的,理作为气的条理、规律必然也是万殊的、具体的。在这里,他的观点与罗钦顺是一致的。

王廷相对人性的看法与理学的代表性看法很不相同。如程颐提出的"性即理",是一个广为理学内多数学者赞同的命题,王廷相对此提出异议,他认为"以理言性"并不妥当,他举例说,《易传》说"穷理尽性"就是把理与性区分的,不能把"尽性"说成"尽理",他又举出程颢讲的"定性",也不能改成"定理",可见,"性即理"的说法是不正确的。

王廷相与程朱对性的看法不同,主要在于他反对把性看成与气相独立的理,而把性看成由气所决定的属性。他认为:

杂以为人物之性无非气质所为者。离气言性,则性无处所,与虚同归;离性言气,则气非生动,与死同途。是性与气相资,而有不得相离者也。但主于气质,则性必有恶,而孟子性善之说不通矣。故又强出本然之性之论,超乎形气之外而不杂,以傅会于理善之旨,使孔子之论反为下乘,可乎哉?不思性之善者,莫有过于圣人,而其性亦惟具于气质之中。但其气之所禀清明谆粹,与众人异,故其性之所成,纯善而无恶耳,又何有超出也哉!圣人之性既不离乎气质,众人可知矣。气有清浊粹驳,则性安得无善恶之杂?故曰惟上智与下愚不移。是性也,乃气之生理,一本之道也。[29]

王廷相认为,性是由气质所决定的,气质清明的人性善,气质浊驳的人性恶,这就叫做"性出乎气"或"性出乎气质"。因此,不受气质影响的性是没有的。由于人的气禀有清浊粹驳之不同,所以"性善"的说法是儒者的一种迷惑。[30]根据这个立场,他认为宋儒区分"本然之性"与"气质之性"也是错误的,因为既然现实的人性没有不受气质影响的,既然性出于气,也就没有什么不受气质影响的本然之性。这个观点蕴涵着,人只有气质之性,而无脱离气不受气影响的本然之性。所以他说区分本然之性与气质之性"此儒者之大惑也"[31]。他强调性是"气之生理",就是强调性只是一定气质的性,而不是脱离气质的东西。

根据以上所说的看法,王廷相自然地认为性有善恶,所谓性"一本之道",就是说不仅善是性所本有,恶也是性所本有,"善固性也,恶亦人心所出,非有二本"[32]。他又说:"圣人之性,亦自形气而出,其所发未尝有人欲之私,但以圣人之形气纯粹,故其性无不善耳。众人形气驳杂,故其性多不善耳,此性之大体如此。"[33]"是性之善与不善,人皆具之矣。"[34]

王廷相反对仅以理言性,反对仅以善言性,反对离气而论本然之性,这些观点都出于他强调"气"的作用。但王廷相也并不由此走向机械的命定论,他主张:"性出于气而主乎气,道出于性而约乎性,此余自以为的然之理也。"[35]性决定于形气的清浊昏明,与道相合的性为善,与道相乖的性则为恶,而人的气禀造就的性不是不可以改变的,人生之后带来的气禀之性只是性之"始",性还可以不断地发展,因为气质可以变化;他提出"凡人之性成于习","缘教而修,亦可变其气质而为善,苟习于恶,方与善日远矣。"[36]所以人要用道来裁乎性、约乎性的不善的方面,以性的善的方面主导地变化气质。

王廷相所说的人性的恶的方面,主要是指情欲之私。他认为,由于性具善恶,所以不能说道心发于性,人心发于气,而应当说道心人心都是根于性而发,他说:"舜之戒禹而以人心、道心言者,亦以形性为一统论,非形自形而性自性也。谓之人心者,自其情欲之发言之也;谓之道心者,自其道德之发言之也。二者,人性之所必具者。"[37]

王廷相一反宋儒"梏于性善之说""守仲尼之旧",他的人性论是气学的一个合乎逻辑的结论,在这一点上,他显然比罗钦顺更加完整地贯彻了气本论的观点,也使得气学体系中的人性论立场得到了澄清和表现。明中后期的思想家受此种气学及以气论性的思想影响很大。

四　刘宗周的"气质之性"说

刘宗周对理气的看法受到罗钦顺、王廷相以来明代气学思想的影响较大,他主张气是第一性的,理是第二性的,反对各种理在气先、道在器上的思想,他说:

> 盈天地间一气而已矣,有气斯有数,有数斯有象,有象斯有名,有名斯有物,有物斯有性,有性斯有道,故道其后起也。而求道者,辄求之未始有气之先,以为道生气,则道亦何物也,而遂能生气乎?[38]
>
> 吾溯之未始有气之先,亦无往而非气也。当其屈也,自无而之有,有而未始有,及其伸也,自有而之无,无而未始无也。[39]

他还说："理即气之理,断然不在气先,不在气外。"[40]这些清楚地表明刘宗周认为有气而后有理(道),理不在气之先,理不能生气,所谓理只是气的理,离开了气也就无所谓理,"离气无理"[41]。

刘宗周的理气论不仅是他对本体论、宇宙论的一种了解,对于他来说,更重要的是以这种理气论来说明关于心性的关系。所以他强调,知道了理即气之理、理不在气之先,才能知道"道心即人心之本心,义理之性即气质之本性"[42]。也就是说,他认为,道心与人心、义理之性与气质之性的关系与理与气的关系是密切关联的,甚至是同构的。

刘宗周说:"凡言性者,皆指气质而言也,或曰'有气质之性、有义理之性',亦非也。止有气质之性,更无义理之性,如曰气质之理,即是,岂可曰义理之理乎?"[43]由于理是气之理,因而性是指气质的性。天地之间流行的气是"气","气质"是指气积聚为一定形体的存在,即积聚为形质的气。而气质的理,就叫做性,因而性是指一定气质的性、一定气质的理。刘宗周认为"气质之性"这句话是可通的,因为"气质之性"就是指"气质的性",而性本来就是气质的性,并没有什么独立于气质或气质之外的性。在这个意义上,只有"气质之性"这句话是可说的,其他的说法如"义理之性"就不可通了。正如理是气之理,没有独立于气的理;性是气质的性,没有独立于气质的性。他认为,人或物只有一个性,而没有两个性,这个性就是气质之性,即人或物这一特定形质的性。如果从种类的性来看,气质之性就是一种类的属性,每一类事物都有其特定的气质,因而每类气质的属性便各不相同。

从理是气之理、性是气之性出发,刘宗周反对宋儒提出的人既有气质之性又有义理之性的说法,并认为气的不同造成了性的差别,所谓人性就是人类特定气质决定的性,没有第二个性。宋儒认为人之心如水,义理之性如水之清,气质之性造成了水之浊,刘宗周则认为,人心如水,气质之性即如水之清,水的浊是由习造成的。他说:

> 要而论之,气质之性即义理之性,义理之性即天命之性,善则俱善。子思曰喜怒哀乐未发谓之中,非气质之粹然者乎? 其有不

善者,不过只是乐而淫、哀而伤,其间差之毫厘与差之寻丈,同是一个过不及,则皆自善而流者也。惟是既有过不及之分数,则积此以往,容有十百千万,倍蓰而无算者,此则习之为害,而非其性之罪也。[44]

在刘宗周看来,喜怒哀乐四气的正常流转,正是气质纯粹无杂的表现,未发之中即是指四气的有序运行,并不是气外的其他东西,四气的有序运行就是四德。因而,喜怒哀乐就是气质的性,就是仁义礼智,从而也就是义理之性。而气质之性归根到底又是宇宙一气流行的条理,因而气质之性也就是天命(流行)之性。如果说天命之性、义理之性是善的,那么气质之性也是善的。他还指出:

若说有气质之性,又有义理之性,将使学者任气质而遗义理,则"可以为善,可以为不善"之说信矣。又或遗气质而求义理,则"无善无不善"之说信矣。又或衡气质义理而并重,则"有性善有性不善"之说信矣。……须知性只是气质之性。而义理者,气质之本然,乃所以为性也。[45]

如果气质之性不即是义理之性,则气质本身就不是必然善的,从而任气质在理论上就是可能为善可能为不善。如果导致气质义理性二元论,那就意味性中有善有不善。这些都是刘宗周反对的。他认为性并不是一种独立的实体,性就是一定气质的特性,义理不过是指气的运行的本然状态而已。从整个前后论述来看,这里的"所以"并不是罗钦顺所批评的"所以"实体,而是指"是以","所以为"即"是以为"。这里的所以二字较轻较虚。他认为"一性也,自理而言则曰仁义礼智,自气而言则曰喜怒哀乐"[46],也是强调性、理只是指气的有条理的运行。

与气质之性的问题相联系的是道心人心的问题,正如刘宗周所说,理即气之理,"知此则知道心即人心之本心,义理之性即气质之本性"。根据理气相即的观点,他指出:

"人心惟危,道心惟微",道心即在人心中看出,始见得心性一
而二,二而一。[47]

　　心只有人心。而道心者,人之所以为心也。性只有气质之性。
而义理之性者,气质之所以为性也。[48]

　　心则是个浑然之体,就中指出端倪曰意,即惟微之体也。人心
惟危,心也,而道心也者,心之所以为心也,非以人欲为人心、天理
为道心也。正心之心,人心也;而意者,心之所以为心也。[49]

虽然,这里的"所以为"暴露出古代汉语词义的含混性、多义性,但刘宗
周的基本思想应当还是可以辨别清楚的。刘宗周反对把"人心"等同
于人欲以及把"道心"等同于天理,他认为人之只有一个心,这就是《书
经》中说的"人心"或《大学》中说的"正心"的心,正如人只有一个性即
气质之性一样。在他看来,心是一个属于气的概念,而道心则是一个本
真、本来的心的概念,所以他把道心说成"心之所以为心",这并不是说
道心是人心内的超越实体,这只是把二者说成是心与心之本然状态的
关系,否则人就有两个心了。这从他说"道心即人心之本心"可得证
明。同理,"气质之所以为性"也是指气质的本真属性。这里的"所以
为"也不是指义理之性是气质之性内的超越性实体,而是把气质之性
与义理之性的关系说成是气质的性与气质的本然条理的关系。因为气
质的性就是气质的条理,所以他说"只有气质之性,更无义理之性"。
如果我们把这里的"所以为"理解为罗钦顺所批评的内在的超越实体,
那就使得义理之性与气质之性成为两种人性,这正是刘所反对的。[50]
刘宗周理解的性并不像朱熹那样是气之中的一种实体(从刘宗周关于
喜怒哀乐的理论来看,他认为理或性可以说就是气的正常流转的性质
或状态),因而他认为道心作为所以为心,作为本心,也可以说由"意"
上来体会。在朱熹学说中十分强调性与心不在同一层次上,而在刘宗
周思想中摒弃了那种内在实体说,在同一层次上来认识心性的区别与
关联。

刘宗周还认为:"人心道心只是一心,气质义理只是一性,识得心一性一则工夫可一。静存之外更无动察,主敬之外更无穷理。其究也,工夫与本体亦一,此慎独之说也。"[51]这表明,刘宗周有意识地在理、气、心、性、本体、工夫诸方面坚持一元论的方法原则。可以认为,刘宗周思想中心与性一而二,二而一,意既是中体(未发之中),又是微体(道心惟微);既是心体(独),又是性体(莫见莫显),因为他所理解的性就是心的一种本然的条理或状态。

刘宗周思想中一个很重要的观点就是心性关系与理气关系是相同的,即同构的,他说:"有心而后有性,有气而后有道,有事而后有理。故性者心之性,道者气之道,理者事之理。"[52]他更明确强调"人心一气而已矣"。[53]从明中期以来,理学心学都把心当做属于气的一个范畴,认为心与性的关系就是气与理的关系,提出条理为性说,这在刘宗周更为明显。他说:

> 性者心之理也。心以气言;而性,其条理也。离心无性,离气无理。虽谓气即性、性即气,犹二之也。[54]
>
> 夫性因心而名者也。……心之所同然者,理也。生而有此理之谓性,非性为心之理也。如谓"心但一物而已,得性之理以贮之而后灵",则心之与性,断然不能为一物矣。[55]

刘宗周认为,既然心即气、性即理,心性之间的关系就可以由理气的关系直接推出。本体论上离气无理,故心性论上离心无性,但这种离心无性,与宋儒讲性是与气不离不杂的实体的观点不同。正如罗钦顺讲理气一物,刘宗周主张心性一物,在他看来,理只是气的未发生变异的本然流转及其有序更迭,性只是心的本然流行和正常条理。所以他认为孟子说"恻隐之心,仁也"是正确的,因为孟子"以心言性",并没有把心性分为二物。他认为《中庸》即喜怒哀乐言天命之性,也是正确的,因为这也是"以心之气言性"[56]。当然,刘宗周并不是认为气就是性,而是说人之心气流行运转,喜怒哀乐迭相循环,此种正常表现就是仁义礼智,就是性,因而须在气上认性,不能离气言性。

刘宗周的这些思想,得到了黄宗羲的完全肯定,他说:"夫盈天地间,止有气质之性,更无义理之性,谓有义理之性不落于气质者,臧三耳之说也。师于千古不决之疑,一旦拈出,使人冰融雾释。"[57]他还进一步指出:"夫不善者,是气之杂糅,而非气之本然。其本然者,可指为性。——是故气质之外无性,气质即性也。第气质之本然为性,失其本然者非性。"[58]表明在气质之性的问题上他继承了其老师的思想。

五 王夫之的"气质中之性"说

在《论语·阳货篇》论性相近章,朱子《集注》说:"此所谓性,兼气质而言也。气质之性,固有美恶之不同矣。"又引程子曰:"此言气质之性,非言性之本也。若言其本,则性即是理,理无不善,孟子之言性善是也,何相近之有哉?"[59]程朱都主张,在性即理的意义上,人性并无不同,不能说相近;只有在气质之性的意义上,人的气质之性各个差别,才能说相近。船山认为,程子创说气质之性,"遂疑人有两性在",他是反对人有两性的,反对性二元论:

> 所谓气质之性,犹言气质中之性也。质是人之形质,范围著者(这)生理在内;形质之内,则气充之。而盈天地间,人身以内、人身以外,无非气者,故亦无非理者。理行乎气之中,而与气为主持分剂者也。故质以函气,而气以函理。质以函气,故一人有一人之生;气以函理,故一人有一人之性也。若当其未函时,则且是天地之理气,盖未有人者是也。乃其既有质以居气,而气必有理。自人言之,则一人之生,一人之性;而其为天之流行者,初不以人故阻隔,而非复天有。是气质中之性,依然一本然之性也。[60]

在他看来,气质之性的概念,不应当指人性的一种内涵、一种倾向,或一种作用,而是指人性与气质的内在关系。本来在宋明理学里"气质之性"的概念与"天地之性"的概念(或本然之性或义理之性)相对,是注重强调人性中代表气质作用的一面,以说明人的情欲的宇宙论根源。船山则认为,气质之性,就如同其字面的意义一样,应指一定气质之中的性,而不是代表气质作用的人性。在这里,气质两字加在性的前面的意义,是说这个性不是脱离气质独立自存的性,而是依赖于气质,作为气质自身的属性、规定、条理的性。在具体的阐发方面,船山提出,从宇宙论来说,天地之气充塞于两间,而理行乎气之中,这里的行不是指理作为另一实体"行"于气中,而是指理作用于气中,这种作用就是"与气为主持分剂",也就是调节之、条理之。就理和气的结合关系来说,两者是永不分离的;有气,必有理在其中;有理,必有气为之体。天地之气不断聚合为有形之质,形质中充满了气,船山称做质以函气,质包含着气,而气又总是包含着理的,故又说气以函理。气以函理的理就是此形质的性了。"若当其未函时,则且是天地之理气",在气没有聚合成为形质时,就谈不到函了,这时的理气不是已聚之气、已凝之理,而是两间中大化流行的理气。对船山来说,流行的天地之理气,与聚凝的人物之理气,两者的区别是很重要的。

以上的说法是比较清楚的,可以说也是与朱子学理气观的宇宙论构成论是一致的。按照解释的脉络说,这里是针对"性相近"之说,因此,说"质以函气,故一人有一人之生;气以函理,故一人有一人之性",应该是说,既然质以函气,则不同的个体形质所函的气有所不同,从而每人都有其特殊的生命体质;又由于不同个体形质所函的气有所不同,所以这些气中所函的理也有所不同,也就是气质中之性相近而不同。这个说法在朱子学里叫做"气异而理异",这样就说明了孔子的"性相近"的思想。不过,船山在这段的最后却说"是气质中之性,依然一本然之性也",以反对朱子学把本然之性与气质之性区别开来的做法,而这似乎是说,气质之性在根源上仍然是来源于天地之性,仍然是天所命人之性(天命之性)。

船山在最后说:

盖性即理也，即此气质之性。主持此气，以有其健顺；分剂此气，以品节斯而利其流行。主持此质，以有其魂魄；分剂此质，以疏浚斯而发其光辉。即此为用，即此为体。不成一个性、一个质、一个气，脱然是三件物事，气质已立而性始入，气质常在而性时往来耶？[61]

前一个"主持""分剂"的主语都是理，理主持此气、分剂此气；理对气的主持作用即主导，提供其变化的动力；对气的分剂作用即调节，提供其流行的规律节次。这都是指天地之化的理气而不是指人身的理气。后一个"主持""分剂"的主语应是性（即在人身凝为性的理），性主持此质、分剂此质。性对形质的主持作用是提供其生命力，性对形质的分剂作用是疏通其通透性以便于生气的往来。这都是指人身的理气。性以气质为体，也以气质为用，不能说性、气、质是三个独立的事物。那种以为气质形成以后性才进入气质，或以为气质是恒定的而性在气质中进进出出的观点，把性皆理解为一独立于气质的实体，都是错误的。我们知道，小程提出性即理，与大程提出天即理同功，但小程所说的性即理，只是说性即仁义礼智等道德原则，而在朱子便将性即理的解释立基于宇宙论的理气论，性成为宇宙流行之理安顿在人身的小太极。船山强调的是，所谓性即理，不是借寓于气质中的神秘实体，而是指性即气质之理，性即属于一定气质本身的属性和条理。这一讲法与明代理学人性论的变化趋势是一致的。

气质之性的概念本来是在性善论的前提下对性善论的一种补充，如果气质之性的概念甩开本然之性而独立成立，则气质之性的说法可与性近论协调，而与性善论的差别便突显出来了。船山思想受孟子影响甚大，但在性善说的问题上，便显示出与孟子的不同。

船山在这一点上，是有自觉的，所以他特别讨论了孔孟性说的差别，并对孟子性善说做了一种解释：

孟子惟并其相近而不一者，推其所自而见无不一，故曰"性善"。孔子则就其已分而不一者,于质见异而于理见同,同以大始而异以殊生,故曰"相近"。乃若性,则必自主持分剂夫气者而言之,亦必自夫既属之一人之身者而言之。孔子固不舍夫理以言气质,孟子亦不能裂其气质之畛域而以观理于未生之先,则岂孔子所言一性,而孟子所言者别一性哉?[62]

照船山的说法,孟子是从现实的相近人性,"推其所自",推原人性的根源,发现它们的根源是一致的相同的,所以说性善。孔子则是就现实的人性观察,来做判断,现实的人性与人性的本源是不同的,其不同在于,在宇宙论上,从人性的本源到现实的人性已经历了一个从"一"到"分"的演化过程,从而现实的人们的人性不再是相同的一致的,而是相近的。相近就既不是"一",也不是大"异",不完全一致,所以不是"一",但大同而小异,故是"近"。这就是所谓"于质见异而于理见同,同以大始而异以殊生",于理见同是指同以大始,于质见异是指异以殊生。同以大始(《易》云乾知大始)即人性的发生学根源是相同的,异以殊生指人的身体形质各个差别。船山认为,性应当指气的调节者而言,也必须落实到每个个体的身体形质上说。

船山的这个讲法实际是说,孔子讲的是人性,孟子讲的不是人性,而是人性的源头。正如前面所叙述的,人性的源头即人的形体未生、未成以前,而禀气成形以前的天地理气是命而不是性。故船山接着说:

> 孟子之言性,近于命矣。性之善者,命之善也,命无不善也。命善故性善,则因命之善以言性之善可也。若夫性,则随质以分凝矣。一本万殊,而万殊不可复归于一。易言"继之者善也",言命也;命者,天人之相继者也。"成之者性也",言质也,既成乎质,而性斯凝也。质中之命谓之性,亦不容以言命者言性也。故惟"性相近也"之言,为大公而至正也。[63]

从以上的分别来看,孟子讲的性实际是推原性之所自,即二程所说的极本穷源之论,讲的是"人生而静以上"事,因此船山认为孟子讲性善的性其实是命,孟子说的性善其实是命善。命是无不善的,命是天命本然,是性的源头,所以由源头的善而说人性亦善,这也是可以的。但是真正来说,性是随所在的特定气质而分殊凝定的,分是指从源头到特殊的气质而分化,凝是指从流行的天理变为限定在一定气质之中的理。从本源的命到个人的性,是"一本万殊"的过程,既是万殊就不可能是"一"了。用《周易》的语言来说,命属于"继之者善",故说"命者天人之相继者也";性属于"成之者性",而"成之"就是指形质。质成形而性随之以凝。质从命接受来的是性,但已不是源头的一本,而成为各个相近的万殊,故不能说性善,只能说性近。从哲学的论证而言,这种以"继善"和"成性"来区分天理与人性,也是朱子学所本有的。

在性与气质的问题上,船山不仅反对天地之性与气质之性的二元人性论,还对朱子学的一些提法提出了批评,如他对新安陈氏的"性寓于气质之中"的说法加以批评:

> 新安云"性寓于气质之中",不得已而姑如此言之可也;及云"非气质则性安所寓",则舛甚矣。在天谓之理,在天之授人物也谓之命,在人受之于气质也谓之性,若非质,则直未有性,何论有寓无寓? 若此理之日流行于两间,虽无人亦不忧其无所寓也。若气,则虽不待人物之生,原自充塞,何处得个非气来? 即至于人之死也,而焄蒿悽怆、昭明于上者,亦气也。且言寓,则性在气质中若人之寓于馆舍。今可言气质中之性,以别性于天,实不可言性在气质中也。[64]

其实,性寓于气质中的说法以及非气质性何所寓的说法都来自朱子,并非新安陈氏的发明。船山在这里强调,性和气质的关系不适合用"寓于"这样的表达,因为"寓于"容易被理解为一种外在的关系,即"寓于"的说法虽然也表示理在气中,但这种"在"不是内在的"在",好像是另外一个本来与气无关的实体藏栖于气之内。而船山所理解的作为气质中之性的理当然也在气之中(不会在气之外),但它是此气自身的条理、属性。于是,对于一个人来说,气质不是性居住的一个场所,因为场所是可变换的,而一个人的性和此人的形质是一种不可变换的内在关系。

正是在这个意义上,船山甚至反对使用"性在气质中"的讲法,而始终主张的是"气质中之性"的提法。"性在气质中"和"气质中之性"的这个区别,这一点才体现了船山与朱子理气观念上的最基本的分别,这也是明代中后期思想的共识。

在经历了明中期以来的在"理"的理解方面的"去实体化"的转向以后,儒学思想家大都走向了这种气质之性(条理之性)的人性一元论。元明的这种人性论虽然多非自然人性论,仍然主张存理遏欲,但这种人性论往往不再坚持性善论,使得孟子的性善论在儒学中的地位受到挑战,从而形成了儒学发展及其经典诠释的新课题。清代思想家如陈确、颜元乃至戴震无不受此影响。

这种变化了的理气观对于儒学的"本体"和"工夫"本身造成了何种影响和后果,明代的理学家们自己似乎无所意识。我们所能看清的是,造成和推动这种转向的原因,与其说反映了明代市民社会的兴起,倒不如说是元明以来思想家们的"哲学"的知性探究本身的内在逻辑发生了决定的作用。特别是,在这里并没有价值的、工夫的原因在发生作用,"哲学"的思维逻辑在很大程度上掩盖了、忽略了儒家思想自身的体系要求。换言之,在本文的例证里,都不是从儒家价值或人性论出发而要求某种存在论,相反,在这些例子里,更像是由于存在论上哲学探究的要求导致了人性论论说的改变。这说明,在儒家思想体系的发展中,哲学思维并不总是从属性的,而可能是具有一定的独立性,甚至在一定条件下哲学思维的变化会引起其儒学其他部分发生相应的变化。当然,我们也不认为哲学思维特别是存在论和宇宙论在儒学体系的整体上总是决定其他部分的基础。这提示我们应当深入研究儒家思想自身的逻辑和其中哲学思维逻辑的相互关系,这是所谓"哲学史"研究更应当关注的课题。在这个意义上,本文是关于明代思想的由"思想史"的解释转向"哲学史"解释的一个案例。

（原载《中国文化研究》,2003 年 2 期）

注 释

〔1〕 王汎森:《明末清初的一种严格的道德主义》,载《近世中国之传统与蜕变》,台北:"中央研究院"近代史研究所,1998 年。

〔2〕〔3〕〔10〕 《答人问性理》,《吴文正集》卷三。

〔4〕 此条材料出处系方旭东博士见告。

〔5〕 《宋元学案·草庐学案》,第 3042 页。

〔6〕 徐远和:《理学与元代社会》,人民出版社,1992 年,第 113 页。

〔7〕 《答王参政仪伯问》,《吴文正集》卷二。

〔8〕〔9〕 《答田副使第三书》。

〔11〕 《明儒学案·崇仁学案》卷二。

〔12〕 《困知记》续卷上,第 68 页。按,本文引用的古代思想资料并非新奇,多属哲学史和理学史著述常用的资料,作者在不同论著中也运用过。故本文对于这些资料的解释也往往参照了作者以前使用过的解释。

〔13〕 《困知记》卷上,第 4—5 页。

〔14〕 《与林次崖佥宪》,同上附录,第 151 页。

〔15〕 同上书,卷下,第 29 页。

〔16〕 《困知记》卷上,第 8 页。

〔17〕 同上书,卷下,第 38 页。

〔18〕〔19〕 同上书,卷下,第 30 页。

〔20〕 同上书,第 38 页。

〔21〕 同上书,第 43 页。

〔22〕 同上书,卷上,第 7 页。

〔23〕 同上书,第 7—8 页。

〔24〕 同上书,第 753 页。

〔25〕 《慎言·五行》,同上,第 809 页。

〔26〕〔28〕 《雅述》上篇,《王廷相集》,第 848 页。

〔27〕 《雅述》下篇,《王廷相集》,第 887 页。

〔29〕〔35〕 《答薛君采论性书》,《王廷相集》,第 518 页。

〔30〕 王廷相云:"性善之说不足以尽天人之实蕴矣"(同上)。

〔31〕〔32〕 《性辨》,《王廷相集》,第 609 页。

〔33〕 《雅述》上篇,同书,第 851 页。

〔34〕 同上书,第 850 页。

〔36〕 《答薛君采论性书》,《王廷相集》,第 519 页。

〔37〕 《雅述》上篇,同上,第 851 页。

〔38〕〔39〕 《蕺山学案·语录》,《明儒学案》卷六十二,第 1520 页。

〔40〕 同上书,第 1521 页。

〔41〕 同上书,第 1529 页。

〔42〕 原话是:"理即是气之理,断然不在气先,不在气外。知此,则知道心即人心之本心,义理之性即气质之本性"(同上书,第 1521 页)。

〔43〕 同上书,第 1525 页。

〔44〕 《蕺山学案·答门人》,《明儒学案》卷六十二,第 1556 页。

〔45〕〔51〕 《蕺山学案·天命章说》,《明儒学案》卷六十二,第 1581 页。

〔46〕 同上书,第 1517 页。

〔47〕 《蕺山学案·语录》,《明儒学案》卷六十二,第 1516 页。

〔48〕 同上书,第 1543 页。

〔49〕 《蕺山学案·商疑答史孝复》,同上书,第 1554 页。

〔50〕 在这个问题上,有的学者认为刘宗周的义理之性仍是超越性的形上存在,这在很大程度上是未能从整体的诠释来了解刘宗周这里的"所以为"的意义。有关观点可参看李明辉:《刘蕺山对朱子理气观的批判》,《汉学研究》19 卷,二期。

〔52〕 《蕺山学案·语录》,同上书,第 1541 页。

〔53〕 同上书,第 1527 页。

〔54〕 《蕺山学案·答沈中柱》,《明儒学案》卷六十二,第 1561 页。

〔55〕〔56〕 《蕺山学案·原性》,同上书,第 1568 页。

〔57〕 《先师蕺山先生文集序》,《黄宗羲全集》第十册,第 52 页。

〔58〕 《明儒学案》卷二十九。

〔59〕 《四书大全》,山东友谊书社,1989 年,第 1866 页。

〔60〕 《读四书大全说》,第 466 页。

〔61〕〔64〕 同上书,第 471 页。

〔62〕 同上书,第 470 页。

〔63〕 同上书,第 470—471 页。

基本文献和主要书目

王夫之:《读四书大全说》,中华书局,1975 年。

   《四书考异》

   《四书笺解》

   《四书稗疏》

   《四书训义》

   《礼记章句》

   《姜斋文集》

   《思问录》

   《俟解》

   《张子正蒙注》

   《周易内传》

   以上皆见《船山全书》第一、四、六、七、八、十二、十五等各册,

   岳麓书社,1998 年。

王 敔:《大行府君行述》《姜斋公行述》。

刘毓崧:《王船山先生年谱》(以上见《船山全书》第十六册)。

胡 广:《四书大全》,《孔子文化大全》本,山东友谊书社,1989 年。

胡　广:《性理大全》,《孔子文化大全》本,山东友谊书社,1989 年。

朱　熹:《朱子语类》,黎靖德编,一册至八册,中华书局,1986 年。

朱　熹:《朱子文集》,上下册,影印《四部丛刊》本,台湾商务印书馆,
　　　1980 年。

王守仁:《阳明全书》,《四部备要》本,上海中华书局。

黄宗羲:《宋元学案》,一册至四册,中华书局,1986 年。

黄宗羲:《明儒学案》,上下册,中华书局,1985 年。

程颢、程颐:《二程集》,一册至四册,中华书局,1981 年。

张　载:《张载集》,中华书局,1978 年。

刘　玑:《正蒙会稿》,《续修四库全书》,937 册,上海古籍出版社,
　　　1995 年。

刘　儓:《新刊正蒙解》,《续修四库全书》,934 册,上海古籍出版社,
　　　1995 年。

高攀龙集注:《正蒙释》(徐必达发明),《四库全书存目丛书》,子部一,
　　　庄严文化出版事业公司,1997 年。

王廷相:《王廷相集》,一册至四册,中华书局,1989 年。

高攀龙:《高子遗书》,《四库全书》,1292 册,上海古籍出版社,1987 年。

刘宗周:《刘宗周全集》,一册至五册,戴琏璋、吴光主编,"中央研究院"
　　　中国文哲所筹备处,1997 年。

黄宗羲:《黄宗羲全集》,一册至十二册,浙江古籍出版社,1994 年。

顾炎武:《顾亭林诗文集》,中华书局,1983 年。

颜　元:《颜元集》,一册至四册,中华书局,1991 年。

李　颙:《二曲集》,中华书局,1996 年。

陈　确:《陈确集》,中华书局,上下册,中华书局,1979 年。

朱舜水:《朱舜水集》,上下册,中华书局,1981 年。

罗正钧:《船山师友记》,岳麓书社,1982 年。

王之春:《船山公年谱》,中华书局,1989 年。

唐君毅:《中国哲学原论·原教篇》,《唐君毅全集》卷十七,学生书局,
　　　1990 年。《中国哲学原论·原性篇》,《唐君毅全集》卷十三,学生

　　书局,1989 年。

张西堂:《王船山学谱》,商务印书馆(长沙),国学小丛书本,1938 年。

王永祥:《船山学谱》,广文书局,1975 年。

钱　穆:《中国近三百年学术史》,中华书局,1986 年。

嵇文甫:《船山哲学》,上海开明书店,1936 年

　　　　《王船山学术论丛》,三联书店,1962 年。

侯外庐:《中国早期启蒙思想史》,人民出版社,1956 年。

　　　　《船山学案》,岳麓书社,1982 年。

许冠三:《王船山的致知论》,香港中文大学出版社,1981 年。

曾昭旭:《王船山哲学》,远景出版事业公司,1983 年。

王兴国主编:《王船山学术思想讨论集》,湖南人民出版社,1984 年。

蔡尚思:《王船山思想体系》,湖南人民出版社,1985 年。

冯友兰:《中国哲学史新编》第五册,人民出版社,1988 年。

张岱年:《中国哲学大纲》,收入《张岱年全集》第二卷。

　　　　《张岱年全集》第五卷,河北人民出版社,1998 年。

劳思光:《中国哲学史》第三卷下,友联出版社有限公司,1980 年。

朱伯崑:《易学哲学史》,第四卷,华夏出版社,1995 年。

萧萐父:《船山哲学引论》,江西人民出版社,1993 年。

庞　朴:《东西均注释》,中华书局,2001 年。

刘述先:《黄宗羲心学的定位》,允晨文化实业股份有限公司,1986 年。

蒙培元:《理学的演变——从朱熹到王夫之戴震》,福建人民出版社,
　　1984 年。

邓潭洲:《王船山传论》,湖南人民出版社,1982 年。

黄明同、吕锡琛:《王船山历史观与史论研究》,湖南人民出版社,
1986 年。

曾春海:《王船山易学阐微》,嘉新水泥文基会,1978 年。

萧汉民:《船山易学研究》,华夏出版社,1987 年。

林安梧:《王船山人性史哲学之研究》,东大图书公司,1987 年。

刘春建:《王夫之学行系年》,中州古籍出版社,1989 年。

陆复初:《王船山沉思录》,云南人民出版社,1991 年。

罗小凡、王兴国主编:《船山学论》,船山学刊社,1993 年。

唐凯麟、张怀承:《六经责我开生面——王船山伦理思想研究》,湖南出版社,1992 年。

吴立民、徐荪铭:《王船山佛道思想研究》,湖南出版社,1992 年。

衷尔钜:《王夫之》,吉林文史出版社,1997 年。

罗　光:《王船山形而上学思想》,辅仁大学出版社,1993 年

萧萐父、许苏民:《明清启蒙学术流变》,辽宁教育出版社,1995 年。

萧萐父、许苏民:《王夫之评传》,南京大学出版社,2002 年。

陆宝千:《清代思想史》,广文书局,1978 年。

胡楚生:《清代学术史研究》,学生书局,1993 年。

詹海云:《清初学术论文集》,文津出版社,1992 年。

林聪舜:《明清之际儒家思想的变迁与发展》,学生书局,1990 年。

Huang, Chin-shing, *Philosophy, Philology, and Polititics in Eighteenth-century China: Li Fu and Lu-Wang School under the Ch'ing*, Cambridge University Press, 1995.

钟彩钧主编:《刘蕺山学术思想论集》,"中央研究院"中国文哲所,1998 年。

葛荣晋等:《明清实学思潮史》,上、中、下卷,齐鲁书社,1989 年。

葛荣晋:《王廷相和明代气学》,中华书局,1990 年。

蒋国保:《方以智哲学思想研究》,安徽人民出版社,1987 年。

李明友:《一本万殊》,人民出版社,1994 年。

衷尔钜:《蕺山学派哲学思想》,山东教育出版社,1993 年。

姜广辉:《颜李学派》,中国社会科学出版社,1988 年。

姜广辉:《走出理学》,辽宁教育出版社,1997 年。

姜国柱:《张载关学》,陕西人民出版社,2001 年。

刘志盛、刘萍:《王船山著作丛考》,湖南人民出版社,1999 年。

严寿澂导读:《船山思问录》,上海古籍出版社,2000 年。

张立文:《正学与开新》,人民出版社,2001 年。

王汎森:《中国近代思想与学术的系谱》,河北教育出版社,2001 年。

章启辉:《旷世大儒:王夫之》,河北人民出版社,2001 年。

陈远宁:《中国古代易学发展第三个圆圈的终结:船山易学思想研究》,
　　湖南大学出版社,2002 年。

汪学群:《王夫之易学》,社会科学文献出版社,2002 年。

许冠三:《王船山的宇宙观》,《香港中文大学文化研究所学报》,10 卷
　　上册,1979 年。

王兴国:《船山学研究四十年之回顾》,载《船山学刊》2002 年 4 期。

郭齐勇:《朱熹与王夫之的性情论之比较》,《迈入 21 世纪的朱子学》,
　　华东师范大学出版社,2001 年,第 30—42 页。

吴根友:《熊十力"明清学术史观"斠评》,《船山学刊》2001 年第 4 期。

湖南省船山学社:《王船山研究参考资料》,1982 年。

湖南省湖北省哲学社会科学联合会:《王船山学术讨论集》上下册,中
　　华书局,1965 年。

郝延平、魏秀梅主编:《近世中国之传统与蜕变》上册,"中央研究院"近
　　代史研究所,1998 年。

卜正民:《纵乐的困惑:明代的商业与文化》,三联书店,2004 年。

主要名词索引

后 记

　　这本书汇集了我对于王船山思想的若干研究心得。说起王船山，70年代后期，我买过不少中华书局出版的王船山著作的单行本，可是唯独没有买到《读四书大全说》。我现在习惯用的《读四书大全说》是1988年春天我在纽约的中国城买的。没想到这部在美国买的船山书反而成了我这部研究船山思想的著作的主要用书。由于这部书里有我前后写的许多标号和记语，所以虽然后来有了《船山全书》，这次写书研究的时候我用的还是这部老书。

　　本书的写作，原属计划之外。记得1991年春天，我拿着刚刚出版的《有无之境——王阳明哲学的精神》呈送给朱伯崑先生，朱先生翻了翻后，对我说："你下边应该研究王船山了！"其实，整个90年代，虽然我仍然间或写一些朱子学和阳明学的论文，但除了教学以外，我的主要精力已经离开宋元明清时代，对王船山的研究也没有生起兴趣。

　　2000年在香港写完《古代思想文化的世界》回来之后，才渐渐回到宋明时代。因见现在"经典和诠释"的主题研究很流行，但大多未能深入于诠释的具体实践，往往流于空泛，所以2002年春在香港科技大学客座时，借着秋天武汉大学和湖南社科院要开王船山会议的机缘，写了一篇论船山《大学》诠释的论文。写完以后,意犹未尽,又写了一篇论船山《中庸》诠释的论文。在写这两篇论文的时候,发现学界对船山《四书》的哲学诠释研究甚少,觉得这是可以发展的一个题目。秋天到武汉大学开会,郭齐勇兄要我参加一些武汉大学"16—19世纪长江中下游儒学研究"的课题研究,我想武大是研究王船山的基地,于是就以"王船山的四书诠释"的小题目参与其中。冬天,北京大学"211"二期重点学科开展项目规划,我就以"道学与王船山"的主题申报列入计划。

由于我还承担着其他计划课题,所以就想趁热打铁,先把船山的题目做完。2003年从寒假开始,我着手写船山关于《论》《孟》的义理诠释及思想的部分;学期中间,适逢春夏间"非典"流行,得以在家专心写作;到学期结束的时候,这一部分竟然写完了。又想到,仅就船山对《四书》的诠释,还不能完整显示船山与道学传统的关系,必须落脚在《正蒙注》。《正蒙注》是船山对道学经典《正蒙》的诠释,与他对《四书》诠释相互配合,可以使我们通过船山对道学文献的全面诠释更加完整地了解船山和道学的关系。而《思问录》则是与《正蒙注》同时、与《正蒙注》"互相发明"之作,亦当一并研究。于是在暑假写了《思问录》研究的部分。秋冬间在香港城市大学客座讲学,借着在香港的清静和方便,把《正蒙注》的部分顺利完成了。

此书的写作开始于香港科技大学,而终结于香港城市大学,所以此书的完成,我先要特别感谢张洪年教授和郑培凯教授,若不是他们两位先后邀我到科大和城大客座教书,这本书既可能无从开始,也不可能现在完成。由于此书的一半是在香港写成,我衷心感谢内人杨颖,没有她独自在家承担一切,我也就无法在香港安心研究。在研究文献的收集方面,我要感谢萧萐父先生、曾昭旭教授、唐凯麟教授、林安梧教授、吕锡琛教授先后赠送他们的船山研究著作给我,特别是曾昭旭教授的大著《王船山哲学》,给我的启发甚多。吕锡琛教授还寄赠了不少船山学的文献资料,给我带来了不少的方便;辛鸣同志也给了我资料上的支持和帮助。博士生高海波、王楷帮我核对引文,非常细致。责任编辑张凤珠同志更是认真负责,一丝不苟。在此仅向以上各位深表谢忱。

多年来,我写的书,其中的章节,在写作的过程中便在杂志发表者极少。多数情形是,书稿交付出版社以后才开始抽出若干重要章节拿到杂志发表;由于我的书出版周期一般不长,所以到书出版的时候,一般发表不了几篇。而书出之后,文章自然就不再发表。本书的情形可谓例外,本书的各章在写作过程中随写随交杂志学报发表,到现在为止,差不多各章都已交付杂志学刊刊载。在此我要特别感谢《武汉大学学报》《中国社会科学》《中国学术》《中国哲学史》《文史哲》等杂志对拙文的宽容与接纳。另有数篇发表于朱伯崑、萧萐父、成中英、楼宇烈几位先生的祝寿文集,略作为对前辈学人多年关心的回报,也期待他们的批评和指教。

本书的写作得到北京大学"十五""211"工程重点学科计划的支持,也得到了武汉大学中国传统文化中心"16—19世纪长江中下游儒学研究"基地项目的支持,在此一并表示感谢。

陈　来

2004 年 9 月